한국교육인류학회 방법론 총서 02

질적 연구
과정별 접근

권효숙 · 배은주 · 신혜숙 · 전가일 · 전은희 · 전현욱 공저

Qualitative Research Methodology 02

Process and Application

학지사

한국교육인류학회 질적 연구방법론 총서 발간에 부쳐

한국교육인류학회가 25년이 넘는 시간의 두께를 통해 축적한 한국 질적 연구자들의 실천적 지식을 방법론 저서로 출판하는 일을 감히 시작하고자 합니다. 한국교육인류학회는 그동안 한국 교육학계뿐만 아니라 한국 사회과학 전반에 질적 연구를 소개하고 확산하여 우리 사회의 고유한 교육현상과 문화현상을 이해하고, 이를 통해 나와 너, 우리의 세상이 좀 더 나은 방향으로 나아가도록 하는 데 중요한 기여와 노력을 해 왔다고 자부합니다. 이제 성년이 훌쩍 넘은 한국교육인류학회가 이 노력의 과정을 체계적으로 정리하되 초심으로 돌아가 과거에 대한 성찰뿐만 아니라 미래의 비전을 밝히는 오늘을 만들어 나가고자 합니다.

한국교육인류학회는 질적 연구방법론이 한국 학계에서 온전히 수용되지 않았던 1990년대 후반부터 지금까지 한국의 다양한 질적 연구자가 처음으로 자신의 연구자됨을 온전하게 드러내고 그 문제의식을 함께 공유해 온 둥지와 같은 곳이었습니다. 그러나 학회의 외연이 커지고 사회과학계에서 질적 연구방법론이 '정상화(正常化)'되면서 그와 관련된 다양한 학회가 생겨나기 시작한 가운데, 한국교육인류학회의 위상과 정체성뿐만 아니라 질적 연구의 정신과 원리를 다시 한번 확인하면서 시대에 맞게 새롭게 창조해 나가야 할 필요성에 맞닥뜨리게 되었습니다. 한국교육인류학회는 북미와 유럽의 질적 연구방법과 그 철학적 근간들을 열심히 탐구하면서도 한국의 고유한 현상과 문제의식 그리고 오랜 철학적 토대를 존중하며 질적 연구방법론의 '토착화'에 힘썼습니다. 그 결과로 '문질빈빈(文質彬彬)'이라는 한국교육인류학회만의 고유한 원리와 정신을 드러내어 밝히게 되었습니다. 이제 번역본에 기대지 않고 질적 연구방법론에 대해 우리만의 고유한 목소리를 글로 담아 책으로 펴내게 되었습니다.

건국대학교 염지숙 교수를 비롯한 한국교육인류학회의 12대 임원진들이 중심이 되어 2019년 여름부터 시작된 질적 연구방법론 저서 발간의 과정은 학회의 오랜 도반(道伴)들이 함께 모여 자신의 생각과 마음을 나누고, 그 나누고 이어진 관계에 힘입어 학회가 다시 도약할 수 있는 기회였습니다. 학회 회원을 중심으로 총 21명의 집필진이 약 2년간에 걸쳐 글을 쓰고 고치고 다듬었으며, 학회 초대 회장이자 고문이신 서울대학교 조용환 교수의 도움을 받아 발간의 전체 틀과 집필진 구성, 추진 과정의 어려움을 해결해 나갔습니다. 또한 필요에 따라 학회의 학술행사와 학술지 등을 활용하여 방법론 저서에 실릴 글의 질적 수준을 학회 전체가 검토하고 발전시킬 기회를 가졌습니다.

총서 발간에 앞서 집필진들에게 발간위원회에서 특별히 부탁드렸던 것은 크게 두 가지입니다. 하나는 해외의 방법론적 전통을 소개하는 것을 넘어서 한국의 교육인류학 연구자들의 문제의식과 체화한 실천적 지식이 잘 드러나도록 하자는 것이었습니다. 같은 맥락에서 다른 하나는 해외의 연구사례뿐만 아니라 무엇보다 연구자 자신을 포함한 국내 연구자들의 사례를 중심으로 소개하고 구체적인 연구물에 근거하여 논의를 전개해 달라는 것이었습니다. 이 두 가지 부탁을 드렸던 것은 질적 연구는 연구의 도구이자 주체인 연구자의 상심과 실천적 지식이 가장 중요하기 때문이며, 그렇기에 이 총서는 한국의 질적 연구자들이 한국이라는 생활세계 속에서 생성된 자신들의 상심과 문제의식에서 시작된 질적 연구의 과정에서 겹겹이 축적한 연구 체험들의 '총화(總和)'로 드러나기를 바랐기 때문입니다. 그 첫걸음으로 이제 다음과 같이 한국교육인류학회 질적 연구방법론 총서 1권, 2권, 3권을 발간합니다.

총서 1권, 『질적 연구, 전통별 접근』은 질적 연구방법의 원리와 전통을 개관하고 다섯 전통을 소개하는 총 6개의 장으로 구성되었습니다. 제1장(조용환 집필)은 한국교육인류학회를 중심으로 한국 사회과학계에 토착화한 질적 연구의 개념과 원리로서 '문질빈빈(文質彬彬)'을 소개하고 질적 연구의 우산 아래 들어올 수 있는 20개의 다양한 전통과 접근을 개관하였습니다. 제2장(박순용 집필)은 현대적 의미의 질적 연구의 모태이자 버팀목이라고 할 수 있는 문화기술지의 발전사뿐만 아니라, 고전적 · 비판적 · 해석적 문화기술지의 장르적 분류와 그 특징을 소개하고 분석상의 공통점으로 직관과 논리의 상호보완성과 이야기꾼이자 해설자로서의 연구자로서 역할을 강조하였습니다. 제3장(염지숙 집필)은 내러티브 탐구가 어떻게 듀이의 경험 철학에 근거하여 교사의 경험적 지식을 연구하는 연구로부터 출발하여 다양한 학문 분야에 적용될 수 있는 방법적 원리와 절차, 질적 준거를 형성하였는지 그 과정과 내용을 소개하고 국내외의 연구사례를 통해 연구 수행에 도움을 주고자 하였습니다. 제4장(서근원 집필)은 실행연구의 방법론적 토대를 마련한 것으로 알려진 레빈(Lewin)의 연구방법론을 '실천탐구'로 새롭게 개념화하고, 그 방법적 특성과 절차를 레빈의 연구사례를 통해 설명한 후 교육연구에 적용한 사례로 '아이의 눈으로 회인(誨人)탐구'를 소개하였습니다. 제5장(강대중 집필)은 사회과학의 다양한 분야에서 활용되기 시작한 생애사에 대한 일반적 이해와 더불어 교육학의 고유한 질문에 대한 답을 찾거나 새로운 각도로 교육에 대한 질문과 탐구를 할 수 있는 방법론으로 학습생애사를 소개하고 그 방법적 절차를 안내하였습니다. 제6장(서덕희 집필)은 필자가 참여한 다양한 질적 사례연구를 통해 형성된 방법론적 상심에 근거하여 사례연구의 방법론적 특징을 사례, 비교, 맥락, 일반화, 실천지를 중심으로 체계화하고 그 과정에서 구체적인 연구사례들을 소개하였습니다.

총서 2권, 『질적 연구, 과정별 접근』은 질적 연구 수행의 전 과정에 대한 내용을 다루었으며 총 6개의 장으로 구성되었습니다. 제1장(전은희 집필)은 연구현장 진입에 관한 것으로 질적 연구에서 현장 들어가기의 의미와 절차, 전략, 향후의 이론적 과제에 대해 다루고 있습니다. 제2장(배은주 집필)은 질적 자료수집 중 참여관찰에 대한 내용을 다루었으며, 참여관찰의 의미와 목적, 특성, 참여관찰의 유형과 기록, 유의사항과 팁에 대해 기술하였습니다.

제3장(신혜숙 집필)은 심층면담에 대한 것으로 심층면담의 장단점과 전략, 기법, 심층면담 실행의 과정과 심층면담을 통한 연구 과제 등을 다루었습니다. 제4장(전현욱 집필)은 질적 연구에서의 분석 작업을 다루었으며, 질적 연구에서 자료분석의 성격, 자료분석의 형태와 과정 등을 기술하였습니다. 제5장(전가일 집필)은 질적 연구의 글쓰기에 대한 내용으로 질적 연구에서 글쓰기의 의미, 독특성, 질적 논문의 구성, 결과 쓰기의 사례, 좋은 질적 논문의 기준 등에 대해 다루었습니다. 제6장(권효숙 집필)은 질적 연구에서 재현의 새로운 방식 중 사진활용을 중심으로 한 시각적 접근에 대한 내용으로, 사진에 대한 기호학적 개념들, 질적 연구에서의 사진활용과 이에 대한 성찰 등을 기술하였습니다.

총서 3권, 『질적 연구, 분야별 접근』은 각 연구 분야에서의 질적 연구 동향과 과제를 다루었으며 총 7개의 장으로 구성되었습니다. 제1장(조용환 집필)은 문화와 교육의 관계, 그 상호작용을 연구하는 학문이며 질적 연구의 학문적 근간이 되는 교육인류학 분야의 동향과 과제를 다루었습니다. 제2장(옥일남 집필)은 1990년대 초중반부터 질적 연구에 부응하는 인식론과 패러다임이 제기된 사회교육 분야의 변천 과정과 경향을 분석하였습니다. 제3장(박윤경, 박선운 집필)은 2000년대 이후 관심이 고조된 다문화교육에서의 질적 연구 동향과 과제에 대해 기술하였습니다. 제4장(신현정 집필)은 상담과 질적 연구의 유사성을 기반으로 상담 분야의 질적 연구 동향을 다루었습니다. 제5장(강경숙, 강성종 집필)은 특수교육 분야에서의 질적 연구가 함의하는 바를 바탕으로 연구의 흐름과 동향, 향후 과제에 대해 논의하였습니다. 제6장(홍덕기 집필)은 1990년대에 등장한 국내 체육교육 분야의 질적 연구 동향과 과제를 실험적 시도 사례와 더불어 다루었습니다. 제7장(오덕열 집필)은 다양한 개념으로 논의되는 평화교육 분야의 질적 연구 현황과 과제에 대해 기술하였습니다.

마지막으로 한 가지 더 드리고 싶은 말씀은 이 총서는 열린 체제로 발간할 예정이라는 것입니다. 일종의 질적 연구방법론 핸드북의 성격을 띠되 열린 체제로 구성하여 전통, 과정, 분야의 세 가지 분류체계에 따라 지속적으로 추가 발간이 가능하도록 기획하였습니다. 학계의 원로와 중견학자뿐만 아니라 소장학자들이 자신의 실천적 지식에 근거한 목소리를 내고 이를 함께 공유할 장을 마련함으로써 서로 다른 전통과 분야의 질적 연구방법론들이 함께 만나 서로의 질적 수준을 고양하고 새로운 다양성을 창출할 장을 만들고자 합니다. 다른 것은 말할 것도 없이 같은 방법론적 전통, 과정, 분야라 하더라도 필자에 따라 혹은 시기에 따라 새로운 글을 실을 수 있도록 하였습니다. 새로운 물결이 과거의 물결을 지워 버리는 것이 아니라 시간의 두께가 켜켜이 쌓이되 구분이 되는 나이테처럼 총서의 영향사적 흐름 속에서도 '지금', '여기' 새로운 시작이 가능하도록 하였습니다. 독자 여러분이 바로 이 '시작'을 함께 향유하는 도반이 되기를 바라고 원합니다. 감사합니다.

집필진을 대신하여 발간위원회 1기 씀

차례

제3장 심층면담 127

제4장 질적 자료의 분석 179

제5장 질적 연구의 글쓰기 231

제6장 질적 연구 재현의 새 지평 287

제1장

연구현장 들어가기

전은희(서울대학교)

이 장에서는 현지연구 및 질적 연구[1)]에서 연구현장 들어가기의 의미와 절차, 전략에 대해 살펴보기로 한다. 먼저 현지연구의 역사에 대해 간략히 개괄하고, 연구현장의 의미에 대해 살펴본다. 다음으로, 연구현장에 들어간다는 것을, '형식적 진입'과 '실질적 진입'으로 구분하여 살펴보고, 연구현장을 탐색하고 선정할 때의 기준과 연구현장의 종류에 따른 특징 및 진입의 어려움에 대해 알아본다. 아울러 '형식적 진입'에서 연구허락과 동의를 위한 전략, '실질적 진입'에서 신뢰형성과 관계 맺기, 참여를 위한 전략에 대해 살펴보기로 한다. 끝으로, 연구현장 들어가기와 관련한 유의점과 향후의 이론적 과제에 대해 짚어 본다.

1) 이 장에서는 편의상 현지연구와 질적 연구를 구분하지 않고 사용하기로 한다. 일반적으로 현지연구는 구체적이고 물리적인 연구현장을 전제하며, 이 점에서 질적 연구가 더 포괄적인 개념이라 할 것이다(Yin, 2011). 그러나 다음에서 보겠지만, 질적 연구의 본질이 관계에 있으며 연구현장이 다름 아닌 바로 그 관계라고 한다면 이 글에서는 굳이 양자를 구분하지 않아도 무방할 것이다.

1. 연구현장에 들어간다는 것

1) 현지연구와 연구현장

현지연구의 역사는 19세기 말과 20세기 초로 거슬러 올라간다. 당시 북미나 유럽 등 서구의 인류학자들은 아프리카나 아시아, 남태평양 등 식민지와 그곳의 현지인들을 연구하기 위해 떠나곤 했다. 장기간의 참여관찰이라는 인류학적 현지연구(anthropological field research) 혹은 문화기술적 연구(ethnographic research, 이하 현지연구)의 고전적 정식을 정초한 이는 말리놉스키(Malinovsky)이다. 그는 제1차 세계대전 중 서태평양의 트로브리안드 제도(Trobriand Islands)에 4년이나 머물면서 현지인의 말과 풍습, 의례와 생활양식 등을 그들의 시각에서 이해하고자 하였다. 이를 통해 그는 생물학적 유기체와 마찬가지로 문화에서도 각각의 기능을 가진 부분이 전체의 존속을 위해 작동한다는 기능주의(functionalism)적 문화론을 제안하였다. 이러한 접근은 이후 사실적 문화기술지(ethnography)[2)]라는 흐름을 형성하였는데, 에믹(emic, 내부자)의 관점에 기초한 일상적 실천의 기록이 문화기술지의 핵심이 되었다(Erickson, 2011; Keesing, 1976).

말리놉스키 이전까지 인류학적 현지연구는 방법론으로서 정착되지 못한 상태였다. 다만 학계의 관련 단체나 개인들이 지침 수준에서 현지에서의 자료수집 방법과 유의점, 현지인을 대하는 태도 등을 제시하고 있었다. 가령 1874년 영국고등과학협회는 '미문명지 여행자나 거주자가 활용 가능한 인류학 노트와 기법'이라는 매뉴얼을 출판하였다(Erickson, 2011에서 재인용). 이 매뉴얼은 현지에서 수집해야 할 정보의 범위를 해부학과 의학, 의복, 항해술,

---

2) 그리스어로 graphein은 쓴다를, ethnoi는 그리스인을 제외한 이방인을 말한다. 중심은 언제나 주변을 타자화한다. 한족(漢族)의 중화가 한족(韓族)을 동이족(東夷族)으로 이름한 것도 이와 궤를 같이한다.

음식, 종교, 법률 등 광범위하게 제시하였으며, 인류학자들은 이에 기초하며 이른바 미개 문명에 대한 백과사전적 접근을 시도하였다. 다른 한편으로 타일러(Tyler), 모건(Morgan) 등 '안락의자 인류학자'라 불리는 이들은 여행자나 선교사, 무역상, 식민지 관료의 기록 등 2차 자료를 통한 문헌연구를 통해 『원시문화』(Tyler, 1958)나 『고대사회』(Morgan, 1877)의 해명에 주력하였다. 그러나 장기간의 '참여관찰(participant observation)'(Spradley, 1980)을 특징으로 하는 본격적인 인류학적 현지연구는 말리놉스키 이후부터 자리잡을 수 있었다. 이제 인류학자가 되고자 한다면 그곳이 어디건 반드시 '그곳에 있음(being there)'을 전제하게 되었다는 것인데, 『서태평양의 항해자들』(Malinowski, 1922)은 현지연구의 정석적 방법론이자 인류학자의 '통과의례(rite of passage)'가 되었다(Gennep, 1966).

이보다 조금 앞서 19세기 후반부터 미국에서는 보아스(Boas)를 비롯한 문화인류학자들이 사라져 가는 북미 원주민(native American)의 생활양식과 문화를 기록하고자 하였다. 보아스는 캐나다 배핀섬(Baffin Island) 이누이트(Inuit)족에 대한 연구를 통해 문화상대주의(cultural relativism)를 주창하였다. 그는 문화는 야만에서 문명으로 발전한다는 프레이저(Frazer)나 모건 등의 진화론적 문화론을 의문시하면서, 각각의 문화는 우열적 비교의 대상이 아닌 고유한 가치와 관념을 가지는 것으로 보았다. 이때까지만 해도 미국 인류학자들의 현지연구는 대개 몇 주나 몇 달 등 단기간의 방문에 한정되어 있었다. 이후 미드(Mead)를 비롯한 미국 인류학자들 또한 말리놉스키적 현지연구를 받아들이게 되었다. 다만 그 기간은 일 년 안팎으로 단축되었다. 대표적으로 미드는 남태평양 사모아(Samoa)섬 등의 현지연구를 통해, 한 사회의 문화와 성역할, 양육 방식 등이 인성에 미치는 영향을 밝히고자 하였다(Mead, 1961). 이러한 경향은 루스 베네딕트(Ruth Benedict) 등으로 이어져 '문화와 인성학(culture and Personality)파'를 형성하였다.

이러한 현지연구의 전통은 사회학을 비롯한 다른 사회과학 분야에도 많은 영향을 미쳤다. 특히 1920년대 이후 일탈과 병리에 대한 시카고학파(Chicago

School)의 연구가 대표적이다. 이들은 제1, 2차 세계대전 후 급속한 자본주의적 성장 속에서 성실과 근면이라는 노동윤리의 바깥에 속한 이들, 곧 빈민이나 갱, 동성애자와 매춘부, 알콜중독자들과 노숙자와 부랑자 등 도심 내 소수자 집단에 주목하였다. 아울러 이들 소수자 집단이 거주하는 지역을 개선해야 할 하나의 생태학적 단위로 보고, 계급과 인종, 종족 등 사회학적 개념과 이론을 통해 분석하고자 하였다(Gans, 1982; Whyte, 1943). 조금 다르게 고프만(Goffman, 1959, 1961)은 이러한 개혁적 관심으로부터 거리를 두고, 일상의 문화적 질서를 미시적으로 탐구하고자 하였다. 그는 정신병원이나 요양원 등 집단수용시설(total institution)에 대한 현지연구를 통해, 사회적 낙인(stigma)에 처한 이들이 어떻게 자신의 자아 이미지를 연기하는지, 그 과정에서 어떠한 전략들을 취하는지 드러내고자 하였다.

제2차 세계대전 후 형식적인 식민지가 사라지고 전지구적 근대화와 산업화가 확대되면서, 먼 이국으로 떠나는 고전적인 현지연구는 점점 더 드문 것이 되었다. 이제 많은 연구자가 초기의 제국주의적 현지연구의 전통을 비판적으로 계승, 자국 내에서 현지연구를 수행하고 있다. 오늘날 현지연구는 인류학과 사회학은 물론, 교육학, 간호학, 사회복지학, 마케팅과 시장조사 등 여러 분야에서 활용되고 있다.[3] 이에 따라 연구현장의 의미 역시 훨씬 더 다양하고 광범위한 것이 되었다. 이제 연구현장이라고 하면 지역이나 마을, 기관과 시설 등 구체적이고 물리적인 것뿐만 아니라, 특정한 실천과 행위, 과정과 의례, 사건과 사고, 이슈와 어젠다 등 추상적이고 상징적인 것까지 아우르

---

3) 한국의 경우 인류학과 사회학을 비롯, 교육학과 간호학을 중심으로 질적접근이 이루어지기 시작하였다. 1989년 서울대학교 교육학과 고(故) 김영찬 교수가 〈교육인류학교실〉을 통해 처음으로 교육현상에 대한 본격적인 질적 접근을 모색하였다. 이전까지 여러 분야에서 질적 연구의 전통이 없었던 것은 물론 아니다. 다만 〈교육인류학교실〉은 질적 연구를 전면에 표방하면서 국내에서 새로운 질적 연구의 길을 모색하고자 했다는 점에서 그 의의가 깊다고 할 것이다. 이후 〈교육인류학교실〉은 1994년 〈교육인류학연구회〉로 개칭되었으며, 1997년에는 서울대학교 교육학과 조용환 교수를 초대 회장으로 하는 한국교육인류학회로 확장되었다. 같은 해 교육현상에 대한 본격적인 질적 연구를 지향하는 학술지『교육인류학연구』가 창간되어 오늘에 이르고 있다.

다. 그럼에도 현지연구의 본질은 변하지 않는다고 할 수 있다. 왜냐하면 현지연구란 궁극적으로 사람들을 만나 그들과 삶을 나누며 서로에 대해 알아가는 것이기 때문이다(Warren & Karner, 2005). 이렇게 보면 현지연구에서 연구현장이란 곧 사람들 그 자체라 할 것이다. 또 현지연구란 바로 그 사람들과 함께, 사람들 속에서 사람들을 이해하기 위해 이루어지는 연구라 할 것이다.

2) 연구현장 들어가기: 형식적 진입과 실질적 진입

질적 연구는 연구현장에 들어가기(entrée)[4] 전부터 시작된다. 연구의 아이디어를 떠올린다거나 기존의 이론과 선행연구를 살펴보는 것 또한 질적 연구의 일부이다(Creswell, 2016). 그러나 이전에 이런저런 탐색을 했다고 하더라도, 실제로 연구현장에 들어가지 못한다면 이는 모두 무용지물이다. 본격적인 질적 연구는 연구현장에 진입하면서부터 시작되며, 이는 또한 질적 연구자로 성장해 나가기 위한 가장 기초적이고 중요한 출발이다.

그렇다면 연구현장에 들어간다는 것은 무엇을 의미하는가. 연구현장이 사람들 그 자체라면, 연구현장에 들어간다는 것은 바로 그 사람들 속으로 들어가는 일이라 할 수 있다. 인간은 사회적 동물이며 무리로부터 환대받을 때 무리의 일부라 할 수 있다(김현경, 2015). 무리로부터 배척되어 인정받지 못한다면 그는 결코 무리 안으로 섞여 들어갈 수 없다. 연구현장에 들어가기 위해서 연구자는 현지인들에게 허락을 얻어야 한다. 그러나 안타깝게도 대부분의 연

---

4) 프랑스어 entrée에는 입장과 허가, 자격이라는 의미가 동시에 들어 있다. 진입은 다소 공격적으로 들릴 수 있고, 입장은 좀 더 중립적인 어감이기는 하지만, 아무래도 공식적인 행사나 의례에 어울린다. 물론 고프만(Goffman, 1959)의 말대로 일상 또한 연극의 무대라는 점에서 입장이라는 말이 더 적절할 수도 있다. 그러나 연구자가 연구현장에 들어가는 일이 언제나 공식적이고 의례적인 일은 아니다. 결론적으로 진입을 선택한 것은, 나아가고 들어간다는 본래적 의미가 연구현장 들어가기의 본질을 잘 포착하고 있다고 보았기 때문이다. 질적 연구자는 폭력과 억압을 경계하면서 연구현장 속으로 나아가는(進) 동시에 들어갈(入) 수 있어야 한다.

구현장은 연구자를 환영하지 않을 것이다. 현지인들에게 연구자란 대개 귀찮은 '등에'에 불과하다. 연구자를 들이지 못할 이유는 많다. 특히 실행연구(action research)와 '참여적 실행연구' 등 연구자의 개입이 깊고 연구현장에 적지 않은 변화를 도모하는 연구라면 더욱 그러할 것이다. 연구자에게는 이 관문을 넘는 것이 최초의 도전이 된다. 연구자는 현지인들에게 연구의 목적과 내용, 방법 등에 대해 설명하고, 자신의 연구에 협조해 줄 것을 구해야 한다. 연구자마다 상황은 다르겠지만, 한 번에 허락이 떨어지는 일은 매우 드물다. 많은 연구자가 삼고초려를 무릅쓴다. 거절이 반복될 때마다 과연 연구를 시작이나 할 수 있을지 회의에 사로잡힐 것이다. 그럼에도 연구를 포기할 것이 아니라면 허락을 구하는 일을 멈출 수는 없다. 그리하여 모든 난관을 넘어 드디어 연구허락을 얻었다면 현지연구의 첫 걸음을 내디뎠다고 할 것이다. 여기까지가 형식적 진입이다. 이제 연구자는 연구현장에 들어갈 수 있는 자격을 얻은 것이다.

그러나 연구허락을 얻었다고 해서 곧바로 연구활동이 시작될 수 있는 것은 아니다. 형식적 진입은 말 그대로 연구를 해도 좋다는 공식적 허락에 불과하다. 실질적인 연구활동을 수행하기 위해서 연구자는 연구참여자들 속으로 들어갈 수 있어야 한다(Johnson, 1975; Warren & Karner, 2005; Yin, 2011). 연구자가 연구참여자들의 마음을 얻고 그들에게 받아들여져 그들과 삶을 공유할 수 없다면, 본격적인 연구활동을 수행하기는 어렵다. 실질적 진입은 연구자가 연구현장의 사람들과 신뢰를 형성하고 관계를 맺으며 함께 삶을 나누는 것을 말한다. 연구자는 현지인들의 마음과 관계, 일상 속으로 스며들 수 있어야 하며, 이러한 일련의 스며듦이 가능할 때 비로소 연구현장에 진입했다고 할 수 있다.[5)]

순조로운 연구현장 진입은 연구의 성패를 가름하는 매우 중요한 출발이 된

---

5) 따라서 실질적 진입은 곧 참여(participation)에 다름 아닐 것이다. 이 글에서는 참여를 위한 전략에 대해서만 다룰 뿐, 참여관찰에 대한 좀 더 자세한 논의는 이 책의 다른 장을 참고하기 바란다.

다. 연구현장 진입이 어떻게 이루어지느냐에 따라, 연구자에 대한 신뢰와 관계, 그로 인해 얻을 수 있는 자료의 신빙성이 달라질 수 있다. 그렇다면 어떻게 해야 무사히 연구현장 속으로 들어갈 수 있을까. 현지연구의 많은 개론서가 연구현장 진입에 대한 일반적인 지침들을 제공한다. 그러나 막상 자신의 연구현장에 적용하려고 하면 이러한 지침들은 그다지 도움이 되지 못한다. 그도 그럴 것이 모든 연구현장은 저마다의 '난장판(messiness)'(Duncan & Watson, 2010: 53)이며, 일반적인 지침들로는 그 각각의 현실을 포괄하기 어렵다. 결국 각자의 연구현장에서 연구자는 누구도 해 보지 못한, 그러나 가장 최선의 판단을 해야 한다. 아울러 그 판단으로 인한 결과와 책임 역시 오롯이 자신의 몫이다(Warren & Karner, 2005). 그럼에도 연구현장 진입 시, 연구자가 어떤 상황에 처하며 어떻게 대처할 수 있을지 미리 가늠해 보는 것은 반드시 필요하다. 아무런 준비 없이 연구현장에 접근하는 것과 어떤 종류의 상황이 펼쳐지리라는 것을 대강이나마 예상하는 것은 전혀 다른 일이기 때문이다. 다음에서는 어떻게 하면 무사히 연구현장에 들어갈 수 있는지, 최대한 전략적인 관점에서 살펴보고자 한다.

2. 연구현장 탐색과 선정의 기준

연구현장 진입에 대해 살펴보기 전에, 먼저 연구현장의 탐색과 선정 기준에 대해 알아보기로 한다. 연구현장에 들어가자면, 그에 앞서 들어갈 연구현장이 있어야 한다. 과연 어디가 연구현장으로 적합할 것인가.

첫째, 가장 먼저 살펴야 할 것은 주제 혹은 목적유관성이다. 현지연구는 연구주제 혹은 연구목적을 가지고 연구현장에 들어가는 것이다(Wolcott, 1995). 따라서 연구현장은 연구하고 싶은 주제를 탐구하기에 혹은 연구목적을 달성하기에 적합한 곳이어야 한다. 구체적인 기준은 연구주제와 목적에 따라 다를 수밖에 없다. 보통 질적 연구에서는 연구주제나 목적이 처음부터 명확한 것은 아니다(Bogdan & Biklen, 1982; Warrren & Karner, 2005; Yin, 2011). 질적 연구는 언제나 명확한 계획과 더불어 시작되는 것이 아니며, 연구주제나 목적은 연구를 해 가는 가운데 점점 더 선명해진다. 이것이 이른바 '해석학적 순환(hermeneutic circle)'(Gadamer, 1960)이다. 연구자의 문제의식은 연구의 과정에서 수집된 자료와 여타의 연구활동을 통해 구체화된다. 새로운 문제의식은 애초에 생각했던 것에서 발전된 것일 수도 있고, 다른 방향으로 수정된 것일 수도 있다. 어느 쪽이어도 무방한데, 왜냐하면 이미 그 문제의식은 연구자 자신의 연구현장에서 길어 올린 것이기 때문이다. 연구주제나 목적이 명확해지기 전에 일단 연구현장에 들어가 자료수집을 해 볼 것이 추천되는 것은 이 때문이다(Yin. 2011). 어쨌든 연구 초기에는 이것이 연구주제나 목적이라고 명확히 한정하기 어려우며, 따라서 연구현장을 선택하기가 어려울 수 있다. 그럼에도 잠정적인 연구주제 혹은 목적과 최대한 유관한 연구현장을 선정하도록 해야 한다. 이와 관련한 일반적 수준의 조언은 연구현장과 사례 선정에 관한 기존 논의들이 도움이 될 수 있다는 것이다. 주요한 한 가지 기준이라면, 연구주제 혹은 목적과 관련하여 풍부한 정보를 제공할 수 있는 곳이 좋다(Flyvbjerg, 2011; Patton, 2002).

둘째, 접근 가능성이다. 잠정적인 연구현장이 선정되었으면 다음으로 고려해야 할 것은 실제로 연구허락을 얻고 그 현장에 진입하여 연구를 수행할 수 있는가이다. 연구자 수준에서 연구현장을 선정한다고 해서 곧바로 연구현장에 들어갈 수 있는 것은 아니다. 모든 현지연구는 해당 연구현장의 문턱(gate-keeping)을 넘어야 한다. 이는 곧 자신들을 연구해도 좋다는 현지인들의 허락과 동의가 필요하다는 말이다. 문턱의 내용과 성격 또한 연구현장마다 다를 수 있다. 가령 가정이나 가족을 연구현장으로 하기는 매우 어려울 것이다. 사적인 것을 드러내지 않으려는 것이 근대사회의 보편적 문화이기에 개인적이고 내밀한 사정을 선뜻 공개하려는 이들은 많지 않다. 동성애자 클럽이나 오컬트(occult) 종교단체, 자살모의자 등 배타적인 문화가 강하거나 특정한 신념을 공유하는 경우 또한 그러할 것이다. 내부자들은 연구로 인한 사회적 낙인(stigma)을 염려할 것이며, 있을지도 모를 만약의 위험을 예방하려 할 것이다. 국정원이나 군대 등 정보나 보안이 관건이 되는 조직이나, 고아원이나 보육원, 요양원, 입양 기관 등 또한 마찬가지일 것이다. 은폐해야 할 사실이 많다면 구태여 주목받으려 하지 않을 것이다. 이처럼 실제로 접근 가능한 연구현장이 아니라면 연구현장으로서 의미가 없다.

셋째, 연구기간, 연구자 수와 연구의 형태(개별 · 공동 · 정책연구 등), 연구현장의 종류와 규모, 연구현장의 지속성 등을 염두에 두어야 한다. 박사학위 논문을 준비하는 개별 대학원생과 수개월 안에 보고서를 마무리해야 하는 공동연구의 책임연구자가 선택할 수 있는 연구현장은 다를 것이다. 한 학기 과제로서 현지연구를 수행하고자 하는 대학원생이라면 먼 곳으로 떠나기는 어려울 것이다. 초보연구자라면 대규모 관료조직이나 마을 공동체, 지역사회 등은 버거울 수 있다. 물론 초보연구자라고 해서 장기간의 현지연구를 하지 말라는 법은 없다. 한때 우리는 누구나 초보연구자였으며, 용기를 내 도전하지 않는다면 성숙한 질적 연구자로 나아가기는 어려울 것이다. 특히 초보연구자라면 규칙적이고 일상적인 반복이 존재하는 소규모의 연구현장이 좋다. 이를테면 학생식당이나 카페, 버스나 지하철, 영화관이나 놀이공원, 경로당이나 유치원 등이 그러하다. 보통 이런 곳에서는 별달리 흥미로운 일이 일어나지 않는다고 생각하기 십상이다. 그러나 일상은 규범과 질서가 녹아 있는 문화의 보고이다(조용환, 1995). 오히려 이러한 일상적 공간들의 특별함을 드러내고자 시도하는 것이야말로 스스로를 질적 연구자로서 훈련시킬 수 있는 좋은 기회이다(Bogdan & Biklen, 1982; Yin, 2011: 182). 특정한 프로그램이나 사업, 프로젝트 등을 연구하고자 하는 연구자라면, 해당 프로그램 등이 중도에 중단되거나 변형될 수 있는지 사전에 살펴야 할 것이다. 이 외에도 다른 모종의 이유로 연구 도중 연구현장에서 연구자를 거절할 가능성이 높은 곳이라면, 그러한 거절까지 연구의 일부로 포함할 것이 아닌 이상, 연구현장 선택에 신중해야 할 것이다.

넷째, 물리적 · 신체적 · 경제적 · 사회적 부담에 대한 고려이다. 연구현장과 연구자의 거주지가 너무 멀다면 오가는 시간과 비용 등 부담이 적지 않을 것이다. 또한 그 과정에서 감당해야 하는 신체적 · 심리적 소모 또한 막대할 것이다. 경우에 따라서는 연구를 계속하는 것 자체가 어려워질 수도 있다. 계절이나 환경적 조건 및 그에 관련된 연구자 자신의 상황 역시 고려되어야 한다. 수영장이나 야외 놀이공원이 연구현장이라면 가을학기보다는 봄학기가 나을 것이다. 추위에 약하다든가 꽃가루 알레르기나 있다면, 겨울철 수영장과 봄철 놀이공원은 피해야 한다. 경제적 상황에 대한 고려는 매우 중요하다. 현지연구를 수행하는 동안 기본적인 생계비는 차치하고서라도, 면담사례비, 교통비, 찻값이나 선물비 등 각종 소소한 지출이 따른다. 더해서 연구현장이 수영장이나 놀이공원, 도박장, 클럽, 카페 등 따로 입장료가 필요한 곳일 수도 있다. 학교나 재단, 기업 등으로부터 연구비를 지원받지 않는다면, 수입과 지출을 염두에 두고 연구현장을 선택해야 한다.

다섯째, 일과 가족, 친구, 정신건강 등 개인적 상황 역시 감안해야 한다. 모든 연구활동이 그러하겠지만, 특히 현지연구는 연구자가 처한 개별적 맥락을 떠나서 생각하기 어렵다. 전업이 있다거나 따로 물리적 · 시간적 여유를 내기 어렵다면, 사전에 연구활동 일정 조율이 가능한지 살펴야 한다. 이 경우 주거지 근처나 직장 등 자신이 속한 지역이나 집단을 연구현장으로 삼는 것도 한 방법이다. 학위논문 등 장기간에 걸친 연구일 경우, 가족과 친구, 연인 등 중요한 관계에 미칠 영향 또한 고려해야 한다. 유자녀 연구자로서 육아와 가사노동에서 많은 책임을 지고 있다면, 그 부담을 분산시킬 수 있는 대안이 필요하다. 특히 연구자 자신의 정신건강 역시 고려해야 한다. 언제나 정서적으로 최적의 상태에서 연구를 수행할 수는 없겠지만, 연구에 전념할 최소한의 마음의 여유는 있어야 한다. 현지연구는 많은 감정적 혼란과 기복을 야기하며, 이를 감당할 수 있는지 먼저 스스로에게 물어야 한다.

여섯째, 연구문제가 연구자의 지나친 감정적 연관을 요한다면 연구현장 선택에 신중해야 한다. 일례로 학교폭력의 경험이 있는 이가 학교폭력을 연구하기란 쉬운 일이 아닐 것이다.

3. 연구현장의 종류와 특징 및 진입의 어려움

연구현장이 선정되었다면, 이제 내부자들을 접촉하고 연구허락과 동의를 얻어야 한다. 엄밀히 말하면 연구현장은 연구자의 수만큼 다양하며 그에 따른 진입의 어려움도 제각각이다. 여기에는 연구현장의 종류, 연구참여자들의 구성과 특성, 이전에 연구에 협조한 이력과 경험, 연구현장 내부의 정치적 상황, 구성원들 간의 권력관계 등 다양한 요인이 관련되어 있다(Johnson, 1975: 50-77). 아울러 넓게는 연구가 이루어지는 시기나 시대, 연구현장이 속한 곳의 역사적 · 정치적 · 사회문화적 배경 또한 영향을 미칠 수 있다. 이 각각에 대해 다 살펴보기는 어렵고, 여기에서는 연구현장의 종류와 특징에 따른 진입의 어려움에 대해서만 확인해 보기로 한다. 연구현장은 크게 다섯 가지, ① 관료제 조직, ② 지역이나 마을, 공동체, ③ 불특정 다수의 공적 공간, ④ 가상현실, ⑤ 자신이 속한 집단으로 구분할 수 있다.[6] 각 연구현장의 특징과 어려움이 배타적인 것은 아니다. 다만 논의의 편의를 위하여 각각을 하나의 이념형(ideal type)으로 상정하여 가장 두드러지는 특징과 어려움을 부각시켜 논의하기로 한다.

1) 관료제 조직

근대사회의 공적 조직은 대개 관료제에 기반하고 있다. 관료제 조직은 그

---

6) ①, ②, ③의 구분은 집단의 형식성에 따른 것이다. 이에 더해서 기술문명의 발달로 인한 또 하나의 연구현장이라는 점에서 ④를, 이 네 가지 모두에 해당할 수 있다는 점에서 ⑤를 추가하였다. 연구자마다 연구현장을 구분하는 기준은 다를 수 있다. 예컨대 인(Yin, 2011)은, ① 유대를 공유하는 소집단(범죄조직이나 직장 등), ② 같은 지역에 거주하는 소집단, ③ 특정한 기관과 그곳에 속한 사람들의 일상(병원, 학교, 무술도장, 도박집단, 휴양지의 웨이터 등), ④ 관련 없는 집단의 사람들(외국어 학습자, 알콜중독자 등)로 구분한다.

물리적 경계가 분명하고 안팎의 구성원 구분이 명확하다. 학교라든가 회사, 병원, 교도소, 요양시설, 기업이나 노동조합, 경찰서와 구청 등이 이에 해당된다. 관료제 조직이야말로 가장 연구하기 어려운 곳 중 하나이다. 우선 연구허락을 얻기 위해서는 복잡하고 엄격한 형식적 의사결정을 거쳐야 한다. 연구현장마다 통상 '문지기(gatekeeper)'로 불리는 이가 있다. 연구허락을 결정할 수 있는 주요한 권한을 가진 사람을 말하는데, 통상 관료제 조직에서는 해당 조직의 수장이 이 역할을 하게 된다. 경우에 따라서는 중간 관리자나 실무자, 혹은 공식적 위치와는 상관없는 막후의 실력자가 될 수도 있다. 그렇다 하더라도 최종 허락은 최고의사결정권자를 통해서 얻어야 하기에 그의 허락은 여전히 중요하다. 만약 연구자가 수장과 안면이 없다거나 달리 그를 소개해 줄 이가 없다면, 먼저 관련자나 내부자와 접촉해야 한다. 전화, 편지, 이메일, 방문 등 무엇이든 가능할 것이다. 그러나 어떤 조직이라도 미리 약속을 잡지도 않은 채 불쑥 방문하는 것은 대단히 무례한 일이다. 하지만 전화나 편지, 이메일로 처음부터 허락을 얻어 내기는 어려울 것이다. 만나 주겠다는 약속이라도 얻을 수 있다면 매우 다행이다. 전은희(2012)의 경우, 초등학교에서 다문화아동에 대한 현지연구를 수행하기 위해 여러 학교에 전화와 이메일을 하였지만, 만나 주겠다는 약속조차 얻어 내기 어려웠다. 이에 다시 '다문화사랑(가명)'[7] 이라는 교사 단체와 접촉, 다문화에 관심이 많은 강 교사를 만날 수 있었다. 또 그를 통해 다른 주 제보자인 정 교사를 소개받고, 정 교사를 통해 비로소 해당 학교의 교장을 만나 허락을 얻을 수 있었다. 워렌과 카너(Warren & Karner, 2005)에 따르면, 한 대학원생은 에너지 회사의 CEO를 만나기 위해 그의 비서에게 계속 전화를 해 메모를 남겼으며 한 달 후 드디어 CEO로부터 만나 보겠다는 답을 얻을 수 있었다. 이처럼 관료제 조직의 허락을 얻기 위해서는 최종의사결정권자를 만나는 것부터가 매우 힘든 일이다. 이 과정에서 연구자는 연구허락을 얻기도 전에 지칠 수 있으니 자신의 상태를 잘 살피고 돌

7) 다음의 모든 단체명과 지명, 인명 등은 가명이다.

볼 수 있도록 유의해야 한다.

또한 관료제 조직의 경우 외부인에 대한 경계도가 매우 높다. 내부자들이 가장 두려워하는 것은 스캔들이나 추문, 민원이다(전은희, 2012; Peshkin, 1982). 관료제 조직에서 각종 사건 사고가 왕왕 축소되거나 은폐되는데 그 이유를 짐작하기는 어렵지 않다. 관련자들에 대한 처벌, 이로 인한 조직의 사회적 사기 저하, 대외적인 망신과 구성원 일반의 스트레스 등 스캔들과 추문, 민원이 미치는 여파는 적지 않다. 무엇보다 관리자들의 경우, 이 모든 사태의 최고 책임자로서 자신의 경력과 출세를 염려해야 한다. 연구협조로 인해 일신상의 안위를 걱정해야 한다면, 이를 환영할 이는 드물 것이다. 더욱이 집단의 구성원 일반에게도 연구자는 그다지 반가운 존재가 아니다. 이들에게 연구자란 자신의 업무와 일과를 감시하는 불편한 존재이자, 자칫하면 자신의 약점이나 과실을 유출할 수 있는 첩자와도 같다(Warren & Karner, 2005; Yin, 2011). 이래저래 관료제 조직에서 연구자는, 그것도 내부 사정을 시시콜콜 들추어 보겠다는 질적 연구자는 초대받지 않은 손님이 될 공산이 크다.

뿐만 아니라 관료제 조직 내부에는 독특한 조직문화와 정치적 역동, 구성원들의 특성과 그들 간의 권력관계 등이 존재한다(전은희, 2012; Yin, 2011; Johnson 1975). 이를테면 상명하달식으로 연구허락을 얻어 특정 관료제 조직에 진입할 경우 아랫사람들의 반발을 살 수 있다(Bogdan & Biklen, 1982; Bosk, 1996). 아랫사람들로서는 상명하복이라는 조직의 특성상 공식적으로 이의를 제기하기 어렵다. 그 결과 마지못해 연구에 소극적으로 협조하거나 대놓고 연구협조를 거절하기도 한다(전은희, 2015a). 아울러 관료제 조직 내부에는 경쟁적인 당파라든가, 조직 내 위계서열 상의 알력 등이 존재할 수 있다. 이러한 사정을 잘 알지 못한 채 어느 한쪽에 먼저 연구협조를 구한다면 고래 싸움에 새우 등 터지는 상황을 초래할 수 있다. 상대편에서 연구자를 해당 당파의 이해와 관련된 인물로 간주하고 적대시할 수 있기 때문이다. 따라서 현지인들 중 어느 집단의 누구와 먼저 접촉하느냐는 매우 민감한 문제가 될 수 있다. 이 외에도 조직 내 구성원들의 특성이라든가 기존에 다른 연구에 협조한 경험의 유무 등이 연구허락의 변수가 되기도 한다(전은희, 2012; Johnson, 1975). 현지인들이 이전에 연구에 협조한 경험이 있고 그 경험이 나쁘지 않았다면 연구협조에 더 개방적일 것이다. 끝으로 관료제 조직을 둘러싼 다양한 인적 구성 및 외부 환경이라는 변수도 있다. 병원이나 공공기관, 학교 등 시민 일반에게 봉사하는 관료제 조직이라면, 경우에 따라 연구허락과 동의를 얻어야 할 사람들이 한층 늘어날 수 있다. 이들이 환자 보호라든가 시민적 권리, 학습권 등을 이유로 연구허락에 미온적이라면, 연구협조를 구하기는 매우 어려워질 것이다.

이처럼 관료제 조직의 문턱을 넘기는 여간 어려운 일이 아니다. 관료제 조직에 대한 연구들이 기관이나 대학, 재단 등의 후원을 통해 이루어지는 경우가 많은 것은 이 때문이기도 하다. 그렇다고 해서 개인 연구가 불가능한 것은 아니다. 연구자를 돕고자 하는 현지인들은 어디든 존재하며, 초보연구자라 하더라도 도전하는 용기가 필요하다. 다행인 것은 보통 관료제 조직의 경우 허락을 얻기까지가 어려울 뿐, 일단 허락이 떨어지고 나면 번복되는 일은 거의 없다는 점이다.

2) 지역이나 마을, 공동체

관료제 조직처럼 공식적인 집단이 아닌, 특정한 지역이나 마을 및 각종 공동체 등 그 범위나 경계가 좀 더 느슨한 집단이 있을 수 있다. 오늘날의 질적 연구자들은 도시 빈민(조은, 조옥라, 1992), 홈스쿨링 공동체(서덕희, 2006)와 교육공동체(서근원, 2004), 성소수자(박임효, 2008), 불법체류자와 이주민 등 자기 주변의 지역과 마을, 사람들을 연구한다. 소수자 집단의 경우, 관료제 조직과 다른 의미에서 진입이 쉽지 않다. 보통 이러한 집단은 그들만의 고유한 역사와 문화를 가지고 있으며, 오랜 사회적 낙인에 시달려 온 경우가 많다. 따라서 이들 또한 연구자를 정부나 관련 기관에서 보낸 스파이로 간주할 것이다. 동시에 연구로 인한 사생활 유출, 집단적 낙인의 심화, 기타 예측할 수 없는 피해들을 우려할 것이다. 또 아무런 권력도 없고 주변적 위치에 있는 자신들을 연구한다는 연구자에게 냉소와 의심의 눈길을 보낼 것이다.

이 때문에 이들 비형식적 집단을 연구하고자 할 경우, 상황에 따라 '비공개(covert)연구'가 진행되어야 할 수도 있다. 현지인들에게 명시적으로 허락을 구하지 않고 연구가 이루어진다는 점에서 비공개연구는 윤리적으로 문제적이다. 아무리 연구의 의의가 타당하다 하더라도, 비공개라는 사실로 인해 도덕적 정당성이 훼손되기 때문이다. 그러나 연구라는 것이 인간 사회와 문명을 위해 필요한 행위이고 현실세계에는 일도양단의 흑백 논리가 통하지 않는다고 한다면, 연구를 하기 위한 일정 정도의 도덕적 타협이 불가피하다(Clifford, 2014). 가령 범법이나 폭력이 의심되는 교육기관, 단식원이라든가 기도원 등의 종교 집단, 집창촌이나 보도방, 불법 도박장, 성형외과 및 각종 무허가 의료시설 등의 경우가 그러하다.

그렇다고 해서 모든 비형식적 집단이 이에 해당되는 것은 아니다. 연구허락을 얻을 수 있다면 당연히 '공개(overt)연구'가 바람직하다. 공개연구란 말 그대로 연구현장과 연구참여자들에게 공개적으로 연구의 목적과 의도를 설명하고 동의를 얻어 이루어지는 연구이다. 원칙적으로 모든 현지연구는 공개를 지향하는 것이 마땅하다. 인간을 수단이 아닌 목적으로 대해야 한다는 것은, 연구를 포함한 인간에 관한 모든 행위와 실천의 근본이기 때문이다. 공개연구에서는 최소한 한 명이나 그 이상의 사람이 연구자의 존재를 알게 된다. 앞서 본 대로 관료제 조직에서는 공식적 의사결정 과정을 통해 연구허락이 이루어지기에, 애초에 연구자의 존재를 은폐하기가 어렵다. 오히려 연구현장이나 현지인들 쪽에서 공개연구를 환영하는 경우도 없지 않다. 곧 홈스쿨링의 현실에 모종의 제도적 변화가 있기를 희망하거나(서덕희, 2006) 자기 회사가 국내외로 널리 알려지기를 기대할 수도 있다(한경구, 1994).

연구허락의 측면에서 비형식적 집단은 관료제 조직에 비해 상대적으로 유리해 보일 수도 있다. 공식적인 의사결정 라인이 없으니 형식적 허락이나 동의를 구할 필요가 없기 때문이다. 그러나 여기에서도 연구허락을 얻는 일이 쉽지는 않다. 공식적인 의사결정 라인은 없지만, 보통 현지인들 중에는 권력이나 권위, 인맥이나 친화력 등에서 영향력 있는 인물이 있기 마련이다. 이러한 인물이 해당 집단의 문지기가 될 공산이 크기에 연구자로서는 먼저 이들의 허락을 구해야 한다. 또 그전에 이러한 인물에게 안내해 줄 또 다른 후견인(sponsor)을 찾아야 할 수도 있다. 문지기나 혹은 후견인이 연구자를 보증하게 되면 형식적 진입에는 성공한 셈이다.

그러나 관료제 조직과 마찬가지로 비형식적 집단의 경우에도 이것으로 진입의 문제가 다 해결된 것은 아니다. 어느 연구현장이나 마찬가지일 테지만 모든 현지인이 곧바로 연구에 협조해 주는 것은 아니다. 넓게 보면 연구자가 현지에서 만나는 모든 이는 그 각각이 문지기라 할 수 있다. 따라서 그때그때 만나는 사람마다 동의와 허락을 구할 수 있어야 비로소 진입에 성공했다고 할 것이다. 그러나 대개 거절의 벽은 높고 공고하다. 이는 일반적으로 무관심과 방관으로 나타난다. 많은 현지인이 연구자를 보고도 못 본 척할 것이다. 무리에 다가가는 순간 대화는 끊길 것이며, 연구자의 눈앞에서 문을 닫는다거나 들으라는 듯 대놓고 수군거릴 것이다. 그럼에도 연구자가 주변을 어슬렁거린다면 일부 현지인들 사이에서는 반감과 적대, 조롱과 조소 등의 반응이 나올 수 있다. 심지어 이러한 반감과 적대, 조롱과 조소는 때로 이성적이고 합리적인 외양을 띠기도 한다. 일례로 현지인들은 연구자에게 자신들이 아무런 문제없이 잘 살고 있으며, 연구해 봤자 별반 대단한 것이 나올 것이 없다며 오히려 연구자를 설득하려 한다. 전은희(2012)의 경우 'X시'에서 연구현장이 될 초등학교를 물색하던 중 학구 내 교사들 사이에서 자신의 존재가 가십거리가 되고 있음을 발견하였다. 일부 교사는 "그렇게 관찰을 한다고 해서 뭐가 보이겠느냐, 연구가 되겠느냐."라며 다른 교사들과 뒷말을 나누고 있었다. 더해서 연구현장마다 아는 척하기 좋아하는 '척척박사(inside dopester)'(Johnson, 1975)들이 있다. 이들은 연구의 방향이나 접근에 대해 조언하는 척하면서 우회적으로 연구협조를 거절한다. 가령 일본식 경영의 실상을 알고 싶다는 연구자에게 더 규모가 큰 회사를 권한다든가(한경구, 1994: 34), 다문화아동을 연구하고 싶으면 전교생 대부분이 다문화아동인 소규모 시골학교를 찾아가 보라는 식이다(전은희, 2012). 이러한 무관심과 방관, 적대와 반감, 조롱과 조소를 극복하여 연구허락을 얻을 수 있다면, 질적 연구자로서 중요한 하나의 성취를 이루었다고 할 것이다.

3) 불특정 다수의 공적 공간

불특정 다수에게 개방된 유사 공공장소는 누구나 접근 가능한 연구현장이다. 버스 정류장이나 쇼핑몰, 시민 공원, 동네 놀이터, 각종 SNS 등이 여기에 해당된다. 이러한 공간을 오가는 이들은 특정되지 않은 사람들 일반이다. 누구나 들어오고 나갈 수 있으며, 딱히 정해진 구성원이라고 할 것이 없다. 따라서 연구현장 진입이나 연구허락을 위한 문턱 역시 그렇게 높지 않다. 특정인의 허락이나 동의를 구할 필요가 없으며, 연구자가 연구를 결심한 순간 그 자리에서 바로 연구가 가능하다. 어차피 오가는 사람 모두에게 연구의 목적을 설명하고 허락을 구하는 것도 어려울뿐더러, 자연적 상황을 관찰해야 하는 경우라면 그래야 할 이유도 없다. 이러한 공간에서의 말과 행위는 그곳에 있는 이들이라면 누구에게나 노출되어 있으며, 그곳의 사람들 또한 언제나 다른 사람들을 관찰하고 있다. 연구자 역시 그러한 사람들 중의 하나로서 익명의 다른 군중을 관찰하게 된다. 따라서 이러한 공간에서 이루어지는 연구는 비공개연구가 되기 십상이다. 자신이 거주하는 아파트의 놀이터를 연구한 전가일(2015)의 경우가 그 한 예이다. 연구자는 자신의 자녀를 데리고 아파트의 놀이터를 방문하였다. 특별히 누군가의 허락을 구하지도 않았으며 그곳에서 다른 부모와 유아들의 행태를 관찰하기만 하였다. 그러나 이 경우에도 만약 누군가를 지속적으로 관찰하거나 개인적인 정보를 포함하고자 했다면, 따로 허락과 동의를 구해야 했을 것이다.

불특정 다수의 공간이라 하더라도, 연구현장 진입에서 비용과 연령, 드레스 코드 등 제한이 있을 수 있다. 카페나 바, 식당이나 놀이공원, 영화관이나 미술관, 박물관이나 전시회장 및 콘서트홀, 경마장, 야구장이나 축구장, 피시방과 스터디 카페, 방탈출 카페, 검도장(차성현, 2000)과 권투체육관(홍성훈, 2015) 등 상업용 업장이나 문화체육유흥 시설 등이 그러하다. 이 경우 기본적으로 고객이라고 하면 누구나 들어갈 수 있다. 현대인의 몸매 관리 문화에 관심이 있다면 당장 헬스나 체육관 등을 등록하면 될 것이고, 젊은이들의 카페 이용 행태에 주목하고 싶다면 지금 앉아 있는 바로 그곳에서 필드노트를 꺼내면 된다. 그러나 이 경우에도 부분적으로 소유주라든가 관련 스탭 등의 연구허락과 동의가 필요할 수 있다. 그 범위와 내용은 연구현장마다 다르겠으나, 기본적으로 영리를 목적으로 하는 장소이니만큼 연구활동이 해당 업장이나 시설의 운영, 직원들의 근무 등에 방해가 되지 않아야 할 것이다.

4) 가상세계: 각종 사이트 및 카페, 커뮤니티, SNS

각종 사이트 및 카페와 커뮤니티, SNS 등 가상현실(virtual reality)에 대한 연구는 최근 질적 연구의 또 다른 경향이다(Pink et al., 2015). 이제 가상현실은 현실을 구성하는 또 다른 차원으로서, 우리의 일상은 가상과 현실을 넘나들고 있다(Hine, 2015). 인간과 삶을 설명하는 것이 사회과학의 본령이라면, 연구자들 또한 가상현실 속으로 들어가지 않으면 안 된다.[8] 가상현실에 대한 진입을

---

8) 가상현실의 연구현장 진입이라는 점에서 이 글에서 염두에 두는 것은 네트노그라피(netnography, Kozinet, 1997) 혹은 온라인 문화기술지(Gatson, 2011)이다. 네트노그라피는 'internet'과 'ethnography'의 합성어로서, 말 그대로 인터넷에 대한 문화기술지를 말한다. 역사적으로 문화기술지는 공간에 대한 탐구였다고 할 수 있으며, 네트노그라피는 이를 가상공간에 적용한 경우이다. 사이버공간이라는 말에서 알 수 있듯, 우리에게 가상현실은 그 자체로 하나의 공간으로 지각된다. 물론 네트는 실제 공간의 물리적 법칙을 따르지 않으며, 바로 이 점에서 근본적으로 반공간적이라는 지적도 있다(Mitchell, 1995). 그러나 그렇다고 해서 네트의 근본적인 공간성이 훼손되지는 않는다고 할 것이다. 왜냐하면 구체적인 모양이나 형상을 특정할 수 없다는 것 그 자체도 이미 모종의 공간을 상정하고

이해하기 위해서는 먼저 가상현실이라는 공간의 특징을 알 필요가 있다.

무엇보다 가상현실에서는 집단 간 경계라 할 것이 불분명하다. 초기 인류학적 전통에서는 공동체를 자족적이고 완결된 정태적 · 균질적 집단으로 보았다. 공동체란 공통의 가치와 규범, 생활양식을 공유하는 집단으로서 어느 정도 항구적이고 연속적이라는 것이다. 그러나 현재 공동체에 대한 이해는 이와는 다소 거리가 있다. 사회변화가 급격한 오늘날, 이전과 같은 정태적이고 균질적인 공동체는 존재하기 어렵다. 오히려 공동체라는 것은 본질적으로 이질적이고 유동적이며, 사람들은 이해관계와 취향, 인맥과 우연 등에 따라 이합집산한다. 공동체의 이러한 이질적 · 유동적 속성은 가상현실에서는 더욱 강화된다. 가상현실의 유저(user)들은 공통된 관심사를 중심으로 모였다고 하더라도 언제나 이동하며 누가 내부자이고 누가 외부자인지 불분명하다. 게다가 가상현실에 접속하는 모든 이는 오프라인의 실제 자신이자 온라인의 아바타(avatar)라는 복수적 존재(plural existence)로서 존재한다(Taylor, 1999). 몸이라는 물리적인 한계에 얽매이지 않으니 한 사람이 동시에 여러 곳에 접속할 수 있으며, 그때마다 정체성 또한 달라진다. 공동체라고 부를 수 있는 것은 오로지 이러한 유저들의 접속과 방문, 거주로 이루어지며, 자연스럽게 그 경계 또한 모호하고 느슨하다.

이로 인해 가상현실에 대한 진입은 현실세계의 경우와는 다소 다른 것이 된다. 폐쇄적인 사이트나 카페, 커뮤니티, SNS가 아니라면, 여기서도 형식적인 진입은 비교적 간단할 수 있다. 특정한 가입절차를 완료하고 몇 가지 요건을 충족시키면 된다. 계정 하나를 만드는 것만으로도 이미 일차적인 진입은 이루어지는 셈이다. 그러나 실질적 진입이 어렵기는 현실세계와 마찬가지이

있기 때문이다. 네트노그라피가 기존의 문화기술지적 가정과 방법론을 온라인에 적용한 것일 뿐 그다지 새로운 것이 아니라는 회의적인 입장도 있지만, 그 기술적 환경과 참여관찰의 성격, 자료수집의 윤리적 쟁점 등에서 숙고해 볼 대목이 적지 않다(Gatson, 2011). 따라서 온라인 문화기술지의 방법론에 대해서는 앞으로 더 많은 탐색이 필요하며, 이는 기존의 문화기술지적 방법론에 국한되지 않고 더 자유롭게 탐구되어야 한다(Pink et al., 2015). 인터넷 문화기술지의 방법적 특징과 연구절차에 대해서는 오영범과 김영찬(2013)을 참고하기 바란다.

다.[9] 여기에서도 내부자와 외부자를 가르는 모종의 규칙과 규범이 존재하며, 그 엄격함의 정도는 각각의 사이트나 카페, 커뮤니티, SNS 등에 따라 다르다. 유저가 이를 어느 정도 따르고 준수하느냐에 따라 참여 권한과 등급을 제한하는 경우도 있다. 혹은 직접적인 규정은 없더라도 유저들의 반응과 격려, 호응에 의한 암묵적인 인정과 배제가 있을 수 있다(김해원, 박동숙, 2013). 어느 쪽이건 진정한 현지인이 되기 위해서는 상당 기간은 '눈팅족(눈+chatting+족)'으로 머물며 유저들의 매너와 행동양식, 언어습관 등을 익혀야 한다. 단순히 구석에서 수동적으로 '사찰'만 할 것이 아니라면, 게시물을 올리거나 댓글을 달고 대화에 참여하는 등 존재를 드러내야 한다. 그래야만 다른 유저들에게 구성원으로 인정받고 원활히 자료수집을 할 수 있을 것이다. 다만, 여기에서도 현실세계와 마찬가지로 규칙이나 규범에 어긋나게 처신한다면 '싸불(cyber bullying)'이나 '조리돌림', '강퇴(강제 퇴장)'나 '강등', '계정 정지' 등을 각오해야 한다.

가상현실의 성격상, 연구현장 진입에서 허락과 동의의 범위를 어떻게, 어디까지 구하느냐도 문제이다. 기본적으로 가상현실은 폐쇄적 성격의 커뮤니티나 사이트 등이 아니라면 불특정 다수의 공공 공간이다. 게다가 가상현실에서 우리는 대개 아바타로서 존재하기에 현실의 자아에 대한 은폐가 가능하다. 또한 특별히 '플텍(protect)'이거나 비공개가 아니라면, 온라인상의 아이디와 계정, 게시물은 누구에게나 노출된다. 공개연구를 한다고 해도 유동적인 구성원 모두에게 연구허락과 동의를 구하기는 어렵다. 자료수집은 '눈팅'에서 시작하며, 누구나 내려받을 수 있는 자료라면 달리 허락과 동의를 구하지 않아도 무방하다. 그러나 특정 아이디나 계정의 활동이 포함된 자료를 사용하

---

9) 애초에 가상현실에 대한 진입의 문제를 어디까지 규정하느냐도 문제이다. 이미 온라인 안에 있다는 것부터가 참여라는 입장에서부터 적극적인 참여가 인터넷 문화기술지의 핵심이라는 입장(조영한, 2012; Kozinet, 2015), 연구목적이나 필요에 따라 순수관찰이라든가 수동적 참여를 옹호하는 입장도 있다. 이에 따라 어떤 연구자들은 온라인상에서 다른 유저들처럼 적극적인 유저 행태를 실천하는가 하면(김수진, 2018; 이길호, 2012), 반대로 어떤 연구자들은 최대한 방관에 머무르기도 한다(김수아, 2014; 유은혜, 2020). 가상현실에서 실질적 진입의 문제는 당연히 전자, 곧 적극적인 참여관찰을 전제로 한 경우이다.

기 위해서는 해당 유저들의 허락과 동의가 필요하다. 이 외에도 연구의 주제와 초점, 해당 가상현실의 특성, 연구자의 참여 정도 등에 따라 연구허락과 동의의 범위가 달라질 것이다.

나아가 가상현실에서는 거꾸로 현실에 대한 진입 문제를 생각해 볼 수 있다. 기본적으로 가상현실에 대한 참여는 현실세계에 대한 실제적 참여와는 다른 상상의 세계에 대한 정신적 참여이다. 그러나 연구자가 가상현실에만 머물라는 법은 없다. 연구자는 가상현실을 넘어 연구참여자들의 현실세계로도 진입할 수 있다. 실제로 가상현실에 대한 여러 연구는 실제 현실의 면담과 참여관찰 등을 병행하고 있다(오영범, 2014; 유은혜, 2020; 이길호, 2012; 조영한, 2012). 현실세계에 대한 진입은 연구주제와 자료수집의 필요 등에 따라 달라질 것이다. 또 어느 쪽에 대한 진입이 먼저인가는 개별 연구의 성격과 주제, 연구자의 상황 등에 따라 다를 수 있다.

5) 연구자가 소속된 집단

앞서 제시한 모든 경우에 해당되면서, 연구자 자신이 속한 집단을 연구현장으로 하는 경우를 생각해 볼 수 있다. 현지연구의 전통에는 자신이 속한 바로 그곳을 연구현장으로 하라는 오래된 조언이 있다(Warren & Karner, 2005). 질적 연구자는 흔히 자신의 삶으로부터 문제의식을 발견하기도 한다. 또 부득이하게 직장이나 거리, 개인적 사정 등으로 인해 자신이 속한 집단을 연구현장으로 삼아야 할 때도 있다. 자기 집 뒷마당에서 우연히 가출 청소년을 만나 그에 대한 생애사 연구를 할 수도 있고(Wolcott, 1994), 자녀를 일본 소학교에 보내게 된 차에 그 경험을 인류학적으로 성찰할 수도 있다(Benjamin, 1997). 새학기가 되어 '산이'라는 아이를 담임하게 되면서 자신의 수업을 돌아보기도 하고(서근원, 송하인, 2018), 자기가 속한 대학이나 종교 공동체에서 발견되는 교육이나 수행을 질문하기도 한다(윤여각, 1997; 전은희, 2017; 전은희,

김명진, 2018; 최영신, 1999). 이처럼 자신의 삶의 일부를 연구현장으로 삼는 것은 질적 연구자에게 매우 흔한 일이다.

이러한 상황은 연구현장 진입이라는 점에서 여러 가지 이점이 있다. 무엇보다 접근 가능성이라는 점에서 효과적이다. 연구자는 이미 연구현장에 들어와 있기에 따로 연구현장을 탐색하고 선정해야 할 필요가 없다. 이 점에서 연구자 자신이 소속된 집단을 연구한다는 것은 의도하지는 않았으나 초기 단계에서는 비공개연구가 되는 셈이다. 그러나 일단 연구라는 목적의식하에 공개연구로 확장하고자 한다면, 그때부터 내부자들의 허락 및 동의를 구해야 한다. 이때에도 내부자라는 특성상 여러모로 유리할 수 있다. 일단 그는 연구현장의 일부이기에 주변 사람들과 신뢰가 형성되어 있다. 또한 연구현장이 어떻게 돌아가는지 꿰뚫고 있으며, 문지기가 누구인지, 누구부터 접촉해야 하는지 잘 알고 있다. 따라서 연구현장 진입에서 발생할 수 있는 낭비와 소모를 줄일 수 있으며, 본격적인 연구활동에 착수하기에도 유리하다.

그러나 좋은 점만 있는 것은 아니다. 내부자적 지위는 양날의 칼일 수 있다. 내부자라고 하더라도, 혹은 내부자이기에 더욱 연구허락과 동의를 얻기 어려울 수 있다. 그도 그럴 것이 내부자 연구자의 경우 연구현장과 연구참여자 보호라는 점에서 매우 취약하다. 연구 결과가 공표되고 연구자의 배경이 공개되면, 연구현장과 연구참여자에 대한 정보를 유추하기는 어렵지 않다. 뿐만 아니라, 내부자로서 연구현장의 사정을 속속들이 잘 알고 있다는 점 또한 연구허락에 불리하게 작용할 수 있다. 모종의 감추어야 할 사실이 많은 집단일 경우, 내부자인 연구자에게 은폐한다는 것은 더 어렵기 때문이다. 연구자는 연구 과정에서 알게 된 여러 사실로 인해 구성원들과 예상치 못한 오해나 갈등에 휘말릴 수도 있으며, 이는 연구는 물론 집단 내 연구자의 위치까지 위협할 수 있다. 더해서 내부자 연구자는 자신이 속한 현장을 낯설게 보기가 어려울 수 있다. 연구현장에서 새로운 것을 발견하기 어렵다면 자연스럽게 연구 진척도 더뎌질 것이다. 또한 내부자 연구자는 정서적으로 거리두기가 어려울 수도 있다. 연구자와 내부자 사이에서 정체성 혼란을 겪을 수도 있으며, 현지인들에게 지나치게 이입하여 연구자적 시각을 잃어버릴 수도 있다. 게다가 관료제 조직이라면 연구자 윤리와 직무윤리의 충돌이라는 문제도 있다. 참여관찰의 성격상, 연구자는 일과 중에 연구를 병행해야 하는데, 이는 직장인은 직장에 있는 동안 직무에 충실해야 한다는 직업인으로서의 기본 도덕률에 배치된다. 연구자의 상사는 연구자가 공적인 직무보다 사적인 연구를 더 열심히 하려는 것은 아닐까 의심할 것이며, 동료들은 연구로 인해 자신의 업무 부담이 늘어나는 것은 아닐지 염려할 것이다. 아울러 이로 인해 직장 내에서 갈등이 초래될 수도 있다. 이전까지 동료였던 이들과 예기지 않은 현실적 · 윤리적 · 정서적 갈등에 휘말릴 수 있으며, 이는 연구가 종료된 후에도 회복하기 어려운 관계의 상처로 남을 수 있다. 이 문제는 매우 심각한데, 왜냐하면 연구자는 연구가 끝나고서도 그 안에서 살아가야 하는 내부자이기 때문이다. 따라서 내부자 연구자는 연구자로서는 물론 동료로서도 신뢰를 잃지 않도록 각별히 유의해야 할 것이다. 이처럼 내부자 연구자가 된다는 것은 장점만큼 단점 또한 적지 않다. 초보연구자는 가급적 자신이 속한 연구현장을 멀리하라는 조언이 있는 것은 이 때문이다(Bogdan & Biklen, 1982; Yin, 2013).

이처럼 자신이 속한 집단을 연구현장으로 하는 것 또한, 다른 연구현장과 마찬가지로 결코 진입의 문제가 간단하다고는 할 수 없다. 그럼에도 자신이 속한 집단을 연구하려는 시도는 매우 중요한데, 왜냐하면 연구자는 바로 그 진입이 쉽지 않은 곳에 이미 들어가 있기 때문이다. 특히 내부자 연구자는 학교나 병원 등 관료제 조직을 연구하기에 대단히 유리한 위치에 있다. 교육학에서는 일찍이 내부자 연구의 전통이 있었으며(Erickson, 2014), 실제로 학교에 대한 국내 질적 연구의 상당수가 교사에 의해 이루어지고 있다.[10]

10) 교사에 의한 학교 질적 연구는 전은희(2012)를 참고하기 바란다.

4. 형식적 진입: 연구허락과 동의를 위한 전략

지금까지 연구현장의 종류마다 어떠한 특징과 진입의 어려움이 있으며 그에 따라 연구허락과 동의의 문제가 어떻게 달라질 수 있는지 살펴보았다. 이제 어떻게 하면 연구현장에 무사히 잘 들어갈 수 있는지 그 전략에 대해 살펴보기로 한다. 미리 말해 두자면, 이러한 전략이 반드시 소기의 결과로 이어지리라는 보장은 없다. 연구자가 연구현장을 선택했다고는 하지만, 엄밀히 말하면 그는 연구현장에 '던져진'(Heidegger, 1927) 것일 뿐이다. 앞서 언급한 대로 연구현장마다 연구자가 미처 알지 못한 정치적 맥락이나 내부 역동, 연구참여자들의 특성 등이 있을 것이며, 이것들이 다음의 전략으로 온전히 통제되리라 보기도 어렵다. 아울러 다음의 전략 중 어느 것이 더 결정적이라거나 중요하다고 단언하기도 어렵다. 개별 연구현장마다 상황은 다를 것이며, 동일한 전략을 취했다고 하더라도 같은 결과가 나오란 법은 없다. 현지연구의 모든 상황이 그러하듯, 다음의 전략을 적절히 응용하되, 상황마다 각자가 판단하기에 최선의 것을 선택 · 응용해야 한다.

1) 연구의 목적과 의미로 설득

연구허락과 동의를 얻기 위해서 일단 연구자는 연구현장과 참여자들에게 자신이 하고자 하는 연구의 목적과 의미를 설명할 수 있어야 한다. 현지인들 또한 연구자가 무엇을 하려고 하는지 알아야 연구에 협조해 줄 수 있을 것이다. 물론 현지인들이 연구주제에 대해 관심이 없을 수도 있다. 또한 연구주제라든가 연구환경, 연구참여자의 특징 등에 따라 연구자가 모든 경우에 반드시 연구의 목적과 의미를 자세히 알려야 하는 것도 아니다. 연구현장이나 연구참여자들에게 미칠 효과를 최소화해야 할 필요가 있는 경우라면 알리지 않는 것이 더 적절하거나 윤리적일 수도 있다. 이를 제외한다면 연구목적과 의미 등에 대한 '사전고지 및 동의(informed consent)'는 연구자의 기본적인 의무이다. 곧 연구자는 연구의 목적과 의미, 연구방법, 연구참여자에게 미칠 영향이나 피해 및 그에 대한 대책 등에 대해서 최대한 자세하고 투명하게 알릴 수 있어야 한다(Duncan & Watson, 2010). '커버스토리(cover story)'는 현지인들이 연구의 목적과 의미 등을 이해할 수 있도록 연구자 측에서 제시하는 설명을 말한다(Johnson, 1975). 이는 연구자가 무엇을 하는 사람인가에 대해서 현지인들에게 제시할 수 있는 모범답안 같은 것이다. 커버스토리에서는 다음과 같은 점들을 고려하는 것이 좋다.

첫째, 연구의 목적과 의미를 최대한 포괄적으로 두루뭉술하게 제시한다(Johnson, 1975). 본래 질적 연구의 계획이라는 것이 처음에는 애매모호하고 두루뭉술할 수밖에 없다(Bogdan & Biklen, 1982; Goetz & LeCompte, 1984; Johnson, 1975). 따라서 연구참여자들에게는 연구의 주제가 명확하지 않다는 인상을 줄 수도 있다. 만약 이러한 지적이 있다면, 그때에는 질적 연구의 일반적 속성과 함께 연구문제에 대한 좀 더 자세히 설명해야 할 것이다. 그러나 안타깝게도 현지인들에게 이러한 질적 연구의 속성을 이해시키기는 쉽지 않다. 따라서 이 문제에 대처하는 한 가지 방법은 연구의 진행 과정에서 연구의 초점이나 향방이 달라질 수 있다는 언질을 미리 커버스토리에 포함시키는 것이다. 그래야만 이후 실제로 그러한 사태가 발생하게 되었을 때 설명의 여지가 생길 수 있다. 그러나 연구윤리라는 점에서 연구기간이나 연구방법 등에 대해서는 최대한 정확히 알릴 수 있어야 한다.

둘째, 연구의 목적과 의미에서 현실적 · 실천적 측면을 강조한다. 커버스토리는 완전한 거짓말은 아니면서 동시에 현지인들의 관심을 끌 만한 것이어야 한다(Goffman, 1989). 그래야만 현지인들도 연구협조에 대해 좀 더 적극적이고 전향적이 될 수 있기 때문이다. 그러나 연구자의 관심이 반드시 현지인들의 관심과 같이 간다는 보장은 없다. 오히려 연구자 자신에게는 흥미로운 주제일 수 있지만, 연구참여자들에게는 별다른 흥미를 불러일으키지 못하는 경우가 더 많다. 따라서 이에 대한 한 가지 방법은 연구의 현실적 · 실천적 함의를 부각시키는 것이다. 현지인들로서는 자신들과 직접적으로 관련된 사안이나 문제가 아니라면 연구협조에 대한 동기가 생기기 어려울 수 있다. 따라서 연구자는 자신의 연구가 바로 현지인들과 관련된 사안이나 문제를 다루고 있으며, 그 해결에 도움을 줄 수 있다는 점을 강조하는 것이 연구허락을 얻기에 유리할 수 있다. 이를테면 연구현장이 학교라면 연구 결과를 통해 학교폭력의 해결에 이바지할 수 있다든가, 유치원이라면 놀이중심 누리교육과정의 적용에 시사를 줄 수 있다든가라는 식으로 말이다.[11)]

셋째, 연구현장과 연구참여자에 따라 커버스토리의 제시 방식, 어휘, 논조, 형태 등을 다양화한다. 커버스토리는 연구계획서라는 공식적 형태에서부터 PPT 등 영상발표, 구두 설명, 수화나 그림 등에 이르기까지 다양할 수 있다. 관료제 조직이나 기관, 시설 등에서는 연구계획서의 발표 등 공식적인 형식을 요구할 수도 있다. 그러나 이를 제외하고 커버스토리의 어휘와 논조는 가급적 평이한 것으로 하는 것이 좋다. 무엇보다 연구참여자마다 사회문화적 배경이나 학력, 젠더, 계급, 교육 수준 등이 다를 수 있다. 연구자가 최대한 알기 쉽게 연구의 목적과 의미를 설명한다고는 하나 이러한 설명이 누구에게나 이해될 수 있는 것은 아니다. 아동이나 노인, 외국인, 장애인, 이주민 등이라면 한국어 문해나 이해가 자유롭지 못할 수 있으며 따라서 이들의 눈높이에 맞춘 커버스토리가 필요하다. 학계의 전통대로 학술성과 전문성을 강조하다가는 오히려 필요치 않은 오해나 마찰을 야기할 수도 있다. 가령 연구계획서 일반이 그러하듯 이 연구를 왜 해야 하는가에 대한 문제제기로 글을 시작하면, 돌아오는 것은 '그렇다면 우리가 문제적인 집단인가'라는 물음이었다(전은희, 2012; Johnson, 1975). 이로 인해 자칫 연구허락을 얻기가 어려워질 수

---

11) 그러나 연구자는 이처럼 연구의 실용성, 효과성을 강조하면서도 여기에 내재되어 있을 수 있는 구원적 · 시혜적 태도를 경계해야 할 것이다(서덕희, 2012). 자기중심성에 갇힌 연구자와 그의 연구는 너무도 흔히 폭력과 착취, 억압으로 귀결될 수 있기 때문이다. 이에 대해서는 질적 연구의 연구자 윤리와 관련된 논의를 참고하기 바란다.

있으며 오해를 불식시키기 위해서는 많은 수고로움이 필요하다. 특히 연구 현장의 문턱이 높고 현지인들이 비우호적이라면 편지 등 현지인들의 정서에 호소하는 좀 더 친근한 형태의 커버스토리를 생각해 볼 수 있다(전은희, 2012; Johnson, 1975). 그래야만 과도하고 장황한 학술 용어의 난무로 연구참여자가 될 이들을 소외시키지 않을 수 있는 것은 물론, 연구에 대한 호기심을 이끌어 냄으로써 연구허락을 얻기에 용이할 수 있다.

넷째, 커버스토리가 필요 없는 경우이다. 한편으로 연구현장은 연구자가 선택하는 것이기도 하지만, 다른 한편으로 연구참여자가 연구자를 선택하는 것이기도 하다. 어떤 연구참여자들은 연구에서 연구자가 상정하는 연구목적이나 의미와는 다른 자신만의 연구목적이나 의미를 발견하기도 한다. 가령 어떤 홈스쿨러 부모들은 홈스쿨링의 제도적 인정에 도움이 될까 하여 연구에 협조하기도 하고(서덕희, 2006), 어떤 교사는 다문화가정인 자신의 자녀가 살아가게 될 한국사회의 개방성과 다양성을 위해 연구참여자가 되기도 한다(전은희, 2012). 이처럼 현지인들은 연구의 목적과 의미를 각자의 필요에 따라 전유할 수 있다. 따라서 연구자가 애써 연구의 목적과 의미 등으로 설득하지 않아도 기꺼이 연구에 협조하고자 한다. 이는 연구자로서는 매우 유리한 사태로, 흔하지는 않지만 아주 드물지만도 않다.

2) 연구현장과 연구참여자 보호

일반적으로 현지인들이 연구자를 경원시하는 가장 흔한 이유 중의 하나가 연구와 연구자로 인해 혹여 자신들이 피해를 입게 되지 않을까 하는 점이다. 개인정보 및 사생활 노출에서 연구자의 자의적 해석으로 인한 정신적 피해까지, 현지연구의 역사에서는 연구참여자 측의 이의 제기가 적지 않았다(Warren & Karner, 2005: 30-32). 오늘날 사람들은 자신들의 인권과 시민적 권리에 더 민감하며, 자신과 집단의 안전 및 연구와 관련한 정치적 · 사회적 ·

법적 문제에 관심이 높다. 따라서 이러한 염려를 불식시키고 무사히 연구허락을 얻기 위해서는 자신의 연구가 어떻게 연구현장과 연구참여자를 보호할 수 있는지 대책을 마련해야 한다.

근대적 연구 전통의 축적과 더불어 사회과학 일반 및 질적 연구에서도 연구현장과 연구참여자 보호를 골자로 하는 연구윤리 규준들이 강화되어 왔다. 이제 분야를 막론하고 모든 연구자는 자신이 속한 대학이나 조직, 기관 등의 윤리위원회(Institutional Review Board: IRB)가 규정하는 윤리조항들을 준수해야 한다. 아울러 최근에는 대학이나 연구소 등 연구기관 외에도 병원이나 감옥, 기업이나 공공기관 등 대규모 관료 조직들을 중심으로 자체 윤리규정이 만들어지는 추세이다. 이러한 기관을 연구하고자 하는 연구자라면 해당 기관의 윤리위원회 심의 또한 통과해야 한다. 기관마다 윤리규정의 세부사항들은 다를 수 있으며, 학교나 대학, 병원 등 어떤 기관들은 좀 더 엄격한 규정을 요구할 수도 있다. 비록 이러한 규준조항들이 연구참여자나 사회 일반보다는 해당 기관의 이해를 우선시한다는 비판이 있지만, 그럼에도 이는 연구윤리의 구체적 현실화라는 점에서 진일보한 성취라 할 것이다(Clifford, 2014).

이러한 윤리규정에서 가장 기본이 되는 것이 생명윤리(bio-ethics)이다. 생명윤리는 말 그대로 연구를 할 때 인간을 포함한 모든 생명을 존중하고 그들에게 해를 끼치지 않아야 함을 말한다. 연구라는 것이 기본적으로 더 나은 인간 삶과 세상을 위한 것이라면, 그 과정에서 여타의 생명에게 피해를 주어서는 안된다. 특히 질적 연구는 사람과 더불어 사람 속에서 이루어지는 연구이니만큼 더욱더 각별한 주의가 요구된다. 생명윤리에서 가장 중요한 것이 사전고지 및 동의다. 연구자는 연구가 시작되기 전 연구참여자가 될 이들에게 연구의 목적과 의미를 비롯하여 과정과 방법, 연구현장과 연구참여자의 정보 및 사생활 보호,[12] 연구현장과 연구참여자의 권리와 잠재적 이득, 연구현장과

---

12) 최근 질적 연구에서는 최종보고서는 물론, 필드노트(field-note) 단계에서도 연구현장과 연구참여자에 대한 보호가 있어야 한다는 인식이 확대되고 있다. 최근 법원이 필드노트를 법정 증거물로 채택

연구참여자에게 미칠 수 있는 부정적 영향과 피해, 이를 방지하기 위한 전략과 대처, 자료수집과 보고서 내용에 대한 연구참여자 확인(member check)의 문제 등에 대해 자세히 설명하고 동의를 구해야 한다. 동의는 어떠한 강제나 강요 없이 자발적으로 이루어져야 하며 연구자가 압력이나 권력을 행사하지 않도록 유의해야 한다(Warren & Karner, 2005).

현지연구의 전통이 축적됨에 따라 최근에는 생명윤리를 넘어 돌봄윤리(ethics of care)와 참여윤리(participatory ethics)에 대한 문제의식이 높아지고 있다(Duncan & Watson, 2010). 생명윤리가 명시하고 있는 사전고지와 자발적 동의의 문제는 연구자와 연구참여자의 권력관계에 따라 얼마든지 남용될 수 있다(서덕희, 2012). 가령 아동이나 노인, 장애인, 난민이나 이주민 등 자신의 권리를 방어하기 어려운 집단일 경우, 사전고지와 자발적 동의라는 것은 실질적으로 거의 무의미할 수 있다. 이들은 애초에 자신의 권리에 대한 자각이 미미할 수 있으며, 심지어 자신이 연구를 허락해야 하는 상황 자체를 명확히 인지하지 못할 수도 있다. 또 언어와 문화, 관습, 교육 수준이 달라 의사소통이 원활하지 못하다면 스스로를 보호할 수 있는 권리 확보에 더욱 서툴 수 있다. 이 경우에는 연구자가 적극적으로 연구참여자의 삶과 권리를 보살피고 배려해야 하며, 연구참여자들의 삶에 참여하여 이들의 권리를 대변해 줄 수 있어야 한다.

나아가 연구자는 비판적 사회과학의 기수로서 비판적 · 성찰적 윤리(critical, reflexive ethics)를 실천할 수 있어야 한다(Cannella & Lincoln, 2011; Christians, 2011). 사회과학을 포함한 모든 연구행위의 궁극적 지향은 사람과 공동체의 번영에 있다. 따라서 '억압된 자들'이나 소수자들과 함께하는 연구에서 연구자는 연구참여자와 평등한 관계를 지향하되, 그들이 자신들의 삶을

하고자 하였으나, 이를 거부한 연구자가 실형을 살게 되거나 혹은 법원의 요구에 굴복하여 결국 필드노트를 내주게 된 사례가 있었다(Warren & Karner, 2005: 31-32). 따라서 이제 연구자는 민감한 이슈의 사건과 사고가 예상되는 연구현장이라면, 필드노트 작성 시에도 가명 등 정보보호에 신경을 써야 할 것이다.

책임질 수 있도록 힘을 불어넣어 줄(empowering) 수 있어야 한다(Christians, 2011). 나아가 '억압된 자들' 스스로가 저항의 구심점으로서 해방적으로 자신을 주체화할 수 있도록 이들을 지지하고 연대할 수 있어야 한다(Kincheloe et al., 2018). 이때 유의해야 할 것은 연구참여자들에 대한 온정적 · 시혜적 태도를 경계해야 한다는 점이다. 연구현장과 연구참여자들을 돌보고 그들의 삶에 참여한다고 해서 이들을 수동적이고 의존적인 존재로 객체화하는 일은 지양해야 한다. 궁극적으로 연구자는 현지인의 삶을 대신 살아 줄 수도 혹은 완전히 '현지인화(going native)'하여 같이 살아갈 수도 없다. 다만 연구를 통해 서로 협조하는 가운데 서로의 삶을 존중하고 각자의 한계를 인정하되, 경우에 따라서는 할 수 있는 것과 할 수 없는 것을 명확히 알리는 일 또한 필요하다(Duncan & Watson, 2010). 그런데 연구자 또한 연구 과정에서 발생할 수 있는 모든 돌발상황이나 문제를 알 수는 없다. 따라서 처음에 약속했던 권리나 보호 조항들이 무력해질 수도 있으며, 예기치 못한 새로운 윤리적 쟁점이 등장할 수도 있다. 모든 연구현장과 모든 상황, 모든 사람에게 보편적인 윤리란 있을 수 없으며 우리에게 허락된 것은 언제나 그때 그곳에서 최선인 '상황윤리'가 있을 뿐이다. 연구자는 상황마다 무엇이 현지인들을 위해, 연구를 위해, 그리고 공동체를 위해 올바르고 적절한 선택인지 비판적으로 성찰할 수 있어야 한다(Cannella & Lincoln, 2011). 중요한 것은 어떤 상황에서도 연구자는 연구현장과 연구참여자의 권리 확보와 보호를 최우선에 두어야 할 것이며, 그를 위해 연대할 수 있어야 한다는 점이다.

3) 대가의 지불과 각종 보상

연구현장과 연구참여자를 보호하고 해를 끼치지 않는 것을 넘어 연구자가 연구현장과 연구참여자에게 무엇인가 줄 것이 있다면, 연구협조가 좀 더 순조로울 수 있다. 인간 세상은 오가는 것이 있을 때 더 원만해질 수 있으며

(Mauss, 1925), 각종 보상은 연구협조를 이끌어 낼 수 있는 마중물이 될 수 있다. 식민지로 떠났던 초기의 인류학자들은 시계라든가 나침반, 유리 등 서구 문명사회의 물건들을 연구에 대한 사례로서 건네곤 하였다. 에스키모인들처럼 문명과는 다소 거리를 둔 이들이라면, 여전히 차와 담배, 등유, 각종 공산품 등을 반길 것이다(Briggs, 1986). 오늘날 연구참여자에게 건네는 대표적인 보상은 경제적 대가이다. 근대 자본주의 사회에서 돈은 가장 보편적이고도 편리한 보상 체계이자 연구에 대한 감사를 표할 수 있는 가장 확실한 수단이다. 그러나 기실 사례비 금액이 그다지 크지 않기에 경제적으로 곤란을 느끼지 않는 연구참여자에게 이는 별다른 유인가가 되지 못할 것이다. 반면 빈곤층이나 가출청소년, 홈리스 등 경제적으로 곤궁한 연구참여자에게는 여전히 적잖은 유인가가 될 수 있다. 물론 이와 관련해서 매우 민감한 윤리적 쟁점들이 제기될 수도 있다.[13)]

경제적 보상 외에 사회적 보상도 생각해 볼 수 있다. 연구자는 연구협조에 대한 대가로 연구현장이나 참여자들이 원하는 모종의 서비스나 혜택, 약속 등을 제안할 수 있다. 연구협조를 의뢰받은 연구참여자들은 연구협조로 얻을 수 있는 현실적 이득, 연구자와의 권력관계와 잠재적 이해, 연구참여자 자신의 입지와 평판, 기타 향후 관계 발전 등을 고려할 것이다. 그 결과 이득이 더 크다고 판단되면 연구에 협조하고자 할 것이며, 반대라면 거절할 것이다. 관료 조직의 기관장들은 업계 내에서 자신의 입지와 평판, 연구를 요청한 기관과의 관계, 연구협조로 얻을 수 있는 이익 등을 고려할 것이며, 이 때문에 쉽게 연구자를 문전박대하기는 어렵다. 정부나 정부출연연구기관이 주관하는 정책연구라든가, 기타 각종 재단이나 대기업, 공신력 있는 기관을 등에 업은 연구들이 상대적으로 연구협조를 얻기에 용이한 것은 이 때문이다(전은희,

---

13) 이 경우 가장 결정적인 문제는 연구참여의 자발성이 의문시된다는 점이다. 연구자는 연구참여자 혹은 그의 정보를 사는 것이 되며, 따라서 돈으로 사는 연구협조와 정보라는 것이 도덕적으로 정당한지, 어떤 상황에서 어느 정도로 타협할 수 있는지 등을 물을 수 있다. 이 외에 연구 과정 중 연구참여자가 지속적으로 돈을 '빌려 달라'고 요구하는 경우가 있을 수 있다. 이는 다음에서 다시 언급될 것이다.

2015a; Peshkin, 1982). 마찬가지로 지도교수가 주관하는 연구에서 학생들을 연구참여자로 포함시키고자 할 때, 이를 거절하는 학생들은 별로 없을 것이다. 이 외에도 연구협조에 대한 반대급부는 연구현장마다 매우 다양하다. 오랜 빈곤과 실업에 시달려 온 남아프리카의 도시 외곽 마을 사람들은 연구단에게 발전기를 수리할 수 있을지 물었으며(Duncan & Watson, 2010), 고교를 자퇴한 다문화가정의 청소년과 그 어머니는 대학 진학과 관련한 추천서를 요구하였다(전은희, 2015b).

다음으로 개인적 보상을 들 수 있다. 앞서 연구의 목적과 의미와 관련해서도 언급한 것이지만, 어떤 연구참여자들은 연구자들이 제시하지 않은 개인적 보상을 스스로 발견하기도 한다. 날마다 반복되는 일상에 갑자기 나타난 연구자는 누군가에게는 부담이나 불편일 수도 있지만, 누군가에게는 자극이나 변화가 될 수도 있다. 어떤 사람들은 낯선 사람을 만나 이야기하는 것을 즐기며, 어떤 사람들은 자신과는 다른 세계에 속하는 사람에게서 무엇인가 새로운 것을 기대하기도 한다. 모든 현지연구는 연구자와 연구참여자가 함께 이루어 나가는 것이기에, 연구참여자가 연구 협조를 통해 무엇인가를 얻어 갈 것이 있다면 연구허락을 얻기에 유리할 수 있다. 전은희(2012)의 연구에 협조한 교사들은 교사로서의 자신과 자신의 교육활동을 돌아보는 동시에 다문화교육에 대해 더 자세히 알고 싶다는 이유에서 연구를 허락하였다. 이처럼 연구참여자 측에서 연구협조를 통한 자신만의 보상을 발견할 수 있다면, 연구허락을 얻기가 한결 용이하다.

마지막으로 학문적 보상을 들 수 있다. 원칙적으로 현지인들의 연구협조는 연구자에게는 일종의 '증여'(Mauss, 1925)이다. 연구참여자는 연구자를 믿고 자신들의 삶을 열어 보였으며, 이는 경제적 · 사회적 · 개인적 보상으로는 결코 갚을 수 없는 은혜이다. 이 갚을 길 없는 은혜를 갚는 가장 원론적인 길은 좋은 연구로서 보답하는 일이다. 모든 질적 연구자는 결국 배신자라는 자조가 있지만(Goffman, 1989; Johnson, 1975; Warren & Karner, 2005), 스파이의 운명을 피할 수 없다면 최소한 부끄럽지 않은 스파이가 되어야 할 것이다. 이는 앞서 말한 연구의 목적과 의미로 현지인들을 설득하는 것에 해당할 수 있으며, 연구협조를 이끌어 내기에 결정적인 변수는 되지 못할지라도 가장 중요하고도 기본적인 보상이라 할 것이다.

4) 후견인의 도움

연구허락을 얻기 위해서는 누구와 어떻게 접촉해야 하며, 어떤 전략을 써야 하는지, 그 과정에서 필요한 것은 무엇인지 등 연구현장의 내부 사정에 대해 알 수 있다면 좋을 것이다. 후견인 혹은 '주 제보자(key informant)'가 바로 이러한 정보제공 역할을 하는 이들이다. 대부분의 경우 후견인들은 현장에서 지위와 영향력을 가진 인물이다. 이들은 성공적인 진입을 위한 안내자의 역할을 할 것이며, 동시에 결정적인 정보제공자의 역할을 할 것이다. 이들은 연구현장이 어떻게 돌아가는가에 대한 개괄적 이해를 도울 것이며, 누구에게 연구협조를 구해야 할지 알려 줄 것이다. 또 연구자가 혼자 가기 어려운 장면이나 모임, 회합 등에 동행할 것이며, 다른 사람들에게 연구자를 소개하고 다리를 놓아 주기도 할 것이다. 아울러 연구 과정에서 발생하는 이런저런 고민들을 같이 의논해 줄 것이며, 연구자가 이해할 수 없는 연구현장의 사건과 내막, 사람들의 말과 행동 등에 대해 설명해 주기도 할 것이다. 전은희(2012)의 경우 무지개 초등학교의 정 교사가 그런 사람이었다. 그는 학교 내에서 교무부장을 맡고 있었는데, 학교의 업무와 관계에서 중심에 있는 사람이었다. 그는 자신과 친분 관계가 두터운 이들을 중심으로 연구협조가 가능할 법한 교사들을 소개해 주었으며, 실제로 그가 소개해 준 교사들은 모두 연구를 허락해 주었다.

그러나 후견인의 협조가 반드시 소기의 성과로 이어지는 것은 아니다. 그의 노력과 성의가 무색하게, 연구현장 진입에 진척이 생기지 않을 수도 있다. 여기에는 후견인의 집단 내 위치, 다른 현지인들과의 관계와 그에 관련한 정치적 역동, 연구현장의 특수성, 장소나 상황의 우발성 등 여러 요인이 관련되어 있다. 가령 후견인들 중에는 내부적으로는 주변적 위치에 처한 인물이 있을 수 있다(Warren & Karner, 2005). 그는 대개 집단에서 소외되어 있는 경우가 많으며, 그가 연구자에게 호의적인 것은 바로 이 때문이기도 하다. 같은 이유로 그를 통한 연구협조와 연구현장 진입은 순탄하지 않을 수 있다. 전은희(2012)의 경우, 은하수 초등학교의 강 교사가 이에 해당한다. 그는 자신의 배경이 다문화가정이기도 했기에 처음부터 적극적으로 연구에 협조해 주었다. 그러나 그는 학교 내에서 담임이 아닌 영어교과를 맡고 있었으며, 기타 주요 보직을 겸하고 있지도 않았다. 그는 연구자를 위해 다문화아동을 담당하고 있는 교사들을 중심으로 회의를 소집해 주었는데, 결과적으로 그 회의의 누구도 연구를 허락해 주지 않았다. 회의라는 공식적 자리의 부담과 그런 자리의 의사결정이 가지는 무게, 다른 교사들의 압력 등이 작용하기도 했겠지만, 한편으로 강 교사가 처해 있는 학교 내의 다소 주변적인 위치 또한 하나의 변수였으리라 추정할 수 있다.

문제는 이러한 헌신적인 후견인을 만나는 것 자체가 쉽지 않은 일이라는 점이다. 현지 기관의 도움이나 현지의 조력자, 연구자 후광 등에 힘입어 비교적 쉽게 만나는 경우도 있지만(한경구, 1994; Peshkin, 1982), 많은 연구자는 주요 제보자를 만나기까지 적지 않은 시행착오를 겪는다(박임효, 2008; 전은희, 2012; Gates, 1987). 어떤 연구자는 파티에서 만난 초면의 전임의에게 무턱대고 도움을 구하기도 하고(Bosk, 1996), 어떤 연구자는 바(Bar)에서 한 무리의 사람에게 용감하게 다가갔다가 봉변을 당하기도 한다(Whyte, 1996). 가출 청소년이나 노숙자들을 연구한다면 알코올의 힘으로 연구협조를 호언장담하는 이를 만날 수도 있으며, 어제 만났던 이의 행방을 오늘 수소문해야 할 수도 있다. 그럼에도 연구를 포기할 것이 아니라면 결정적 제보자를 만나고자 하는 시도를 멈출 수는 없다. 시도를 한다고 해서 만날 수 있다는 보장은 없지만, 애초에 아무런 시도조차 하지 않는다면 누군가를 만나기조차 어려울 것이다.

비가 올 때까지 기우제를 지낸다는 인디언의 어느 부족처럼,[14] 간절히 구하다 보면 어느 날 소나기처럼 귀인과 조우할 수도 있을 것이다.

5) 연구자 권위와 권력, 후광에 의지

아시아나 아프리카의 식민지 등에서 현지연구를 수행했던 초기의 연구자들은 문명화된 서구 열강에서 왔다는 사실로 인해 특권적 지위와 후광을 누렸다(Evans-Pritchard, 1940). 현지인들에게 연구자는 산업혁명으로 앞서가던 제국의 대리인이었으며, 연구라는 모종의 신성한 과업을 수행할 과학적 권위의 현현이었다. 이들의 활동은 대개 식민지 정부나 제국주의 단체의 후원하에서 이루어졌으며, 그렇기에 연구자는 별다른 어려움 없이 연구현장에 들어갈 수 있었다(Evans-Pritchard, 1940; Shostak, 1981). 더해서 외양이 다른 연구자는 그 자체로 현지인들의 호기심을 자극하였다. 현지인들로서는 연구자의 관심이라도 받을 수 있다면 그 자체가 자랑거리가 될 수 있었다. 묻는 말에 대답해 주면 담배나 라이터 등 진귀한 물건들도 얻을 수 있었으니, 많은 현지인이 연구자 주변으로 몰려들었다(Malinowski, 1922; Shostak, 1981). 아울러 재현(representation)의 권력이라는 점에서도 연구자는 현지인을 압도하였다. 연구자의 언어와 현지인의 언어는 달랐으며, 현지인이 연구자의 글쓰기에 개입하기는 어려웠다.

오늘날 현지연구자들의 상황은 매우 다르다. 더 이상 이전과 같은 제국주의적 후광이나 권위를 누리기 어렵다. 일단 연구자들은 대개 자국 내에서 연구현장을 찾는다. 연구자와 연구참여자는 시민이라는 평등한 지위에 있으며, 연구자라는 위치 또한 그저 현대사회의 여러 직업 중 하나일 뿐이다. 그에게 협조하고 말고는 어디까지나 현지인들에게 달린 일이며, 현지인들 또한 더

---

14) 필자의 스승인 조용환 교수가 수업에서 자주 인용하던 농담이다.

이상 무턱대고 연구자를 우러러 보지 않는다. 더해서 공교육과 고등교육의 확대로 오늘날 많은 사람이 연구자의 보고서를 이해할 수 있다. 나아가 보고서의 작성에 직접 동참하기도 한다. 특히 교육학에서는 교사를 연구참여자에 포함시키는 등 일찍부터 실행연구의 전통이 있었다. 따라서 연구자의 시선에 내재한 권력적 속성 역시 일찌감치 문제시될 수 있었다(Erickson, 2011). 오늘날 비판적 · 성찰적 입장을 견지하는 연구자들은 권위와 후광이라는 이름으로 과거 연구자들이 누렸던 권력적 · 착취적 행위를 경계하고, 평등하고 호혜적인 관계 속에서 연구를 수행하고자 한다(Duncan & Watson, 2010). 연구참여자들은 존중해야 할 또 다른 연구의 협력자로서, 마음대로 좌지우지할 수 있는 장기판의 말이 아니다. 재현의 권력이라는 점에서도 연구자들은 더 이상 자신들을 일방적 우위에 두지 않는다. 대신 자신과 연구참여자의 목소리가 어떻게 얽혀 들어가면서 하나의 이야기를 이루어 가는지 드러내고자 한다(Crapanzano, 1980).

그래서일까, 오늘날 연구자들은 환대는커녕 박대를 당하기 일쑤이다(Gates, 1987; Nader, 1986). 여러 번 삼고초려해도 연구허락은 될까 말까이며, 기껏 연구허락을 얻었어도 번복되는 일이 잦다(전은희, 2012). 혹은 마음대로 약속을 깬다거나, 대놓고 연구자에 대한 적대를 표현하기도 한다(서덕희, 2012). 특히 연구자가 자신들에게 별 이득이 되는 존재가 아니라든가, 사회적 지위나 권력이 미미하다든가, 여성이거나 젊다면 더욱 그러하다. 그 결과 오늘날의 연구자는 제국의 대리인으로서 권위와 권력, 후광을 누리기보다는 어떻게든 현지인들의 마음을 얻어 연구현장 속으로 들어가야 하는 약자의 위치에 처한다. 연구자는 현지인들에게 잘 보이기 위해 때로는 굽혀야 하며, 때로는 적당히 아부를 해야 한다.

그럼에도 연구현장 진입에서 연구자로서 누릴 수 있는 권위나 후광이 아주 사라진 것은 아니다. 이전보다 약화되었다고는 하더라도 학계라는 배경, 현지연구에 대한 전문성, 연구자의 소속기관이나 연구를 후원하는 단체 등은 여전히 연구자에게 적지 않은 권위와 후광을 부여한다. 연구자들은 전문가로서 이 연구를 통해 학계와 공동체를 위해 기여할 수 있다는 것을 적극 호소한다. 자신의 전문성을 드러내 보이기 위해 학위증이나 추천서, 관련 단체로부터의 공문이나 연구허락 증명서 등을 동원한다(문옥표, 1994; 전은희, 2012; 한경구, 1994; Johnson, 1975). 아울러 자신의 학적 배경이나 전문성을 드러낼 수 있는 적절한 옷차림과 매너 및 말씨 등으로 연구자로서의 품위와 아우라(aura)를 드러내고자 한다. 이러한 전략은 특히 한국처럼 학력 · 학벌 사회이거나, 공부나 배움에 대한 존경이 높은 문화권에서는 적잖이 유효하다(전은희, 2012; 한경구, 1994; Gates, 1987). 다만 대학원생 등 초보연구자라면, 연구자 권위나 후광으로 호소하는 것과 아울러 배움을 구하는 겸손한 학생이라든가 졸업이 절박한 수료생이라는 처지를 호소해 보는 것도 좋을 것이다. 곤경에 처한 이에게 선의를 베푸는 기쁨을 누군가는 마다하지 않을 것이기 때문이다.

5. 실질적 진입: 참여를 위한 전략

관료제 조직에서의 현지연구의 첫날을 상상해 보자. 후견인은 연구자를 누군가 자기 대신 접대해 줄 아랫사람에게 떠넘기고 사라질 것이다. 좀 지나면 그 아랫사람마저도 업무를 핑계로 사라질 것이다. 미아처럼 덩그러니 홀로 남겨진 연구자는 누구를 만나 어디서부터 어떻게 자료를 수집해야 할지 알 수 없다. 이래서야 제대로 연구활동을 할 수 있을 리 없다. 연구참여자들 속으로 스며들어 가기 위해서는 또 다른 노력이 필요하다. 그래야만 현지인들의 마음을 얻고, 그들과 관계를 맺으며, 그들의 일상 속으로 들어갈 수 있기 때문이다.

1) 신뢰 형성과 현지화

연구자가 연구참여자들의 삶 속으로 들어가려면 무엇보다 현지인들의 마음을 얻고 그들과 신뢰(rapport)를 형성할 수 있어야 한다. 이를 위한 가장 일차적이고 기본적인 과업은 '현지인 되기'와 '현지화'이다.

먼저, 현지인 되기란 말 그대로 연구자가 내부자로서 현지인들처럼 말하고, 생각하고, 행동하는 것을 말한다. 사람은 대개 자신과 비슷한 이들에게 친근함과 동류의식을 느낀다. 어른의 권위에 집착하는 연구자라면 아이들에게 환영받기는 어려울 것이며, 빈민을 연구하는 연구자라면 지나치게 화려한 옷차림은 삼가야 할 것이다. 따라서 많은 연구자는 자신의 본래적 속성이나 특징들을 경계하고, 연구현장이 원하는 이미지와 외양, 역할, 규범에 자신을 맞추고자 한다. 워렌(Warren, 1988)은 1980년대 초 법원을 연구할 당시 손질된 머리와 화장, 블라우스와 치마라는 해당 직장 여성들의 차림을 그대로 차용했다. 또 젊은 여성으로서 연장자 판사의 마스코트(mascot)를 자처하였으며, 덕분에 법정에서 벤치까지 그가 가는 모든 곳마다 동행할 수 있었다. 이처럼 외양이나 옷차림, 나이, 말투나 행동방식은 물론이고, 가치관과 사고방식, 생활양식에서 좀 더 현지인들에게 가까워진다면 그들에게 다가가기도 훨씬 쉬워질 것이다(Bogdan & Biklen, 1982). 또한 연구자는 크게 문제적이지 않다고 판단되면, 적당히 현지인들의 요구와 타협하여 그들의 도덕률을 수용하기도 한다. 시청의 복지사들을 연구한 존슨(Johnson, 1975)은 복지사들의 외근에 동행하면서 이들의 태업을 기꺼이 묵인 혹은 동참하였다. 덕분에 복지사들은 외근 중에 보석상이나 수영장에 들른다든가, 친구를 만나는 등 연구자의 눈을 의식하지 않고 사적인 일정을 수행할 수 있었다. 오히려 연구의 후반기에는 그 자신도 복지사와 함께 외근 중 낮술을 마다하지 않았다.

다음으로, 현지화란 연구자가 외부자의 정체성을 유지하면서도 연구현장에서 연구현장의 일부로서 적절히 스며들어 가는 것으로 정의한다. 곧 연구자는 연구현장의 상황이나 장면 속으로 자연스럽게 녹아들 수 있어야 하며,

그럼으로써 연구현장의 일부가 될 수 있어야 한다. 가령 연구자는 자신의 정체를 연구현장의 상황에 맞는 것으로 위장할 수 있다. 존슨(Johnson, 1975)은 사회복지사들의 가정방문에 동행할 때, 자신을 신참내기 사회복지사로서 소개하였다. 초등학교에서 현지연구를 수행한 전은희(2012)의 경우, 연구에 협조한 교사들은 학생들에게 연구자를 '교육청에서 오신 선생님'으로 소개하였다. 덕분에 업무로 교실을 비우는 담임을 대신하여 보조 교사로서 교실을 봐줄 수 있었다. 이처럼 현지화된 정체성을 통해 연구자들은 현지의 상황에 자연스럽게 참여할 수 있다.

그러나 언제나 현지인 되기나 현지화가 가능한 것도 아니며, 또 이것이 항상 바람직하기만 한 것도 아니다. 연구자는 어디까지나 다른 시공간을 살다 온 사람으로서, 특히 외양이나 나이, 성별과 젠더, 인종이나 종족, 계층과 계급 및 축적된 취향과 아비투스(habitus) 등 쉽게 바꾸기 어려운 측면들이 존재한다.

또한 연구자가 원활한 연구활동을 위해서 완벽하게 현지인이 되거나 현지화할 필요도 없다. 오히려 이방인으로 남으면서 현지인들과 거리를 둘 때 연구활동이 더 자유로울 수 있다. 가령 남성이 대부분인 연구현장의 여성연구자나 비서구사회를 연구하는 코카시안(caucasian) 연구자는 연구현장에서 언제나 눈에 띄는 존재이다. 멕시코 마을의 네이더(Nader, 1986)는 긴 머리, 긴 치마의 현지여성들과는 달리 스니커즈와 셔츠 짧은 머리로 마을을 활보했으며, 이로 인해 남성들의 모임에도 거리낌 없이 다가갈 수 있었다. 브릭스(Briggs, 1986)는 전문적인 연구자라는 역할이 에스키모 가족의 입양된 딸이라는 순응적 역할과 상충되었기에 나중에는 그 가족들과 거리를 두었다. 마찬가지로 크리거(Krieger, 1986)는 처음에는 '착한 여성(good girl)'이 되어야 한다는 현지의 문화적 압력에 순응하고자 했으나, 이러한 족쇄를 벗어나자 훨씬 더 자유롭게 여러 상황과 장면에 접근할 수 있었다. 이처럼 연구자는 때에 따라 과감히 현지인들의 규범과 거리를 두고 연구자로서의 자신을 견지하는 것이 원활한 연구활동을 위해서 더 좋을 수 있다.

뿐만 아니라, 도덕적으로 심각하게 문제적인 상황이라면 현지인 되기나 현지화를 재고해야 한다. 연구현장에서 때로 연구자는 시민적 도덕과 연구자적 도덕 사이에서 갈등에 처할 수 있다. 가령 범죄자 집단을 연구하고 있다면 연구자 또한 법을 어겨야 하는 상황이 있을 수 있다. 이때 연구자는 자신이 범죄에 가담하지는 않아야 하겠지만 최소한 범죄행위를 먼저 신고하는 일은 없어야 할 것이다. 물론 그렇다 하더라도 이는 비도덕적이라는 비난을 피하기는 어렵다.

끝으로, 이방인으로서 연구자로서 거리를 두지 못한 채 연구현장의 일부로 완전히 '현지인화(going native)'해 버리는 사태는 특히 문제적이다. 현지연구의 역사에서는 종종 연구자가 영구적으로 연구현장의 구성원이 되어 버리는 사태가 발견된다. 당사자가 현지인이 되어 행복하면 그만이라고 할 수도 있으나, 이것이 문제적인 것은 연구자가 아예 연구를 포기해 버리기 때문이다. 이로써 그가 할 수 있었을지 모르는 연구는 영원히 사라져 버린다(Warren & Karner, 2005).

요컨대, 현지인 되기와 현지화에서 중요한 것은 연구자가 일방적으로 현지인들과 동일시하거나 동화되는 것이 아니라 이방인과 연구자로서 거리를 두면서 이해와 존중의 태도를 보이는 것이다. 연구자가 그들을 이해하고 있으며 기꺼이 존중하고자 한다는 것을 납득시킬 수 있을 때 불가근불가원의 신뢰관계를 형성할 수 있을 것이다. 특히 소수자적 상황의 연구참여자들에게는 이러한 태도가 더욱 필요하다. 연구참여자가 여성이라면 여성 억압의 역사를 이해할 수 있어야 하며, 빈민이라면 내일을 계획하지 못하는 현실을 헤아릴 수 있어야 하며, 동성애자나 장애인이라면 이들의 존재를 비가시화하는 이 사회의 위선과 차별에 공감할 수 있어야 한다. 현지인들은 연구자가 자신들의 처지를 이해하는 사람이라고 판단되면, 설사 자신들과 다를지라도 기꺼이 마음을 열어 보일 것이다. 그리고 이러한 믿음 속에서 연구자와 연구참여자는 연구자와 연구참여자라는 형식적 · 한시적 관계를 넘어 좀 더 깊은 호혜적 · 인격적 관계로 나아갈 수 있다.

2) 호혜적 · 인격적 관계 맺기

현지인들의 신뢰를 얻고 그들의 삶 속으로 들어간다는 것은 또한 이들과 관계를 맺는다는 것이기도 하다. 우리는 언제나 관계로 존재하며 관계로 살아간다(Merleau-Ponty, 1945). 질적 연구의 본령은 연구자와 연구참여자가 만들어 가는 관계에 있다고 해도 과언이 아니다(Bogdan & Biklen, 1982). 현지연구에서 관계는 크게 두 가지로 정리해 볼 수 있다.

먼저 호혜적 관계이다. 무릇 모든 인간관계는 주고받는 것이 있을 때 돈독해질 수 있다. 호혜성은 현지연구 관계의 주요한 한 지표로서 연구허락을 얻기 위해서도 중요하지만, 연구참여자들의 신뢰를 얻고 관계를 맺기 위해서도 필수이다. 다른 모든 인간사와 마찬가지로 연구현장에서도 삶은 계속된다. 연구현장에서 현지인들과 살아가다 보면 양자 모두 서로에게 무엇인가 주거나 베풀고 싶어질 수 있다. 축하하거나 위로할 일이 생길 수도 있고, 행사나 모임이 있을 수도 있으며, 혹은 특별한 날이 아니어도 무엇인가 나누고 싶은 날이 있을 수 있다. 연구자는 연구참여자에게 고마움을 느끼면서 관계를 더 돈독히 하고 싶을 것이며, 연구참여자 또한 연구자에게 인간적 호감을 느끼고 호의를 표하고 싶을 수도 있다. 이때에도 가장 직접적인 보상은 물질적인 것이 될 것이다. 연구자는 다과나 음료, 식사나 책, 기타 선물 등을 제공할 수 있다. 연구자 또한 부담이 없는 수준이라면 연구참여자가 베푸는 것들을 자연스럽게 받아들일 수 있을 것이다. 이러한 물품들은 연구자와 연구참여자를 하나로 묶어 줄 것이며, 그 가운데 신뢰가 깊어지고 관계는 더욱 단단해질 수 있다.

호혜성은 연구현장에서 연구자가 감당해야 할 역할이나 일손, 기능 등 사회적인 형태로 나타나기도 한다. 사람이 어울려 살다 보면, 자의건 타의건 서로에게 의지해야 하는 상황이 발생한다. 연구자 또한 연구현장에서 떠안아야 할 몫이나 역할이 생길 수 있다. 곧 연구자는 때로는 광대처럼 분위기를 띄울 줄도 알아야 하며, 때로는 잔일을 거드는 일손이 되어야 하고, 때로는 모두의 비밀을 알지만 누구에게도 말하지 않는 믿을 만한 상담가가 되어야 한다. 화이트(Whyte, 1996)는 코너빌(Cornerville) 사람들의 친구가 되어, 시내에 나가자고 하면 동행을 하였고 구직 지원서를 쓴다고 하면 같이 작성하였다. 전은희(2012)는 원활한 수업을 지원하는 보조교사였고, 다문화교육의 명예교사였으며, 카풀을 제공하는 운전수였고, 육아와 결혼생활, 대학원 진학의 고민을 나누는 친구였다. 병원의 수련의들을 연구한 보스크(Bosk, 1996)는 때로는 차트나 비품 등을 옮기는 여분의 일손이었으며, 때로는 서로의 커리어와 장래를 고민하는 친구였으며, 때로는 시사나 문화, 사회 이슈 일반 등에 대해 비평하는 고학력 시민의 대표였다. 연구자의 성향이나 성격에 따라 이러한 몫이나 역할들을 떠안는 것이 쉬울 수도 어려울 수도 있다. 그러나 어느 쪽이든 원활한 연구활동을 위해서라면 연구자는 연구현장이라는 무대에서 자기 안의 다양한 사회적 자아를 '연행'(Goffman, 1959)할 수 있어야 한다. 나아가 연구현장이 요구하는 역할들을 그저 기다리기만 하지 않고, 스스로 상황과 장면에 맞는 역할들을 발견하고 창출해 나갈 수 있어야 한다(전은희, 2012).

때로 연구참여자들은 연구자에게 모종의 부탁이나 요구를 해 오기도 한다. 연구자는 연구참여자들이 제안하는 거래(bargain)에 응해야 하는데, 이때 중요한 것은 연구자가 할 수 있는 범위 내에서 이를 수용하는 것이다. 무리한 부탁은 피하되 너무 잦은 부탁도 경계해야 하며, 불법적인 것이라면 애초에 거절해야 한다(Yin, 2011: 193). 워렌(Warren)은 정신병동에서 연구할 당시, 몇 번이나 자신에게 일손을 구하던 수간호사의 청을 거절하였다. 집이 멀다는 이유도 있었지만, 훈련받지 않은 사람이 병동일을 거들다 일어날 수 있는 사태를 우려했기 때문이다(Warren & Karner, 2005: 43). 돈을 빌려 달라는 요구는 연구자들에게 매우 난처한 경우 중 하나이다. 화이트(Whyte, 1996)는 코너빌의 친구들에게 여러 번 돈을 빌려주었는데, 이후 돈을 못 갚는 연구참여자와 사이가 불편해졌다. 돈을 갚지 못하니 연구자를 피하게 되고, 이는 관계를 이어 가야 하는 연구자로서는 매우 당혹스러운 사태이다. 심지어 어떤 연구참여자들은 연구자에게 아예 대놓고 기부(donation)를 하라고 요구하며, 시간이 흐를수록 그 횟수와 금액이 늘어나기도 한다. 따라서 금전적 요구에 대해서는 그 한계에 대한 기준이 명확해야 한다. 이것이 연구자 자신은 물론 연구참여자와의 관계, 나아가 연구를 보호하는 길이기 때문이다.

이와는 달리, 어떤 연구참여자들은 자신들이 바라는 바를 명시적으로 표현하지 않은 채 암묵적으로 요구해 올 수 있다. 이는 연구참여자 스스로 자신의 요구를 명확히 의식하지 못해서일 수도 있고, 혹은 상대가 먼저 알아채 주길 바라서일 수도 있다. 어느 쪽이건 연구자는 눈치 있게 이를 잘 포착하고 반응할 수 있어야 한다. 전은희(2012)에 따르면, 연구가 진행되던 도중 강 교사는 반복적으로 대학원 진학을 화제로 삼았다. 뒤늦게 강 교사의 의도를 눈치챈 연구자는 그와 관련된 정보를 제공하고 진행 상황을 같이 고민하였다.

다음으로 인격적 관계이다. 연구라는 특수한 상황을 통해 만났지만, 연구자와 연구참여자가 연구자와 연구참여자로만 머물라는 법은 없다. 연구자가 연구참여자에게 제공하고자 하는 모든 것은 신뢰를 다지고 관계를 유지하기 위해서기도 하지만, 자신의 삶을 열어 준 연구참여자에 대한 순정한 고마움 때문이기도 할 것이다. 바로 이 대목에서 연구자와 연구참여자의 관계가 인격적인 것으로 나아갈 수 있다. 연구가 진행될수록 연구자와 연구참여자의 관계는 단순히 연구에 한정된 것이 아닌, 서로의 삶과 존재로 스며드는 것이 될 수 있다. 연구자와 연구참여자가 연구의 안팎에서 서로의 존재를 염려하고 서로의 삶을 돌보고자 할 때 또 하나의 인격적 관계가 탄생한다. 인격적 관계란, 이를테면 서로가 서로를 수단이 아닌 목적으로, 도구가 아닌 의미로 대하는 관계를 말한다(Lévinas, 1947). 인격적 관계에서 연구자와 연구참여자는 온 생에 걸쳐 서로에게 책임으로 남고자 하며, 현지연구의 역사에서는 이러한 예가 드물지 않게 발견되고 있다(서덕희, 2006; Lewis, 1961; Shostak, 1981). 최근에는 현지연구가 종료된 후에도 연구참여자들과의 관계를 이어가는 것이 연구윤리의 일부로서 권고되고 있다(Bogdan & Biklen, 1982). 이제 관계는 더 이상 연구라는 문화기술지적 현재(ethnographic present)에 머무르지 않고 우리라는 미래로 나아갈 수 있다.

마지막으로 연구자는 관계의 갈등이나 파국 또한 감당할 수 있어야 한다. 일반적으로 연구현장과 연구참여자들의 거절은 초기 단계에서 결정적이며, 일단 연구허락이 떨어지면 이후의 연구협조는 대체로 순탄히 보장되곤 한다(Johnson, 1975). 그러나 이것이 모든 연구현장, 모든 상황에 해당되는 것은 아니다. 전은희(2012)는 연구참여자와의 더 나은 관계 형성을 위해 초기 분석 자료를 건넸지만, 연구참여자는 해당 분석에 포함된 몇몇 현지어(folk term)를 문제 삼아 도리어 연구협조를 거절하였다. 혹은 이전에 한번 연구참여자로 협조한 경우가 있더라도 이후의 연구참여를 거절하기도 한다(서덕희, 2012). 뿐만 아니라 연구참여자들은 연구가 종료된 이후 자신의 협조나 연구의 결과 등을 부정하기도 하며, 심지어 연구자에게 위해를 가하기도 한다. 코너빌의 독(Doc)은 화이트가 책에 쓴 모든 이야기가 그의 환상(fantasy)일 뿐이라고 주장하였으며(Boelen, 1992), 가출 청소년 브래드(Brad)는 월코트의 집에 불을 지르기까지 했다(Wolcott, 1994). 이처럼 다른 모든 인간관계와 마찬가지로 연구자와 연구참여자 사이에도 오해와 갈등은 존재하며, 비극적 사건이나 파국 또한 얼마든지 있을 수 있다. 연구자는 이 또한 넓게는 관계의 일부로서 이해하고 담대히 수용할 수 있어야 한다. 그래야만 연구자는 더 나은 관계를 위해 언제나 그리고 먼저 다가가는 '좋은 사람(good guy)'으로 나아갈 수 있기 때문이다.

3) 좋은 사람이라는 평판

연구자가 현지인들에게 무엇으로도 딱히 매력적인 존재가 되지 못할 때, 연구자는 자신이 가진 모든 것을 걸어 연구현장에서 살아남아야 한다. 많은 현지인은 연구에 그다지 관심이 없다(서덕희, 2012; 전은희, 2012, 2015a). 심지어 연구허락을 해 놓고서도 나중에 그제사 생각났다는 듯 연구주제가 무엇이었는지 물어 오기도 한다(Bosk, 1996). 이때 연구자는 과연 무엇을 밑천 삼아 연구참여자들의 삶 속으로 들어갈 수 있을까. 여기에 대한 한 가지 답은 '좋은 사람'이다. 연구참여자들이 연구자를 받아들이는 이유는 연구 그 자체에 있기도 하겠지만, 연구자라는 사람에 대한 호의에서인 경우가 많다. 따라서 연구자가 좋은 사람이라는 평판을 얻을 수 있다면, 연구참여자들의 삶 속으로 들어가는 일이 한결 쉬워질 것이다. 다음에서는 이를 세 가지 측면에서 살펴보기로 한다.[15)]

먼저 연구자는 용기를 낼 수 있어야 한다. 전은희(2015a)의 경우 정책연구를 위한 중고등학교 현지연구에서 관리자가 연구자의 일거수일투족을 알고자 했으며, 누구를 만나고 언제 만날지 등을 통제하고자 하였다. 애초에 관리자의 허락은 순정한 자발성이라기보다는 후원기관과의 이해관계에 기초한 정치적인 타협이었다. 교사들의 협조 또한 관리자의 명령에 의한 마지못한 것이었다. 면담이나 교실개방 등에서도 최소한도로만 협조하고자 하였으며, 그마저도 여러 우여곡절 끝에 간신히 허락을 얻을 수 있었다. 초보연구자는 물론이고 숙달된 연구자라 하더라도, 이러한 상황에서 위축되지 않기는 매우 어렵다. 용기가 필요한 것은 이 때문이다. 용기가 그 자체로 신뢰나 관계를 담보하는 것은 아니지만, 용기 없이는 어떤 신뢰나 관계도 시작될 수 없다. 연구자는 자신에 대한 믿음과 연구에 대한 소명을 가지고, 용기를 내어 연구참여자들에게 다가갈 수 있어야 한다. 기실 이것저것 캐묻고 가는 곳마다 졸졸 따라다니는 연구자란 현지인들에게 '귀찮은 녀석'(Malinowski, 1922)일 뿐이다. 그러나 연구자는 자신에 대한 현지인들의 무시나 냉소, 박대를 개

---

15) 이에 대한 기준 역시 연구자마다 다를 수 있다. 어떤 연구자들은 정직과 개방성을 더 강조할 것이며, 어떤 연구자들은 성실이나 일관성 등을 더 강조할 수도 있다. 그러나 무엇을 더 강조하든 이러한 일련의 실천적 덕목은 서로 긴밀히 관련되거나 혹은 중첩되어 있다. 곧 정직하고 개방적인 것은 동시에 존중과 예의이기도 하며, 성실이나 일관성은 또한 용기와 겸손의 또 다른 표현일 수 있다. 이 외에도 강조되는 것으로는 외로움을 견디려는 태도(Geertz, 1988), 사생활 침해와 신체적 불편함에 대한 감내(Geertz, 1988), 모호함에 대한 여유(Wolcott, 1995), 스스로에 대한 믿음과 결단(Wolcott, 1995), 건초더미에서 바늘을 찾아낼 수 있는 인내(Geertz, 1988; Yin. 2013) 등이 있다. 여기에서는 연구현장 진입과 관련하여 특히 요구된다고 생각되는 미덕들을 꼽아 보았다.

인적인 모욕으로 받아들여서는 안 된다. 이는 연구자 자신과 마찬가지로 매일의 삶에 지친 현재인들의 일상적 반응일 뿐이다. 따라서 연구참여자들에게 다가가고자 하는 연구자의 시도가 거듭 좌절되더라도 그때마다 의기소침해지는 자신을 다독이며 다시 용기를 낼 수 있어야 한다. 현지연구 초기에 존슨(Johnson, 1975)은 초대받지 않은 파티에 찾아감으로써 완전히 내부자로서 받아들여질 수 있었고, 네이더(Nader, 1986)는 자신을 무시하는 마을 사람들의 무례함을 공개적으로 비난함으로써 오히려 현지인들의 마음을 열 수 있었다. 전은희(2015a)는 관리자의 미온적인 협조에 굴하지 않고, 신뢰가 형성된 연구참여자들을 중심으로 연구활동의 범위를 넓혀 갔다. 이처럼 세상에는 두려움을 무릅쓰고 용기 있게 다가가는 연구자를 배척하지 않는 선의가 존재한다. 연구자는 바로 그러한 선의를 향해 나아갈 수 있어야 한다.

다음으로 연구자는 최대한 연구현장과 연구참여자들을 존중해야 한다. 현지연구란 연구자가 연구자라는 신분을 휘두르며, 내키는 대로 현지인들의 삶을 휘저을 수 있는 무엇이 아니다. 현지연구는 현지인들이 연구자에게 자신들의 삶을 허락하는 딱 그만큼의 무엇이다. 현지인들이 연구자를 받아들이고 자신들의 삶을 열어 보이지 않는 한 연구자는 한 걸음도 그들의 삶 속으로 들어갈 수 없다. 존중은 이처럼 기꺼이 자신들의 삶을 열어 보여 준 연구참여자들에게 연구자가 취해야 할 기본적인 태도이다. 연구자는 연구참여자들을 보호하고 그들의 존재와 삶을 보듬고 연대할 수 있어야 한다. 특히 여성과 아동, 이주민과 장애인, 빈자와 성소수자 등 소수자들에게 더욱 그러해야 할 것이다. 이들에게 연구가 또 다른 2차 가해가 되어서는 안 되기 때문이다. 전은희(2012)는 다문화아동들과의 면담이 그 자체로 이들에 대한 아웃팅과 가시화의 계기가 될 수 있음을 감안하여, 다른 아동들의 시선을 피해 조심스럽게 진행하였다. 아울러 면담의 질문이 아동들에게 폭력적으로 다가가지 않을 수 않도록 질문을 고르고 다듬는 일에 유의하였다. 이처럼 연구자는 차별과 불평등, 권력관계에 대한 감수성을 견지해야 하며, 연구의 과정과 결과에서 동정이 아닌 공감, 시혜가 아닌 공존을 지향할 수 있어야 한다.

겸손 또한 많은 연구자가 강조하는 중요한 미덕이다(Bogdan & Biklen, 1982). 여기서 말하는 겸손은 연구현장과 연구참여자들에 대해 배워 가고자 하는 태도를 말한다. 현지연구자란 현지인을 이해하고 그들의 문화를 배워 가려는 사람이다. 겸손을 통해 '낯설게 하기'라는 현상학적 태도를 체현하고 현지인들의 일상적 지식(folk knowledge)을 배워 갈 수 있다. 연구자는 연구자라는 이유로 현지인들이라면 하지 않을 어리석은 질문을 할 수 있으며, 또 이러한 어리석음의 자처를 통해 스스로의 편견과 선입견으로부터 거리두기할 수 있다. 물론 많은 경우 현지인들은 자신들에게서 대체 배울 것이 무엇이 있느냐고 반문할 것이다. 이에 대한 연구자의 대답이 어떠하건, 현지인들로부터 무엇인가를 배우겠다는 겸손한 태도는 현지인들의 마음을 얻는 주요한 열쇠가 될 수 있다. 특히 연구자가 대학원생 등 초보연구자라거나 연구현장이 연구나 연구자에 대해 적대적이라면 이러한 태도는 더욱 중요하다. 페쉬킨(Peshkin, 1982)은 미국 중서부 '맨스필드' 지역에서 학교 병합과 공동체 갈등에 관해 연구하였는데, 연구주제가 주제이니만큼 주민들의 반응에 유의하지 않을 수 없었다. 이를 위해 자신들은 마을을 평가하기 위해서 온 것이 아니라 마을에 대해 배우기 위해 왔다는 것을 강조하였다.

매너와 상식 또한 연구자로서 갖추어야 할 중요한 미덕이다(Wolcott, 1995). 매너와 상식은 원활한 인간사를 위한 기본적인 전제이자, 관계를 잘 돌아가게 하는 윤활유이다. 아무리 연구가 유의미하고 그럴 듯한 것이어도 연구자가 무례하거나 몰상식하다면 현지인들의 마음을 얻기는 어렵다. 무엇보다 연구자는 연구현장에서 겪게 되는 실망이나 혼란, 좌절을 현지인들에게 전가하지 않을 수 있어야 한다. 언제나 웃는 얼굴로 유쾌하고 정중한 태도를 견지할 수 있어야 하며, 연구자적 강박에 사로잡힌 자기중심적인 태도를 경계해야 한다. 또 연구의 모든 과정에서 현지인들의 상황과 의견, 감정을 우선시하고 배려해야 한다. 자신의 연구일정이나 문제의식에 사로잡혀, 연구참여자들을 재촉하거나 몰아세우는 경향은 초보연구자들에게서 발견되는 너무도 흔한 현상이다. 이는 서로 간의 믿음을 허물고 관계를 위태하게 할 것이다.

세련된 매너와 상식적인 태도로 연구참여자들을 불쾌하게 하거나 모욕하지 않을 때, 연구참여자들의 마음을 얻고 그들의 삶에 가까이 다가갈 수 있을 것이다.

이러한 규정들은 매우 규범적이며 이상적이다. 연구자마다 이를 이해하는 방식이나 체현하는 정도도 다를 것이다. 또 최대한 체현한다고 하더라도 현장의 반응이 반드시 우호적이라는 법도 없다. 인간사에는 언제나 오해나 갈등이 만연하며, 최악의 경우 단 한 번의 실수로 공든 탑이 무너지기도 한다(전은희, 2012). 또한 연구현장의 온갖 현실에 휩쓸리다 보면, 좋은 사람은커녕 모자라고 못난 자신의 모습을 마주하는 일이 더 많을 것이다. 현지연구는 연구자에게 인간으로서 또한 연구자로서의 자신을 돌아보게 하는 시험대가 될 것이다. 좋은 사람만이 환대받는 것은 아니겠지만, 좋은 사람이 아니고서는 환대받으리라 기대하기조차 어렵다.

6. 맺음말

지금까지 효과적인 연구현장 진입을 위한 전략을 형식적, 실질적 두 가지 측면에서 살펴보았다. 다음에서는 이와 관련한 몇 가지 유의점과 향후 과제에 대해 살펴보도록 한다.

첫째, 연구자는 각자의 연구현장에서 각자의 도덕론과 방법론을 발전시켜야 한다. 지금까지의 논의들은 어디까지나 하나의 이념형일 뿐, 어떤 연구자도 도덕적 · 방법론적으로 완벽할 수 없다(전은희, 2015a). 오히려 현지연구가 도덕적으로 무결하고 방법론적으로 완벽해야 한다는 욕심이야말로 현지연구에 대한 소박한 단견이라 할 것이다. 인간은 불확실한 세계를 살아가는 불완전한 존재이며, 현지연구는 이러한 불완전함과 불확실성을 긍정하고 끌어안을 수 있어야 한다(Savin-Baden & Major, 2010). 무결함과 완벽함의 강박에 사로잡혀 스스로를 괴롭힌다면, 오히려 제대로 현지연구를 수행하기 어려워질 수 있다. 현지연구의 불완전함과 불확실성을 인정하고 주어진 상황에서 할 수 있는 '바로 그것(the right thing)'(Warren & Karner, 2005)을 하는 것이야말로 더 현실적이고 건강한 현지연구의 자세이다. 늘 그렇듯 현지연구에서 정답은 없으며, 연구자의 선택과 그에 따라 달라지는 연구가 있을 뿐이다. 중요한 것은 최선이라고 판단되는 바로 그 선택을 하는 것이며, 각자의 연구는 이러한 선택의 과정이자 결과이다. 자신의 연구현장에서 매순간 최선을 찾고자 할 때, 조금씩 질적 연구자로 성장해 갈 수 있을 것이다.

둘째, 연구현장 진입을 비롯한 질적 연구 과정 일반에 대한 메타적 · 성찰적 논의의 확대이다(전은희, 2012, 2015a). 앞에서 보았다시피 처음 형식적 연구허락과 동의를 받는 것에서부터 실제로 연구현장에 들어가서도, 연구자는 시종일관 연구현장의 안과 밖이라는 길항하에 놓여 있다. 이러한 길항 사이에서 어떻게 균형을 잡는지, 나아가 마지막까지 무사히 연구를 마무리하는지는 연구자마다 다를 것이다. 연구자가 현지에서 무엇을 했으며 그것이 어떠한 의미를 가지는가는 현지연구를 마친 후에야 비로소 제대로 성찰될 수 있다(Peshkin, 1982). 그럼에도 대개 최종 보고서에서는 이러한 이야기들이 생략된다. 이는 지면의 한계 때문일 수도 있고, 혹은 이에 대한 문제의식의 부재 때문일 수도 있다(전은희, 2012, 2015a; Rabinow, 1977). 물론 상대적으로 지면의 여유가 있는 석 · 박사논문들에서는 연구 과정이나 연구현장 진입 문제들이 비교적 자세하게 기술되고 있다(박임효, 2008; 서덕희, 2006; 전은희, 2012). 또 드물지만 현지연구의 과정과 연구현장 진입 그 자체에 관한 별도의 고백적 · 성찰적 논의가 아주 없는 것도 아니다(서덕희, 2012; 전은희, 2012, 2015a). 그러나 여전히 현지연구의 과정과 연구현장 진입을 비롯한 질적 연구의 과정 일반에 관한 메타적 · 성찰적 논의는 미진한 형편이다. 향후 이에 대한 심화 확대된 논의가 있어야 할 것이다. 연구와 교육은 서로가 서로를 추동한다(조용환, 2004). 이러한 논의를 통해 질적 연구에 입문하고자 하는 학문 후속세대에게 시사를 줄 수 있을 것이며, 동시에 국내 학계 질적 연구의 담론적 성숙을 기할 수 있을 것이다.

셋째, 이러한 작업을 통해 한국사회라는 역사적 · 사회적 · 문화적 · 정치적 자장이 어떻게 연구현장 진입 및 질적 연구 일반에 개입하는지 드러낼 필요가 있다(전은희, 2015a). 연구 과정과 연구현장 진입이 연구현장마다 달라지는 것은 한편으로 해당 연구현장의 구체적 · 개별적인 상황에서이기도 하지만, 다른 한편으로 해당 연구현장이 속한 곳의 정치적 · 사회적 · 문화적 맥락에서이기도 할 것이다. 또한 양자는 별개가 아니며, 대개 전자는 후자의 영향권 내에 있다. 가령 관료제나 젠더 문제는 어느 사회에서나 발견되겠지만, 강고한 국가주의적 관료제와 유교적 가부장제는 한국사회의 특수성이라 할 것이다. 이러한 정치적 · 사회적 · 문화적 배경이 개별 연구현장에 직간접적으로 작용할 것은 분명하며, 연구현장 진입을 비롯한 질적 연구 과정에서 연구자의 선택과 결단에 매 순간 영향을 미칠 것이다. 그럼에도 이에 대한 논의는 여전히 부족한 실정이다. 향후 한국사회에서 이루어지는 현지연구의 과정과 연구현장 진입을 비롯한 질적 연구의 과정 일반에 한국 사회의 특수성이 어떻게 작용하는지 경험적 · 이론적 논의가 있어야 할 것이다.

넷째, 젠더에 따른 연구현장 진입 및 질적 연구의 과정 일반의 차이에 대한 주목이다. 젠더는 인간 삶의 모든 국면에서 영향력을 발휘한다. 현지연구에서도 마찬가지이다. 특히 여성이라는 조건은 종종 연구현장에 대한 진입에서 변수가 된다. 가령 연구현장에 따라 애초에 여성연구자들이 접근하기 어려운 장면이나 상황이 있을 수 있다. 남성 동성애자 공동체를 연구한 워렌(Warren, 1988)은 바나 파티, 가족 모임 등 사교와 여가를 위한 장면에는 참여할 수 있었지만 목욕탕 등 다른 장면에는 참여할 수 없었다. 반대로 여성연구자라서 유리한 경우도 있는데, 이는 주로 여성 집단을 연구할 경우이다. 물론 남성연구자라고 해서 반대의 어려움이 없는 것은 아니다. 남성연구자라면 여성 동성애자 공동체에 접근하기 어려울 것이며, 소녀들보다는 소년들에 대한 접근이 더 쉬울 것이다. 그럼에도 가부장제적 근대사회의 공적 영역이 권력적으로나 수적으로나 남성들에 의해 주도되는 것을 감안하면, 많은 연구현장에서 여성연구자는 상대적으로 더 환영받지 못할 공산이 크다. 이와 관련하여

70년대 이후로 현지연구와 젠더에 관한 문제의식이 형성되어 왔으나(Warren, 1988),[16] 국내에서는 아직 이에 대한 논의가 활발하지 않다. 많은 질적 연구자가 여성이라는 점에서, 또 한국의 경우 군대문화와 유교적 가부장제 문화가 전 사회적으로 만연해 있다는 점에서 이러한 사태는 매우 문제적이다. 향후 젠더를 비롯하여 계층과 계급, 연령 등이 현지연구와 연구현장 진입에서 어떻게 작용하는지 논의해 나갈 수 있어야 할 것이다.

질적 연구의 역사는 그 자체로 오랜 연원을 갖고 있으며, 학제 간 긴장과 갈등 속에서 형성 발전되어 왔다. 오늘날 질적 연구는 그 자체로 하나의 탐구 분야로서 여전히 형성 중에 있다(Denzin & Lincoln, 2011). 지금까지의 역사가 그러하였듯 질적 연구에서는 지켜야 할 단 하나의 진리와 방법론이 아닌, 때로는 상충하고 때로는 연합하는 여러 개의 진리와 방법론이 있을 뿐이다. 이를 드러내고 개념화 · 이론화해야 하는 것은 동시대 그리고 후대의 질적 연구자들의 몫이다. 자, 이제 누가 이 '슬픈 현대'(Lévi-Strauss, 1935)에서 우리와 함께 '이곳에 있고자(being here)'(Geertz, 1988) 할 것인가. '질적 연구의 항해'에 동참할 많은 동학과 후학의 도전을 바란다.

---

16) 젠더와 현지연구에 대한 문제의식은 1920~1930년대 인류학에서 처음 발견된다. 초기 인류학자들은 현지에서 여성의 안전이나 강간 같은 문제를 최초로 언급하였다(Warren, 1988). 사회학의 경우 이에 대한 문제의식은 1970년대에 접어들면서부터 시작되었다. 여기에는 무엇보다 국내외를 막론하고 사회과학의 주류가 양적 연구에 있었다는 점, 아울러 그 헤게모니(hegemony)가 남성에게 있었다는 점이 작용했을 것이다. 질적 연구 또한 예외가 아니었다. 질적 연구는 사회과학에서의 주변적 위치로 인해 여성들이 진출하기에 유리하였지만, 국내외를 막론하고 학계의 무게중심은 남성에게 있었다. 그러나 1970년대 들어서면서 지식사회학과 페미니즘, 과학철학의 대두 등으로 사회과학 일반을 비롯하여 현지연구 담론에서도 젠더에 주목하기 시작하였다.

참고문헌

김수아(2014). 소셜 웹 시대 팬덤 문화의 변화. 사이버커뮤니케이션 학보, 31(1), 45-94.

김수진(2018). 위반하는 사회: 실시간 인터넷방송 아프리카TV에서 나타나는 사회분화의 역동. 서울대학교 대학원 석사학위논문.

김해원, 박동숙(2013). 소셜네트워크 거주민으로 살아가기. 한국언론학보, 57(2), 287-315.

김현경(2015). 사람, 장소, 환대. 서울: 문학과지성사.

문옥표(1994). 일본의 농촌사회. 서울: 서울대학교출판부.

박임효(2008). 동성애자의 성정체성 형성과정에 관한 교육학적 탐색. 서울대학교 대학원 석사학위논문.

서근원(2004). 산들초등학교의 교육공동체 형성에 관한 교육인류학적 연구. 서울대학교 대학원 박사학위논문.

서근원, 송하인(2018). 한 초등학교 교사의 사회과 수업의 성찰적 이해: "아이의 눈으로 수업 보기" 방법을 적용하여. 교육인류학연구, 21(4), 43-92.

서덕희(2006). 홈스쿨링의 가능성과 한계에 관한 참여관찰 연구. 서울대학교 대학원 박사학위논문.

서덕희(2012). 사회적 소수자 연구 윤리로서의 "초월": 국제결혼이주여성과 그 자녀들을 "직면(直面)"해야 하는 한 연구자의 성찰일지. 교육인류학연구, 15(1), 93-120.

오영범(2014). 온라인 교사공동체 전문성 발달의 특징에 관한 질적 사례 연구. 평생학습사회, 10(4), 113-137.

오영범, 김영천(2013). 인터넷 문화기술지의 방법적 특징 및 연구 절차 탐색. 교육인류학연구, 16(2), 83-120.

유은혜(2020). 스포츠 스타-팬 SNS 상호작용. 서울대학교 대학원 석사학위논문.

윤여각(1997). 태극대학교 대학원의 학문적 수월성 유지 기제에 관한 문화기술적 사례연구. 서울대학교 대학원 박사학위논문.

이길호(2012). 우리는 디씨-디시, 잉여 그리고 사이버스페이스의 인류학. 서울: 이매진.

전가일(2015). 동네 놀이터의 특징과 의미에 관한 현상학적 연구. 유아교육연구, 35(3), 337-363.

전은희(2012). 초등학교에서 다문화 아동들에 대한 인류학적 현지연구를 한다는 것: 연구과정의 어려움과 한계, 시사점을 중심으로. 교육인류학연구, 15(3), 111-153.

전은희(2015a). 정책연구의 일환으로 수행된 중고등학교 현지연구의 쟁점과 어려움 및 그에 대한 대처방안: 두 학교 현지연구 경험을 중심으로. 敎育學硏究, 53(2), 419-454.

전은희(2015b). 저소득층 국제결혼가정 청소년의 학교경험에 대한 생애사 연구. 한국청소년연구, 26(3), 5-45.

전은희(2017). 학벌주의 정체성에 대한 내러티브적 이해: 서울대생의 사례를 중심으로. 교육인류학연구, 20(3), 103-148.

전은희, 김명진(2018). 특성화고 출신 전문대생의 고교교육 경험에 대한 이해, 교육인류학연구, 21(2), 73-116.

조영한(2012). 인터넷과 민속지학적 수용자 연구. 미디어, 젠더 & 문화, 21, 101-134

조용환(1995). 일상세계의 복잡성에 대한 이해. 초등교육연구논총, 7, 13-22.

조용환(2004). 질적 연구와 질적교육. 교육인류학연구, 7(2), 57-77.

조은, 조옥라(1992). 도시빈민의 삶과 공간: 사당동 재개발지역 현장연구. 서울: 서울대학교출판부.

차성현(2000). 검도 수련 과정의 교육학적 해석. 서울대학교 대학원 석사학위논문.

최영신(1999). 원불교 수행 과정의 교육학적 해석. 서울대학교 대학원 박사학위논문.

한경구(1994). 공동체로서의 회사: 일본 기업의 인류학적 연구. 서울: 서울대학교출판부.

홍성훈(201 5). 몸투기: 권투선수되기에 관한 인류학적 민족지. 서울대학교 대학원 석사학위논문.

Benjamin, G. R. (1997). *Japanese Lessons : A Year in a Japanese School Through the Eyes of An American Anthropologist and Her Children*. New York, NY: New York University Press.

Boelen, W. A. M. (1992). Street Corner Society: Cornerville Revisited, *Journal of Contemporary Ethnography, 21*(1), pp. 11-51.

Bogdan, R. C., & Biklen, S. K. (1982). *Qualitative reseach for education: ban introduction to theories and methods*. 신옥순 역(1991). 교육 연구의 새 접근: 질적 연구. 서울: 교육과학사.

Bosk, C. (1996). The Fieldworker and the Surgeon. In C. E. Smith & W. Kornblum (Eds.), *In the field : readings on the field research experience*. Westport, Conn.: Praeger.

Briggs, J. (1986). Kapluna Daughter. In P. Golde (Ed.), *Women in the field : anthropological experiences*. Berkeley: University of California Press.

Cannella, G., & Lincoln, Y. (2011). Ethics, Research Regulations, and Critical Social Science. In N. Denzin & Y. Lincoln (Eds.), *Handbook of Qualitative Research* (4th ed.). SAGE Publications.

Christians, C. (2011). Ethics and Politics in Qualitative Research. In N. Denzin & Y. Lincoln (Eds.), *Handbook of Qualitative Research* (4th ed.). SAGE Publications.

Crapanzano, V. (1980). *Tuhami, portrait of a Moroccan*. Chicago: University of Chicago Press.

Creswell, J. W. (2016). *30 essential skils for the qualitative reseacher*. 한유리 역(2017). 질적 연구의 30가지 노하우. 서울: 박영story:피와이메이트.

Denzin, N. K., & Lincoln, Y. S. (2011). Introduction: The Discipline and Practice of Qualitative Research. In N. Denzin & Y. Lincoln (Eds.), *The Sage Handbook of Qualitative Research* (3rd ed.). SAGE.

Duncan, M., & Watson, R. (2010). Taking a stance: Socially responsible ethics and informed consent. In M. Savin-Baden & C. Major (Eds.), *New approaches to qualitative research: Wisdom and uncertainty* (pp. 49-58). London and New York: Routledge.

Erickson, F. (2011). A History of Qualitative Inquiry in Social and Educational Research. In N. Denzin & Y. Lincoln (Eds.), *The SAGE Handbook of*

Qualitative Research. SAGE.

Evans-Pritchard, E. (1940). *Nuer*. 권이구 외 공역(1988). 누어인. 서울: 탐구당.

Flyvbjerg, B. (2011). Case Study. In N. Denzin & Y. Lincoln (Eds.), *Qualitative Research* (4th ed., pp. 301-316). SAGE Publications.

Gadamer, H. G. (1960). *Wahrheit und Methode*. 임홍배 역(2012). 진리와 방법 2-철학적 해석학의 기본 특징들. 경기: 문학동네.

Gans, H. J. (1982). *The urban villagers: group and class in the life of Italian-Americans*. New York: Free Press ; London: Collier Macmillan Publishers.

Gates, H. (1987). *Chinese working-class lives: Getting by in Taiwan*. Ithaca and London: Cornell University Press.

Gatson, S. (2011). *The Methods, Politics, and Ethitics of Representation in Online Ethnography*. In N. Denzin & Y. Lincoln (Eds.), Qualitative Research (4th ed.). SAGE Publications.

Geertz, C. (1988). Works and Lives: The Anthropologist as Author. 김병화 역(2014). 저자로서의 인류학자: 레비스트로스, 에번스프리처드, 말리노프스키, 베네딕트. 서울: 문학동네.

Goetz, J. P., & LeCompte, M. D. (1984). *Ethnography and qualitative design in educational research*. San Diego: Academic Press.

Gennep, A. V. (1966). *Rites de passage*. 전경수 역(1992). 通過儀禮. 서울: 을유문화사.

Goffman, E. (1959). *The Presentation of self in everyday life*. Doubleday.

Goffman, E. (1989). On Fieldwork. *Journal of Contemporary Ethnography, 18*(2), 123-132.

Goffman, E. (1961). *Stigma*. 윤선길 역(2009). 스티그마-장애의 세계와 사회적응. 한신대학교출판부.

Heidegger, M. (1927). *Sein und Zeit*. 이기상 역(1998). 존재와 시간. 서울: 까치.

Hine, C. (2015). *Ethnography for the Internet: embedded, embodied and everyday*. London, England: Bloomsbury Academic.

Johnson, J. M. (1975). *Doing field research*. New York: The Free Press.

Keesing, R. M. (1976). *Cultural anthropology*. 전경수 역(1993). 現代文化人類學. 서울:

현음사.

Kincheloe, J., Mclaren, P., Steinberg, S., & Monzó, L. D. (2018). Critical Pedagogy and Qualitative Research: Advancing the Bricolage. In N. Denzin & Y. Lincoln (Eds.), *The SAGE Handbook of Qualitative Research*. SAGE.

Kozinets, R. V. (1997). "I want to believe": A netnography of the X-Philes subculture of consumption. *Advances in Consumer Research*, *24*, 470-475.

Kozinets, R. V. (2015). *Netnography*. Los Angeles: Sage.

Krieger, L. (1986). Negotiating Gender role expectations in Cairo. In T. L. Whitehead & M. E. Conaway (Eds.), *Self, sex, and gender in cross-cultural fieldwork*. Urbana : University of Illinois Press.

Lévinas, E. (1947). *De L'existence a L'existant*. 서동욱 역(2003). 존재에서 존재자로. 서울: 민음사.

Lévi-Strauss, C. (1935). *Tristes Tropiques*. 박옥줄 역(1998). 슬픈 열대. 서울: 한길사.

Lewis, O. (1961). *The Children Of Sanchez*. 박현수 역(2013). 산체스네 아이들-빈곤의 문화와 어느 멕시코 가족에 관한 인류학적 르포르타주. 서울: 이매진.

Malinowski, B. (1922). *Argonauts of the western Pacific*. 최협 역(2013). 서태평양의 항해자들. 전남: 전남대학교 출판부.

Mauss, M. (1925). *Essai sur le don: Forme et raison de l'echange dans les societes archaiques*. 이상률 역(2002). 증여론. 서울: 한길사.

Mead, M. (1961). *Coming of age in Samoa*. 박자영 역(2008). 사모아의 청소년. 서울: 한길사.

Merleau-Ponty, M. (1945). *Phenomenologie de la perception*. 류의근 역(2002). 지각의 현상학. 서울: 문학과지성사.

Mitchell, W. J. (1995). *City of bits : space, place, and the infobahn*. 이희재 역(1999). 비트의 도시. 경기: 김영사.

Morgan, L. H. (1877). *Ancient society*. 최달곤 외 공역(2005). 고대 사회. 서울: 문화문고.

Nader, L. (1986). *From anguish to exultation. From anguish to exultation. Women in the field: anthropological experiences*. Berkeley: University of California Press.

Peshkin, A. (1982). The researcher and subjectivity: Reflections on an ethnography of school and community. In G. D. Spindler (Ed.), *Doing the ethnography of schooling : educational anthropology in action*. Prospect Heights, Ill. : Waveland Press.

Patton, M. Q. (2002). *Qualitative research and evaluation methods* (3rd ed.). Thousand Oaks: Sage Publications.

Pink, S., Horst, H., Postill, J., Hjorth, L., Lewis, T., & Tacchi, J. (2015). *Digital Ethnography: Principles and Practice*. London, Sage Publications.

Rabinow, P. (1977). *Reflections on fieldwork in Morocco*. Berkeley: University of California Press.

Savin-Baden, M., & Major, C. H. (2010). Introduction: The uncertainty of wisdom. In M. Savin-Baden & C. H. Major (Eds.), *New approaches to qualitative research* (pp. 1-5). London and New York: Routledge.

Shostak, M. (1981). *Nisa: The Life and Words of a !Kung Woman*. 유나영 역(2008). 니사-칼라하리 사막의 !쿵족 여성 이야기. 서울: 삼인.

Spradley, J. P. (1980). *Participant observation*. Newbury Park, Calif.: Holt, Rinehart and Winston.

Taylor, T. L. (1999). Life in virtual worlds: Plural existence, multimodalities, and other online research challenges. *The American Behavioral Scientist, 43*(3), 436-449.

Tylor, E. B. (1891). *Primitive culture*. 유기쁨 역(2018). 원시문화. 경기: 아카넷.

Warren, C. A. B. (1988). *Gender issues in field research*. London: SAGE Publications.

Warren, C. A. B., & Karner, T. X. (2005). *Discovering qualitative methods: field research, interviews, and analysis*. California: Roxbury Publishing Company.

Whyte, W. F. (1943). *Street corner society : the social structure of an Italian slum*. Chicago, Ill. : University of Chicago Press.

Whyte, W. F. (1996). Doing Research in Cornerville. In C. D. Smith & W. Kornblum (Eds.), *In the field: readings on the field research experience*. Westport, Conn.: Praeger.

Wolcott. H. (1994). *Transforming qualitative data: description, analysis, and interpretation*. Thousand Oaks, Calif.: Sage Publication..

Wolcott. H. (1995). *The art of fieldwork*. Walnut Creek : AltaMira Press.

Yin, R. K. (2011). *Qualitative Research From Start To Finish*. 박지연 외 공역(2013). 질적 연구: 시작부터 완성까지. 서울: 학지사.

제2장

참여관찰

배은주(인천연구원)

1. 참여관찰의 의미와 목적

질적 연구에서의 기본적인 자료수집은 참여관찰과 면담으로 이루어진다. 참여관찰은 연구자가 연구현장에 직접 들어가서 자연스러운 일상의 맥락 속에서 현장 구성원들의 활동이나 상호작용, 생활양식 등을 관찰함으로써 다양한 자료를 수집하는 기법이다. 주로 현장 구성원들에게서 외적으로 드러나는 언어적 · 물리적 상호작용을 관찰하고, 이를 단서로 드러나지 않는 상호작용 간의 관계와 규칙, 개인에게 내면화된 사고체계를 비롯하여 그 집단이 공유하고 있는 문화적 원리, 신념, 제도 등을 파악할 수 있다는 장점이 있다.

관찰의 대상이 되는 사람의 활동이나 상호작용은 특정한 시공간, 그리고 다른 사람들과의 관계 속에서 이루어지는 것이 일반적이므로, 참여관찰은 특정한 시공간과 사람들의 관계망 속에 연구자가 직접 참여하여 자연스러운 맥락에서 관찰하는 것이라고 할 수 있다. 따라서 연구자의 의도나 개입에 따른 인위적인 조작, 통제된 실험 등을 수행하는 자료수집 기법과는 완전히 다르다.

일반적으로 참여관찰은 연구대상인 특정 현상 혹은 특정 집단의 문화를 보다 세밀하게 기술하기 위하여, 그리고 면담을 통해 확보한 자료의 신빙성 혹은 타당성을 입증하기 위하여, 또 면담을 수행하기 위한 기초적인 질문거리를 얻기 위한 목적으로 이루어진다.

연구하고자 하는 특정한 현상 혹은 특정 집단의 문화를 기술하기 위해서는 일차적으로 행위자들의 다양한 상호작용이 발생하는 사회적 상황을 관찰할 수밖에 없다. 그리고 자연스러운 상황을 관찰하기 위해서는 그 상황에 참여해야만 한다.

인간의 행동은 자신을 둘러싸고 있는 사회적 · 물리적 환경과 인적 환경이라고 할 수 있는 사람들과의 상호작용 속에서 이루어진다. 특정한 행동은 의식적으로든 무의식적으로든 그러한 맥락 속에서 이루어지는 것이라고 보아야 한다. 심층면담이 개인의 내러티브(narratives)나 설명 등의 언어를 단서로 개인의 의식세계 혹은 사고체계를 드러내기에 유용한 방법이라면, 참여관찰은 그러한 의식 혹은 사고체계의 결과로 표출되는 행동을 단서로 그 의식 혹은 사고체계를 파악하는 방법이라고 할 수 있다. 그렇지만 아이러니한 것은 개인의 행위가 반드시 그가 주장하는 인식이나 사고체계와 일치하는 것은 아니라는 것이다. 그래서 면담을 통해 알게 된 그의 주장이나 설명을 참여관찰을 통해 실제 행동으로 확인할 필요가 있듯이, 반대로 참여관찰을 통해 알게 된 행동의 이유나 근거를 면담을 통해 확인할 필요도 있다. 따라서 참여관찰은 특정 맥락 속에서의 개인의 행동을 통해 그의 의식 혹은 사고체계를 추론하거나, 또 면담 내용의 진실성을 확인하거나 면담수행을 위한 질문거리를 제공하기에 적절한 자료수집 기법이다.

2. 참여관찰의 특성

1) 참여관찰의 특징

참여관찰은 연구현장에 비교적 장기간 참여하여 관찰하는 자료수집 기법으로 연구기간이 비교적 길고 이에 따라 연구자가 시간과 노력을 많이 들여야 하지만, 박소진(2018: 232)이 지적하듯 다른 자료수집 기법에 비해 여러 가지 장점을 가지고 있다.

첫째, 현장의 문화적 맥락을 전반적으로 이해하는 데 매우 유용하다. 관찰하고자 하는 현장 시공간의 범위를 비교적 넓게 설정할 수 있고, 많은 현장 구성원과 자연스러운 일상을 공유할 수 있으며, 장기간의 참여로 현장 맥락을 충분히 잘 이해할 수 있다. 광범위한 문화적 맥락에 대한 통찰을 통해 특정 연구주제나 연구참여자가 그 문화적 맥락에서 어느 위치에 있는지를 파악할 수 있으며, 대상황–중상황–소상황에 대한 맥락적 이해를 통해 연구주제에 대하여 보다 심층적으로 이해할 수 있다.

둘째, 참여관찰로 나타날 수 있는 연구참여자의 반응성을 줄이고 더 자연스러운 상황에서 자료를 수집할 수 있다. 연구자가 현장의 내부자가 아닐 경우 현장 구성원들에게 연구자는 낯선 외지인이며, 그들은 낯선 연구자에게 일상적이지 않은 행위와 표현을 드러내 보이는 부자연스러운 상황을 보일 수 있다. 이렇게 나타날 수 있는 '외부자 효과'를 연구자는 장기간의 참여관찰로 최소화할 수 있다. 장기간의 참여로 연구자는 현장 구성원들과 '라포(rapport)'를 형성할 수 있고, 시간이 지날수록 연구자의 참여가 자연스러워져 그들과 일상을 공유하게 되므로, 가장 자연스러운 상황에서 자료를 수집할 수 있을 것이다.

셋째, 어떤 제도나 조직이 실제로 어떻게 작동하는지를 밝히는 데 유용하다. 특정 집단이 가지고 있는 제도나 조직의 실제 작동원리나 규칙은 명시적으로 명문화되어 있는 것과 달리, 암묵적으로 공유되고 수용되는 경우가 많다. 특히 명시적 규칙보다 암묵적 규칙이 더 강한 힘을 발휘하기도 한다. 이처럼 실제 작동하고 있는 원리나 규칙을 알아내기 위해서는 현장에 직접 장기간 참여하여 관찰하면서 현장 구성원들이 실제로 어떻게 행동하는지, 어떻게 의사결정하는지, 어떤 의미를 부여하며 살아가는지를 관찰해야 한다.

넷째, 참여관찰을 통해 얻은 자료는 심층면담을 비롯해 다른 자료조사 방법을 설계하는 데 활용할 수 있으며, 다른 분석 자료의 신빙성을 확인하는 데도 유용하다. 앞서 이미 언급했듯이, 참여관찰을 통해 현장에 대한 전반적인 문화적 맥락과 상황을 이해함으로써 면담 대상자를 선정하기 쉬우며, 관찰 내용을 토대로 면담을 위한 질문을 설계할 수도 있고, 관찰 자료는 면담 내용을 분석하고 이해하는 맥락적 토대로 기여하기도 한다.

2) 참여관찰의 대상 선정 기준

스프래들리(Spradley, 1980: 39)에 의하면, 연구자가 참여관찰을 수행할 수 있는 곳은 과거 인류학자들의 주 연구대상이었던 외진 부족마을에서부터 현대의 뷔페식당, 버스 등에 이르기까지 매우 다양하지만, 모든 참여관찰은 사회적 상황(social situations) 속에서 발생한다는 공통점이 있다. 스프래들리에 따르면, 사회적 상황은 장소(place), 행위자(actor), 활동(activities)의 세 가지 요소로 구성되는데, 보통 참여관찰을 한다면 특정한 장소에서 그 행위자들과 그들의 활동과 관련하여 관찰하게 된다. 이 사회적 상황은 매우 단일하고 단순한 것에서부터 아주 복잡하게 여러 상황이 연계되거나 얽혀 있는 것에 이르기까지 다양하다. 스프래들리의 조언대로, 초보연구자인 경우에는 비교적 단순한 상황을 관찰하는 것에서 시작하는 것이 좋다.

연구자가 참여관찰 대상을 선정할 때에는 자신의 연구주제에 적합한 대상을 선정해야 한다. 스프래들리(Spradley, 1980: 45-51)는 참여관찰 대상을 선정하기 위한 일반적 기준으로 사회적 상황의 단순성(simplicity), 접근 가능성(accessibility), 비노출성(unobtrusiveness), 허락 가능성(permissibleness), 활동의 발생 빈도(frequently recurring activities)의 다섯 가지를 고려할 것을 권고하였다.

첫째, 사회적 상황의 단순성 정도를 고려해야 한다. 사회적 상황이 너무 복잡하다면 연구자가 제대로 파악하기 위해서는 그만큼 참여관찰 기간이 오래 걸리고 분석과 해석에도 많은 시간과 노력을 기울여야 하는데, 연구자의 현실적 위치나 연구 여건이 이를 수용할 수 있는지 고려해야 한다. 또한 복잡한 사회적 상황을 충분히 연구할 수 있는 연구자의 숙련도와 경험 등도 고려하여야 한다. 참여관찰의 숙련도가 높고 경험이 많은 연구자가 아닌 초보연구자라면 비교적 단순한 상황을 선정하는 것이 좋다.

둘째, 연구자가 연구현장에 접근하기 쉽고 편리한 정도, 즉 접근 가능성을 고려해야 한다. 참여관찰의 경우 관찰기간이 길고 관찰 내용을 매번 기록해야 하는 등 연구자에게 시간과 노동을 많이 요구하기 때문에 연구자의 피로도가 문제가 된다. 또한 관찰한 내용을 되도록 빨리 컴퓨터에 기록할 수 있는 시간이 확보되어야 한다. 따라서 되도록 연구현장이 가까이 위치해 있거나 필요할 때 수시로 접근할 수 있는 곳이 좋다. 연구현장이 연구자에게 너무 멀리 위치해 있거나 매번 관찰시간이 너무 늦게 종료된다면, 연구자의 피로도가 매우 높아진다. 그렇게 되면 연구자는 참여관찰을 충실히 하기 어렵고, 기록과 분석에 쏟을 시간과 노력도 줄어들기 쉽다. 결국 연구자의 피로도는 연구의 질을 떨어뜨릴 우려가 있다.

셋째, 연구자가 현장에 얼마나 드러나는가, 즉 연구자의 노출 정도를 고려해야 한다. 연구자가 현장의 내부자가 아닌 이상 낯선 외부인의 참여는 어느 정도 드러날 수밖에 없지만, 되도록 연구자가 과도하게 드러나지 않도록 하는 것이 좋다. 아무런 역할을 수행하지 않는 참여관찰자는 내부자들에게 불필요한 감시자로 여겨져 자연스러운 맥락을 포착하기 어려워질 수 있다. 따라서 대부분의 연구자는 현장에서 일정 역할을 수행하는 참여자가 됨으로써 현장 구성원들에게 자연스럽게 받아들여지는 것을 선호한다. 대개의 교실 수업 관찰의 경우 연구자의 노출은 불가피하고, 이 때문에 학생들의 행동이 일상과 달라지기 쉽다. 이를 최소화하기 위해서는 연구자의 관찰이 장기간 수행되는 것이 필요하다. 관찰 기간이 길어질수록 학생들은 처음에 보였던 연구자에 대한 관심이 줄어들고 평범한 일상으로 돌아간다.

넷째, 연구참여자의 연구허락 가능성을 고려해야 한다. 연구자가 참여관찰에 대한 허락을 얻지 못한다면 연구를 수행할 수 없다. 특히 폐쇄적인 집단, 예컨대 범법자 집단이나 권력이 큰 집단, 종교적인 집단의 경우에도 접근이 어려울 수 있는데, 그렇다고 그들을 속이고 연구를 하는 것은 허용되지 않는다. 따라서 연구자는 연구참여자의 허락 가능성을 고려하여 연구현장을 선정할 필요가 있다.

다섯째, 관찰하고자 하는 사회적 상황의 발생 빈도를 고려해야 한다. 참여관찰의 대상으로는 사회적 상황이 반복적으로 빈번하게 발생하는 것을 선정하는 것이 좋다. 일회적인 상황은 포착하기 어렵고, 반복의 빈도가 지나치게 낮을 경우 그 상황을 포착하기 위해 소비해야 하는 시간이 너무 길다. 그러한 상황을 참여관찰하는 것은 아주 어려운 일이다. 따라서 관찰하고자 하는 상황이 빈번하게 발생하고 반복되는 것이어야 참여관찰하기 쉽다는 점을 고려해야 한다.

3) 참여관찰에서 초점을 두어야 할 사항

연구주제나 현장 상황에 따라 다르지만, 참여관찰을 하고자 할 때는 일반적으로 현장 구성원인 사람과 중요한 의례나 사건, 구성원들 간의 상호작용과 관계, 공간 구성과 사물의 배치, 시간성, 시각 및 후각, 청각, 촉각 등 다감각적 측면에 주목하는 것이 좋다(김윤옥 등, 1996: 86-87; 박소진, 2018: 232).

첫째, 연구참여자 혹은 연구현장의 구성원과 그들 간의 상호작용에 일차적으로 주목하여 관찰해야 한다. 어떤 사람들이 있는지, 그들의 인종, 나이, 성별, 사회계층, 직업이나 업무, 옷차림, 성격 등은 어떠한지를 먼저 파악할 수 있도록 구성원에 대해서 관찰할 필요가 있다. 더 나아가 그 구성원들의 특징과 사회적 관계에 주목하여 관찰하는 것이 좋다. 개별 구성원들이 드러내는 특성과 그들의 사회적 위치나 지위, 그들 간의 언어적 · 비언어적 상호작용과 그 방식과 태도 등에 주목하면, 구성원들 간의 권력관계나 친밀관계 등을 파악할 수 있으며 관계망이 작동하는 방식과 영향 등도 분석할 수 있다.

둘째, 연구현장이나 집단 구성원들에게 중요하게 여겨지는 의례 또는 사건에 주목하여 관찰하는 것이 좋다. 현장에서 중요하게 여겨지는 의례는 어떤 것인지, 어떤 사건들은 중요하게 여겨지고 어떤 것은 그렇지 않은지, 중요한 사건의 영향은 어떠한지 등에 주목하여 파악함으로써 현장의 문화와 제도 등을 파악하기 용이하다. 예컨대, 의례가 이루어지는 배경과 과정, 결과, 그에 대한 사람들의 행동 등을 관찰하여 의례에 대한 사람들의 인식과 의례가 그 집단에게 갖는 의미를 해석할 수 있다. 또한 집단에서 발생하는 크고 작은 사건들이 언제 어디서 누구에 의해 발생하며, 그 사건이 어떻게 전개되고 누가 개입하며 어떻게 해결하는지 등의 전반적인 과정을 관찰함으로써 그 사건이 발생하게 된 배경과 그것이 남긴 영향, 의미 등을 해석할 수 있다.

셋째, 연구현장이나 집단 구성원들이 활동하는 공간과 사물의 배치도 자세히 관찰하는 것이 필요하다(이용숙 등, 2012: 138-139). 구성원들의 활동과 상호작용은 특정한 공간에서 발생한다. 특정 활동과 상호작용이 특정 장소에서만 발생하기도 하고, 특정 사람들끼리만 공유하는 장소와 사물이 있기도 하다. 또한 장소와 공간이 갖는 물리적 특성, 공간의 구성과 사물의 배치는 구성원들의 사회적 관계와 상호작용에 영향을 미친다. 예컨대, 교실수업에서 학생 책상을 교단을 향하여 일렬적으로 배치하는 경우와 사각형이나 ㄷ자형의 모둠형으로 배치하는 경우 수업의 방식과 학생 간의 상호작용이 달라진다. 특별한 의례나 사건에 따라 공간의 구성과 배치가 달라지고, 구성원들의 사회적 관계에 따라 공간과 사물의 활용도 달라지기도 한다. 따라서 사람들의 활동과 상호작용을 관찰할 때에도 공간과 사물의 배치와의 연관을 파악하는 것은 매우 중요하다.

넷째, 연구현장 구성원들의 상호작용을 관찰할 때는 시간적 차원에도 주목하여야 한다. 사람들의 활동은 시간의 흐름에 따라 구성된다. 매일의 아침부터 저녁까지 시간의 흐름에 따라 누가 어떤 활동을 하는지, 매월 어떤 활동이 반복되는지를 관찰할 수도 있고, 좀 더 맥락을 확장하여 연간 1월에서 12월까지 매월 어떤 활동이 이루어지는지를 관찰할 수도 있다. 언제 그런 일이 벌어지는지 혹은 얼마나 오래 걸리는지 이렇게 시간성에 주목하여 관찰하면, 일일 단위에서는 어느 시간대에 연간 단위에서는 어느 월에 특정한 활동이나 사건, 의례 등이 발생하는지 파악할 수 있으며, 어떤 주체가 중요하게 활동하는지도 알 수 있다. 시간별 활동의 주체와 활동의 종류, 그리고 활동의 소요시간 등을 관찰하는 것은 참여관찰에서 공간을 파악하는 것과 마찬가지로 중요한 초점이다.

다섯째, 참여관찰에서는 시각적 · 청각적 자료 이외에도 후각이나 촉각 등 다감각적 체험을 통해 자료를 수집할 필요가 있다. 연구자가 시각을 통해 관찰하는 것, 청각을 통해 듣는 것은 물론이요, 이 외에도 술이나 음식 냄새 혹은 체취 같은 후각적 자료도 의미 있게 해석될 수 있으며, 촉각을 통해 파악하는 느낌도 유용한 자료가 될 수 있다. 예컨대, 특정 집단에서는 특정 술이나 향신료의 사용이 그 문화에서 중요한 위치를 차지하고 있을 수도 있고, 그 사용의 때와 장소 등이 문화에 대한 해석에서 중요한 단서가 될 수도 있다. 따라서 필요에 따라 다양한 감각을 동원한 연구자의 체험을 자료로 활용한다면 더 풍부한 자료를 확보할 수 있을 것이다.

4) 참여관찰의 기간과 빈도

'언제부터 언제까지 참여관찰을 할 것인가'하는 참여관찰 기간을 결정하는 것은 연구자가 설정한 연구문제에 달려 있다. 즉, 정해진 기간은 없다는 것이다. 대개 연구자가 발견하고자 하는 것을 충분히 알게 되었을 때, 현장의 상황이 참여관찰로 알고자 했던 상황과 달라지는 전환이 발생하여 더 이상 연구문제의 참여관찰 현장으로 적절하지 않을 때 등을 고려하여 관찰을 마무리할 수 있다.

참여관찰의 주기적 빈도도 연구문제나 관찰하고자 하는 사회적 상황의 반복 정도, 연구현장의 접근 용이성, 연구자의 형편과 여건에 따라 달라질 수 있다. 이러한 여건을 고려하여 매일 참여관찰을 하는 것이 좋은지, 아니면 일주일에 1~2회 혹은 3~4회 하는 것이 좋은지 등의 계획을 결정해야 한다. 그리고 연구가 진행되는 상황에 따라 관찰의 빈도를 달리할 수도 있다. 즉, 연구 초기에는 매일 관찰하다가 중반에는 일주일에 3~4회, 후반에는 일주일에 1~2회 등으로 빈도를 줄여 가며 관찰할 수도 있다. 결국 연구현장의 상황, 연구자의 여건, 참여관찰을 통해 파악하고자 하는 연구문제 등을 종합적으로 고려하여 필요하면서도 적절한 참여관찰 횟수를 판단해야 한다.

3. 참여관찰의 유형과 기록

1) 참여관찰의 유형

연구자의 참여와 관찰의 비중에 따라 참여관찰의 유형을 구분하는데, 그 유형은 연구자가 가진 구체적인 연구 질문에 따라 다르게 선택할 수 있다.

참여관찰은 연구자가 연구현장에 참여하면서 관찰한다는 이중적 과정을 내포하기 때문에 참여와 관찰의 비중을 어느 쪽에 많이 두느냐에 따라 참여관찰(자)의 유형을 몇 가지로 구분할 수 있다. 스프래들리(Spradley, 1980: 58-61)의 경우 연구하고자 하는 사회적 상황에 전혀 참여하지 않는 비참여에서부터 참여의 수준이 수동적인 것, 참여와 관찰이 균형을 이룬 중간 수준, 참여의 수준이 적극적인 것, 연구자가 사회적 상황의 내부자인 완전한 참여 등 다섯 가지 유형으로 구분하였다. '비참여'의 경우 TV 프로그램을 관찰하는 것처럼 사회적 상황에서 연구자가 완전히 배제된 상태에서의 관찰을 의미하기에 엄밀히 말하면 '참여관찰'이라고 하기는 어렵다. 그래서 일반적으로는 '비참여'를 제외하고 네 가지 유형으로 구분한다. 이 유형화는 완전한 관찰에서 완전한 참여에 이르는 '연속체(continuum)'로 보아야 하며, 이론적으로는 완전한 관찰자와 완전한 참여자가 가능하지만, 대부분의 연구는 완전한 관찰과 완전한 참여의 양극단 사이의 어디쯤에 위치한다.

표 2-1 참여관찰의 유형

초점의 비중	스프래들리의 유형	일반적 유형	예시
관찰	비참여		TV 프로그램 관찰
↑	수동적 참여	완전한 관찰자	길거리 배회자, 구경꾼
	중간 수준의 참여	참여자로서의 관찰자	연구자가 수업 보조교사로 참여하며 수업 연구
↓	적극적 참여	관찰자로서의 참여자	학교폭력위원회 위원으로 참여하며 학교폭력 연구
참여	완전한 참여	완전한 참여자	교사가 자신의 수업 연구

출처: Spradley (1980). 『Participant observation』을 참고하여 연구자가 정리.

(1) 완전한 관찰자

'완전한 관찰자'는 연구현장에 있기는 하지만 그 사회적 상황에 대한 개입이나 참여 없이 오로지 관찰에 초점을 두고 자료를 수집하는 연구자이다. 연구자는 연구현장에서 오로지 관찰만 할 뿐, 현장의 구성원들과 관계를 맺거나 상호작용하지 않는다. 완전히 외부인의 시선으로 관찰만 하는 것이다. 따라서 관찰되는 사람들도 자신이 관찰당하고 있다는 사실을 알지 못한 채 관찰되어 자신들이 연구대상이라는 사실 또한 알지 못한다. 이러한 관찰은 연구자의 등장이나 개입으로 인한 영향을 최소화하고, 연구를 시작하기 이전이나 이후의 상황에 아무런 변화가 없기를 바라는 관찰이다. 즉, 연구자는 연구자가 없는 상황과 동일한 상황을 관찰하기 원할 경우 '완전한 관찰자'가 되기를 원한다. 따라서 연구자는 연구상황에 최대한 방해가 되지 않을 위치, 즉 관찰하기 좋은 위치에서 관찰해야 하며, 연구상황에 대한 연구자의 노출을 최소화해야 한다. 그렇게 한다면, 연구자는 연구하기 이전의 상황 혹은 맥락을 그대로 관찰할 수 있다고 가정하는 것이다. 즉, 연구가 시작되어도 연구하기 이전의 상황 혹은 맥락이 그대로 반복된다고 가정하는 것이다. 그래서 연구자는 오로지 '완전한 관찰자'의 역할만을 수행한다. 스프래들리(Spradley, 1980: 59)는 이러한 관찰자를 '구경꾼', '방관자', '배회자' 등으로 묘사하였다. 그의 예시처럼, 법원의 방청객으로서 혹은 길거리의 배회자 또는 관광객으로서 관찰하는 경우 가능한 방법이다. 그리하여 관찰자로서의 연구자는 보이는 대로, 들리는 대로 기록한다.

이런 비참여적 관찰은 외부자 관점을 극대화하기에 연구대상이나 맥락에 대해 내부자의 시선에서 당연시하던 것을 완전히 낯설게 볼 수 있다는 장점이 있다. 하지만 내부자의 관점을 이해하기 어렵고, 발생하는 사건이나 주고받는 상호작용의 원인이나 이유를 제대로 파악하기 어려워 연구대상이나 맥락에 대하여 깊게 이해하지 못할 수 있으며, 연구자의 관찰에 근거한 연구자의 해석에만 의존해야 한다는 단점이 있다. 또한 연구현장의 사람들에게 연구의 동의를 얻지 않고 연구를 수행하게 되어 그들의 익명성을 보호하고 노출시키지는 않는다 하더라도 연구윤리 문제에서 완전히 자유로울 수 없다.

주로 길거리 부랑자들의 행태를 연구하거나 어린 아기들의 행태를 관찰하는 경우, 특별히 연구동의를 얻기 어려운 공공장소를 관찰할 경우 등이 이러한 참여관찰의 예시가 될 수 있다. 이런 방식의 관찰은 참여관찰을 시작하는 초반에 전체적인 상황을 개략적으로 파악하기 위해 또는 연구대상으로서의 적절성을 판단하기 위해 일시적으로 활용될 수도 있다.

이런 '완전한 관찰자' 관점에서 관찰하여 나름의 문화해석을 시도한 사례로 김찬호(2007), 최종렬과 최인영(2012)을 들 수 있다. 김찬호(2007)의 연구는 공공장소인 지하철, KTX, 찜질방, 노래방, 편의점, 백화점 등 생활세계의 다양한 현장을 이방인의 시선으로 방문한 문화적 기행문이다. 최종렬과 최인영(2012)은 우리나라에서 외국인 노동자가 많이 거주하는 지역을 방문하여 민족성(ethinicity)의 전시가 어떻게 이루어지고 있는가를 관광객의 시선으로 보여 주고 있다.

(2) 참여자로서의 관찰자

참여와 관찰 중에서 참여보다 관찰에 조금 더 큰 비중을 두고 참여관찰을 수행하고자 할 경우, 연구자는 '참여자로서의 관찰자' 역할을 수행한다. 이러한 역할을 수행할 때에도 여전히 초점은 관찰에 있다. 연구자가 특정 시공간의 상황에 참여했다는 것을 인정하지만, 현장 상황에 대하여 연구자의 개입이나 상호작용은 되도록 줄이고 관찰에 보다 큰 비중을 두는 참여관찰 방법이다. 실제로 대부분의 참여관찰에서 연구를 시작하여 연구자가 특정 시공간에 노출된다는 것 자체가 이미 특정 맥락에 참여한 것이고, 따라서 연구자의 영향을 최소화하려 애쓴다 할지라도 연구자가 그 맥락에 미치는 영향이 전혀 없다고 가정하기는 어렵다. 그래서 연구자의 영향이 발휘되는 연구자의 참여를 인정하지만 그 영향력을 최소화하고 관찰에 보다 초점을 두고자 할 경우 연구자는 '참여자로서의 관찰자' 역할을 선택한다. 연구자가 연구를 수행하는 것과 연구자가 연구상황에 참여한다는 점을 밝히고 동의를 얻고 진행하지만, 단지 관찰자로서의 역할에 더 충실하면서 연구참여자들과의 상호작용은 최소화하려고 애쓴다. 이러한 참여관찰의 경우 연구의 원활한 진행을 위해 연구자는 연구현장에서 작은 역할(주로 보조업무)을 수행하거나 직책 이름(예컨대, 보조교사 혹은 자원봉사자)만 부여받아 참여하는 경우가 많다.

예를 들면, 교실수업을 관찰하는 경우 보조교사의 역할을 수행하며 참여관찰을 수행하는 경우가 많다. 필자는 청소년센터에 대한 참여관찰을 수행한 연구(배은주, 2004)에서 참여보다는 관찰에 초점을 두기 위해 자원봉사자로 센터의 안내 업무를 수행하며 관찰하였다. 이처럼 연구자가 관찰에 더 초점을 둔다 할지라도 연구자가 연구현장에서 드러나고 연구참여자에게 연구자로 인지되고 있다면, 연구자는 '완전한 관찰자'가 아니라 '참여자로서의 관찰자'가 된다. 이 점을 이용숙 등(2012: 110-111)은 일본의 기업문화를 연구했던 한경구(1994)의 사례를 들어 지적하고 있다.

한경구(1994)는 일본의 기업문화에 대한 현장연구 과정에서 스스로 순수한 관찰이라고 생각했던 행위가 실제로는 아주 중요한 참여행위였음을 사후에 발견하였다. 그는 당시 노사협상이 한창이던 회사에서 현장연구를 실행하면서 사측과 노측의 대책회의를 모두 관찰하였는데, 일종의 참관인으로서 양측의 회의 상황에 존재하는 것이 한경구에게는 관찰 맥락의 행동일 뿐이었으나, 노측 대표들이 "우리가 회의하는 걸 한상(さん)도 다 봤다. 감출 것이 없다."라고 이야기하는 것을 듣고 그 회의에 본인이 존재했다는 사실 자체가 연구대상자들에게 얼마나 큰 참여적 의미를 가졌는가를 깨닫게 되었다. 서로에 대한 신뢰가 부족한 노사 대립의 상황에서 인류학자가 양쪽의 회의석상에 있었다는 사실은 양쪽이 모두 '꼼수를 부리지 않았음'을 입증하는 증거가 된 것이다.

(3) 관찰자로서의 참여자

참여와 관찰 중 관찰보다 참여에 더 큰 비중을 두는 참여관찰을 수행할 경우, 연구자는 '관찰자로서의 참여자'가 된다. 관찰도 여전히 일정 부분 수행하지만 참여에 더 초점을 두므로, 연구상황에 대하여 관찰만 하지 않고 일정 부분 개입한다. 따라서 연구자의 적극적인 참여를 위해 연구현장이나 상황에 적절한 특정 역할을 수행하면서 연구참여자와 적극적으로 상호작용한다. 연구상황에서 연구자의 참여(상호작용), 즉 연구자가 수행하는 상호작용과 그 영향도 관찰의 대상이 되며 관찰자료의 일부가 된다. 연구자의 참여로 연구

상황은 연구 이전과 동일하다고 인정되지 않으며, 연구자의 참여(개입)로 형성되는 새로운 상황에도 주목해야 한다. 연구자의 참여 역할 수행으로 인해 현장의 구성원들이 연구자와 어떻게 상호작용하며 어떻게 변화하는지 등이 주 관심사가 된다. 연구자는 연구자의 행위를 포함하여 연구현장의 구성원, 연구참여자, 연구상황에 대해 관찰을 수행하며, 연구현장 구성원들과 보다 적극적인 상호작용을 수행하면서 연구를 진행하게 된다.

이런 참여관찰 유형은 연구자가 특정 역할을 수행하면서 내부자들과 적극적으로 상호작용하므로 내부자 관점을 파악하기 용이하며, 연구 맥락에 대하여 심층적으로 이해할 수 있다는 장점이 있다. 그러나 연구자가 특정한 역할을 수행하여 연구 맥락에 영향을 미치므로, 참여관찰할 때 견지해야 할 거리두기 시선을 상실할 우려가 있고 연구자의 영향력이 반드시 좋은 것이며 옳은 것인가에 대한 논쟁이 발생할 수도 있다.

예컨대, 학교 교사회의를 참여관찰할 경우에서 연구자를 더 훌륭한 전문가라고 생각하는 연구참여자(교사)가 연구자의 의견을 물어볼 때, 연구자가 이에 적극적으로 의견을 개진한다면 연구자는 전문가로서의 역할을 수행하여 결국 관찰보다 참여에 더 비중을 두는 역할을 수행하게 되는 것이다.

(4) 완전한 참여자

'완전한 관찰자'와 정반대로, '완전한 참여자'는 연구자가 이미 연구현장의 내부자이거나 혹은 내부자가 되는 경우를 말한다. 주로 연구자가 자신이 이미 속해 있는 집단 혹은 상황을 연구하거나 자신의 경험을 연구하고자 할 경우, 또는 그 집단의 일원이 되기로 하고 그 집단을 연구할 경우에 가능한 참여관찰이다. 연구자가 이미 내부자인 집단이나 상황을 연구하게 되면, 연구자는 내부자로서 자신이 수행하는 역할이 있고 연구 중에도 이를 회피할 수 없다. 따라서 내부자가 자기 집단이나 상황을 연구하게 될 경우 연구자는 완전한 참여자가 된다.

완전한 참여자의 경우 연구자가 내부자이기에 내부자 관점을 잘 알고 있고 접근이 용이하다는 장점이 있지만, 연구현장에 너무 익숙하여 당연시하고 거리두기를 하지 못하여 간과하는 내용이 생길 수 있다. 특히 초보 참여관찰자의 경우, 익숙한 상황을 낯설게 보기는 더욱 어렵다. 또한 내부자이기 때문에 연구자로서의 객관적 시각 또한 신뢰성을 얻기 어려울 수 있다. 따라서 연구자는 내부자의 관점에서 당연시되는 것들에 대하여 더욱 낯설게 보려는 노력을 기울여야 하며, 관찰 내용에 대하여 비판적 문제 제기와 해석을 할 수 있어야 한다.

만약 연구자가 내부자라는 이유로 참여관찰에 대한 동의를 구하지 않고 연구목적 또한 비밀에 붙이게 된다면, 연구윤리의 문제가 발생할 수 있다. 반대로 연구자라는 신분을 노출시킬 경우 참여관찰에 대한 동의를 얻지 못하거나 항상 관찰당하고 있다는 생각에 연구현장의 구성원들이 일상과 다른 행동을 보일 수도 있다. 따라서 내부자가 참여관찰을 할 경우에는 연구목적에 모두가 공감하고 연구동의를 얻는 것이 더 중요하다.

초보 교사인 연구자의 경우 연구자가 속해 있는 자신의 학교를 연구하는 경우가 많은데, 이런 연구자는 완전한 참여자로 연구하게 된다.

2) 참여와 관찰의 균형

그렇다면 연구자가 참여관찰을 하고자 할 경우 참여와 관찰의 비중을 어떻게 하는 것이 적절한가? 결론부터 말하면 정답은 없다. 일반적으로 연구하고자 하는 주제와 구체적인 연구 질문, 현장 상황이나 맥락, 이론적 시각, 연구자의 여건에 따라 참여와 관찰의 비중은 달라질 수 있다. 한 연구에서도 연구단계에 따라 참여와 관찰의 비중을 달리하여 진행할 수도 있다. 그리고 한 연구에서 반드시 하나의 유형을 고수할 필요는 없다. 연구주제나 목적, 연구자의 이론적 · 정치적 태도, 현장 상황 등에 따라 참여와 관찰의 비중을 적절히 조절하고, 연구자의 시선에서 내부자 관점과 외부자 관점 간 균형을 잃지 않도록 하는 것이 더 중요하다(박소진, 2018: 232).

그러나 장기간의 연구를 수행할 경우 참여와 관찰의 비중을 적절히 조절하기란 매우 어려울 수 있다. 1980년대 후반부터 사당동 재개발 지역 연구를 시작하여 20여년 동안 그중 한 가족을 지속적으로 참여관찰한 조은(2012: 79)은 연구 과정에서 개입과 객관적 관찰의 경계가 항상 어려운 숙제였다고 고백하였다. 그는 연구자로서 자신이 가난한 사람들이 사는 현장에 있었지만, 1980년대 폭력적인 강제 철거의 위험한 상황이 일어날 때 "정말 위험하고 필요한 순간에는" 자신이 그 현장에 부재하였다는 점(조은, 2012: 64)을 성찰하면서 그의 조교들이 연구기간 동안 도시빈민운동 참여와 부동산 투기의 유혹을 견뎌 준 것에 대해서는 고마움을 표시하였다(조은, 2012: 74-75).

3) 참여관찰의 단계

참여관찰을 할 때 일반적으로는 관찰 시간의 흐름에 따라 관찰의 초점이 달라지는데, 처음에는 관찰의 초점을 넓게 시작했다가 연구기간이 지날수록 점점 더 초점이 좁아진다. 그리고 관찰의 후반부에는 필요한 것을 집중적으로 관찰하는 경향을 보인다. 관찰의 초반부에 관찰의 초점이 넓은 것을 '기술적 관찰(descriptive observation)', 초점이 좁은 것을 '집중적 관찰(focusive observation)', 필요한 부분을 집중적으로 관찰하는 것을 '선별적 관찰(selective observation)'이라고 한다. 일반적으로 참여관찰에서는 관찰의 초점이 넓게 이루어지다가 점차 좁아지는 모양새를 보이는데, 이를 '깔대기 모형(a funnel model)'이라고 부르기도 한다(Spradley, 1980).

(1) 기술적 관찰(descriptive observation)

'기술적 관찰'의 경우 대개 참여관찰의 초반부에 관찰 대상의 모든 것을 전반적으로 관찰하는 상황에 적용된다. 스프래들리(Spradley, 1980: 73)에 따르면, 기술적 관찰은 어떤 특정한 질문을 가지지 않고 오로지 일반적 질문, 즉 '여기에서 무슨 일이 벌어지는가?'라는 질문만으로 관찰에 임하는 접근을 의미한다. 관찰 대상을 구성하고 있는 공간, 시간, 구성원, 그들의 일상적 행동, 사물의 배치와 활용 등 관찰 대상을 전체적으로 스케치하듯 관찰하는 것을 말한다. 관찰 초반부에 연구자는 관찰 대상의 전체적이고 전반적인 상황을 파악하는 것이 필요한데, 이를 파악하는 데 활용되는 관찰 기법이 바로 '기술적 관찰'이라고 할 수 있다. 여기에는 참여관찰자 자신의 행동, 첫인상, 생각과 감정 등도 포함되어야 한다.

스프래들리(Spradley, 1980: 77-80)는 이 기술적 관찰을 일반적 질문에 따라 기술하는 '포괄적 관찰(Grand tour Observations)'과 보다 구체적인 질문에 따라 기술하는 '구체적 관찰(Mini-tour Observations)'로 구분한다. 포괄적 관찰은 관찰 장소에서 관찰하는 날 처음부터 마지막까지 발생한 일을 시간의 흐름에 따라 기술하고, 구체적 관찰은 좀 더 구체적인 질문으로 작은 체험의 단위를 다룬다. 이러한 기술적 관찰에서 중요하게 다루어야 하는 것은 공간, 행위자, 활동, 물건, 행동, 사건, 시간, 목적, 감정 등의 아홉 가지 차원이다. 이 아홉 가지 차원을 가로세로의 매트릭스로 구성하여 질문을 만들면 훌륭한 '기술적 질문(descriptive question)'이 된다. 이 기술적 질문에 답하기 위해 관찰하는 것이 기술적 관찰이다. 다음의 매트릭스에서 대각선상의 질문이 포괄적 질문이며, 나머지 칸의 질문이 구체적 질문이다. 즉, "모든 행동을 자세히 기술할 수 있는가?"는 포괄적 질문에 해당하고, "행동들은 어디에서 발생하는가?"는 구체적 질문에 해당한다.

표 2-2 기술적 질문의 매트릭스

구분	공간	물건	행동	활동	사건	시간	행위자	목적	감정
공간	모든 장소를 기술할 수 있는가?	공간은 물건에 의해 어떻게 정리되는가?	공간은 행동에 의해 어떤 방식으로 정리되는가?	공간은 활동에 의해 어떤 방식으로 정리되는가?	공간은 사건에 의해 어떤 방식으로 정리되는가?	시간의 흐름에 따라 공간이 어떻게 변하는가?	공간은 행위자에 의해 어떻게 활용되는가?	공간은 어떤 방식으로 목적과 관련되는가?	어떤 공간들이 감정과 결부되는가?
물건	물건은 어디에 위치해 있는가?	모든 물건을 기술할 수 있는가?	어떤 식으로 물건이 행동에 사용되는가?	어떤 식으로 물건이 활동에 사용되는가?	어떤 식으로 물건이 사건에 사용되는가?	어떤 식으로 물건이 다른 시간에 사용되는가?	어떤 식으로 물건이 행위자에게 사용되는가?	어떻게 물건이 목적을 추구하는 데 사용되는가?	어떤 식으로 물건이 감정을 유발하는가?
행동	어디에서 행동들이 일어나는가?	어떻게 행동이 물건 사용과 결합되는가?	모든 행동을 기술할 수 있는가?	어떻게 행동은 활동의 일부가 되는가?	어떻게 행동은 사건의 일부가 되는가?	행동은 시간의 흐름에 따라 어떻게 달라지는가?	행동은 행위자에 의해 어떻게 수행되는가?	행동은 목적과 어떻게 관련되는가?	행동은 어떻게 감정과 연결되는가?
활동	활동이 발생하는 모든 공간은 어떠한가?	활동은 어떤 식으로 물건과 결합되는가?	활동은 어떤 식으로 행동과 결합되는가?	모든 활동을 기술할 수 있는가?	활동은 어떤 식으로 사건의 일부가 되는가?	활동은 시간의 흐름에 따라 어떻게 달라지는가?	활동은 어떤 식으로 행위자와 결부되는가?	활동은 어떤 식으로 목적과 결부되는가?	활동은 어떻게 감정과 결부되는가?
사건	사건이 발생하는 모든 공간은 어떠한가?	사건은 어떤 식으로 물건과 결합되는가?	사건은 어떤 식으로 행동과 셜합되는가?	사건은 어떤 식으로 활동과 결합되는가?	모든 사건을 기술할 수 있는가?	사건은 시간의 흐름에 따라 어떻게 발생하는가? 어떤 순서가 있는가?	사건은 어떻게 다양한 행위자와 결부되는가?	사건은 어떻게 목적과 관련되는가?	사건은 어떻게 감정과 결부되는가?
시간	시간의 경과에 따라 공간이 어떻게 변하는가?	시간은 어떤 식으로 물건에 영향을 미치는가?	행동은 어떻게 기간에 따라 발생하는가?	활동은 어떻게 기간에 따라 발생하는가?	사건들은 어떤 시간 순서로 발생하는가?	모든 시간을 기술할 수 있는가?	언제 행위자들이 "무대에"서는가?	목적은 어떻게 기간과 관련되는가?	감정은 언제 유발되는가?
행위자	행위자에 의해 공간이 어떻게 활용되는가?	행위자는 어디에 위치해 있는가?	행위자는 어떤 식으로 물건을 사용하는가?	행위자는 어떤 식으로 행동을 사용하는가?	행위자는 어떻게 사건에 결부되는가?	행위자는 시간별로 어떻게 변화하는가?	모든 행위자를 기술할 수 있는가?	어떤 행위자가 어떤 목적과 연관되는가?	행위자가 경험하는 감정은 어떤 것인가?

목적	목적 달성을 위해 공간이 어떻게 활용되는가?	어디에서 목적이 추구되거나 달성되어야 하는가?	목적이 물건 사용과 어떤 식으로 결부되는가?	목적이 행동과 어떤 식으로 결부되는가?	어떤 활동이 목적을 추구하고 혹은 목적과 결부되는가?	어떤 목적이 언제 계획되어 있는가?	다양한 목적이 다양한 행위자에게 어떻게 영향을 미치는가?	모든 목적을 기술할 수 있는가?	어떤 식으로 목적이 감정을 유발하는가?
감정	다양한 감정상태가 어디에서 생기는가?	어떤감정이 어떤물건을 사용하게하는가?	어떤 식으로 감정이 행동에 영향을 미치는가?	어떤 식으로 감정이 활동에 영향을 미치는가?	어떤 식으로 감정이 사건에 영향을 미치는가?	감정이어떻게 다양한 기간과관련되는가?	어떤식으로 감정이행위자와결부되는가?	어떤식으로 감정이 목적에영향을 미치는가?	모든 감정을 기술할 수 있는가?

출처: Spradley (1980). 『Participant observation』 pp. 82-83 참고.

(2) 집중적 관찰(focused observation)

기술적 관찰을 통해 관찰 대상의 전반적인 상황과 흐름을 파악하고 나면, 연구자가 연구주제로 선정했거나 연구자의 관심을 끄는 특정한 현상이나 사람, 사건, 경험 등에 주목하여 관찰할 필요가 있다. 실제적으로 관찰의 핵심이 되는 현상이나 사건에 집중하여 보다 세밀하게 관찰하는 것을 '집중적 관찰'이라고 한다. 보다 자세하게 사람의 말과 제스처, 표정, 행동, 이와 연관되는 시공간적 특성, 사물의 배치와 연관, 사람과 사람 사이의 상호작용, 언어적 뉘앙스와 옷차림 등 특정 현상이나 사건, 경험에 주목하여 그것을 자세하게 관찰하는 것이다. 이러한 집중적 관찰을 통해 연구자는 그런 현상이나 사건이 발생하는 배경, 과정이나 단계, 원인이나 이유, 그것을 구성하는 요인, 그것이 수행하는 역할 등을 파악할 수 있다.

이처럼 초점을 둔 집중적 관찰을 하기 위해서는, 스프래들리(Spradley, 1980: 107)에 의하면 '구조적 질문(structural question)'이 필요하다. 구조적 질문은 기술적 관찰을 통해 발견한 영역(domain)의 의미론적 관계를 사용한 질문이다.

의미론적 관계(semantic relationship)란 기술적 관찰에서 발견한 문화적 영역과 그와 관련되는 보다 작은 범주들을 연결시켜 주는 단일한 관계를 지칭한다. 스프래들리(Spradley, 1980: 93)는 의미론적 관계에 대해 아홉 가지를 제시하고 있다. 하지만 연구주제와 내용에 따라 달라질 수 있을 것이다.

표 2-3 의미론적 관계의 종류

관계	예시
엄격한 포함(strict inclusion)	X는 Y의 한 종류이다.
공간(sparial)	X는 Y의 한 장소이다(포함된다).
원인-결과(cause-effect)	X는 Y의 결과이다(혹은 원인이다).
근본 이유(relationale)	X는 Y를 하는 이유이다.
행동의 장소(location for action)	X는 Y를 하는 장소이다.
기능(function)	X는 Y를 위해 사용한다.
수단-목적(means-ends)	X는 Y를 하기 위한 수단이다.
순서(sequence)	X는 Y에 있어서의 순서이다.
속성(attributtion)	X는 Y의 속성(특성)이다.

출처: Spradley (1980). 『Participant observation』 p. 93 참고.

이 의미론적 관계를 활용한 구조적 질문의 예시를 제시하면 다음과 같다.

표 2-4 의미론적 관계를 활용한 구조적 질문

영역(관계)	구조적 질문 예시
학생 통제 종류	학생을 통제하는 방식에는 어떤 종류가 있는가?
학생 통제 공간	학생을 체벌하는 공간에는 어떤 것들이 있는가?
학생 통제 이유	학생을 통제하는 이유는 무엇인가?
학생 체벌 장소	학생에게 신체적 체벌을 주는 장소는 어디인가?
학생 통제 목적	무엇을 위해 학생을 통제하는가?
학생 통제 수단	학생을 통제하는 수단에는 어떤 것들이 있는가?
다양한 통제방식 사용 순서	다양한 통제방식을 사용하는 일정한 순서가 있는가?
신체적 체벌의 속성	신체적 체벌이 갖는 속성은 무엇인가?
속성(attributtion)	X는 Y의 속성(특성)이다.

(3) 선별적 관찰(selective observation)

연구주제에 해당하는 현상이나 사건을 집중적 관찰을 통해 파악한다면, '선별적 관찰'은 집중적 관찰을 통해 차이를 발견하게 되어 더 자세히 비교 혹은 대조해 보아야 할 필요가 있는 보다 구체적인 현상을 필요에 따라 선택하여 관찰하는 것을 말한다. 따라서 선별적 관찰은 문화적 범주 간의 차이를 발견하기 위한 '대조적 질문(contrast question)'에 따라 행해진다(Spradley, 1980: 125). '대조적 질문'이란 발견한 문화적 범주 혹은 스프래들리의 용어로는 문화적 영역 내의 범주들 간의 차이점을 물어보는 질문이다. 선별적 관찰은 다소 큰 문화적 범주 간의 차이를 발견하고자 할 경우에도 활용 가능하고, 보다 작은 단위의 특정한 문화적 범주 간의 차이를 발견하고자 할 경우에도 활용 가능하다.

배은주(1993)의 학생통제에 관한 참여관찰 연구에서 활용된 대조적 질문을 예시해 보면 다음과 같다.

- 교사가 학생을 통제하는 방식 중 '언어적 방식'과 '물리적 방식'의 차이는 무엇인가?
- '훈계하기'와 '야단치기'의 차이는 무엇인가?
- '교실 뒤쪽에 서 있게 하는 것'과 '복도에 서 있게 하는 것'의 차이는 무엇인가?
- '교실 뒤쪽에 서 있게 하는 것'과 '반성문을 쓰게 하는 것'의 차이는 무엇인가?

이처럼 문화적 범주들 간의 차이를 파악하고자 할 경우 활용되는 대조적 질문은 두 개의 범주 간의 차이 혹은 세 가지 범주 간의 유사성과 차이점을 알고자 할 경우 할 수 있는 질문이다. 이런 질문을 토대로 선별적 관찰을 수행할 수 있다.

참여관찰에서 유사성과 차이점을 발견하는 것은 매우 중요하며, 유사해 보이는 범주들 간의 차이를 발견하는 것도 매우 중요하다. 결국 선별적 관찰에 이르면 관찰의 초점은 매우 좁아진다. 하지만 이 방식의 관찰은 처음의 기술적 관찰이나 집중적 관찰이 부분적으로 계속 유지되는 가운데 필요에 따라 수행된다.

4) 관찰 기록의 유형

연구현장에 대한 참여관찰을 수행하면서 관찰하는 도구와 관찰 내용을 기록하는 도구는 다양하다. 참여관찰 자체에 사용되는 도구에는 인간의 신체적 도구, 즉 시각, 촉각, 미각 등을 통하여 관찰하거나 신체적 도구가 아닌 비디오 기기나 녹음기 같은 기계적 도구를 활용할 수도 있다. 연구자는 이를 통해 얻게 되는 관찰 내용을 이후에 반복적으로 읽어 보고 분석할 수 있도록 잘 기록해 두어야 한다. 이를 기록한 기록물은 크게 네 가지, 즉 연구자의 머릿속에 남아 있는 기억, 문자화한 현장기록노트, 연구자의 성찰을 담은 연구일지, 동영상이나 음성녹음, 사진 같은 시청각 기록자료 등으로 구분해 볼 수 있다.

(1) 연구자의 기억

참여관찰할 경우 가장 처음 관찰을 기록하는 저장고는 연구자의 머리 속에 담겨 남은 '기억'이다. 연구자의 기억은 대개 노트 형식에 기록되지만, 완전히 동일하게 기록될 수 없는 것이 인간의 한계이다. 연구자가 보고 듣고 느낀 모든 것이 연구자의 기억에 저장되지만, 인간의 기억은 한시적이어서 어떤 것은 빨리 사라지고 어떤 것은 오래 남는다. 그래서 되도록 기억에서 사라지기 이전에 노트 형식에 문자화하여 저장해야 한다. 그러나 연구현장에서 관찰하는 당시의 모든 것을 자세히 노트에 기록하기는 어렵다. 모든 상황이 나의 기록을 기다려 줄 만큼 천천히 진행되지 않으며, 관찰을 마친 이후에 노트 형식으로 옮긴다 하더라도 모든 것을 다 기억하여 노트로 옮기기는 어렵다. 따라서 옮겨지지 않은 일부가 여전히 연구자의 기억에 저장되어 있기 마련이다. 그것은 연구자의 느낌이나 생각이 모두 문자화되기 어렵다는 점에도 기인한다.

노트로 옮긴 내용을 반복하여 읽어 보면서 연구자는 노트에 미처 담기지 못한 현장에 대한 '기억'이 떠오르는 경험을 하게 될 것이다. 따라서 '기억'은 관찰한 내용을 저장하는 훌륭한 기록 수단으로 활용될 수 있다. 관찰 현장에서 연구자는 되도록 오래, 정확하게 기억하려고 애써야 하며 많은 것을 기억에 담아 두려고 노력해야 한다.

(2) 현장기록노트

앞서 서술했듯이, 연구현장에서 감각기관과 사고를 통하여 관찰하는 모든 것이 연구자의 기억에 저장되어 오래 남아 있기 어렵다는 점에서 관찰 내용은 장기적으로 보존이 가능한 문자로 기록되는 것이 좋다. 대개 참여관찰의 내용은 노트에 문자로 기록되는데, 그 노트의 종류는 크게 세 가지로 구분된다.

● 축약노트(Condensed Notes)

먼저, 연구현장에서 관찰하는 내용을 즉각적으로 간단하게 기록하는 축약노트가 있다. 연구현장에서는 여러 상황과 사건이 발생하고 다양한 구성원이 상호작용하므로, 동시다발적으로 발생하는 모든 것을 자세하게 즉각적으로 기록하는 것은 거의 불가능하다. 특히 언어적 상호작용의 경우 문자를 기록하는 속도보다 말의 대화 속도가 훨씬 더 빠르므로, 연구자가 속기사가 아닌 이상 대화 내용을 하나도 빠뜨리지 않고 그대로 기록하는 것은 불가능하다. 게다가 대화 내용뿐만 아니라 대화자의 표정, 행동, 제스처 등을 함께 기록해야 하는데 그 또한 동시적으로 하기에는 역부족이다. 또한 연구자가 지나치게 기록에만 신경 쓸 경우 연구현장의 구성원들이 연구자에게 관찰당하고 있다는 느낌을 강하게 받으면 그 자유로운 일상적 행동이나 대화를 보여 주지 않을 수도 있다. 즉, 연구자의 등장이 연구현장에 강한 영향을 미치게 되어 연구자가 관찰하고자 하는 현상이나 사건을 왜곡시킬 수 있다는 것이다. 따라서 연구현장에서 관찰 내용을 기록할 때에는 되도록 현장의 구성원들에게 자신의 일거수일투족이 관찰당하여 기록되고 있다는 느낌을 주지 않으면서 자연스럽게 재빨리 기록하는 기술이 필요하다. 이를 위해서는 상황에 따라 핵심어 중심으로 간략히 기록하는 방식이 필요한데, 이때 되도록 연구자는 눈에 잘 띄지 않는 작은 노트(예컨대, 수첩 같은)를 활용하는 것이 좋다. 이를 '축약노트'라고 한다. 스프래들리(Spradley, 1980: 69)는 이를 '압축된 설명(Condensed Account)'이라고 하였다. 즉, 현장에서 중요한 단서가 될 수 있는 어구, 단어 등으로 압축적으로 기록하는 노트인 축약노트는 관찰한 내용을 자세히 풀어쓰기 위한 단서가 된다.

● 완전노트(Full Notes)

연구현장에서 관찰한 내용은 일차적으로 연구자의 기억에 저장되고 축약노트에 기록된다. 연구자가 그날의 하루 관찰을 마무리하고 개인 연구공간으로 돌아오게 되면, 가장 먼저 해야 할 일은 그날 관찰한 내용을 기억과 축약노트를 토대로 되도록 상세히 풀어쓰는 것이다. 기억은 관찰한 많은 것을 담고 있지만, 또 많이 잊어버리는 중이다. 축약노트는 어떤 일이 벌어졌는지 어떤 생각을 했는지 어떤 대화가 오고갔는지에 대한 핵심적인 단서를 제공해 줄 뿐, 관찰한 모든 내용을 자세하게 담고 있지는 않다. 이 두 가지를 토대로 연구자는 그날 관찰한 내용을 아주 자세하게 기술하는 노트를 작성해야 한다. 이것을 '완전노트'라고 하는데, 스프래들리(Spradley, 1980: 70)의 용어로 말하면 이는 축약노트를 "확장한 설명(The Expanded Account)"이다. 컴퓨터가 일상화된 요즘은 컴퓨터를 활용하여 관찰 내용을 자세하게 기술하여 저장한다. 완전노트에는 일자, 시간, 공간, 발생한 사건, 구성원의 행동과 대화, 표정과 제스처, 사물의 배치와 연결, 공간 및 사물 배치도 등 모든 것을 자세하게 기록해야 한다. 이 관찰의 기록은 되도록 자세하고 명확하며 사실적이어야 한다. 그래서 어떤 일이 어디에서 누구에게 어떻게 벌어졌는지를 상세히 알 수 있어야 한다. 완전노트를 기록할 때는 기술하는 문장뿐 아니라, 도면이나 배치도 같은 그림과 사진 등 관찰 내용을 자세하게 잘 표현할 수 있는 모든 방법을 동원해야 한다.

기억과 축약노트를 토대로 컴퓨터를 활용해 자세히 풀어쓰는 전사작업에서 주의해야 할 점은 연구자의 주관성이 완전히 배제될 수는 없다 하더라도 평가적 단어로 기술하는 것은 삼가야 한다는 것이다. 기술(description)은 사실적인 묘사에 주력하는 것이지 평가하는 것이 아니다. 평가는 특정 기준으로 판단하는 것이며, 판단은 특정한 관점을 전제한다. 섣부른 평가는 사실을 왜곡시킬 수 있기 때문에 기술하는 단계에서는 평가하는 것을 되도록 삼가는 것이 좋다. 하지만 연구자가 완전노트를 반복해서 읽어 보는 분석과 해석의 단계에서 평가적 단어로 기술한 부분을 발견하게 된다면, 그것은 연구자의 주관성이 어떤 것인지를 알려 주는 단서가 되므로 이를 통해 다시 자신의 주관성을 성찰하는 계기로 삼을 수도 있다.

● 분석노트(Analytic Notes)

축약노트나 완전노트가 관찰한 내용을 되도록 객관적이고 사실적으로 기술한 것이라면, 분석노트는 그에 대한 연구자 관점의 느낌이나 인상, 궁금한 질문거리나 문제, 관찰 내용에 대한 즉각적인 분석이나 해석, 도출한 유형이나 주제 등을 기록하는 노트이다. 이것은 '관찰자 코멘트(observer's comments)'라 불리기도 하지만, 글레즌(Glesne, 2016: 77)의 지적처럼 관찰자의 코멘트 그 이상이다. 연구자는 연구현장에서 관찰하는 동안 기록에 많은 신경을 쓰게 되지만, 그러는 가운데에도 관찰 내용에 대해 연구자가 갖게 되는 생각이나 느낌, 판단 등이 생기는데, 그것은 객관적 기록을 중시하는 축약노트나 완전노트와는 별개의 성격을 갖는다. 이러한 연구자의 생각이나 느낌, 판단 등은 그 관찰 대상에 대하여 연구자가 자신의 관점에서 바라본 결과

이므로 관찰 대상에 대한 연구자의 주관적 분석 혹은 판단이며, 이는 연구자가 이미 관찰 내용을 일차적으로 분석한 것으로 간주할 수 있다. 따라서 분석노트는 자료분석의 일부로 기능한다. 이 점에서 분석노트의 내용은 2차 분석, 3차 분석의 대상이 되며, 이를 통해 연구자의 주관성과 학문적 관점을 성찰할 수 있다. 그리고 연구자의 생각이나 느낌, 판단 이외에도 의문스러운 질문거리, 알고 싶은 이유 등을 적어 두었다가 기회가 있을 때 물어보고 궁금증을 해소할 수 있다.

그런데 참여관찰이 처음이 아닌 여러 번의 숙련된 경험을 가지고 있는 질적 연구자라면, 분석노트의 작성을 완전노트나 축약노트와 완전히 별개로 하기보다는 동시적으로 함께 작성할 수도 있다. 연구현장에서 연구자가 강하게 드러나지 않고 자연스럽게 현장 구성원과 어울리는 것이 좋다면, 연구자가 축약노트를 작성하고 분석노트를 또 별개로 작성하는 작업은 동시적으로 이루어지기 어렵다. 따라서 분석노트는 축약노트에 연구자가 알 수 있도록 구분하여 함께 기록하는 것이 좋으며, 완전노트로 전사할 때 함께 작성하는 것이 좀 더 편리하다. 어떤 관찰 내용과 관련된 것인지 바로 파악할 수 있기 때문이다. 결국 참여관찰의 기록은 연구주제와 현장 상황, 연구자의 특성에 따라 적절한 방식을 연구자가 선택해야 한다.

그런데 연구현장에서 관찰 당시 연구자가 기록했던 느낌이나 인상, 판단 등에 대하여 이후 컴퓨터에서 완전노트로 전사하는 과정에서 연구현장에서 했던 것과 다른 생각이나 판단을 하거나 그에 의문을 제기할 수도 있다. 그래서 분석노트는 관찰 내용에 대한 일차적인 분석이나 해석이기도 하고, 이를 통해 더 관찰해야 하거나 주의해서 파악해 보아야 할 질문거리를 던져 주는 자료분석의 기능을 수행하기도 한다. 이런 점에서 분석노트의 작성은 매우 중요하다.

다음은 현장에서 작성한 축약노트를 기반으로 컴퓨터로 전사한 완전노트의 예시인데, 분석노트와 함께 작성한 사례이다. 연구자의 편의에 따라 작성하는 방식도 다양하고, 연구주제에 따라 작성에 더 신경써야 하는 부분도 있다. 완전노트의 하단 혹은 우측 여백을 활용하여 연구자 코멘트나 분석이나 해석을 그때그때 기입해 두면 나중에 본격적인 분석을 할 때 유용하게 활용할 수 있다. 다음은 박사학위논문(김은아, 2022) 작성을 위하여 실시한 참여관찰에서 연구자가 작성한 참여관찰 기록의 일부를 예시로 제시한 것이다. 어느 양식으로 기록하여도 상관없고, 다만 연구자가 가장 잘 구분하여 이해할 수 있으면 된다.

사례 1 일반적인 참여관찰 기록지 - 김은아가 수행한 참여관찰 기록(2017)의 사례

2017년 OO월 OO일 참여관찰 기록

짜맞춤의 한 종류인 제비촉 가공을 배우는 두 번째 시간이다. 견고한 선생님이 사람들을 앞으로 불러 모은다. 우직, 만성, 단단맘, 염소, 해상, 삼남매가 작업대에서 하던 일을 멈추고 선생님 작업대와 칠판이 있는 곳으로 하나둘 모인다. 선생님은 간이 의자를 2개 집어 선생님 작업대 앞에 놓는다. 염소가 이를 보고 빠른 몸놀림으로 겹쳐져 있던 간이 의자 4개를 한 번에 집어 옮기고 하나씩 내려놓는다. "제비촉 암수 맞추는 방법을 알려 드리겠습니다." 선생님은 우직에게 지금까지 만든 제비촉 암수를 달라고 말한다. "우직님, 제비촉 암수 가공한 거 줘 봐요. 이걸로 제비촉 암수 맞추는 방법을 보여 줄게요." 우직이 작업대에서 제비촉 암수를 들고 와서 선생님에게 건네준다. 가공한 제비촉 암수를 들고 살피던 선생님은 "여기 살이 남았네요. 보세요, 여기 살 남은 거 보여요? 칼금이 여기 있고 살이 좀 남았죠."라고 말한다. 사람들은 선생님이 들고 있는 제비촉을 가까이에서 보려고 몸을 기울여 선생님 쪽으로 다가온다. (선생님이 끌 거치대에서 4mm 끌을 꺼내 손에 잡으며) "자, 끌을 대봅시다. 수평이 맞는지 항상 살펴야 한다고 했죠?" (끌 쇠기둥을 나무 면에 대며) "보세요. 이쪽이 더 높죠?" 선생님과 반대편에 앉아 있는 단단맘과 나를 보며 "자, 이쪽에 와서 보세요. 이리 와야 보일 거예요. 어느 쪽에 살이 있어요?" 단단맘과 나는 선생님 옆으로 바짝 다가가 끌 쇠기둥이 닿은 나무 면이 보일 정도로 가까이 대고 살핀다. "왼쪽이요." 단단맘이 왼쪽이라고 답한다. "응, 그래요. 잘 봤어요.

이런 살이 남아 있으면 맞출 때 안 맞는 거예요. 그럼 끌로 이 살을 깎아 볼게요." 선생님이 끌로 나무 왼쪽을 깎는다. 사람들은 선생님의 끌질을 보며 "캬아!", "와아."와 같은 소리를 낸다. 단단맘은 선생님 끌질을 지켜보다가 "선생님의 눈과 손을 사야 해."라고 말한다. 선생님은 계속 우직이 가공한 제비촉에 남아 있는 살을 구석구석 다 찾아낸다. (작업대 안에 있는 연필을 꺼내서) 살이 남은 것인지 아닌지 아직 보지 못하는 사람들을 위해 나무에 연필로 색칠을 한다. 사람들 각자가 그것을 직접 볼 수 있도록 한 사람 한 사람 이름을 부르며 선생님 옆에 오도록 한다. "나중에는 이렇게 끌을 대보지 않아도 눈으로도 보일 거예요. 지금은 안 보이겠지만. 나무살 남은 걸 다 없애야 딱 맞겠죠? 작은 차이가 정말 중요한 거예요." 선생님이 끌질을 하는 동안 사각사각 소리가 난다. 선생님이 끌질 시범을 보이자, 사람들 중 누군가 웃으며 "아이고, 아주 쉽게 하시네." 말한다. 다른 사람들도 그 말에 고개를 끄덕이거나 함께 웃는다. "허허." 그 웃음은 감탄이 섞인, 그러나 약간 헛웃음 같은 것이다. 삼남매도 "이야!" 감탄사를 내뱉는다.

연구자 메모

선생님 끌 시범을 같이 보던 나는 웃음도 나오지 않고 삼남매님이 왜 감탄하는지도 잘 공감이 되지 않았다. 왜 다들 웃는 거지? 선생님 끌질을 보고 왜 "캬아!" 할 정도로 놀라는 거지? 수업이 끝나면 삼남매에게 어떤 점에서 감탄하였는지 물어봐야겠다.

삼남매에게 다가가 "아까 선생님 끌질하실 때 어떤 점이 놀라웠어요?"라고 묻자, 삼남매는 "끌질을 하면 지나간 길이 남거든요. 그런데 선생님 끌질을 보면 지난 길이 하나도 남지 않았어요."라고 답하였다.

학습자들은 단순히 끌질은 이렇게 하는 것이고 나무살은 이렇게 찾는 것이라는 내용만이 아니라 선생님에 대한 존경, 감탄, 놀라움의 감정을 함께 배우는 사람들과 동시에 체험하고 그 감정을 공유하는 것 같다.

참여관찰 내용	분석노트
2017년 OO월 OO일 참여관찰 기록	
짜맞춤의 한 종류인 제비촉 가공을 배우는 두 번째 시간이다. 견고한 선생님이 사람들을 앞으로 불러 모은다. 우직, 만성, 단단맘, 염소, 해상, 삼남매가 작업대에서 하던 일을 멈추고 선생님 작업대와 칠판이 있는 곳으로 하나둘 모인다. 선생님은 간이 의자를 2개 집어 선생님 작업대 앞에 놓는다. 염소가 이를 보고 빠른 몸놀림으로 겹쳐져 있던 간이 의자 4개를 한 번에 집어 옮기고 하나씩 내려놓는다.	*'보인다'는 것 "보세요" "보여요?" "잘 봤어요" "나중에는 보일 거예요." "지금은 안 보이겠지만"
"제비촉 암수 맞추는 방법을 알려 드리겠습니다." 선생님은 우직에게 지금까지 만든 제비촉 암수를 달라고 말한다. "우직님, 제비촉 암수 가공한 거 줘 봐요. 이걸로 제비촉 암수 맞추는 방법을 보여 줄게요." 우직이 작업대에서 제비촉 암수를 들고 와서 선생님에게 건네준다. 가공한 제비촉 암수를 들고 살피던 선생님은 "여기 살이 남았네요. 보세요, 여기 살 남은 거 보여요? 칼금이 여기 있고 살이 좀 남았죠."라고 말한다. 사람들은 선생님이 들고 있는 제비촉을 가까이에서 보려고 몸을 기울여 선생님 쪽으로 다가온다.	*"작은 차이가 정말 중요한 거예요." *감탄, 웃음 "캬아!", "와아", "이야!" "(선생님은) 아주 쉽게 하시네."
(선생님이 끌 거치대에서 4mm 끌을 꺼내 손에 잡으며) "자, 끌을 대봅시다. 수평이 맞는지 항상 살펴야 한다고 했죠?" (끌 쇠기둥을 나무 면에 대며) "보세요. 이쪽이 더 높죠?" 선생님과 반대편에 앉아 있는 단단맘과 나를 보며 "자, 이쪽에 와서 보세요. 이리 와야 보일 거예요. 어느 쪽에 살이 있어요?" 단단맘과 나는 선생님 옆으로 바짝 다가가 끌 쇠기둥이 닿은 나무 면이 보일 정도로 가까이 대고 살핀다. "왼쪽이요." 단단맘이 왼쪽이라고 답한다. "응, 그래요. 잘 봤어요. 이런 살이 남아 있으면 맞출 때 안 맞는 거예요. 그럼 끌로 이 살을 깎아 볼게요." 선생님이 끌로 나무 왼쪽을 깎는다.	

사람들은 선생님의 끌질을 보며 "캬아!", "와아."와 같은 소리를 낸다. 단단맘은 선생님의 끌질을 지켜보다가 "선생님의 눈과 손을 사야 해."라고 말한다. 선생님은 계속 우직이 가공한 제비촉에 남아 있는 살을 구석구석 다 찾아낸다. (작업대 안에 있는 연필을 꺼내서) 살이 남은 것인지 아닌지 아직 보지 못하는 사람들을 위해 나무에 연필로 색칠을 한다. 사람들 각자가 그것을 직접 볼 수 있도록 한 사람 한 사람 이름을 부르며 선생님 옆에 오도록 한다. "나중에는 이렇게 끌을 대보지 않아도 눈으로도 보일 거예요. 지금은 안 보이겠지만. 나무살 남은 걸 다 없애야 딱 맞겠죠? 작은 차이가 정말 중요한 거예요." 선생님이 끌질을 하는 동안 사각사각 소리가 난다. 선생님이 끌질 시범을 보이자, 사람들 중 누군가 웃으며 "아이고, 아주 쉽게 하시네." 말한다. 다른 사람들도 그 말에 고개를 끄덕이거나 함께 웃는다. "허허." 그 웃음은 감탄이 섞인, 그러나 약간 헛웃음 같은 것이다. 삼남매도 "이야!" 감탄사를 내뱉는다.	*선생님 끌 시범을 같이 보던 나는 웃음도 나오지 않고 삼남매님이 왜 감탄하는지도 잘 공감이 되지 않았다. 왜 다들 웃는 거지? 선생님 끌질을 보고 왜 "캬아!" 할 정도로 놀라는 거지? 수업이 끝나면 삼남매에게 어떤 점에서 감탄하였는지 물어봐야겠다.

이와 달리, 시간의 경과에 따른 변화가 중요한 연구라면 좌측에 시간을 적는 칸을 별도로 구성할 수도 있다. 예컨대, 수업관찰처럼 시간의 흐름에 따른 변화가 중요할 경우 시간을 구체적으로 명기하기도 한다.

사례 2 수업관찰을 위한 참여관찰 기록지

20○○년 ○월 ○일 ○○요일 ○교시		
시간	참여관찰 내용	해석 및 분석 (연구자 코멘트)
가능한 한 ○분 간격으로 기록	• 관찰한 내용을 순서대로 적기. 주관적 판단이 개입된 부분은 ( ) 안에 기록. • 교사나 학생 등 관찰 대상의 말은 " "안에 기록. 누구의 말인지 명시할 것.	• 해석 • 보충설명 • 느낌 • 더 조사할 내용

	• 대화내용은 가능한 한 실제 사용한 단어를 그대로 기록. • 말을 길게 이어 가며 중간에 동작도 하였을 경우〔 〕를 사용하여 행동도 기록. • 판서 내용은 □와 같이 선을 두름.	• 다른 학교나 학급과의 비교 • 이전 관찰과의 비교 등

출처: 이용숙 등(2005). 『교육현장의 개선과 함께하는 실행연구방법』 p. 188 참고.

아무리 객관적으로, 사실적으로 기록하려고 애쓰더라도 현장노트는 연구현장의 모습을 그대로 보여 주는 객관적 실재가 아니다. 결국에는 연구자의 관점에서 포착된 부분적 진실일 뿐이며, 그 또한 객관적 기록이 아니라 연구자의 관점에서 해석된 기록이다. 따라서 현장노트를 원자료로서 사용하기는 하지만, 그것은 "현장에서 집어올린 자료의 창고가 아니라 재해석이 가능하고 모순된 견해를 지닌 잡동사니"이다(Ledeman, 1990: 90). 결국 현장노트는 실재(realities)와 연구 결과물 사이의 일종의 중간 텍스트이며, 전혀 가공하지 않은 원자료도 아니고 최종생산품도 아니다. 연구자의 관점에서 현장의 실재를 해석한 일차적인 해석의 결과물이다. 그런 점에서 본드(Bond, 1990: 286)는 "현장노트는 실험과 번역, 그리고 해석의 장"이라고 하였다. 그래서 현장노트의 중요성은 실재를 보여 주는 기록의 객관성에 달려 있는 것이 아니라 이를 통해서 무엇을 이야기하는 것이 가능한가에 달려 있다. 현장노트는 반복해서 읽고 되읽는 과정을 거치면서 분석된다.

(3) 연구일지(Reserach Journal)

분석노트가 관찰 내용에 대한 즉각적인 인상이나 느낌 또는 연구자 관점에서의 판단 혹은 더 물어보거나 조사해 보아야 할 질문거리 등을 기록하는 관찰 내용에 대한 분석적 성격의 것이라면, 연구일지 혹은 현장조사 일지(A Fieldwork Journal)는 관찰 내용에 대한 연구자의 경험과 아이디어, 관찰 기간 동안 연구자가 가지게 되는 실수, 혼동, 걱정, 좌절과 분노, 연구를 하고자 했던 초기부터의 문제의식의 변화에 대한 성찰, 연구자의 주관성이나 학문적 관점에 대한 숙고 등 좀 더 진지하고 긴 내용을 담거나, 이런 성찰을 통해 더 많은 질문이나 새로운 전략, 이후의 연구계획이나 분석 또는 해석의 방향 등에 대한 미래 연구 방향 설정이나 설계에 대한 숙고를 담는 기록이다. 이처럼 보다 긴 내용의 연구자의 성찰이나 숙고를 기록할 경우 매번 작성되기보다는 관찰 기간 동안 필요할 때 작성하기도 하고 관찰의 내용에 따라 주기적으로 작성할 수도 있다. 결국 연구일지는 연구 과정 안에 연구자가 어느 지점에 있으며 어떤 시선으로 연구를 수행하고 있는지, 연구 과정이 처음과 달리 어떻게 변화되었는지, 연구 초기와 중반, 말미에 연구자의 생각이 어떻게 변화해 왔는지, 연구참여자들과의 상호작용이 어떻게 변화해 왔는지 등 연구의 전반적인 과정에 대한 연구자의 반성과 숙고를 담는 것으로, '연구자의 일기(reseracher's diary)'라고도 불린다. 이것은 연구자를 연구 과정 안에 위치 짓는 개인적 저널이면서, 질적 연구를 더욱 질적 연구답게 만드는 자료분석이기도 하다. 글레즌(Glesne, 2016: 78)도 지적했듯이, 연구자는 연구일지를 통해 연구가 연구자와 연구참여자 사이에서 어떻게 공동창조되는지, 연구자의 행위와 상호작용이 이후에 생길 일을 어떻게 만들어 내는지, 그리고 권력의 역동성이 어디에 위치하는지에 대해 생각해 보게 된다.

연구가 마무리되면 이 연구일지를 잘 분석하고 구성하여 연구 논문 안에 '연구자 이야기'로 삽입할 수도 있다.[1)] 이는 질적 연구를 통해 연구자가 연구를 시작하기 이전과 이후에 어떻게 변화하고 성장했는가를 보여 주는 '교육적 저널(educational journal)'로서, 질적 연구가 연구자의 앎의 세계를 어떻게 확장하고 질적 연구방법에 대한 숙련도를 어떻게 높여 주는지를 보여 주는 증거자료의 역할을 한다.

1) 필자는 실제 박사학위논문(배은주, 2004)에서 연구일지를 바탕으로 연구자의 성찰을 담은 내용을 삽입하였다.

(4) 기타 시청각 자료

● 동영상

참여관찰로서 자료수집을 할 때는 대개 관찰 내용을 문자화된 기록으로 작성하는데, 이와 달리 연구여건에 따라 비디오 기기를 활용하여 동영상으로 녹화하는 경우도 있다. 비디오 기기를 이용한 녹화는 사람들의 행동과 말, 표정 등을 동시에 기록할 수 있다는 장점이 있다. 특히 낯선 연구자가 연구현장에 갑자기 등장함으로써 초래되는 연구자 영향을 줄이고 싶은 경우, 연구참여자가 나이가 어린 유아인 경우, 연구현장의 상황을 반복적으로 관찰할 필요가 있는 경우에 비디오 기기를 활용한 녹화가 많이 활용된다.

그러나 비디오 기기의 설치는 연구현장에 가급적 방해를 주지 않도록 눈에 띄지 않는 특정한 곳에 설치되어야 하기 때문에 연구현장의 모든 것을 다 담지 못할 수도 있고, 비디오 기기와의 거리에 따라 상세히 관찰되는 것에 차이가 발생하며, 비디오 기기의 근거리에 장애물이 등장해 시야를 가려 관찰 내용을 제대로 담지 못할 수도 있는 등 여러 단점 또한 가지고 있다. 그래서 이러한 한계를 보완하기 위하여 비디오 기기를 통해 녹화를 하면서도 연구자가 직접 연구현장에 참여하여 관찰을 함께 수행하기도 한다. 결국 어떻게 관찰할 것인가는 연구 질문에 따라, 연구상황과 맥락에 따라 달라진다. 연구자는 연구 질문에 가장 잘 답하기 위해 필요한 관찰 기법을 모두 동원해야 한다.

비디오 기기의 녹화가 끝나면 완전노트로 컴퓨터에 문자화하여 기록할 수도 있고, 숙련된 연구자의 경우 동영상을 반복적으로 보면서 바로 분석을 시도할 수도 있다. 이 또한 연구자가 가장 효과적이고 편리한 방법을 선택하여 수행한다. 보통 수업관찰, 유아들의 놀이 및 행동 관찰, 낯선 연구자가 접근하기 어려운 폐쇄적 공간 관찰 등의 경우에 비디오 기기를 활용한 동영상 자료수집이 종종 활용된다.

● 음성녹음과 사진

음성녹음도 중요한 기록자료가 되는데, 연구자가 직접 참여관찰을 수행하지만 보다 음성적 자료가 중요한 경우 녹음기를 활용한다. 예컨대, 수업교사의 발화 분석이나 언어적 상호작용을 연구할 경우 자세한 대화 내용과 대화 사이의 휴지기, 대화의 어조 등을 상세히 파악해야 하므로, 녹음기가 참여관찰을 위한 기록의 수단으로 함께 활용되는 경우가 많다.

사진 또한 연구현장의 공간적 구성과 사물의 배치, 활동의 생동성 등을 파악하는 데 중요한 기록도구가 된다. 참여관찰의 자료가 단순히 문자화된 텍스트 자료에서 벗어나 다양한 시청각 자료를 활용하게 되면서 사진의 중요성이 커졌다.

이처럼 참여관찰을 할 때에는 기록을 제대로 잘 하는 것이 중요하고, 이를 위한 다양한 도구를 활용해야 한다. 물론 비디오 기기나 녹음기, 사진기를 활용하여 그 기록물을 자료로 활용할 경우에도 기기의 사용, 자료의 활용범위와 목적에 대하여 연구참여자의 동의를 받아야 한다. 이러한 시청각 자료 이외에도 연구현장에 있는 다양한 인공물(artifacts)도 중요한 자료로 활용될 수 있다. 가령 책상 위에 놓여 있는 노트북, 펜, 커피잔, 화병, 벽에 걸려 있는 그림, 창가의 화분, 책장의 책 등 연구현장에 있고 연구참여자가 사용하는 인공물도 관찰되고 기록되어야 한다.

5) 현장기록의 기본 원칙

관찰 내용을 기록할 때 유의해야 할 기본 원칙으로 스프래들리(Spradley, 1980)는 세 가지를 지적한다. 첫째는 언어 분별의 원칙, 둘째는 말 그대로의 원칙, 셋째는 구체적 언어 사용의 원칙이다.

(1) 언어 분별의 원칙(The Language Identification Principle)

스프래들리(Spradley, 1980: 66)에 의하면, '언어 분별의 원칙'은 연구현장에서 관찰한 내용을 기록할 때, 연구자의 언어인지 혹은 연구참여자의 언어인지 구분하여 기록하라는 것이다. 또한 여러 사람이 대화하는 내용을 기록할 경우 대화 내용만 기록하면 누가 이런 이야기를 하는 것인지 구분되지 않을 수도 있다. 현장에서 듣는 목소리로는 누구의 말인지 구분되지만, 소리가 사라지고 문자화되어 기록되는 노트에서는 쉽게 구분되지 않으며, 또한 긴 연구기간이 종료된 이후에는 노트에 기록된 내용이 누구와 누구의 대화인지 기억하지 못할 수 있다. 따라서 노트에 기록된 언어가 누구의 것인지 확인 가능하도록 구분하여 기록해야 한다. 이를 위해서 연구자의 언어가 아닌 연구참여자의 언어에 꺽쇠, 인용부호, 괄호 등의 부호를 사용할 수도 있다. 그리고 연속되는 대화 내용을 기록할 때에는 반드시 대화의 주체를 함께 명기하여 기록해야 한다.

(2) 말 그대로의 원칙(The Verbatim Principle)

스프래들리(Spradley, 1980: 67)에 의하면, '말 그대로의 원칙'은 사람들이 말한 그대로 기록하라는 것이다. 유아의 경우 유아들만의 언어가 있으며, 청소년의 경우 청소년들이 자주 사용하는 독특한 언어가 있다. 최근에는 젊은 층을 중심으로 인터넷이나 모바일 등을 통해 유행하는 신조어, 축약어를 사용하는 경우가 매우 많다. 그리고 범죄집단에서만 통용되는 비속어나 은어도 있다. 이처럼 특정 집단이 공유하며 사용하는 독특한 언어가 있을 수 있는데, 이러한 언어를 되도록 사용되는 그대로, 들리는 그대로 기록하라는 것이다. 이는 사투리의 경우에도 마찬가지이다. 이처럼 연구참여자가 사용하는 독특한 언어를 연구자가 사용하는 표준어 또는 학술적 언어로 번역 · 대체하여 기록하는 것은 바람직하지 않다.

언어는 그 집단의 문화와 특성을 잘 드러내 주는 표현양식이다. 언어를 통해 그 집단의 속성을 추론할 수도 있다. 예컨대, 법률계 종사자들이 사용하는 법률 용어는 주로 한자어이며, 의사 집단이 사용하는 의학 전문용어는 주로 영어이다. 범죄집단 구성원들은 주로 은어를 사용하며, 인터넷 특정 공간에서는 그 집단 구성원들이 이해하는 독특한 용어가 창조되기도 한다. 그런데 특정 집단이 사용하는 축약어나 비속어, 혹은 영어나 전문용어, 또는 사투리 등을 표준어나 학술용어, 국어 등으로 일종의 번역을 하여 기록하면, 그 집단의 독특한 문화가 드러나기 어렵다. 그리고 그렇게 말하지 않는 것을 그렇게 말하는 것처럼 거짓으로 기술하는 연구가 된다. 따라서 이후 학술논문을 쓰거나 보고서를 작성할 경우 필요에 따라 표준어로의 번역, 설명 등이 추가될 수는 있지만, 관찰 내용을 기록하는 노트에는 말하는 그대로 기록하는 것이 중요하다. 이를 위해 기록노트에는 '내부자 용어(native terms)'와 '관찰자 용어(observer terms)'가 구분되어야 한다(Spradley, 1980: 67).[2] 이 '내부자 용어'는 그 집단의 문화를 추론할 수 있는 단서가 된다는 점에서 매우 중요하다.

참여관찰자는 너무 많은 상황을 목격하게 되므로, 은연중에 관찰 내용을 "요약하고 바꿔 말하고 축약하여"(Spradley, 1980: 67) 기록한다. 대개의 참여관찰자가 저지르기 쉬운 실수는 주고받는 말 그대로 기록하지 않고 압축적으로 요약하여 기록하는 것이다. 예컨대, 연구참여자와의 대화 내용을 기록할 때 '누구와 무엇에 관한 경험에 대하여 이야기를 나눴다.'라고 기록한다면 관찰 상황에 대하여 사실적으로 그대로 기록하지 않은 것일 뿐 아니라 왜곡시키는 것이다. 이처럼 간단히 요약하여 기록하면 실제 어떤 상호작용이 있었는지 알 수 없을 뿐 아니라, 이를 단서로 유발할 수 있는 질문거리나 관찰거리를 놓칠 수도 있다(Spradley, 1980: 67-68). 따라서 연구현장에서 관찰되는 대화 내용를 기록할 때 언어를 번역하거나 요약하지 않고 그대로 적는 것은 매우 중요한 기록의 원칙이다.

---

2) 스프래들리(Spradley, 1980)가 말한 '내부자 용어'를 내부자들이 공유하는 독특한 용어라는 점에서 일반적으로 '민속어(folk terms)'라고도 한다.

(3) 구체적인 언어 사용의 원칙(The Concrete Principle)

'구체적인 언어 사용의 원칙'은 관찰 내용을 기록할 때에는 되도록 구체적인 언어를 사용하라는 것이다. 연구자의 기억과 축약노트를 단서로 완전노트로 전사할 경우 되도록 구체적으로 기록해야 한다. 관찰 기록에는 언제 어디서 누가 어떤 행동을 하는지, 어떤 일이 어떤 상황에서 벌어지는지, 누가 어떤 대화를 나누는지 등 나중에 읽어 보아도 그 상황이 그려지도록 구체적으로 기록해 두어야 한다. 연구현장의 모습이 잘 그려지도록, 잘 보이도록 기록하는 것은 매우 중요하다. 흔히들 문화기술지는 "쓰는 것이 아니라 보여 주는 것이다."라고 말한다. 이는 구체적 기술의 중요성을 강조하는 것인데, 이 구체적 기술은 연구현장에 대하여 구체적 언어로 기록할 때 가능하다. 기어츠(Geertz, 1973)가 주장하는 '두꺼운 기술(thick description)' 또한 연구현장에 대한 구체적 기술, 즉 관찰에 대한 구체적인 기록에서 출발한다. 내부인의 세계를 생생하게 보여 주기 위해서는 구체적인 언어로 기록하는 것이 매우 중요하다(Wolcott, 1994: 412).

가령 교실을 참여관찰할 경우 아침 자습시간에 대하여 '오늘 아침 자습시간은 매우 조용하다.'라고 기록한다면, 실제 아침 자습시간에 어떤 일이 벌어지고 있는지, 어떤 상황인지 알기는 어렵다. '매우 조용하다'는 것은 연구자의 기준에 따른 판단이지 사실이 아니며, 어느 정도의 소음이어야 조용한 것인지의 구분 기준 또한 자의적이다. 연구자는 자신의 학교생활 경험에 따라 단순히 판단하여 요약한 것일 뿐 실제 자습시간에 학생들이 무엇을 하고 있는지 알 수 없는 기록이 된다.

스프래들리(Spradley, 1980: 68)는 일반인, 특히 사회과학자는 "압축하고 요약하고 생략하고 일반화하는 훈련을 장기간 해 왔기 때문에" 구체적인 언어로 자세히 기록하는 것이 상당히 어려운 일이 되었음을 잘 지적하고 있다. 따라서 참여관찰자는 "부지런히 기록하되 완전하며 구체적으로 기록하라."라는 앳킨슨(Atkinson, 1992: 19)의 지적을 되새겨야 한다. 구체적인 언어로 기록하기 위해서는 기록노트에 사용해야 하는 구체적인 언어와 일반화된 추상적 ·

학문적 언어를 구분하는 것이 필요하다. 모름지기 사회과학의 주요 목적인 일반화는 "연구자가 보고 듣고 맛보고 냄새 맡고 느끼는 구체적인 사실에서부터 시작해야 한다"(Spradley, 1980: 69).

4. 참여관찰의 유의사항과 팁

1) 연구자가 보고 듣고 느끼고 생각하는 모든 것을 기록하자

참여관찰을 잘 하려면 모든 것을 기록하는 것이 좋다. 연구자에게 보이거나 들리는 것은 물론, 관찰 중에 떠오르는 생각, 느낌, 인상 등 모든 것을 기록하는 것이 유리하다. 연구에 직접적으로 활용되지 않을 것처럼 보여도 일단은 기록해 두는 것이 좋다. 분석을 하다보면 의외로 쓸모 있는 것을 발견할 수도 있기 때문이다. 따라서 연구자는 연구현장 내의 모든 장소, 장소 내의 물리적 공간 배치, 참여자, 사건, 행위, 제스처 등 모든 것을 기록하는 것이 좋으며, 동시에 가능하다면 그것의 유형이나 유사성, 차이점 등을 기록하는 것이 좋다. 관찰 당시에 생각했던 유사성이나 차이점이 이후의 분석에서는 다르게 해석될 수도 있고, 그렇다면 분석 시의 해석과 관찰 당시의 해석을 비교하며 분석할 수도 있기 때문이다. 이것은 결국 연구자가 어떤 관점 혹은 시각으로 관찰을 하고 있는가를 보여 주는 훌륭한 자료가 될 수 있다. 되도록 섣부르게 판단하거나 당연시하여 간과하지 말고, 보이는 것, 들리는 것, 연구자가 느끼고 생각하는 것 등을 모두 기록하도록 한다.

2) 의식적으로 폭 넓게 관찰하자

일반적으로 우리는 일상생활을 별다른 의식 없이 수행하며 살아간다. 스프래들리(Spradley, 1980: 55)는 이 점을 지적하면서, 당연하다고 여겨 의식하지 않는 관찰은 참여관찰자가 얻을 수 있는 많은 정보와 자료를 놓칠 수 있으므로 주의해야 한다고 하였다. 참여관찰을 할 경우에는 일상적으로 무시하던 정보에 일부러 주의를 기울여야 한다. 참여관찰을 할 때에는 어떤 일상적인 것도 당연하거나 하찮은 것은 없다.

특정 활동이 발생하게 된 배경 혹은 맥락을 알아내기 위해서는 보다 넓게 관찰하는 것이 중요하다. 어떤 활동은 다양한 다른 상황과 연결되어 있고, 다양한 이유로 발생하며, 보다 넓은 맥락 속에서 일어나는 것일 수 있다. 따라서 관찰을 할 경우에는 좀 더 폭 넓게 관찰하는 것이 필요하다. 스프래들리(Spradley, 1980: 56)는 이를 "광각렌즈(wide-angle lens)를 가지고 접근하라." 라고 표현하였다.

3) 낯선 것을 친숙하게, 친숙한 것을 낯설게 보자

연구자가 참여관찰할 때 관찰 대상을 바라보는 연구자의 시선은 매우 중요하다. 연구자는 자신에게 익숙하지 않은 낯선 연구현장을 관찰하게 될 수도 있고, 자신에게 익숙한 연구현장을 관찰하게 될 수도 있다. 어느 쪽이든 기본적으로 연구자는 '낯선 것을 친숙하게, 친숙한 것을 낯설게' 보려는 시각을 견지해야 한다(Erickson, 1973). 이 두 가지 중 어느 하나만을 선택해서 관찰하는 것이 아니라, 관찰 기간 내내 이 두 가지를 상황에 따라 오가며 견지해야 한다. 낯선 것은 그것을 이해하려는 과정을 통해 친숙해지게 되고, 친숙해지고 난 후에는 너무 당연시하지 않도록 끊임없이 자신의 가정과 인식에 의문을 제기하며 낯설게 보려고 애쓰기도 해야 한다.

낯선 환경이나 집단에 다가가 친숙해지기 위해서는 내부자들과 라포(rapport)를 형성하고 내부자에게 배우고자 하는 학습자의 태도를 갖추는 것이 중요하다. 그래야 낯선 연구자가 내부자들에게 잘 수용되어 내부자의 관점을 파악하기 용이하다. 다른 한편, 친숙해지고 난 이후 너무 익숙해서 간과

하는 것이 생기지 않도록 낯선 시선으로 꼼꼼히 바라보는 태도 또한 필요하다. 내부자의 관점으로 관찰한 내용도 외부자의 관점, 즉 연구자(혹은 학자)의 관점에서 낯설게 보기를 견지하며 다시 성찰해 보아야 한다. 이렇게 연구자는 내부자 관점과 외부자 관점을 오가며 때로는 친숙하게 때로는 낯설게 보면서, 연구자가 놓치고 있는 것은 없는지 항상 점검하고 자신을 드러내는 데 개방적이어야 한다.

4) 융통성 있게 개방적으로 관찰하자

모든 질적 연구가 그렇지만, 참여관찰을 할 경우 연구자는 융통성과 개방성을 발휘해야 한다. 참여관찰은 직접적으로 연구참여자와 만나야 하고 상호작용을 해야 하는 자료수집 기법이다. 연구현장은 연구자에게 익숙한 현장일 수도 있지만 낯선 현장일 수도 있다. 연구자가 미처 예상하지 못한 상황이 발생할 수도 있고 뜻밖의 반응을 보이는 사람을 만날 수도 있다. 예상치 못한 사고가 발생할 경우 연구보다는 사고수습을 도울 수도 있어야 하고, 연구현장의 특정 구성원으로부터 예상치 못한 요청을 받을 경우 연구에 미치는 영향을 충분히 고려하여 수용 여부를 판단해야 한다.

연구현장의 상황과 맥락에 따라 참여관찰의 일정이나 계획, 심지어는 참여관찰의 초점이나 연구주제까지도 바꾸어야 하는 상황에 직면할 수도 있다. 이럴 경우 연구자는 허용 가능한 범위 내에서 충분한 융통성을 발휘해야 한다.

다른 한편, 참여관찰자는 되도록 연구현장에 잘 받아들여질 수 있도록 개방적 태도를 취할 필요가 있다. 이를 위해서는, 첫째로, 연구자의 정체성이 연구현장의 접근성과 자료수집에 미칠 영향을 고려해 보아야 한다. 연구자의 성별, 나이, 인종, 국적 등이 연구현장에 잘 받아들여질 수 있는지, 용이하게 자료수집이 이루어질 수 있는지에 대해 고려해 보아야 한다. 예컨대, 남성 소수자 집단을 참여관찰하고자 할 경우 50대 이상의 여성, 이성애자인 연구자가 접근하기 쉬울 것인지를 고려해야 한다.

둘째로, 내부자들에게 잘 받아들여지기 위해서는 내부자 집단의 평범한 행동, 외모, 의상, 문화적 지식, 언어 사용 습관 등에 대해 미리 알아 두는 것도 필요하다. 예컨대, 대안문화를 지향하는 10대 중심의 청소년센터를 참여관찰할 때 성인 연구자는 문화적 차이로 거부당하지 않도록 노력해야 한다. 필자의 경우, 연구참여자인 10대 청소년들에게 잘 수용되기 위해 10대들을 따라 머리카락을 밝은 색상으로 염색하고, 주로 청바지에 운동화를 착용하였으며, 노래 공연을 할 때 헤드뱅잉(Head Banging)을 따라 하며 적극적으로 호응하고, 10대들이 사용하는 언어를 빨리 익히는 등 여러 노력을 기울였다. 하지만 연구참여자들의 언어를 배워 사용하려 할 때에도 그것이 욕설이거나 비속어일 경우에는 사용에 신중해야 한다. 연구참여자 중 일부는 '저 연구자도 이런 말을 사용하잖아?'라고 생각하며 욕설이나 비속어 사용에 대해 연구자의 사용을 근거 삼아 정당화하려고 들지도 모른다.

셋째로, 연구현장에 잘 받아들여지기 위해서는 연구현장이나 연구참여자들을 섣부르게 판단하여 비난하거나 공격해서는 안 된다. 원활한 참여관찰을 위해서는 비공격적인 태도, 즉 "사회적으로 수용되는 무능함"(Lofland, 1971: 101)이 필요하다. 그래서 판단하기보다는 무지한 학습자의 태도를 보여주는 것이 더 낫다.

넷째로, 연구현장의 구성원들이 친밀감이나 의견대립 등으로 소집단으로 나누어져 있을 경우, 혹은 특정한 연구참여자가 다른 참여자를 비난할 경우, 연구자는 어느 한쪽 편을 들지 않도록 신경 써야 한다. 설사 연구자에게 특별히 호의적인 집단이 있다 하더라도 중립적인 태도를 취하지 않고 어느 한쪽을 편드는 말이나 행동을 하게 된다면 결국 나중에라도 문제가 될 수 있다. 따라서 어느 한쪽 편과 특별히 가깝지 않은 태도를 취하는 것이 좋다(Glesne, 2006: 115).

5) 참여와 관찰의 이중적 목적을 명확히 인식하자

참여관찰자는 스프래들리(Sptadley, 1980: 54)에 따르면, 내부자인 일상적 참여자와는 달리 사회적 상황에 '참여'와 '관찰'이라는 두 가지 목적을 가지고 들어간다. 참여관찰자는 참여뿐만 아니라 관찰도 해야 하므로 일상적 참여자가 하지 않는 관찰, 즉 모든 구성원의 행동, 표정, 제스처, 상호작용, 발생하는 사건, 장소의 외관, 사물의 배치 등을 관찰하고 그를 기록해야 한다. 따라서 상황에 적절한 참여자로서의 행동도 해야 하고, 더불어 자신 및 연구참여자를 관찰하기도 해야 한다. 참여에 충실하려다 관찰을 소홀히 해서도 안 되고, 관찰에 치우쳐 참여를 망각해서도 안 된다. 참여와 관찰이라는 이중적 목적의식을 동시에 분명히 가지는 것이 필요하다.

6) 연구의 목적의식을 잃지 않도록 하자

참여관찰이 연구현장의 자연스러운 맥락에 참여하여 관찰하는 기법이기에 연구자는 시간이 지날수록 내부자와 유사한 사고를 하고 행동을 하게 될지도 모른다. 매일 반복되는 일상을 관찰하다 보면 그냥 보이는 것을 기록하고 들리는 것을 무작정 기록하는 시간을 보내게 될지도 모른다. 또는 너무 많은 상황을 관찰하고 기록하면서 기록노트의 방대한 양에 치여 무엇에 초점을 두어야 할지 목적의식을 잃고 막연히 시간을 보내며 방황하게 될 수도 있다. 이것은 매우 위험하다.

연구자는 참여관찰을 수행하는 목적이 있고, 이를 통해 알아내고자 하는 연구문제가 뚜렷하게 있어야 한다. 물론 연구상황에 따라 초점이 바뀌기도 하고, 연구주제를 변경할 수도 있다. 하지만 자신이 수행하고자 하는 연구주제나 목적, 연구 질문 등에 대해 명확히 인식하지 않고 무작정 참여관찰을 하다보면 많은 시간과 노력을 들임에도 불구하고 연구가 초점이 없이 현장에서 헤매는 경우가 발생할 수 있다. 처음 참여관찰을 수행하는 초보연구자의 경우, 상당한 시간이 지남에도 불구하고 "무엇을 관찰해야 할지 모르겠어요. 무엇에 연구 초점을 두어야 할지 모르겠어요." 등의 이야기를 종종 한다. 무작정 기록한 기록자료의 더미에 빠져 연구의 초점을 결정하지 못하고 허우적거릴 수도 있다. 따라서 개방적이고 융통성 있게 참여관찰을 수행하면서도 자신의 연구주제, 연구목적, 연구 질문과 관련하여 문제의식을 잃지 않아야 한다(이용숙 등, 2012: 125-126).

7) 연구자에 대하여 성찰하자

연구자의 감각기관을 통해서 관찰을 수행하는 참여관찰에서는 연구자가 연구의 도구가 된다. 따라서 연구자는 연구의 도구인 자신에 대해 성찰적이어야 한다. 연구자가 가지고 있을지 모르는 연구자의 주관성, 즉 연구자의 선입견, 편견, 인식, 가정 등에 의문을 제기하며 관찰하고 기록해야 한다.

사람은 이미 형성되어 있는 특정 사회에서 태어나 그 사회의 문화를 습득하며 성장한다. 그리고 학문세계에 발을 들이면서 자신의 학문세계에서 배우고 익힌 학문의 관점, 이론 등이 세계를 바라보는 자신의 관점과 인식의 틀로 형성되어 있다. 결국 연구자는 태어나 살아오면서 특정한 사회의 관습과 문화, 여러 학습 및 학문 세계의 관점과 인식 등의 영향을 받으면서 자신만의 고유한 특정 관점을 형성하고 있을 가능성이 크며, 그러한 것들은 모두 연구자의 고유한 주관성을 형성하고 있다. 이를 가다머(Gadamer, 1960)의 용어로 말하면, 연구자의 고유한 전통(tradition)을 형성하고 있는 것이며 모든 연구자는 자신의 학문적 '전통' 안에 거주하고 있다. 이러한 연구자의 주관성은 '대상을 왜곡시켜 보여 주는 거울'이라는 점에서 일종의 '선입견'이지만, 이를 통해서만 현재 지평과의 융합이라는 '이해'에 이를 수 있다는 점에서 연구자의 주관성은 '배제'의 대상이 아니라 '성찰'의 대상이다.

연구자가 참여관찰을 수행할 때에는 자신에게 체화된 문화적 관점과 습관, 자신이 선호하는 학문적 관점과 인식 등이 알게 모르게 작동한다고 보아야 한다. 따라서 연구자의 관찰과 기록이 항상 절대적으로 가치중립적이거나 객관적이라고 간주하기는 어렵다. 보이는 대로 들리는 대로 되도록 편견을 배제한 채 기록하려고 노력하지만, 그럼에도 불구하고 그 관찰과 기록은 연구자의 특정한 학문적 관점, 특정한 문화적 사고의 영향을 완전히 배제했다고 할 수 없다. 더욱이 자신의 문화나 정체성 형성에 영향을 미쳤을 인종, 민족, 성별, 나이, 교육 수준, 사회적 지위 등의 여러 요인을 고려하면, 연구자가 어떤 주관성을 가지고 관찰하고 기록했는가에 항상 주의를 기울여야 한다. 그리고 그러한 주관성이 자신의 관찰과 기록에 어떠한 영향을 미쳤는가를 항상 점검할 수 있어야 한다. 그 영향으로 인해 자신의 관찰과 기록이 편향되게 기술되거나 해석되는 부분이 없는지를 점검해야 하고, 관찰과 기록을 토대로 연구자의 관점이 어떻게 작동하고 있는지도 파악할 수 있어야 한다. 따라서 연구자는 연구주제의 선정, 참여관찰을 수행하는 방식과 그 내용, 참여관찰 자료의 기록과 현장에서의 자신의 체험, 분석과 해석 등 모든 연구의 과정에서 연구도구로서의 자신의 존재와 정체성, 자신의 느낌과 사고에 대해 성찰할 필요가 있다.[3] 스프래들리(Spradly, 1980: 57)는 이러한 자기성찰력이 일상적 행위자와 참여관찰자를 구분할 수 있게 해 주며, 참여관찰자에게는 매우 중요한 자질이라고 하였다.

8) 참여관찰자가 복수일 경우 관점의 다중성을 고려하자

참여관찰을 수행하는 연구자가 한 명 이상일 경우 연구자 시선의 다중성에 대해서도 성찰이 필요하다. 참여관찰자들의 나이, 성별, 계층, 결혼 여부, 그

3) 이 성찰에 대한 분석과 해석이 바로 연구일지가 될 수 있으며, 이 또한 참여관찰의 자료가 된다.

들 간의 권력관계 등 다양한 변인이 연구자의 시선에 영향을 미치고, 이에 따라 그들이 현장에 적응하는 정도가 다를 수 있으며 현장 구성원들과 맺는 관계의 양상도 달라질 수 있다. 결국 복수의 연구자가 참여관찰을 수행하게 될 경우 동일 현상이나 행위에 대한 관찰의 기록이 달라질 수 있고, 이에 대한 분석이나 해석도 달라질 수 있다. 따라서 참여관찰자가 복수일 경우 관찰자의 관점이 다양할 수 있다는 점을 충분히 고려해야 한다.

이는 포스트모더니즘의 도전으로 이제는 더 이상 단일 연구자의 시선조차도 단일하고 총체적이라는 관점을 견지할 수 없게 되었을 뿐 아니라, 참여관찰을 통해 수집된 자료에 기반하는 문화기술지가 더는 총체적 진리가 아닌 연구자에 의한 부분적 진실을 추구한다는 것을 의미하게 되었기 때문이다(Clifford & Marcus, 1986). 이를 잘 보여 주는 연구로 조은(2012)의 연구를 예시할 수 있는데, 그는 오랜 연구기간 연구일지에서 다르게 드러나는 연구조교들의 성별과 계급 등에 따른 차이를 성찰하면서 다양한 연구자의 다중적인 목소리를 그대로 드러냈다.

9) 연구참여자의 언어를 익히자

과거 문화인류학에서는 낯설고 잘 알려지지 않은 외지의 소수민족에 관한 현장연구를 수행하는 경우가 많아 연구자와의 언어소통 문제가 매우 중요했다. 그리하여 연구자가 현장의 언어를 습득하고 구사하는 능력이 연구의 질을 좌우하기도 했다. 현대에도 연구자와 다른 언어를 사용하는 집단을 연구하고자 할 경우에는 연구자의 언어구사 능력이 중요하다.

그런데 언어가 완전히 다르지 않은 집단을 연구할 때에도 연구자와 연구참여자의 이질성으로 인해 구사하는 언어습관이 다른 경우가 있다. 예를 들자면 일상적인 언어보다는 자기 집단만의 독특한 언어체계나 용어를 구사하는 경우인데, 인터넷상에서 모인 특정한 집단이나 청소년층처럼 성인과는 다른 축약어를 많이 사용하는 하위집단, 은어를 많이 구사하는 하위집단 같은 경우가 그러하다. 이럴 때에도 연구자는 연구참여자들이 주로 구사하는 어휘와 표현 등을 잘 수용하여 구사해야만 원활하게 소통할 수 있고, 참여관찰을 원만하게 수행할 수 있다는 점을 염두에 두어야 한다. 또한 같은 용어라도 집단과 맥락에 따라 다른 의미로 사용될 수도 있기 때문에 언어의 쓰임새와 의미를 잘 이해해 두는 것이 필요하다.

5. 참여관찰에서 고려해야 할 연구윤리

1) 연구참여자 모두에게 허락 받기

연구현장이 특정 기관일 경우 기관장의 허락으로 참여관찰을 수행하게 되는 경우가 종종 있다. 하지만 이런 경우에도 관찰의 대상이 되는 연구참여자 모두에게 연구허락을 얻는 것이 중요하다. 특히 위계성을 갖고 있는 특정 기관이나 집단 혹은 출입이 제한적인 사회적 상황을 참여관찰하고자 할 경우에는 더욱 그러하다. 만약 기관장의 허락에 동조하지 않는 구성원이 있을 경우 혹은 일부 구성원에게 허락을 받지 못할 경우, 그들은 참여관찰에 비협조적일 수 있기 때문이다.

따라서 연구참여자 모두에게 연구의 진행에 대해 알릴 수 있는 기회를 가지는 것이 좋다. 공식적 자리에서 구성원 모두에게 연구자를 소개하는 시간을 할애받아 연구의 상황이나 목적을 알리는 것이 필요하다. 그리고 기관장의 허락으로 참여관찰이 허용되긴 했지만, 여전히 개별적으로는 불만인 사람들이 있을 수 있기 때문에, 개별적으로 연구동의를 구하는 것이 연구를 매끄럽게 진행하는 데 좀 더 도움이 될 수 있다.

2) 비밀수단을 사용하지 않기

대부분의 질적 연구에서 참여관찰에 대한 동의를 받을 경우, 참여관찰의 범위, 기간, 대상, 수집되는 자료, 자료 기록 및 활용 방법 등에 대하여 구체적으로 알리는 것이 좋다. 참여관찰이 허락되기 어려운 집단을 연구하고자 할 경우 동의를 구하지 않고 비밀리에 참여관찰을 한다면 연구윤리에 위배되어 문제가 발생한다. 과거 시카고학파의 연구자들이 범법자(갱) 집단을 연구하면서 연구를 시작하기 이전에 동의를 받지 않고 진행한 경우처럼 연구대상을 속이고 시작하는 연구는 아주 위험하다. 그러한 연구에 대한 반성의 결과, 현재 연구동의를 받지 못하는 연구는 허용되지 않는다.

참여관찰을 할 경우에도 연구대상을 속이는 비밀수단을 사용하는 것은 허용되지 않는다. 자신이 관찰당하고 있다는 것을 모르게 한다든지, 참여관찰에 동의하지 않은 사람의 대화 내용을 몰래 기록하는 것은 이제 더 이상 허용되지 않는다. 비밀리에 연구를 수행하기보다는 진정성을 갖고 연구의 목적을 잘 설득하여 동의하에 연구를 수행하는 것이 좋다. 이 점을 고려하면, 예컨대 길거리를 관찰하는 경우 익명의 대중에게 동의를 받지 않고 수행하게 되므로 완전한 관찰자로 관찰한다 하더라도 엄밀히 말하면 여전히 연구윤리의 문제에서 완전히 자유로울 수 없다.

3) '착취자'라는 느낌 주지 않기

일반적으로 질적 연구의 경우 연구자와 연구참여자가 연구를 매개로 만나게 되는데, 이때 서로에게 상호 이익이 되는 관계를 형성하는 것이 필요하다. 만약, 참여관찰을 할 경우 연구자는 연구로 인하여 얻는 혜택(예컨대, 학위, 연구실적, 출판, 인세 등)이 있지만 연구참여자에게는 아무런 혜택이 없다면, 연구자는 일방적인 '착취자'로 간주되기 쉽다. 즉, 연구자가 자신의 이익을 위해 연구참여자를 '이용한 것'으로 간주될 수 있다는 것이다. 따라서 관찰을 허락함으로써 기꺼이 연구에 협조해 주는 연구참여자에게도 연구 참여로 인해 얻는 혜택이 있어야 한다. 그것이 유형의 것이든 무형의 것이든 말이다. 질적 연구의 속성상 연구참여자에게도 연구 참여의 정도에 따라 교육적 성장의 효과를 결과할 수도 있다. 그렇지만 참여관찰의 경우에는 즉각적으로 그런 결과를 얻기가 쉽지 않다. 따라서 참여관찰의 경우 연구참여자가 일방적으로 착취당하고 있다는 느낌을 갖지 않도록 조심하고 배려하는 자세가 더욱 필요하다.

2000년 무렵 청소년센터를 참여관찰한 필자의 연구(배은주, 2004)에서 실제로 이런 일이 발생했다. 청소년센터의 기관장은 흔쾌히 연구를 허락했지만, 이를 탐탁치 않아 마지못해 허락했던 부서장은 결국 연구자를 과거 인류학자의 '착취자'에 비유하며 비호감을 드러내었다. 그러나 당시 적극적인 한 청소년 연구참여자가 연구참여가 자신에게 가져다준 교육적 변화를 장문으로 인터넷 게시판에 올려 주었고 이에 뒤이어 다른 연구참여자들도 호의적인 글을 올려 주어 참여관찰자가 '착취자'로만 기능하지 않는다는 점이 드러나 무사히 참여관찰을 끝마칠 수 있었다. 이 사례를 보면 참여관찰이 연구자와 연구참여자 모두에게 호혜적일 수 있도록 각별히 노력할 필요가 있음을 알 수 있다.

4) 참여의 대가와 혜택의 균형 고려하기

일방적인 '착취자'가 되지 않기 위해 대개의 참여관찰자는 참여관찰의 대가를 일정 정도 지불하고자 한다. 이때에도 지불하는 대가와 혜택의 균형을 고려해야 한다. 어쨌든 연구자는 참여관찰을 허락해 주고 도움을 주는 연구참여자에게 일종의 보답을 해야 마땅하다. 그런데 지나치게 과도한 사례를 지불하거나 반대로 지나치게 과소한 사례를 지불하는 경우에는 문제가 된다.

만약 연구참여자에게 참여관찰의 대가를 지불하고 싶다면 연구참여자와 솔직하게 협의하여 적정한 사례를 지불하는 것이 좋다.

다만 글레즌(Glesne, 2006: 110)이 지적하는 사례처럼 연구자의 보답 노력이 양면성을 가질 수 있다는 점에 유의해야 한다. 예컨대, 연구현장에서 발생하는 일에 대하여 노동력 제공 같은 도움으로 보답하고자 할 경우 연구자의 노동력 제공으로 참여관찰자로서의 역할을 소홀히 하게 되거나 그 역할과 상충되는 상황에 처할 수도 있다. 반대로 그 노동력을 제공하지 않았으면 보지 못했을 상황을 관찰하는 행운을 얻을 수도 있다. 결국 연구자가 보답하고자 하는 행위가 상황에 따라 더 긍정적인 관찰 기회를 포착하게 해 주어 연구에 도움이 될 수도 있고 그런 기회를 앗아가는 시간낭비로 귀결될 수도 있다는 점에서, 참여관찰자는 참여의 대가와 혜택의 적정한 균형을 맞추도록 노력해야 한다.

청소년센터를 연구할 때 필자는 1년 여에 가까운 장기간의 연구참여 대가로 청소년센터에 필요한 물품을 하나 기증하고 싶다는 의사를 밝히고 기관장과 협의하여 프린터기 한 대를 선물하였다. 이처럼 연구참여에 대한 보답을 고려할 때에는 연구참여자와 솔직하게 협의하여 연구참여자 모두에게 혜택이 돌아가도록 하는 것이 좋다.

5) 연구참여자의 권리, 이익, 민감성을 보호하기

참여관찰을 할 경우에는 연구참여자의 권리와 민감성 등에 대해 연구참여자의 의견을 충분히 존중해 주어야 한다. 만약 일부 상황에서 관찰당하는 것을 거부할 경우 그에 대해서는 관찰을 포기할 수도 있어야 하며, 자신의 말이나 행동을 기록하는 것을 거부할 경우에는 기록하지 말아야 한다. 또한 특정 대화 내용은 연구에서 제외해 달라고 요청하면 그렇게 해 줄 수 있어야 한다. 무엇보다 연구참여자의 권리가 우선되어야 하며, 그에게 피해를 주는 연구

행위를 해서는 안 된다. 이러한 연구참여자의 권리, 이익, 민감성을 보호하는 것은 참여관찰 기간뿐만 아니라 분석과 해석을 거친 최종적인 연구물에 대한 확인을 받는 과정에서도 지켜져야 한다(Spradley, 1980: 21). 관찰에 대한 해석을 연구참여자에게 확인받을 때 연구참여자가 삭제하거나 변경하길 원하는 부분이 있다면 그렇게 해 주어야 한다. 최근의 협력연구에서는 출판에 대한 권리까지 보장해 주어 인세를 공유하기도 한다.

6) 연구참여자의 사생활과 비밀을 보호하기

장기간 참여관찰을 하다보면 연구참여자와 친분을 쌓으며 사적인 이야기도 허물없이 나누는 관계로 발전하기도 한다. 이때 연구자가 참여관찰을 통해 알게 되는 연구참여자의 사생활이나 비밀 등을 다른 연구참여자가 알도록 해서는 안 된다. 연구자는 참여관찰 중에 알게 된 연구참여자의 사생활 관련 내용에 대해서는 비밀을 유지해야 한다. 연구현장에서 연구자는 다양한 사람을 만나며 일상을 공유하고 얘기를 나누게 되는데, 이때 알게 된 내용을 다른 사람들에게 전하면 연구참여자는 연구자와 얘기하는 것이 안전하지 않다고 생각하고, 더 이상 연구자와 대화하지 않거나 연구에 협조적이지 않을 수 있기 때문이다.

6. 참여관찰의 쟁점과 향후 과제

1) 참여 그리고 관찰의 범위와 한계

자료수집 기법으로서의 참여관찰에서 연구자가 항상 고민하는 것은 참여와 관찰의 범위이다. 어느 정도까지 참여할 것인가, 어디까지 관찰할 것인가는 참여관찰을 수행하는 내내 고민거리가 된다. 즉, 연구자가 설정하는 참여와 관찰의 범위가 일관성 있게 유지되기 어렵고, 어느 수준이 적정한지 가늠하기도 어렵다. 이것은 초보 참여관찰자의 경우 더욱 어려워하는 문제이다.[4)]

앞서 참여관찰의 유형을 설명하였지만, 연구 과정 내내 연구자가 처음 설정한 대로 참여와 관찰의 수준을 유지하는 것은 쉬운 일이 아니다. 연구 과정에서 연구현장의 상황에 따라 참여의 수준이 더 높아지기도 하고, 관찰의 수준이 더 높아질 수도 있다. 연구참여자들이 어떤 상황에서는 연구자의 참여를 강하게 요구하기도 하고, 어떤 상황에서는 연구자의 참여를 달가워하지 않기도 한다. 따라서 연구자가 마음먹은 대로 일관성 있게 참여와 관찰의 비중을 유지하기 어려울 수 있다. 또한 연구자 스스로도 자신의 참여 수준이 소극적인 것을 유지하고 있는 건지 적극적인 것을 유지하고 있는 건지 자신이 없을 수도 있다. 과연 어느 정도까지의 참여가 소극적 혹은 적극적 참여인지 가늠하기 어려울 수 있다.

적극적 참여를 하고자 할 경우, 기록이 도외시되지 않도록 연구현장에서 상세히 기록하는 일은 상당히 어려울 수 있다. 연구자의 참여가 많을수록 동시적으로 기록하는 일은 어렵기 때문이다. 이럴 경우 연구자는 축약노트와 기억에 많이 의존하게 되어 연구현장에서 항상 긴장해야 하는 부담이 있다.

관찰의 범위 또한 어느 정도까지 설정하는 것이 좋을지 판단하기 어려울 수 있다. 관찰의 범위가 너무 넓으면 한 연구자가 세세한 부분을 다 관찰하고 기록하기 어려울 수 있고, 관찰의 범위가 너무 좁으면 연구자가 다 파악했다고 생각하게 되어 관찰과 기록에 소홀해질 우려가 있다. 따라서 만약 관찰의 범위가 넓다면 그만큼 연구기간도 늘어나야 한다. 또, 초보 참여관찰자의 경우 이 사건 혹은 상황을 관찰범위에 포함하는 것이 좋을지의 여부를 판단하기도 어려울 수 있다. 대개의 경우 연구현장에서 발생하는 예상치 못한 상황까지도 일단은 관찰하고 기록을 남겨 두는 것이 좋다. 나중에 수행하게 될 분

4) 그래서 스프래들리(Spradley, 1980)는 초보 참여관찰자의 경우 단순한 상황을 선택하는 것이 좋다고 조언한다.

석과 해석에서 연구범위에 포함할지 여부를 결정하면 된다. 결국 참여관찰은 연구자의 연구경험과 숙련도가 중요하다.

2) 연구방법과 참여관찰: 선택과 배제

최근 많은 질적 연구자가 활용하고 있는 자문화기술지 방법은 주로 연구자 자신의 과거 경험에 대한 기록노트(주로 일기나 일지)나 연구를 수행하기 위해 과거 경험을 회상하며 쓴 회상자료나 성찰자료 등을 연구대상으로 하여 분석을 수행한다. 이처럼 연구자 자신의 과거 경험을 연구하게 될 경우 과거의 특정 사건에 주목하는 경우가 많고 좀 더 자기반성적인 성찰적 자문화기술지인 경우가 대부분이다. 그래서인지 참여관찰이란 자료수집 기법이 활용된 자문화기술지는 찾아보기 어렵다.

하지만 좀 더 실험적으로 시도해 보면, 연구자 자신의 현재적 활동과 경험을 연구자가 스스로 기록하는 현장노트를 작성하고, 이를 토대로 분석과 해석을 수행할 수도 있다. 예컨대, 교사 연구자가 자신의 수업을 관찰하고 기록하는 것(물론, 이럴 경우 비디오 기기를 활용하여 녹화된 동영상을 보면서 현장노트를 기록할 수도 있다), 연구자 자신의 자원봉사 활동을 일정 기간 동안 지속적으로 기록하는 것 등을 통해 자문화기술지로 작성할 수도 있을 것이다. 연구자 자신의 행위와 자신과 상호작용하는 사람들의 반응, 활동 현장 등 일반 참여관찰이 기록하는 모든 것을 녹화, 녹음 등의 방법으로 기록하든 연구자의 축약노트와 기억에 의존하여 기록하든 이를 토대로 자문화기술지를 작성하는 것도 가능하다. 이런 과정을 통해 작성되는 자문화기술지를 상상해 본다면, 가장 고민스런 문제는 '나'를 관찰하고 기록하는 어려움이다.

'나'를 관찰하는 것은 타인을 관찰하는 것보다 더욱 어렵다. 인간은 자신의 행위에 대해서는 방어적으로 설명하기 쉬우므로, '나'의 모든 행위와 거리를 두고 바라보고 기록하는 것은 연구자에게 더욱 세심한 성찰을 요구한다. 연구자의 주관성을 강조하는 글일수록 연구자의 주관성에 대한 꼼꼼한 검토와 비판이 요구된다. 그리고 '나'의 행동을 관찰하고 기록하는 것이 더 어려운 까닭은 거리를 두고 관찰과 기록을 동시적으로 하기 힘들고, 모든 것을 기억하기도 어렵기 때문이다. 결국 간과하거나 놓치는 부분이 많을 가능성이 있고, 연구자에게 기억되는 특별한 것만 기록될 가능성이 있다.

물론, 모든 연구는 암암리에 선택과 배제를 행할 수밖에 없다. 연구자가 초점을 두고 주목하는 부분이 있고, 주목하지 않고 배경으로 물리는 것이 있다. 자문화기술지도 마찬가지지만 타인에 대한 연구보다 연구자 자신에 대한 연구는 그러한 선택과 배제에 더욱 신중할 필요가 있다.

3) 관찰과 기록 그리고 해석의 중층성

여러 명의 연구자가 참여하는 참여관찰의 경우에는 연구자마다 가지고 있는 연구 관점, 연구자의 성장배경에 따른 주관성, 연구자의 개인적 정체성 등에 따라 동일 현상이나 상황을 관찰하더라도 현장 기록은 제각각 다를 수 있다는 점을 고려해야 한다.[5] 유사하게 공유하는 부분도 있지만, 실제로는 서로 다르게 관찰하고 서로 다르게 기록하는 부분이 충분히 있을 수 있다. 기록이 다르다는 것은 관찰도 동일하지 않을 수 있음을 시사한다. 연구자가 형성하고 있는 학문적 렌즈(lens)는 연구자의 개인적 정체성 변인(예컨대, 인종, 성별, 계층, 나이 등), 연구자의 학문적 배경, 연구자가 체화하고 있는 문화 등에 따라 다르기 마련이다. 동일 현상이나 상황에 대한 서로 다른 관찰과 기록은 결국 연구자의 관점이 어떻게 다른지를 드러낼 수 있으며, 이를 통해 연구자의 주관성을 검토하고 성찰하는 일의 중요성을 실감할 수 있다.

공동연구자들이 함께 참여관찰한 기록이 서로 조금씩 다르다면, 관찰과 기

---

5) 다수의 연구자가 수행한 대부분의 연구는 연구자들이 동의 가능한 공유 내용을 중심으로 연구 결과를 작성하기에 연구자마다 다른 관찰기록과 해석에 주목한 연구는 찾아보기 어렵다.

록이 갖는 해석의 성격을 고려해야 한다. 동일한 상황을 관찰하고 기록했는데 그것이 연구자마다 달라 그로 인해 다른 결과물을 산출할 수 있다면, 이미 관찰은 해석의 과정을 거치는 것이며 이에 대한 기록 또한 해석의 과정을 거친 결과라고 보아야 한다. 연구자의 관점이 다르다는 것은 결국 현상에 대한 해석이 다르다는 것을 의미하고 이에 따라 관찰과 기록이 달라지는 것이다. 즉, 관찰 자체가 이미 하나의 해석의 과정이요, 그의 기록 또한 하나의 해석이라고 보아야 한다. 요컨대, 연구자 렌즈는 연구자의 해석틀이며, 참여관찰에서는 동일 현상에 대한 서로 다른 기록이 가능하고, 그래서 해석의 중층성에 유의하며 분석해야 한다. 참여관찰에서 '연구자가 연구도구'라는 것은 연구자 숙련도의 중요성을 강조하는 것일 뿐만 아니라 이러한 해석의 중층성에 대한 고려가 필요함을 함의한다.

참고문헌

김윤옥, 김성혜, 신경숙, 신경일, 정명화, 허승희, 황희숙(1996). 교육 연구를 위한 질적 연구방법과 설계. 서울: 문음사.

김은아(2022). 인간과 사물의 얽힘을 통해 본 앎과 교육의 실천: 짜맞춤 목공의 지속과정을 사례로. 서울대학교 대학원 박사학위논문.

김찬호(2007). 문화의 발견: KTX에서 찜질방까지. 서울: 문학과 지성사.

박소진(2018). 문화기술지와 참여관찰. 최종렬, 김성경, 김귀옥, 김은정 편. 한국문화사회학회 기획. 문화사회학의 관점으로 본 질적연구방법론 (pp. 231-255). 서울: 휴머니스트.

배은주(1993). 학생통제에 관한 문화기술적 연구. 서울대학교 대학원 석사학위논문.

배은주(2004). 청소년센터에서의 대안적 학습에 관한 문화기술적 연구. 서울대학교 대학원 박사학위논문.

조은(2012). 사당동 더하기 25: 가난에 대한 스물다섯 해의 기록. 서울: 또하나의 문화.

이용숙, 김영천, 이혁규, 조덕주, 조재식(2005). 교육현장 개선과 함께하는 실행연구방법. 서울: 학지사.

이용숙, 이수정, 정진웅, 한경구, 황익주(2012). 인류학 민족지 연구 어떻게 할 것인가. 서울: 일조각.

최종렬, 최인영(2012). 탈영토화된 공공장소에서 에스니시티 전시하기. 한국사회학, 46(4), 1-44.

Atkinson, P. (1992). *Understanding ethnographic texts*. 대한질적연구간호학회: 최경숙, 한혜자, 권성복, 이명선 역(2007). 문화기술적 텍스트의 이해. 서울: 군자출판사.

Bond, G. C. (1990). Fieldnotes: Reserchch in past occurrence. In P. Sanjek (Ed.), *Fieldnotes: The makings of anthropology* (pp. 273-289). Ithaca, NY: Cornell University Press.

Clifford, J., & Marcus, G. E. (Eds.) (1986). *Writing culture*. 이기우 역(2000). 문화를 쓴다. 서울: 한국문화사.

Erickson, F. (1973). What makes school ethnography 'ethnographic'?. *Council on Anthropology and Education Newsletter*, *4*(2), 10–19.

Gadamer, H. G. (1960). *Truth and method. Bloomsbury*. 임홍배 역(2012). 진리와 방법 2. 철학적 해석학의 기본 특징들. 서울: 문학동네.

Geertz, C. (1973). *The interpretation of cultures*. NY: Basic Books.

Glesne, C. (2006). *Becoming qualitative researchers: An introduction* (3th ed.). 안혜준 역(2008). 질적 연구자 되기(3판). 서울: 아카데미프레스.

Glesne, C. (2016). *Becoming qualitative researchers: An introduction* (5th ed.). NY: Pearson.

Lederman, R. (1990). Pretexts for ethnography: On reading fieldnotes. In R. Sanjek (Ed.), *Fieldnotes: The makings of anthropology* (pp. 71–91). Ithaca, NY: Cornell University Press.

Lofland, J. (1971). *Analyzing social settings: A guide to qualitative observation and analysis*. Belmont, CA: Wadsworth.

Spradley, J. P. (1980). *Participant observation*. NY: Holt, Rinehart and Winston.

Wolcott, H. (1994). *Transforming qualitative data: Description, analysis, and interpretation*. Thousand Oaks, CA: Sage Publications.

제3장

심층면담

신혜숙(국제뇌교육종합대학원대학교)

우리는 일상생활에서 자주 묻고 답한다. 알고 싶은 것이 있을 때도 묻고 답하지만, 재미를 주기 위해서 또는 가르치고 배우기 위해서 묻고 답하기도 한다. 이처럼 묻고 답하는 대화방식 중에 면담이 있다. 그리고 더 깊은 수준의 면담으로는 심층면담이 있다. 잘 알려져 있다시피 심층면담은 말로 자료수집을 하는 연구방법의 하나로, 질적 연구에서 꼭 필요한 연구방법으로 손꼽힌다. 그러나 최근에는 심층면담에 대해 새로운 의미를 창출하고 실천하는 중요한 사회문화적 상황으로 바라보는 관점도 점차 확장되고 있다.

이 장에서는 먼저 연구방법으로서 심층면담의 장단점을 살펴보고, 질적 연구를 수행하는 데 필요한 구체적인 전략과 기법을 알아보고자 한다. 이어서 필자의 경험담을 통해 심층면담을 실행하는 과정의 이모저모를 들여다본 후, 심층면담을 사용한 새로운 연구 영역과 과제를 탐색해 보기로 한다.

1. 질적 연구와 심층면담

1) 심층면담의 방법적 강점

일찍이 월코트(Wolcott, 1992: 19)는 질적 연구를 수행하는 데 꼭 필요한 세 가지 방법으로 '참여관찰(Experiencing)', '심층면담(Enquiring)', '현지자료(Examining)'를 제시한 바 있다. 이 세 가지 방법은 현지에서 연구자가 각각 다른 방식으로 자료를 얻을 수 있도록 해 준다. 따라서 질적 연구에서 이 세 가지는 상보성(complementarity)을 가지고 맥락 속에서 더욱 총체적이고 생생한 자료를 추구하도록 하는 핵심방법이다.

세 가지 요소 중에서 'Enquiring'은 주로 말로 묻고 답하는 대화방식으로 진행된다. 연구를 목적으로 하는 탐구는 크게 면담(interview)과 심층면담(in-depth interview)으로 갈라진다. 면담은 체계적인 질문과 이에 관한 응답으로 진행되고, 미리 준비한 질문지(questionnaire)가 사용되기도 한다. 질적 연구에서의 면담은 "상대방을 이해하기 위하여 방향성을 가진 대화를 나누는" 공통점을 가진다(전영국, 2017). 심층면담도 형식에서는 면담과 거의 다를 바가 없다. 그러나 수준에서는 큰 차이가 벌어진다. 심층면담의 초점은 "다른 사람들의 생생한 경험을 탐구하고, 그 경험에 내재하는 의미를 이해하는 데" 있다(Seidman, 2006). 따라서 구술자료를 얻으려는 면담에 비해 심층면담은 그 초점이 더 좁고 명확하다.

질적 연구에서 면담은 관찰이나 서지자료를 살펴보는 것만으로는 제대로 분석과 해석을 하였는지 판단을 내리기 어려울 때 주로 쓰인다. 관찰이나 서지자료분석을 할 때 연구자는 직접 보고 듣는 경험을 하게 된다. 이와 달리 면담을 할 때 연구자는 면담참여자가 하는 말을 통한 간접경험을 할 수밖에 없다. 연구자는 일차적으로 연구현장(field)에 직접 몸을 두고 관찰을 통해서 사람 · 사물 · 사건 등에 관한 정보들을 수집하거나 현지에서 얻을 수 있는 온갖 자료를 수집하는 방법으로 현지인의 생생한 삶을 이해하고자 노력한다. 그러나 적합하게 이해하였는지 아닌지를 판단해야 할 때, 직접 목격하거나 수집한 현지자료를 분석하는 것만으로는 힘든 경우가 반드시 생긴다. 따라서 연구자는 면담을 사용하여 분석과 해석의 적합성 여부를 판단하게 된다.

면담에서 자주 사용하는 말은 눈과 귀 같은 감각기관을 통한 직접경험 이상의 가능성을 열어 준다. 말은 시공간을 초월하여 과거와 현재는 물론 미래와 관련된 내용까지 담을 수 있다. 또 사실과 상상에서부터 현지인들이 전승받은 설화나 허구까지도 담을 수 있다. 이러한 말의 초월적 특질 때문에 연구자는 면담을 통하여 감각을 사용한 직접경험으로는 얻을 수 없는 자료까지 얻을 수 있다. 면담에서 더 깊이 나아가는 심층면담은 특히 에믹(내부자)의 관점(emic point of view)을 중시하는 질적 연구에서 그 가치가 더욱 높다.

에믹의 관점을 중시하는 질적 연구에서는 현지인들이 명시적 · 묵시적으로 보유하고 있는 세상을 바라보고 살아가는 데 쓰고 있는 그들만의 인식, 즉 지식체계를 이해하는 데 주로 관심을 쏟는다. 이를 위해서 연구자는 학습자처럼 현지인들에게 배우는 입장에 서 보는 것이 필요하다. 이 경우, 심층면담은 정보를 바르게 분석 · 해석하였는가를 판단하기 위한 단순한 수단에 그치지 않는다. 다시 말하지만, 참여관찰이나 현지자료를 조사분석하는 것만으로는 그들의 지식체계에 접근하는 데 제한이 있기 때문이다. 그러나 말로 질문하고 대답하는 심층면담은 연구자가 온몸으로 감각을 총동원하여 직접 경험하는 것만으로는 접근 불가능한 이 지식체계에 접근할 수 있는 새로운 채널을 열어 준다.

그렇다면 '심층면담'에서 말하는 '심층'이란 무엇인가? 이와 관련하여 존슨(Johnson, 2002: 106-107)은 '심층'을 맥락에 따라 네 가지 의미로 규정한 바 있다. 그에 따르면, 첫째, 현지인들은 일상생활, 사건, 장소 등에 관하여 깊이 이해하고 있다. 그러므로 연구자가 낯선 연구상황을 연구하고자 한다면 당연히 현지인들이 가지고 있는 깊은 이해를 배워야 한다. 둘째, 깊이 이해한다는 것은 어떤 문화적 형식, 활동, 사건, 혹은 산물 등에 관한 상식적인 설명을 뛰어

넘는 것이다. 즉, 연구는 생생한 문화적 경험에 관한 상식적인 인식, 설명, 이해에서 출발하지만 점차 그 밑에 숨겨진 것들을 찾아야 한다. 셋째, 깊이 이해한다는 것은 상식적인 가정, 실천, 말하는 방식 등에서 우리의 이익이 어떻게 일부 반영되는지, 또 그 이익을 어떻게 이해하고 있는지를 드러내는 것이다. 넷째, 깊이 이해한다는 것은 어떤 활동, 사건, 장소, 문화적 대상 등에 관한 다양한 관점과 의미가 있음을 알아차리고 이를 조율할 수 있도록 하는 것이다.

'심층'에 관한 이러한 정의는 기어츠(Geertz, 1973: 3-31)가 '두꺼운 기술(thick description)'이라 표현한 질적 연구의 목표, 즉 현지인의 생생한 일상을 기술하고 맥락에 맞는 적합한 의미로 해석하여, 그들의 삶과 의미를 충실히 기술하고 해석하게 됨을 좀 더 자세히 풀어헤친 것으로 판단된다. 즉, 심층면담은 눈으로 볼 수 있는 현상 이면에서 작용하는 지식체계, 그리고 문화적으로 적합한 의미가 이를 적용하는 맥락 안에서 구성된다는 점을 제대로 드러내는 연구방법이라고 하겠다.

심층면담은 연구자가 현지에서 살아가는 사람들의 관점을 배우고, 자신이 가지고 있던 특정한 이론적 입장이나 개인적 편견을 반영하여 현상을 바라볼 수밖에 없는 한계를 넘게 해 준다. 나아가 제4절에서 다시 언급하겠지만, 말로 하는 의사소통을 통하여 새로운 의미와 관점을 구성 · 공유 · 실천할 수 있는 토대가 되기도 한다. 이는 다른 연구방법들이 가질 수 없는 심층면담이 가진 중요한 방법적 강점이다.

2) 심층면담의 방법적 약점

심층면담은 연구자와 면담참여자 사이에서 언어적 · 비언어적 행위를 통하여 벌이는 하나의 말사건(speech event)이다. 또 묵시적으로 당사자들 간에 사실(facts)을 다룬다는 약속이 합의 · 적용되는 사회문화적 상황이다. 물론

민담이나 구전되어 온 노래를 들려주는 것처럼 허구(fiction)와 관련된 이야기를 주고받는 상황도 있다. 그러나 이러한 경우는 아직 시도 단계이고, 이루어지더라도 연구자와 면담참여자 사이에서 말사용의 규칙에 관한 합의가 먼저 이루어져야 한다.

심층면담 상황으로 돌아와서, 말을 주고받는 상황은 구성원이 어떤 사회심리적 관계를 맺고 발전시켜 가는가에 따라 다르게 구성될 수 있다. 협력관계를 맺고 발전시키는 것이야말로 '심층면담다운' 심층면담을 하는 데 꼭 필요한 것이다. 심층면담 상황은 연구자가 중심이 되어 독자적으로 관찰을 하거나 현지자료를 조사분석하는 상황이 아니다. 오히려 질문하는 연구자보다 그 질문에 응답하는 면담참여자가 중심이 되어야만 하는 상황이다. 연구자가 면담참여자의 진실하고 적극적인 응답을 구해야만 하는 이 상황에서, 연구자는 면담참여자의 협조를 이끌어 내기 위하여 더 철저하게 준비해야 한다.

심층면담 같이 구체적인 시공간에서 미시적 대화가 구성되는 상황을 탐색하는 질적 연구에서는 연구자가 어떻게 준비하느냐에 따라 면담참여자의 협조 여부와 응답 수준이 크게 달라진다. 이는 연구자가 수집하는 자료의 질과 직결될 뿐만 아니라 분석과 해석에도 영향을 미친다. 구체적으로, 연구자와 면담참여자 사이에서 라포형성이 충분히 되지 않은 경우 면담참여자는 자신이 잘 알고 있는 내용도 자세히 말하려 하지 않을 수 있다. 이런 일은 심신상태가 잠시 좋지 않은 경우에도 일어날 수 있다. 따라서 연구자는 면담참여자와 라포형성을 하기 위하여 적극적 노력을 기울이는 동시에 면담참여자의 심신상태를 그때그때 파악할 수 있어야 한다. 다만 역효과가 날 수도 있으므로 라포형성을 위해 지나치게 면담참여자의 눈치를 보는 것도 적합하지 않다.

한편, 연구자가 면담참여자에게 하는 질문이 핵심부에 이르지 못하고 주변부에서 오가는 경우가 있다. 심층면담의 상황에서 대화의 진행을 주도하는 사람은 연구자여야만 한다. 그런데 이 상황에서 연구자가 처한 상황을 면담참여자가 스스로 해석하고 중요한 정보들을 골라 응답해 주기를 기대하기는 어렵다. 연구자는 분석적 입장에 자주 서는 반면, 면담참여자는 실제로 생생한 삶을 살아 내는 사람들이기 때문이다. 그러므로 연구자는 면담이 진행되는 과정에서 더욱 핵심적인 질문을 함으로써 연구의 '신빙성(trustworthiness)'을 높일 수 있는 역량을 키워야 한다.

연구의 신빙성과 관련하여 더 문제가 되는 상황은 말을 주고받는다는 심층면담의 특징 때문에 나타나기도 한다. 앞서 언급했듯이, 말은 '지금 여기'라는 시공간의 제한을 받지 않는다. 그리고 면담참여자 자신이 직접 겪지 않은 것에 관해서도 다룰 수 있다. 바로 이러한 초월성 때문에 심층면담이 가진 방법적 강점이 곧 방법적 약점으로 변할 수 있다. 즉, 면담참여자가 하는 말이 사실일 수도 있다. 그러나 당사자가 사실이라고 믿고 있지만 사실이 아닐 수도 있고, 또 사실이 아님을 알지만 일부러 사실이라고 말하는 상황도 충분히 가능하다. 따라서 연구자는 자료의 신빙성을 높이기 위해서 면담참여자가 하는 말이 얼마나 믿을 만하고 중요한 것인가를 반드시 검토해야 한다. 구체적으로, 연구자는 참여관찰을 병행하거나(Lofland, 1971: 109), 다른 면담참여자와 심층면담을 할 수 있으며, 다른 연구자 앞에서 발표를 하는 등(이명숙, 윤은주, 2003) 적절한 방법을 적용하여 삼각검증(triangulation)을 하는 것이 바람직하다.

지금까지 심층면담의 강점과 약점을 살펴보았다. 질적 연구는 통계를 적용한 일반화와 설명보다 총체적인 맥락과 구체적인 이해를 목표로 삼는다. 따라서 연구의 질을 높이기 위한 기준이 되는 것은 '얼마나 연구의 설득력이 있는가' 하는 신빙성이다(Morse, 2018). 신빙성은 질적 연구의 타당도에 해당되는 개념이다. 구바와 링컨(Guba & Lincoln, 1985: 233-236)은 이를 높이기 위한 조건으로 '사실적 가치(truth value)', '적용성(applicability)', '일관성(consistency)', '중립성(neutrality)'이라는 네 가지 요소를 제안한 바 있다. 래더(Lather, 1986)는 이 요소들을 더 확장시켜, 삼각검증과 관련된 '다양한 연구방법의 사용', 연구동료와 관련된 '연구참여자에 의한 연구 결과의 검토와 평가', 연구자의 관점 변화와 관련된 '반성적 주관성', 연구참여자의 인식확장과 관련된 '카타르시스 타당도'를 제안하였다(김영천, 1996에서 재인용). 이러한 다양한 요소는 연구의 모든 과정과 결과에 관여한다. 또 연구자와 면담참여자가 동반자적 관계를 바탕으로 서로 이해와 실천을 확장함으로써 연구와 삶을 통합하도록 한다. 따라서 질적 연구의 신빙성 확보를 위한 노력은 곧 질적 연구의 장점을 살리고 약점을 극복하려는 노력이기도 하다.

이제 제2절에서는 실제로 심층면담을 진행하기 위한 구체적인 전략과 전술을 살펴보기로 하겠다. 모든 분야를 망라하는 전략과 전술은 있을 수 없다. 그리고 있다 하더라도 유용하지 않다. 따라서 교육학과 사회과학 분야로 초점을 좁히기로 하겠다.

2. 심층면담의 전략과 방법

1) 심층면담 준비하기

(1) 연구주제 정하기

모든 연구는 연구계획을 짜는 것부터 시작된다. 그리고 연구주제에 어떻게 접근할 것인가에 따라 연구방법이 정해지고, 그 과정에서 어떤 연구기법을 적용할지가 정해지는 것이 보통이다. 물론 가끔은 순서가 바뀌는 경우도 있다. 그러나 연구 질문의 성격이 심층면담을 적용할 것인지 말 것인지를 결정하는 경우가 더 많다(Johnson, 2002: 105). 따라서 여기에서는 '심층면담 준비하기' → '심층면담 실행하기' → '심층면담 마무리하기'의 차례로 각 단계에서 활용할 수 있는 전략과 기법을 살펴보기로 하겠다.

심층면담을 적용해야 할 연구주제로 적절한 것은 무엇일까? 심층면담의 관심은 사람들이 직접 겪은 경험과 그 경험의 의미를 이해하는 데 있다고 하였다. 현지인이 겪는 경험은 연구자가 겪는 경험과 마찬가지지만 그 경험의 의미는 다를 것이다. 예컨대, 모종의 신체 · 정서 · 인지 경험을 겪으면서 지식체계를 내면화해 가는 과정은 사회화 과정인 동시에 교육적 성장을 이루어가는 과정이라는 점에서 다를 바 없다. 그러나 그 의미는 역사와 사회의 맥락에 따라 달라질 수 있다. 따라서 이러한 사회적 · 교육적 경험의 이해는 심층면담을 사용하기에 매우 적합한 연구주제가 될 것이다.

눈을 돌리면, 연구에 관련된 이론적 · 방법론적 관심에 따라 심층면담을 사용하기에 적합한 연구주제를 더욱 세밀하게 구분해 볼 수 있다. 대표적으로 현상학적 연구, 전기 연구나 생애사 연구, 문화기술지 연구, 근거 이론과 관련된 연구, 질적 사례연구, 내러티브 탐구, 초상화법 등을 꼽을 수가 있다(전영국, 2019). 또 민속방법론 연구, 상징적 상호작용 연구, 기호학적 연구, 초점집단면담(Focus Group Interview: FGI) 연구 등 표면적인 상호작용의 이면에 숨겨진 의미체계를 찾고자 하는 연구들도 모두 말을 통한 의사소통에 기댈 수밖에 없다. 따라서 이러한 연구들도 심층면담을 기본적인 연구방법으로 삼고 있다. 한편, 주제가 중요한 연구도 있지만 절차나 방법이 중요한 연구도 있다(Wolcott, 1992). 따라서 사진, 컴퓨터, 이메일 등 다양한 방법을 활용하여 심층면담을 진행하는 연구도 늘고 있다(Gubrium & Holstein, 2002a). 이러한 연구들은 모두 심층면담을 토대로 삼고 그 위에 각각의 이론적 · 방법적 체계와 관련된 연구주제를 발전적으로 펼쳐 간다. 따라서 연구자가 이론적 역량을 키워야 한다는 점은 새삼 강조할 필요가 없을 것이다.

(2) 면담참여자에 관한 관점 정하기

연구주제가 어느 정도 분명해졌다면, 다음으로 연구자가 해야 할 것은 면담참여자를 '어떤 눈으로 바라볼 것인가'에 관하여 답하는 일이 될 것이다. 이를 위해 먼저 면담참여자를 '연구대상으로 바라볼 것인가, 아니면 연구동료로 바라볼 것인가' 하는 입장을 정립하는 것이 필요하다. 연구자가 면담참여자를 바라보는 눈과 대하는 태도는 면담참여자에게 여러 방식으로 큰 영향을 미친다. 특히 심층면담은 심리적 차원에 초점을 맞추든, 아니면 사회문화적 차원에 초점을 맞추든, 연구자와 면담참여자가 서로 깊이 있는 상호작용을 하는 것이 반드시 필요하다. 따라서 연구자가 면담참여자를 바라보는 눈을 정립하는 일이 선행되어야 한다.

연구자는 심층면담을 위한 면담참여자를 선정하기 전에 자신도 모르게 당사자를 심리사회적 거리를 두어야 할 '연구대상(subject)'으로서 바라볼 수 있다. 이러한 태도는 이해(interpretation)나 실천(praxis)보다 기술(description)을 목표로 하는 조사연구(survey)에 익숙한 연구자에게서 특히 자주 발견되는 경향이 있다. 그러나 앞서 말했듯이 에믹의 관점을 중시하는 질적 연구에서는 면담참여자를 '제보자(informant)'라는 이름으로 다르게 부름으로써 그 거리를 좁히는 동시에 그 위상도 높이려고 노력한다. 알다시피 연구자가 관심을 가지고 있는 것은 현지에 살고 있는 내부자가 명시적 또는 묵시적으로 지니게 된 지식체계와 이를 활용한 내부자의 삶을 생생하게 이해하는 것이고, 눈에 보이지 않는 이러한 지식과 이해에 접근하기 위해서는 그들에게 배우는 입장에 서는 것이 반드시 필요하다. 나아가 최근에는 면담참여자를 연구동료로 바라보는 새로운 관점이 강조되고 있다. 이는 앞서 제시한 신빙성의 요소 중에서 연구자의 '반성적 주관성'과 면담참여자의 '카타르시스 타당도'와 깊은 관련이 있는 것으로, 같은 연구주제를 탐구하지만 서로 다른 종류의 지식을 가지고 있는 '참여자(participant)'로서 연구자와 면담참여자를 새롭게 규정하는 관점이다. 면담참여자는 자신이 명시적 · 묵시적으로 가지고 있는 지식과 경험을 일상생활에서 사용하고 있지만, 자신이 이러한 행위를 하고 있다는 사실을 거의 인지하지 못하는 경우가 많다. 하지만 면담 과정에서 연구자와 협력하는 가운데 이러한 지식과 경험을 인지할 수 있다. 또 연구자의 이론적 관점은 면담참여자와 상호작용하는 가운데 새롭게 구성 · 공유될 수 있다. 따라서 이들은 같은 일을 다른 관점에서 함께하는 동등한 동료가 될 수 있다.

심층면담에서는 당연히 면담참여자를 연구대상으로서 바라보지 않는다. 특히 에믹의 관점을 취하는 경우에는 면담참여자를 제보자 또는 참여자로서 바라보는 태도를 기본으로 정립해야 한다. 이를 위해서 연구자는 자신의 편견이나 주관성을 잘 관리하는 것이 중요하다(Johnson, 2002: 104-105). 즉, 면담참여자를 연구자와 같은 인간존재로서 존중하고 있는가를 늘 성찰해야 한다는 것이다. 또 감정이나 속내 등을 공유하는 것도 필요한데, 이는 고유한 협력관계를 맺고 발전시켜 가는 상담전문가와 유사한 면이 있다고 한다. 요컨대, 면담참여자를 연구동료로 바라보고 대한다는 것은 지식생성 또는 의미생성의 과정을 공유하고 실천에도 함께 참여할 수 있다는 점을 고려하는 것이라 하였다. "연구의 과정이 곧 연구자의 교육적 성장과정"(Lincoln & Guba, 2000)이라고 한 말을 비롯하여 유사한 질적 연구자의 표현은 이러한 인식 · 실천의 발달과 직결된다.

(3) 개인면담과 집단면담의 유형 정하기

연구주제가 정해지고 면담참여자를 바라보는 관점이 정립되었다면 좀 더 연구계획을 구체적으로 세울 필요가 있다. 먼저 '어떤 심층면담을 어떻게 진행할 것인가?'에 답을 찾아보기로 하자. 유념할 점은 연구를 실행하는 과정에서 연구주제가 변할 수도 있고 새로운 정보가 필요한 상황도 생길 수 있기 때문에 심층면담의 유형을 정한다 하더라도 얼마든지 바뀔 수 있다는 것이다(Seidman, 2006: 82-84).

심층면담은 문화기술지 연구에서 흔히 볼 수 있듯이 참여관찰에서 출발하여 관련된 정보를 검증하거나 이해하기 위한 수단으로 사용되는 경우가 많다. 그러나 생애사 연구에서 볼 수 있듯이, 면담에서 출발하여 더 깊은 심층면담으로 나아가는 경우도 많다. 또 어떤 유형의 질문을 주로 하느냐를 기준으로 미리 준비한 설문지를 활용하여 단답형식으로 진행되는 '구조화된 면담'과 좀 더 자유롭게 답할 수 있는 '반구조화된 면담', 면담참여자가 자유롭게 답하는 '개방형 면담'이 있다. 하지만 심층면담에서는 구조화된 면담을 거의 실행하지 않으므로 반구조화된 면담이나 개방형 면담을 주로 선택하게 된다. 그런가 하면 연구관심에 따라 개인면담이나 여러 명을 단독면담하는 방식을 택할 수도 있고, 대면면담과 함께 온라인면담을 보조수단으로 사용할 수도 있다. 기술적인 측면에서는 면담참여자의 기억을 돕기 위하여 문화적 산물(artifacts)이나 영상을 사용하는 방식 등 다양한 유형의 면담을 사용할 수 있다.

면담참여자의 수를 중심으로 면담유형을 다시 구분하면, 면담참여자가 한 명인 개인면담과 여러 명인 집단면담으로 가를 수 있다. 메리엄(Merriam, 1988: 116)은 심층면담에서 면담참여자의 수가 중요한 것이 아니라 면담참여자가 가진 '통찰'과 '잠재능력'이 중요하다고 하였다(홍용희, 1998에서 재인용). 일반적으로 경험의 심층적 의미를 드러내고자 하는 심층면담에서는 개인면담이 집단면담에 비해 더 선호된다. 그러나 참여관찰과 병행하여 심층면담을 진행할 경우에는 집단면담이 연구자를 현지에 쉽게 적응하도록 하므로 도움이 된다. 또 삼각검증이 필요한 경우에도 집단면담을 실시하면 효율적이다. 한편, 연구주제가 특정 분야의 지식을 수렴하는 일과 관련된다면 초점집단면담(FGI) 연구처럼 전문가 다수를 대상으로 집단면담을 하는 것이 유용하다.

집단 심층면담과 관련하여 몇 가지 유의사항을 짚는다면, 면담을 실행하기 전에 미리 개인의 인구학적 특성을 파악하려는 연구자도 있는데 이러한 사전정보는 면담참여자에 관한 연구자의 선입견 형성을 초래할 가능성이 높기 때문에 하지 않는 편이 낫다(전영국, 2019). 또 심층면담을 위한 인원은 너무 많지 않은 것이 바람직하다. 왜냐하면 심층면담은 개인면담이 기본이기 때문에 면담참여자로 많은 인원을 선정하면 상대적으로 많은 시간을 들임에 비해 효과는 크지 않을 수 있기 때문이다. 그러나 반대의 입장도 있는데, 그 이유는 복수의 목소리를 반영함으로써 면담에 내재하는 정치적인 권력의 문제를 파악할 수 있고, 이는 일상생활의 이해에 매우 중요하기 때문이다(Holstein & Gubrium, 1995: 7장). 그러므로 면담참여자의 수를 정하는 일에는 적절한 균형이 필요하다.

(4) 면담구조 미리 파악하기

심층면담은 질문과 응답의 연속으로 이루어지는 대화라고 하였다. 그러므로 연구자는 연구를 실행하기 전에 심층면담의 구조를 미리 파악하고, 이와 관련된 질문유형도 파악해야 면담참여자와 만나게 될 때 당황하지 않는다. 그러나 심층면담의 구조는 하나로 고정되기 어렵다. 각자 연구주제가 다르듯

이, 연구상황도 다르기 때문이다. 이 글에서는 앞서 인용한 바 있는 사이드맨(Seidman, 2006)이 예시한 심층면담의 구조를 표로 요약 · 제시함으로써 연구를 위한 지침으로 삼고자 한다.[1)]

• 표 3-1 심층면담의 구조

횟수	목표	활동과 의미
첫 번째 면담	생애사에 집중하기	• 주제와 관련하여 면담참여자에게 자기 자신에 관한 이야기를 많이 들려 달라고 부탁함으로써 경험을 이해할 수 있도록 맥락 정립하기 • 과거 탐색
두 번째 면담	경험의 세부사항 재구성하기	• 면담참여자로 하여금 자신의 경험이 일어났던 맥락 속에서 그 경험의 무수한 세부사항을 불완전하더라도 재구성해 보도록 돕기(예: 하루 일과와 만나는 사람 말하기) • 현재 경험의 구체적 묘사
세 번째 면담	의미에 관하여 숙고해 보기	• 면담참여자로 하여금 자신의 경험이 갖는 의미, 즉 인지적 · 감정적 결합을 찾아보도록 격려하기 • 두 면담의 결합을 통한 토대가 만들어짐으로써 경험의 풍부한 의미 탐색

사이드맨은 심층면담을 하려면 적어도 세 번 이상 면담을 하는 것이 바람직하다고 한다. 그는 첫 번째와 두 번째 면담이 제대로 진행될 때 세 번째 면담이 풍부한 결과를 낳을 수 있다고 하면서 이 구조를 따를 것을 강조한다.

그에 따르면, 면담은 진행 단계에 따라 목표가 점차 달라진다. 처음 목표는 면담참여자의 생애사를 파악함으로써 연구주제인 경험을 이해할 수 있는

---

1) 심층면담의 실행을 위한 구조와 지침은 주로 사이드맨의 저서(Seidman, 2006)인 『Interviewing as Qualitative Research』의 번역본(2009)을 중심으로 발췌 · 요약하였다. 〈표 3-1〉은 심층면담의 구조를 다룬 3장을 중심으로 요약 · 정리하였다. 그리고 면담참여자의 선정은 4장, 심층면담의 기법은 6장을 중심으로 요약하였다.

배경적 지식(background knowledge)을 얻는 것이다. 다음 목표는 면담참여자에게 경험의 세부사항을 재구성하도록 하는 것으로, 이는 핵심자료를 수집하는 것에 해당한다. 이후 목표는 면담참여자의 경험이 어떤 인지적 · 정서적 결합을 가지는지, 또 이 결합이 삶에서 어떤 의미를 가지는지 등을 탐색함으로써 분석과 해석으로 나아가도록 하는 것이다.

그가 심층면담의 구조를 지킬 것을 강조하는 이유는, 일단 연구자와 면담참여자가 친숙한 사이가 되는 것이 중요하고, 이를 토대로 면담참여자가 자신의 과거와 현재 경험을 다시 상기하면서 재구성할 기회를 가질 수 있으며, 이 경험들이 서로 결합될 때 의미의 탐색을 통해 '두꺼운 기술'이 가능해지기 때문이다. 그런데 사이드맨이 말하는 세 번의 면담이라는 의미를 깊이 따져보면, 이는 사전 모임을 가진다거나 면담이 모두 끝난 후 가벼운 선물을 전달하기 위해 모임을 가지는 등 다른 목표를 위한 대면모임은 제외하고 오로지 본격적인 면담을 가리킨다고 판단된다. 또 세 번의 면담이란 횟수라기보다 세 종류의 면담을 가리킨다고 해석될 수도 있다. 중요한 것은 그가 말하는 심층면담의 구조가 질적 연구의 교과서라고 볼 수 있는 스프래들리(Spradley, 1979)가 자신의 저서인 문화기술적 면담에서 '발전식 연구 단계(Development Research Sequence: DRS)'라는 이름으로 제시한 구조와도 거의 같다는 점이다.

한편, 사이드맨과 스프래들리가 제시한 면담구조에서 언급하지 않은 단계가 더 있다. 심층면담은 원하는 정보에 가볍게 응답하는 앙케이트나 설문지에 답하는 조사연구와 달리, 친숙한 관계를 바탕으로 의미를 탐색 · 창출하는 방향으로 나아간다. 나아가 최근에는 연구자와 면담참여자가 함께 창출한 새로운 의미를 공유하는 수준을 넘어 실천하는 수준을 지향한다. 따라서 현장에서 반복되는 장기적인 연구를 가리키는 '장시간 면담(The Long Interview)'(McCracken, 1988)이나 연구자와 면담참여자가 새로운 의미를 창출해 가는 연구를 가리키는 '적극 면담(The Active Interview)'(Holstein & Gubrium, 1995)과도 거의 같은 뜻을 가진다. 질적 연구는 실행 이전에는 그 구조를 명확히 규정할 수 없는 특질이 있다. 따라서 이해지향적 심층면담을 할 것인지, 아니면 실천지향적 심층면담을 할 것인지를 미리 규정하고 연구를 시작할 수는 없지만, 그럼에도 불구하고 어떤 연구를 지향할 것인가에 관하여 잠정적으로 미리 답을 가지는 것이 필요하다.

(5) 면담질문 알아보기

면담에서 하는 질문의 종류는 면담참여자가 얼마나 자유롭게 답할 수 있는가를 기준으로 세 가지로 가를 수 있다. 그것은 '구조화된 질문', '반구조화된 질문', '개방형 질문'이다. 구조화된 질문이란 면담참여자가 '네/아니요'로 응답할 정도로 강한 틀을 가진 질문을 가리킨다. 구조화된 질문은 면담 초기에 면담참여자의 인구학적 특성처럼 단순하게 답할 수 있는 자료를 얻고자 할 때 사용할 수 있다. 그러나 면담참여자가 간단하게 대답할 수 있는 내용이라 할지라도 좀 더 편안하게 답할 수 있도록 다른 유형의 질문을 사용하는 것이 더 바람직하다.

'반구조화된 질문'은 "언제부터 서울로 이사와서 살기 시작했나요?"처럼 '이사'라는 정보를 제시하면서도 면담참여자가 자유롭게 기억을 재구성할 수 있도록 열어 주는 질문을 가리킨다. 반구조화된 질문은 틀을 제시하면서도 사고를 제한하지는 않으므로 심층면담에서 자주 사용할 수 있다. 스프래들리(Spradley, 1970a, 1979)는 '일주(grand tour)질문'과 '단기여행(mini tour)질문'을 구분한 바 있다. 일주질문은 표현 그대로 전반적인 경험을 묻는 질문이다. 단기여행질문은 특수한 경험에 초점을 맞추어 그 내용을 파악하고자 하는 질문이다. 그는 이 질문은 목적에 따라 '서술적(descriptive) 질문', '구조적(structural) 질문', '대조적(contrast) 질문'으로 나누었다. 서술적 질문은 일주질문처럼 현지를 이해하기 위하여 전반적인 묘사를 요청하는 질문을 가리킨다. 구조적 질문이란, 예컨대 '맥주'라는 이름(cover term) 아래 '생맥주', '발효맥주' 등이 포함(included term)되는 것처럼 주로 위계나 관계를 파악하기 위해 하는 질문유형이다. 그리고 대조적 질문이란 '생맥주'와 '발효맥주'를 가르게 하는 내부 기준을 찾기 위한 질문처럼 더 세부적인 의미체계를 파악하기 위한 질문유형을 가리킨다.

마지막으로 '개방형 질문'은 "자신의 꿈에 대해서 말해 주세요."처럼 '꿈'이라는 화제(topic)만 제시하고 방향을 제시하지 않는 질문을 가리킨다. 개방형 질문은 면담참여자의 주관적이고 내면적인 인지적 · 정서적 경험 등에 초점을 두는 질문이다. 이는 기억을 전반적으로 회상해야 할 뿐만 아니라 이를 타인에게 말해 주기 위해서 재구성해야 하는 부담을 주므로 면담참여자를 힘들게 하면서 대답을 허술하게 만들 수 있다. 따라서 적절히 질문을 쪼개거나 제한적으로 사용하는 것이 바람직할 수 있다. 요컨대 심층면담에서는 지나치게 구조화되거나 개방된 질문보다는 비교적 자유로우나 틀이 어느 정도 있는 방식의 반구조화된 질문을 주로 사용하는 것이 바람직하다.

연구자가 적합한 질문을 만들고 이를 면담참여자에게 제대로 질문하려면 말하기 역량을 강화해야 한다. 이에 관한 구체적인 지침은 이 장의 '면담을 위한 질문'에서 자세히 다루기로 한다.

(6) 면담참여자 선정하기

이러한 조건들을 미리 고려하여 드디어 구체적으로 면담참여자 선정을 할 차례가 왔다. 일반적인 심층면담에서 면담참여자 선정을 할 때 고려할 조건으로는 크게 전형성(typicality)과 접근성(accessiblity)을 들 수 있다. 전형성은 면담참여자가 연구주제와 관련된 지식을 습득한 정도와 관련된 것이다. 접근성은 연구자가 면담참여자와 만날 수 있는 편의성과 관련된 것이다. 특수한 사례에 관한 연구를 하는 경우에는 두 가지 조건 중에서도 특히 접근성을 기준으로 면담참여자를 선정할 수밖에 없다. 이 두 가지 조건은 앞서 말한 연구의 신빙성을 높이는 문제와 관련하여 매우 중요하다.

전형적인 면담참여자는 어떤 사람일까? 아주 특수한 연구주제가 아닌 한 삶을 이야기할 수 있는 사람들은 우리 곁에 가까이 있다고 할 수 있다. 힐덴브란트는 '개별화된 보편성(individualized universal)'을 표본추출의 기준으로 언급한 바 있다(Hildenbrand, 1987: Flick, 1995: 139에서 재인용). 예컨대, 교사의 실천지(PK)에 관한 연구를 한다고 하자. 교사 개인으로서 전문성과 더불어 교사문화라고 부를 수 있는 특수한 하위문화를 내면화한 사람이라면 교사로서 전형성을 확보하고 있다고 볼 수 있다. 즉, 교사에게 요구되는 공적인(public) 학술적 지식과 더불어 사적인(private) 사회문화적 지식을 보유하고 있는 사람은 각자 성격(character)에도 불구하고 '교사답다'는 말이 어울리는 역량과 태도를 갖추고 있으며, 이는 곧 보편성을 개별화한 사례에 해당할 것이다. 마찬가지로, '~답다'는 말이 어울리는 사람들도 특정 사회집단을 대표하는 '개별화된 보편성'의 사례가 될 수 있다.

그러나 전형성이 확보되어도 접근성이 좋지 않으면 실제로 대면면담을 진행하기가 어렵다. 만약 잠정적인 면담참여자가 학교 같은 공적 조직에 속해 있는 경우라면 '문지기(gate keeping)' 효과로 인하여 행정책임자에게까지 면담허락을 받아야 하는 경우가 일어날 수 있다. 또한 연구자가 서울에 살고 있는데 면담참여자가 될 사람이 제주도에 살고 있다면 현실적으로 여러 번 만나기는 어렵다. 맡은 일이 많아 바쁘거나 말을 많이 하기를 좋아하지 않는 사람도 대면면담을 여러 번 진행하기가 어렵고, 진행이 되더라도 원활한 의사소통이 이루어지기 어려운 경우가 생긴다. 따라서 만나거나 말하는 것을 선호하는 편이고 시간적 여유도 있는 사람 중에서 면담참여자를 선정하는 것이 바람직하다. 한편, 잠정적인 면담참여자가 자신과 관련된 것들이 가명으로 기술되어도 문서로 남는다는 사실 자체를 거북하게 여길 수도 있다. 이러한 상황에서는 끝까지 노력하기보다는 다른 면담참여자를 선정하는 것이 더 바람직하다.

사이드맨(Seidman, 2006: 4장)은 면담에 관한 구체적인 지침들을 다룬 저서에서 면담참여자를 선정하는 방법을 제시하고 있다. 그는 면담참여자를 쉽게 구할수록 실제 면담은 더 어렵게 진행되는 경우가 많다고 강조한다. 따라서 공식적 · 비공식적 통로를 통해 면담참여자를 선정할 것을 추천하고, 미리 잠정적인 면담참여자를 직접 만나 연구참여에 관한 동의도 얻고 실제 면담을 위한 시간과 장소 약속도 하라고 조언한다. 요컨대, 그는 연구자와 면담참여자 모두가 편안하고 안전하며 서로를 배려할 수 있는 공정성(equity)의 확보가 중요하다고 한다. 이는 다음에 기술할 고유한 협력관계의 구성에도 매우 중요하다고 볼 수 있다.

2) 심층면담 실행하기

(1) 심층면담 약속 정하기

이제 실제로 면담참여자와 만나야 하는 차례가 되었다. 약속을 잡기 위한 준비를 위해 앞서 인용한 사이드맨이 제시한 전반적 지침을 살펴보고자 한다 (Seidman, 2006: 3장)

① 적어도 세 번의 면담을 한다

첫 번째 면담에서는 생애사에 집중한다. 두 번째 면담에서는 경험의 세부사항을 재구성하고, 세 번째 면담에서는 의미에 관하여 숙고한다. 연구자와 면담참여자가 각 회기의 면담목표를 계속해서 인식할 수 있도록 노력한다.

② 면담시간은 90분 정도가 바람직하다

면담은 시간적으로 도입, 전개, 결말을 가지도록 구성한다. 나이와 면담참여자의 특성에 따라 면담시간을 길거나 짧게 여기므로 90분 체제를 사용(Schuman, 1982: Seidman, 2006: 3장에서 재인용)하는 것도 좋다. 만약 여러 명과 면담을 진행해야 한다면 하나의 면담을 마치고 분석까지 한 이후에 다음 면담으로 넘어갈 수 있도록 일정을 조정하는 것이 바람직하다.

③ 면담간격은 약 3일에서 1주일이 효과적이다

연구자가 각 면담을 3일에서 1주일 정도의 간격으로 진행할 수 있을 때 가장 효과적이다. 이 기간은 지난번 면담에 대해 숙고해 볼 수 있으면서도 두 면담 사이의 관련성을 잃지 않을 만큼의 시간을 제공한다. 그러나 사이드맨 같은 전문 연구진과 달리 연구에만 집중할 수 없는 경우라면, 1주일이나 2주일 정도의 간격을 두고 실시하는 것이 더 현실적이라고 판단된다.

④ 대안적인 구조와 절차를 고려한다

면담의 세계에는 절대적인 것이 없다. 이상적인 조건에는 약간 못 미치더라도 면담을 실행하는 것이 면담을 전혀 실행하지 않는 것보다 바람직하다. 처음 연구계획과 달라지더라도 반복할 수 있고 문서화할 수 있는 합리적인 절차를 얻을 수 있다면 바꾸도록 한다.

이와 같이 사이드맨이 제시한 지침 중에서 세 번의 면담에 관해서는 앞에서 면담구조를 언급하며 그 중요성을 다루었다. 다음으로 90분이라는 면담시간에 관해 살펴보면, 이 시간은 체계적이고 집중적인 질문과 응답을 주고받기에 충분한 시간이다. 그러나 이 시간은 원칙일 뿐이고, 실제로 면담을 할 때는 더 짧아지거나 반대로 두 시간이 넘게 늘어날 수도 있다. 심층면담의 횟수가 늘어날수록 면담시간이 더 연장되는 경향이 있다. 면담참여자는 연구자의 경청하는 태도에 반응하여 더 길고 자세하게 말하려 한다. 또 면담주제에서 벗어난 새로운 이야기를 말하고 싶어 하는 경우도 생긴다. 따라서 90분을 기본으로 한다는 점을 처음부터 면담참여자와 공유하면 면담을 면담참여자가 주도하는 상황에서 힘들지 않게 벗어날 수 있다.

(2) 면담을 위한 질문

심층면담 연구자는 좋은 질문에 관한 역량을 반드시 키워야 한다. 이를 위한 지침으로 김영천(2016: 325-331)이 여러 학자의 제안과 아이디어를 인용·종합한 내용을 재구성하여 살펴보기로 하겠다.[2)]

---

2) 김영천이 밝힌 바에 따르면 ①은 패튼(patton)의 제안을 인용하였고, ②는 패튼, 크발(Kvale), 버나드(Bernard)의 아이디어를 종합하였다고 한다. 이를 바탕으로 필자가 본문 내용을 요약·추가하여 재구성하였다.

① 기본적인 질문의 종류

• 인구학적 배경 물어보기

면담참여자의 나이, 교육정도, 직업, 주거지, 가족관계 등이 이에 해당한다. 처음부터 면담참여자의 배경을 자세히 물어보면 선입견 형성이 되기 쉽다. 그러므로 면담참여자가 부담을 느끼지 않을 질문만 하고 필요한 내용은 면담이 진행되는 과정에서 다시 물어본다.

• 경험 물어보기

행동이나 했던 행동 등을 묻는 질문이 이에 해당한다. 예컨대, "보통 하루를 어떻게 보내세요?" 같은 질문으로 면담참여자와 함께 있었다면 연구자가 관찰할 수 있을 만한 일을 물어본다.

• 지식 물어보기

면담참여자가 가진 실제적인 정보를 파악하기 위해 묻는 질문이다. 교사, 학부모, 학생의 유형, 학교조직 등을 물어보는 것이 이에 해당한다.

• 감정 물어보기

면담참여자가 자신의 경험과 생각에 관하여 느끼는 정서적 반응을 물어보는 것이다. 행복, 두려움, 슬픔, 분노, 염증 등 무슨 감정을 느꼈는지, 또 형용사를 사용하여 얼마나 그 감정이 강했는지 물어본다.

• 의견/가치 물어보기

면담참여자의 인지적 · 해석적 과정을 이해하기 위한 질문이다. 대답을 통하여 특정한 주제에 관한 면담참여자의 생각을 파악할 수 있다. 또 목적, 의도, 욕망, 가치를 파악할 수 있다. 예컨대, "이 주제에 대하여 어떻게 생각하세요?"나 "이 주제에 대한 의견을 말해 주세요." 등이 이에 해당한다.

• **역할놀이/시뮬레이션 제안하기**

윤리적 · 도덕적 문제를 질문하는 경우, 면담참여자가 직접 대답하기 힘들 때 제안할 수 있는 질문이다. 면담참여자가 어떤 상황에 있다고 가정하거나 자신을 다른 사람이라고 가정하고 답하도록 하는 질문이다.

② 대화를 촉진하는 질문의 종류

• **탐구(probe) 질문하기**

면담참여자가 한 말이나 주제에 관하여 더 심층적으로 대화를 진행시키기 위한 질문이다. 일종의 후속적 질문에 해당한다. 세부내용으로는 '누가, 어디에서, 무엇을, 언제, 어떻게'를 물어볼 수 있다. 이 외에도 활용할 수 있는 방법은 다음과 같다.

▶ 침묵: 면담참여자가 깊은 생각을 할 수 있도록 기다려 주거나 더 많은 말을 할 수 있도록 시간을 준다.

▶ 메아리: 마지막 말을 다시 한번 언급하면서 "그래서요?"라거나 "그 다음에 무슨 일이 일어났는데요?"라고 묻는다.

▶ 긍정적 수긍: 짧은 "음"이나 고개를 끄덕이는 행동을 통하여 면담참여자의 말을 경청하고 있음을 알리고, 계속해서 더 말을 할 수 있도록 격려하는 효과를 낳는다.

▶ 심층적 자료 요청: "더 말씀해 주시겠어요?", "그렇게 말씀하신 이유는 뭔가요?" 같은 질문을 함으로써 심층적인 자료를 요청한다.

▶ 긴 질문하기: "교생실습할 때 교실에 들어가지 전에 무엇을 준비했나요?"나 "교실에 들어가서 학생들과 만났을 때 무슨 생각이 드셨나요?" 같이 질문의 내용을 길게 서술하면서 대답을 요청하는 방식이다.

▶ 명료화하기: "그 이야기를 더 자세하게 말씀해 주시겠어요?" 같은 질문으로 연구자가 다 이해하지 못한 부분을 자세하게 말하도록 요청하는 방식이다.

▶ 대조하기: 반응의 범주를 명확하게 하기 위해 사용하는 질문이다. 예컨

대 "이 경험이나 느낌을 다른 것에 비교한다면 어떨까요?" 같은 질문이 이에 해당한다.

• 분류학적 질문하기

분류학(taxonomy)이라는 개념이 의미하는 것처럼, 참여자가 명시적 · 묵시적으로 알고 사용하는 살아가는 방식을 체계적으로 드러내기 위한 질문이다. 스프래들리(Spradley, 1979)가 웨이트리스의 삶을 연구하면서 대표적으로 예시한 바 있다. 그는 일주질문 단계에서 웨이트리스에게 직장에서 전형적으로 일어나는 일상을 묘사해 달라고 물었고, 다음인 단기여행 단계에서는 탁자 위에 '쟁반을 바르게 놓기' 위해 구체적으로 어떻게 하는지를 자세히 설명해 달라고 질문하였다. 이를 통해 그는 웨이트리스의 일상이 어떤 의미체계를 바탕으로 구성되는가를 분류학적 체계로 드러내었다.

• 자유연상 질문하기

분류학적 면담법이 포괄적으로 질문하여 범주와 범주 간의 관계를 규명하려고 한다면, 자유연상 면담은 특정한 한 가지 주제에 관하여 면담참여자가 가지고 있는 생각과 경험을 가능한 한 많이 제시하는 방법이다. 이를 위하여 연구자는 특정한 한 주제에 관하여 면담참여자가 알고 있는 모든 것을 이야기할 수 있도록 자유연상할 수 있는 질문을 한다. 예컨대, "~에는 어떠한 종류의 ~이 있습니까?" 같은 질문이 이에 해당한다.

• 네트워크 질문하기

인간과 사회연구에서 빠뜨릴 수 없는 것이 인간의 상호작용과 사회적 관계에 관한 이해이다. 이를 위하여 면담참여자뿐만 아니라 친구, 선후배, 부모 등 당사자의 자아와 관계를 이해하는 데 연관되는 사람들에 관하여 질문을 하는 방법이다.

이와 같은 질문 목록은 심층면담을 진행할 때 기본적인 틀이 될 수 있을 것이다.

(3) 고유한 협력관계 키워 가기

질적 연구에서는 연구자가 중요한 연구도구이다(researcher as instrument). 심층면담은 사람과 사람이 만나 협력적으로 의미를 만들어 가는 활동이다. 사람과 사람이 만나서 하는 모든 일에서 라포형성이 기본이듯이, 연구자와 면담참여자가 서로 믿고 자신의 속내까지도 내보이며 연구의 목표를 향해 함께 협력하는 관계를 만들어 가는 일은 매우 중요하다. 심층면담이 연구목표를 이루는 데 초점을 맞출 수 있도록 연구자가 진행의 주도권을 가지면서도 동시에 면담참여자도 편안하고 자유롭게 자신의 경험과 인식을 표면으로 꺼낼 수 있는 상황을 구성해야 하기 때문이다. 사이드맨(Seidman, 2009: 201-202)은 이를 사람들이 생각하는 일반적인 "분류기준이나 관념, 또는 긴장관계로부터 자유로운 안전지대와 같은 새로운 관계"로 표현한다.

필자의 경험에 비추어 볼 때, 친밀하지 않았던 사람들끼리 만나 수업이나 프로젝트와 같이 특정한 활동을 함께하는 과정에서, 목표로 하는 활동이 원활하게 이루어지는 맥락에서 구성원들이 '하나가 되는 시공간'이 구성되는 느낌을 공유하는 것으로 보인다. 마찬가지로 심층면담의 맥락에서도 연구자와 면담참여자가 묵시적으로 활동의 규칙을 따르면서도 활동의 목표를 위해 상호 협력에 이를 때, 이러한 '하나가 되는 시공간'이 열리는 것을 느낄 수 있다. 이 체험은 뇌과학에서 말하는 '변연계 공명(limbic resonance)'에 해당하는 것으로, 의사소통을 하는 상호 간에 강렬한 기쁨을 불러일으킨다(신혜숙, 2002: 113-118). 따라서 성공적인 심층면담이 이루어지리라는 예감이 오는 것은 명약관화하다.

'하나가 되는 시공간'을 만들려면 연구자의 적극적인 노력이 필수적이다. 반복하지만, 일단 연구자는 고유한 협력관계를 구성하고 발전시킬 주도적인 위치에 있다. 이러한 협력관계를 구성·발전시키기 위해 연구자는 먼저 면담참여자가 하는 말을 경청하고 존중하는 태도를 지녀야 한다. 그리고 상호작용 상황의 미묘한 변화를 알아차리고 그 변화를 연구에 필요한 방향으로 이끌어 갈 수 있어야 한다. 잠시 살펴보았듯이, 참여관찰과 현지자료 조사분석에서는 일단 무엇을 관찰할 것인지, 또 어떤 자료를 분석할 것인지가 정해지고 나면 이때부터는 연구자가 주도적인 입장에 서게 된다. 연구자는 자신이 연구를 위해 노력해 온 만큼 비슷한 상황에서도 보고 듣고 느끼는 바가 달라지고, 마찬가지로 해석하는 바도 달라질 수 있다. 즉, 상황이나 자료가 달라지는 것이 아니라, 연구에 관한 연구자의 감수성에 근거하여 모으고 이해하는 정보가 달라진다.

이와 달리, 면담에서는 연구자가 면담참여자와 어떤 관계를 맺고 어떤 상황을 구성하기 위해서 노력하느냐에 따라 함께 구성해 가는 정보가 달라진다. 면담참여자가 스스로 깊이 있는 정보를 나누려 하는 경우는 흔하지 않다. 자신이 말을 주도하는 상황이 아님을 인지하는 경우가 많기 때문이다. 그러므로 연구자는 면담참여자를 독려하기도 하고, 주제에서 이탈하려고 할 때는 부드럽게 다시 원래 주제로 돌아오도록 힌트를 주기도 하는 등 다양한 방식으로 심층면담을 원활하게 진행할 수 있어야 한다. 이러한 역할은 유능한 방송진행자와 비슷하다.

한편, 연구자가 갖추어야 할 관점은 자신 못지않게 면담참여자도 중층적(multi-layered) 차원의 삶을 사는 인간 존재라는 점을 인식하는 것이다. 면담참여자는 고유한 내면세계를 가진 개인이다. 그러나 이 세계는 개인이 성장하고 나아가 고유한 사회문화적 기능을 수행하는 사회와 상호 영향(transaction)을 주고받는다. 한 사회는 수많은 하위집단으로 이루어지고, 인종이나 성별, 학력 등에 의해서도 다시 구분되며, 면담참여자 또한 한 가지가 아닌 무수한 사회적 역할(agent)과 중층적인 삶을 살고 있다. 이 역동적 관계는 면담참여자가 하는 말에 반영되어 나타난다. 즉, 면담참여자의 말에는 개인적 · 사회적 · 상징적 세계와 관련된 경험이 얽히고설켜 있다.

그러므로 연구자는 면담참여자가 하는 말을 고유한 개인으로서 겪은 경험으로 해석할 수도 있지만, 보는 관점을 바꾸어 한 사회의 구성원으로서 내면화하고 있는 사회문화적 규칙이 그 속에 배어 있음을 분석할 수 있어야 한다. 고유한 개인의 내면세계라 할지라도 그가 겪는 감정이나 자아정체감 등은 사회와 무관하게 구성될 수 있는 것이 아니다. 그러므로 개인을 심리적 차원에서 이해하려고 할 때 이러한 개인 · 사회 · 의미 등이 역동적으로 상호 영향을 펼치는 총체적 관점에서 접근하는 것이 타당할 것이다.

또 이러한 중층성을 이해하는 것은 면담참여자가 하는 말을 이해하는 데에도 깊게 관여한다. 간단한 사례를 들면, 우리말에서 "잘한다"는 말은 맥락에 따라 진짜 잘한다는 사전적 의미에서 벗어나 비아냥거리는 사회문화적 의미를 갖는 경우도 있다. 이 경우, 어떤 의미를 적합한 것으로 해석될 것인가를 알아차리려면 말사건이 진행되는 맥락을 이해해야만 한다.

한편, 연구자는 협력관계를 구성 · 발전시키는 일 못지않게 '거리두기'에도 유념해야 한다. 연구자가 면담참여자의 상황과 이야기에 몰입하게 되면 '연구자―면담참여자'의 공식적 관계에서 벗어나 지나친 공감과 동조에 휩쓸리기 쉽다. 실천지향적 연구일 경우에도 연구자가 연구자로서 공식적 관계에서 벗어나면 전체를 바라볼 수 있는 메타인지적 조망권을 잃기 쉽다. 따라서 친근함을 유지하는 것과 적절한 거리두기 사이에서 균형을 이룰 수 있도록 연구자가 자신을 조절하고 통제할 수 있어야만 한다.

이와 같이, 연구자는 심층면담이라는 말사건과 관련하여 많은 일을 동시에 진행해야만 한다. 말의 주도권을 쥐고 심층면담을 진행하고, 이 과정에서 심층면담이 원활하게 진행이 되고 있는지 아닌지를 파악하여 면담참여자를 격려하거나 연구소재에서 이탈하는 것을 제자리로 되돌리는 등 고유한 협력관계를 키워 가야 한다. 그리고 주고받는 말을 사전적으로만 이해하는 수준을 넘어 맥락에 따라 다른 의미로 해석된다는 점을 이해 · 사용할 수도 있어야 한다. 그런가 하면 지나치게 친숙해지지 않도록 자신을 통제도 해야 한다. 이처럼 복잡한 이론적 · 방법적 역량을 발휘함으로써 연구자는 면담참여자의 고유한 경험과 삶을 심도 깊게 다룰 수 있는 상황을 구성 · 발전시킬 수 있어야 한다. 심층면담 연구에서 참여관찰을 병행할 것을 권유하는 이유도 연구자가 면담참여자의 생활세계를 직접 경험해야 더 총체적이고 맥락의존적인 자료들을 얻을 수 있기 때문이다. 심층면담만 실행한 연구자에 비해 참여관찰과 심층면담을 병행한 연구자는 자료의 타당도와 신뢰도를 현지에서 직접 검증하여 이어지는 면담에서 더 적합한 질문을 만들고, 면담참여자에게 질문할 수 있는 역량과 더불어 분석과 해석을 제대로 할 수 있는 역량을 키울 수 있다.

(4) 심층면담 실행 시 유의사항

심층면담은 참여관찰에 비해 짧은 시간에 많은 자료를 수집할 수 있는 매우 효율적인 연구방법이다(홍용희, 1998). 그러나 심층면담은 단순하지 않다. 심층면담을 심층면담답게 할 수 있으려면 인식의 전환과 기법의 체득이 필요하다. 대표적으로 사이드맨이 제시한 기법에 관한 지침을 먼저 살펴보고, 이어서 윤택림과 김영천이 제시한 질문에 관한 기법을 살펴본 후, 다른 연구자들이 제시한 경청 관련 지침을 살펴보기로 하겠다.

① 기법이 전부는 아니지만, 중요하다(Seidman, 2006: 6장)

• 더 많이 듣고, 더 적게 말한다

듣기는 면담의 기본이다. 연구자는 면담참여자가 '말하고 있는 것'을 듣고, 면담참여자의 '내면의 목소리'를 들으며, 말하는 내용뿐만 아니라 면담의 진행 과정에도 주의를 기울여야 한다. 듣기 기술을 높이기 위해서 녹음한 면담내용을 글로 옮겨 보면 좋다. 잘 듣고 있었다면 면담참여자가 길게 답변한 내용 사이사이에 연구자가 말한 단락이 짧고 비교적 드물게 나타날 것이다.

• 면담참여자가 하는 말을 따라간다

연구자가 면담의 목적과 주제에 맞게 기본적인 질문을 가지고 각 면담에

임한다고 하더라도, 언제나 면담참여자가 한 이야기를 바탕으로 추가적인 질문이나 면담참여자의 이야기에 관한 부연설명 및 구체적인 일화에 관한 요청을 해야 한다. 이해하지 못했을 때, 그리고 면담참여자의 이야기를 더 듣고 싶을 때 질문을 하는 것이 좋다. 또 취조하듯이 날카롭게 질문하거나 부적절한 순간에는 질문을 하지 말고, 면담참여자와 함께 탐색(explore)한다고 생각을 하면 더 부드러워질 수 있다. 자칫하면 면담참여자가 방어적 태도를 취하게 만들 수 있는데, 이렇게 되면 면담이 연구자의 목표를 이루기 위한 수단으로 변질되기 쉽다. 또 탐색이 충분히 이루어지지 않으면 면담참여자가 하는 추상적이거나 막연한 이야기를 그냥 지나치게 된다.

• 유도질문을 피한다

질문을 할 때는 진짜 필요한 질문만 하고 유도질문은 피해야 한다. 질문은 면담참여자가 탐색을 할 수 있도록 대답을 가정하지 않는 개방형으로 하는 것이 좋다.

• 따라가되 방해하지 않도록 한다

면담참여자가 말하고 있을 때 끼어들지 말고 경청을 하는 것이 바람직하다. 특히 연구자는 면담참여자가 말을 하는 도중에 자신이 관심을 가진 내용을 더 자세히 알고 싶어 끼어들려는 욕구를 강하게 가지는데, 이때도 생각의 흐름을 끊지 않도록 핵심단어를 적어 둔 후, 나중에 질문하도록 한다.

• 면담참여자를 편하게 만든다

이야기할 때 연구자를 마음이 편해지는 친한 사람처럼 상상해 보라고 권유하면 면담참여자가 내면의 소리를 찾기 쉽다. 또 일화를 들려 달라고 요청하면 특정한 사건을 기억하고 재구성할 기회를 갖게 되어 경험을 생생하게 이야기해 줄 수 있다.

• **면담참여자가 기억해 내는 것이 아니라 재구성하도록 질문한다**

예컨대, "초등학교 시절이 어땠는지 기억하나요?"처럼 면담참여자에게 기억을 떠올리게 하지 말고 "그때 무슨 일이 일어났나요?" 또는 "초등학교 시절이 어땠나요?"처럼 경험을 재구성하도록 질문하는 것이 기억을 더 촉진시켜 준다.

• **면담참여자가 집중할 수 있도록 하고 구체적인 사항을 질문한다**

면담참여자가 면담의 주제에 집중할 수 있도록 앞으로 진행될 면담이 어떤 방식으로, 어떤 목적을 가지고 진행될 것인지 알려 주는 것이 바람직하다.

• **너무 개인적으로 면담에 휩쓸리지 않도록 한다**

면담참여자가 적극적으로 자신의 경험을 말할 때도 있지만 의기소침해지거나 소극적인 태도를 취할 때도 있다. 이때 연구자는 면담참여자를 너무 압박하지 않도록 주의해야 한다. 면담참여자가 편안하게 경험을 공유할 수 있는 범위를 찾으면 스스로 문제를 해결할 수 있다.

• **연구자의 상호작용을 제한한다**

연구자가 면담참여자의 경험과 관련이 있을 경우, 솔직하고 개인적인 방식으로 이를 공유한다. 이는 면담참여자가 자신의 경험을 더욱 내적으로 재구성하도록 격려할 수 있다. 그러나 과도한 공유는 면담을 왜곡하거나 면담참여자가 자신의 경험보다 연구자의 경험에 더 주의를 기울이게 할 수도 있다. 또한 연구자는 자칫하면 적극적인 경청의 표현이라고 생각하여 면담참여자의 반응을 정적 또는 부적으로 강화하기 쉽다.[3] 이는 면담참여

---

3) 여기서 가리키는 '적극적 경청'은 면담참여자의 이야기에 적극적으로 반응을 보이는 행위를 가리킨다. 곧 나오는 ③에서 맥클라켄(McCracken, 1988)이 말한 '적극적 경청'은 연구자의 해석을 면담참여자에게 강조하는 행위를 가리키므로 서로 다른 행위이다.

자가 응답하는 방식을 왜곡할 위험이 있으므로 곧바로 반응하기보다는 면담참여자가 말한 것을 나중에 언급하는 것이 바람직하다.

• **웃음이 지니는 진짜 의미를 탐색한다**

면담참여자가 어떤 말을 하고 나서 웃는 경우, 이 웃음은 여러 가지 의미를 담을 수 있으므로 한 가지 의미로 해석하지 말아야 한다.

• **직감을 따른다**

적절한 때 연구자가 생각한 것을 말하거나 어려운 질문을 하면 의외로 면담참여자가 하고 싶었던 이야기를 할 계기를 마련해 줄 수도 있다. 특히 면담참여자의 언어적 표현과 비언어적 표현이 일치하지 않는 경우에 사용하면 그 이후 마음을 속이지 않고 일치하는 방향으로 바뀌기도 한다.

• **면담지침은 신중하게 사용해야 한다**

심층면담에서는 그 특성상 심층면담이 진행되는 가운데 질문이 자연스럽게 만들어진다. 그러나 면담지침에 의존하는 유형의 면담도 있고 심지어 심층면담에서도 지침을 원하는 연구자가 있다. 꼭 필요하다면 사용해도 좋으나 유의할 점은 면담참여자를 미리 만들어 둔 질문의 틀에 가두지 말아야 한다는 것이다.

• **침묵을 수용한다**

연구자는 면담참여자가 말하는 도중에 침묵할 때 불편해하는 경우가 많다. 그러나 깊이 생각하려면 시간이 필요하다. 또 연구자 자신이 오래 침묵하는 경우에는 면담참여자가 당황할 수 있다. 질문에서 질문으로 넘어갈 때 '거북한 침묵'이 되지 않도록 균형을 맞추는 것이 필요하다.

② 질문을 위한 실행 지침

다음은 윤택림(2004: 74-80)이 제시한 유의사항과 앞서 언급한 김영천(2019: 334-338)의 실천지를 종합하여 살펴보기로 한다.[4)]

• 질문은 면담 전에 준비한다

연구주제에 적합한 주요질문(커다란 질문)을 만들고, 다시 그 주요질문 밑에 하위질문들(작은 질문)을 만들어 놓는다. 그리고 이 질문들을 기억하면서 면담을 실시한다. 질문을 적어 놓고 보면서 면담을 하면 면담참여자와 눈맞춤하는 데 방해가 되므로 되도록 피한다.

• 외부인이 가진 이점을 활용한다

'외부인의 이점(stranger's value)'이란 타문화를 연구하는 인류학자들의 천진함과 비슷한 것이다. 하나의 문화 내에서도 하위문화 사이의 경계들이 있으므로 연구자들은 외부인으로서 내부인들이 하기 어려운 질문을 할 수 있다는 이점이 있다.

• 질문의 눈높이를 맞춘다

면담 상황은 구어를 사용하는 상황이므로 질문도 구어로 만들어야 한다. 또 면담참여자가 질문을 잘 이해해야 면담도 성공적이므로 질문 자체를 면담참여자의 눈높이에 맞추어야 한다.

• 면담은 가벼운 대화로 출발한다

심각하고 어려운 주제로 대화를 시작하면 면담을 계속 진행하기 어렵다. 면담참여자로 하여금 면담이 대화와 비슷하다는 생각이 들도록 시작할 때는 옷 이야기, 뉴스 이야기 등으로 출발하다가 점차 긴장이 풀어지는 것이

---

4) 다음의 인용은 필자가 두 연구자의 지침을 종합한 것이다.

느껴지면 본격적인 면담으로 들어가는 것이 바람직하다. 미리 면담참여자에게 연구주제를 알려 주면 기억을 상기하거나 기대를 갖도록 하므로 면담 진행이 순조로울 수 있다.

• 이야기의 물꼬를 트는 적절한 질문을 한다

'예/아니요'라는 대답으로 이끄는 질문이 가장 나쁜 종류의 질문이다. 면담참여자가 스스로 계속 이야기할 수 있도록 돕는 질문, 즉 이야기의 물꼬를 트는 적절한 질문을 하는 것이 중요하다.

• 추상적인 이야기는 가능한 한 구체화하여 묻는다

사람들은 대부분 사상, 신념, 도덕, 이념과 같이 추상적인 것에 대해 이야기하기 힘들어한다. 그러므로 면담 시 물질적인 자료, 예를 들면 사진, 선물, 소장품을 이용해서 질문하는 것이 많은 도움을 준다.

• 이야기의 형식, 표정, 억양 등에 주목한다

면담참여자에게 중요한 이야기, 느낌, 의미 등은 어떻게 이야기되는가를 결정한다. 이야기되는 내용 못지않게 어떤 형식으로 이야기하는가, 몸짓, 표정, 억양, 음의 리듬과 길이 등은 어떠한지가 중요하다.

• 사실이 이야기되는 순서가 중요하다

사람들은 자신들의 삶에 대해서 항상 연대기적으로 이야기하거나 어떤 사건에 대해서 순차적으로 이야기하지는 않는다. 어떤 사건이나 사실이 이야기될 때, 가장 먼저 나오는 것은 실제 시간의 순서와 관계없이 면담참여자에게 가장 중요한 것일 수 있다.

• 추후면담을 실시한다

면담자료의 유용성과 신빙성을 높이기 위해서 반드시 추후면담을 해야 한다. 면담자료 중에 혼란스러운 부분이나 의심스러운 부분 등을 질문할 때, 면담참여자가 스스로 답을 찾아낼 수 있도록 연구자의 의견을 제시하지 말아야 한다.

- **면담참여자가 면담에 참여하는 것이 의미 있었다는 생각을 갖도록 돕는다**

연구자가 새로운 구술자료를 얻게 되어 행복하듯이, 면담참여자도 자신의 이야기와 경험이 다른 사람들의 삶을 이해하고 개선하는 데 기여하리라는 점을 알도록 해 준다.

지금까지 윤택림과 김영천의 질문실행 지침을 살펴보았다. 이 밖에도 세부적인 지침은 무수히 많으므로 실천지를 쌓는 노력이 필요할 것이다.

③ 경청은 생각보다 어렵다

이제 더 강조해야 할 경청에 관한 유의사항을 살펴볼 차례이다. 존슨(Johnson, 2002: 107-108)은 특히 심층면담에서 맞닥뜨리는 경청의 문제를 지적하고 있다. 그는 연구자와 면담참여자가 친밀한 사이가 되고 자기개방을 어렵지 않게 할 정도가 된다면 심층면담이 원활하게 이루어질 수 있는데, 이 상황에서 연구자의 듣기 관련 문제가 발생하기 쉽다고 하였다. 그 이유는 연구자가 자신의 배경적 지식, 즉 자신에게 익숙한 이론이나 사회문화적 지식으로부터 거리두기가 어렵기 때문에 면담참여자의 이야기를 들을 때 왜곡이 일어나기 쉽다는 것이다.

마찬가지로, 맥클라켄(McCracken, 1988: 13-14)은 '적극적 경청'의 위험에 관해서 경고한다. 긍정적 의미로 이해하기 쉽지만, 그가 말하는 적극적 경청은 연구자가 면담참여자가 하는 말에 자신이 해석한 의미를 강조해서 덧붙이는 행위를 가리킨다. 이는 면담참여자의 자연스러운 재구성을 훼방하기 때문에 연구자는 반드시 피해야 한다고 하였다. 그는 존슨과 마찬가지로 연구자가 긴 시간 동안 타인의 이야기를 집중해서 듣는 일이 쉽지 않음을 지적한다.

연구자는 질문하기, 듣기, 시작하고 끝내기 등을 주도해야 할 뿐만 아니라 면담 과정에서 몸짓이나 시선 처리에 신경을 쓰는 등 해야 할 일이 아주 많다. 따라서 자칫하면 주의가 흐트러져 경청을 하지 못할 수도 있다.

이처럼 심층면담을 진행하는 과정에서 연구자가 갖추어야 할 역량은 아주 자세하고 방대하다. 그러나 두 연구자는 이 역량의 핵심을 모두 '인간에 관한 존중'으로 요약하고 있다.

(5) 실행 전후에 해야 할 일

① 연구윤리 확보하기

연구윤리 문제는 해가 갈수록 점점 더 부각되고 있다. 면담참여자 선정과 관련하여 잠시 살펴보았듯이, 심층면담을 실제로 실행하기 전에 면담참여자와 직접 만나 연구의 목적, 구체적인 연구기간과 횟수 등을 알리고, 연구참여동의서를 받는 것이 바람직하다. 또 기관소속자라면 상부의 허락을 반드시 얻어야 한다. 이와 더불어 소속기관의 생명연구윤리위원회(Institutional Review Board: IRB) 인준을 받는 절차도 밟아야 한다.

연구자가 연구윤리와 관련된 형식과 절차를 밟는 일보다 더 주력해야 할 점은 연구의 윤리를 실제로 지키는 것이다. 심층면담의 과정과 결과는 면담참여자의 내면적인 경험이나 지식과 뗄레야 뗄 수 없는 관계를 맺기 때문에 개인정보 누설이나 인권침해가 일어날 가능성이 크다. 그러므로 연구자가 지켜야 할 연구윤리를 미리 숙지하고 이를 어기지 않도록 노력해야 한다.

② 보조도구와 필드노트 사용

인간의 기억은 부정확할 수 있다. 그러므로 심층면담을 실행하기 전에 보조도구를 어떻게 사용할 것인가를 정하고, 면담참여자에게 허락을 구해야 한다. 북미에서 선인장의 치료 효과에 관한 질적 연구를 수행하던 카스타네다(Castaneda, 1968)는 연구에 관한 조건부 허락을 받은 상황에서 코트 주머니에 작은 수첩을 넣고 핵심단어를 적는 방법으로 기억을 보강하기도 했다. 그러나 면담참여자가 일단 면담을 허락했다면 수첩과 음성녹음기 등의 사용도 허락하는 경우가 일반적이다.

음성녹음기를 사용하더라도 수첩에는 면담을 위해 연구자가 구성한 몇 가지 질문을 적어 두고, 또 면담참여자에게 질문을 한 시각이나 응답내용 중 중요하다고 생각되는 핵심단어 등을 적어 두는 것이 편리하다. 시각과 핵심단어를 적어 둔 노트를 활용하면 면담이 끝난 후 전사(transcription)할 때 유용하다.

사이드맨은 자료의 수집과 분석 과정이 하나로 통합되어야 한다는 다른 학자들과 달리, 분리되어야 한다는 입장을 견지한다(Seidman, 2006: 238-239). 그러나 이 입장이 일반적이지는 않다고 판단된다. 보통은 한 회기의 면담을 마친 이후에 전사본을 작성하기 위하여 녹음 내용을 반복적으로 청취하고 이를 문서로 만드는 과정에서 자동적으로 분석이 진행된다. 또한 이 과정에서 다음 면담에서 묻고자 하는 새로운 질문 목록이 자연스럽게 생긴다. 사이드맨은 자신이 전체 필드노트(fieldnote)를 만든 후 자료분석을 본격적으로 시작한다고 하였다. 그러나 이는 이전의 면담내용에서 새로운 연구주제에 관한 관심이 생기더라도 현재의 면담에 영향을 미치지 않도록 하기 위한 것일 뿐, 실제로는 필드노트 작성 과정에서 다음 질문을 작성하기 위한 분석을 진행한다는 점을 예시하였다. 이에 비추어 볼 때, 그가 언급한 자료의 수집과 분석 과정의 분리란 초점을 맞추고 있는 연구주제에 집중한다는 의미이지 자료가 모두 수집된 이후에야 분석을 시작한다는 의미는 아닌 것으로 판단된다. 그가 말하는 분리란 자료수집을 끝낸 후, 메타인지적으로 전체 자료를 조망해 보는 관점(bird's eye view)을 취하여 해석을 하는 단계를 가리키는 것으로 생각된다.

(3) 연구자의 안정된 심리상태 확보

연구자가 안정된 심리상태를 확보하는 것은 연구를 실행하기 전에 가장 먼저 갖춰야 하는 조건이다. 그러나 심층면담을 처음 실행하는 연구자는 불안하고 초조한 상태에 놓이기 쉽다. 존슨(Johnson, 2002: 109)은 심층면담을 진행하기 전에 먼저 연구자 자신이 자신을 통제하는 법을 익히는 것이 중요하다고 조언한다. 즉, 긴장이나 불안이 없을 수는 없지만 연구자의 심리상태는 면담참여자의 안정에도 영향을 미치므로 미리 준비해야 한다는 것이다.

이는 연구자와 면담참여자의 신뢰 형성과 협력관계 구성에도 결정적이라고 판단된다. 연구자의 자세나 말의 톤 등의 몸짓언어는 말로 하는 내용보다 면담참여자에게 더 많은 것을 말해 주기 때문이다(Hymes, 1962). 심리상태를 안정시키기 위해서는 면담을 시작하기 전에 심호흡을 하고, 도중에 새로운 질문이 생기더라도 일차적으로 해야 할 질문을 확실하게 정해 놓는 것이 효과적이다(Johnson, 2002: 105). 면담을 진행하는 장소는 면담참여자에게 편안하고 안정된 곳을 선택하는 것이 좋다. 이에 따라 연구자는 낯선 장소에 방문하는 상황이 벌어질 수도 있다. 그러므로 대면할 때는 상대방과 가능하다면 마주 보는 위치를 피하고 90도 정도 옆으로 앉는 것이 편안하고, 면담참여자와 호흡을 일치시키며, 상대방의 인중 부근을 지그시 바라보면서 말의 내용에 집중하면 눈동자가 불안하게 흔들리지 않고 고정될 수 있다.

3) 심층면담 마무리하기

(1) 우호적 관계 유지하기

면담이 진행되는 과정에서 연구주제와 관련하여 질문을 하더라도 제자리에서 빙빙 돌 뿐 새로운 발견이 이어지지 않는다면 이제 면담을 마무리할 때가 된 것이다. 이러한 자료의 포화도(degree of saturation)를 확인하면 본격적인 면담은 끝나지만 면담참여자에게 다시 확인을 해야 하는 경우도 생기고 또 다른 일도 생길 수 있으므로, 면담참여자에게 후속면담이나 모임에 관한 허락을 받으면서 대면면담을 마무리하는 단계로 넘어가게 된다.

연구자와 면담참여자가 우호적 관계를 유지하는 것은 때때로 어렵다. 강조해 왔듯이, 면담은 사람과 사람이 만나서 하는 활동이기 때문에 면담참여자가 기대 수준을 넘어 연구자에게 심리적으로 의존을 하는 상황이 생기거나 자칫하면 그 반대의 상황도 생길 수 있다. 특히 정서와 인식을 표면화하는 심층면담에서는 더욱더 연구를 하는 동료애 단계를 넘어 위험한 관계로 발전할 가능성도 있다. 따라서 연구자는 자신이 위험에 빠질 수도 있는 관계가 구성되지 않도록 항상 유념해야 한다. 한편, 대면면담을 마무리한 후 아무런 연락도 취하지 않아서 면담참여자가 갑작스러운 단절감을 느끼는 경우도 많다. 그러므로 연구가 끝난 후에도 틈틈이 가벼운 인사를 주고받는 편이 좋다.

(2) 글쓰기 준비하기

대면면담을 마무리한 후에는 면담참여자와 함께 구성한 자료를 본격적으로 분석 · 해석하면서 글쓰기를 준비하는 단계로 넘어간다. 이제부터는 주로 연구자 혼자 연구를 진행하게 된다. 이 내용은 이 책의 제5장에서 자세히 다룰 것이므로 다루지 않고 넘어가기로 한다.

지금까지 심층면담을 실행하기 위한 단계별 전략과 기법을 살펴보았다. 그러나 여전히 실제로 심층면담을 진행하기 위해서는 더 많은 지식과 훈련이 필요할 것이다. 이 장에서는 주로 사이드맨(Seidman, 1998), 윤택림(2004), 김영천(2016), 그리고 존슨(Johnson, 2002) 등이 제시한 지침을 중심으로 살펴보았다. 이 밖에도 심층면담에 관한 연구를 진행한 다수 연구자가 연구자 자신이 직접 경험을 해 보는 것이 중요하다고 강조하고 있다. 연구자의 역량은 실제로 심층면담을 실행하면서 몸으로 배우고 익힐 때 강화될 것이다.

3. 심층면담 사례

면담의 과정은 친구들과 편안하게 담소를 나누는 것과는 다르고, 학술대회에서 토론을 하듯이 격식을 지켜 질문과 응답을 주고받는 대화와도 다르다(Johnson, 2002: 104). 연구자는 자발적으로 면담상황을 구성하고, 그 속에서 수많은 선택을 하면서 면담참여자와 원활한 협력관계를 구성하고 의사소통이 일어남으로써 의미 있는 자료 구성을 할 수 있도록 노력해야 한다. 이 과정은 바닷길을 헤쳐 나가는 항해와 같다. 연구자는 함장처럼 무엇을 조우할지 알 수는 없지만 매 순간 자신의 역량을 발휘하여 앞을 향해 나아가야만 한다. 이를 통해 심층면담은 연구자가 맛볼 수 있는 최상의 경험을 제공한다. 이 절에서는 필자의 심층면담 경험을 바탕으로 두 가지 최상의 경험에 관한 이야기를 해 보고자 한다.

1) 질적 연구자로서 정체감 형성하기: 발견의 기쁨 경험하기

필자가 처음으로 체계적인 질적 연구를 시작한 것은 석사학위논문과 관련된 연구를 진행하면서부터이다. 필자는 문화기술지 연구를 택하여 초등학교 수업의 과정을 탐색하고자 하였다. 이 연구는 수업 과정을 직접 참여관찰하는 것이 필수였고, 수업을 진행하는 담임교사와 심층면담을 해야 할 필요도 잇따라 생겼다. 따라서 생애 처음으로 체계적인 참여관찰과 심층면담을 실행하게 되었다. 이 두 가지는 긴밀하게 엮여 있으므로 따로 떼지 않고 같이 다루기로 하겠다.

필자는 당시 초등교사이면서 대학원에 재학 중인 '교사-연구자'였으므로, 같은 학교에 근무 중인 경력이 10년 이상 되는 교사 중에서 연구참여자를 선정하였다. 또 당시에는 연구윤리에 관한 규정이 엄격하게 적용되지는 않았지만 배운 대로 절차를 밟았다. 즉, 학교 이름이나 교사 이름 등을 가명으로 기록하여 익명성을 보장할 것이고, 원고를 작성한 후에 미리 보여 주고 부담을 느낀다면 일부 삭제를 할 수 있다는 점을 알려 연구참여자가 안심하고 허락할 수 있도록 하였다. 또 미리 학교행정가에게 허락을 얻음으로써 실행 과정에서 일어날 수 있는 어려움을 대처하고자 하였다.

이러한 준비 과정에서 큰 어려움은 없었다. 그러나 실제로 참여관찰과 심층면담을 진행하게 되자 심리적 압박에 부딪히기 시작했다. 다른 무엇보다도 어려웠던 것은 아직 연구자로서 필자 자신의 정체감이 형성되지 않았다는 사실과 관련이 깊다. 당시 교사가 다른 교사의 수업공간에 함께 있는 경우는 '참관수업'이라 불리는 장학이나 연수를 위한 특수한 상황을 제외하고는 거의 없었다. 따라서 비록 허락은 했지만, 연구참여자는 매일 오후 교실 뒤에 앉아서 자신의 수업을 참여관찰하는 필자의 모습을 볼 때 다소 어색한 몸짓과 미소를 띄곤 했다. 마찬가지로 연구참여자의 담임반 학생들도 이런 상황이 처음이라서 흘끗흘끗 뒤를 바라보거나, '쉬는 시간'에는 필자에게 다가와 질문도 하곤 했다. 또 우연히 복도를 지나가다가 필자가 교실 뒤에 앉아 있는 모습을 본 다른 교사들도 신기한 표정을 짓는 것을 볼 수 있었다.

필자 역시 연구참여자의 교실 뒤에 앉아 대학원에서 배운 내용을 바탕으로 수첩에 적고 동시에 녹음도 진행하는 방식으로 참여관찰을 시작했다. 그러나 '이 시간 이 장소'에 필자의 몸을 두는 경험이 처음이라서 무척 어색하고 쑥스러웠다. 또 타인의 수업현장에 들어가 앉아 있는 것이 마치 타인의 마음 안으로 '침입'하는 것처럼 느껴져서 불편했다. 다행히 이러한 어려움은 참여관찰의 횟수가 늘어 가면서 모두에게서 사라졌다. 그러나 참여관찰을 처음 시작할 때처럼 심층면담을 새로 시작해야 할 시점이 되자 또 다른 어려움을 겪게 되었다.

참여관찰을 하는 상황에서는 비록 수업을 참관하기는 해도 연구참여자와는 동료교사이자 선후배 사이의 관계가 거의 그대로 유지되었다. 그러나 심층면담을 해야 할 상황에서는 '연구자–면담참여자'로서 새로운 관계를 발전시켜야 했다. 따라서 필자와 면담참여자 모두 어색하고 쑥스럽게 질문과 응답을 주고받았다. 당시 질문과 응답은 면담참여자가 수업 중에 했던 몸짓이나 말의 미시적 의미에 관한 것이 대부분이었는데, 같은 교사인 필자도 면담참여자가 하는 몸짓이나 말이 낯설어서 어떤 해석이 적합할 것인지 알 수 없었다. 면담참여자는 비록 어색하고 서투르게 보였을지라도 필자의 질문에 아주 쉽고 빠르게 자신의 의도를 답해 주었다. 그리고 이런 면담이 몇 회 진행되면서 연구자로서 묻고 대답을 구하는 행위가 익숙해지고, 이후 당당하고 자신 있게 연구를 진행할 수 있었다.

이처럼 심층면담을 시작할 때 필자가 가졌던 어려움을 쉽게 헤쳐 갈 수 있었던 이유는 크게 두 가지라고 판단된다. 하나는 질적 연구를 실행하는 과정에서 접하게 된 '발견의 기쁨' 때문이다. 초보연구자인 필자는 장기간 질적 연구를 계획하고 실행하는 것이 처음이었고, 스프래들리(Spradley, 1970ab)가 제시한 참여관찰과 인류학적 면담에 관한 저서인 『The Participant Observation』과 『The Ethnographic Interview』를 교과서로 삼고, 노숙자에 관한 연구물인 『You Owe Yourself a Drunk』를 전가의 보도로 삼았다. 그러나 '수업을 참여관찰 하면서 녹음을 하고 있기는 하지만 과연 무엇을 발견할 수 있을까?' 하는 불안과 걱정이 컸다. 그러나 이러한 어려움은 한 회, 두 회 필드노트를 만들고 이를 반복해서 읽고 분석하는 과정에서 곧 사라지고, 피곤해도 이를 이겨 내는 경험을 하기에 이르렀다. 공부를 하면서 "유레카"를 외치면서 아테네 시내를 돌아다녔다는 아르키메데스의 심정에 공감하기는 처음이었다. 필자는 이처럼 공부가 재미있어지는 체험(전영국, 2019)과 협력체험(Johnson, 2002)을 했다는 글을 발견하고 무척이나 반가웠다. 글로 표현하지는 않았지만 필자와 비슷한 체험을 한 연구자들은 아주 많으리라고 추측한다. 그리고 이러한 체험이 필자를 자연스럽게 연구자로서 정체성을 형성하는 길로 안내했을 것이라 생각된다.

다른 이유는 훌륭한 연구참여자를 선정할 수 있었다는 점이라고 생각한다. 필자의 연구참여자는 당시에는 수업을 공개하는 일이 매우 드문 일인데도 불구하고 쉽게 허락해 주었을 뿐만 아니라 심층면담에서도 어려움 없이 대답을 쉽고 편하게 해 주었다. 이렇게 편안하고 유능한 교사를 연구참여자로 선정할 수 있는 행운을 누렸다는 점이 초보연구자를 성공적인 경험으로 이끌어 주는 핵심요소였다고 판단된다.

2) 상호 협력을 통한 성공경험: 하나가 되는 시공간 창조하기

이후 실행한 연구에서는 성공경험을 얻은 적도 있었지만 그렇지 못한 적도 많다. 먼저 실패경험을 이야기한 후, 성공경험을 이야기하기로 하겠다.

먼저, 첫 번째 실패경험은 전혀 낯선 사람들을 면담참여자로 선정한 데에서 비롯된 것이다. 당시 필자는 국가기관에서 수주한 프로젝트 연구에 소개를 받고 질적 연구방법을 써서 우리나라 수학교육에 관한 인식을 주제로 하위연구를 진행하게 되었다. 이를 위해 필자는 연구책임자로서 보조연구자들을 구한 후, 고등학교 수학교사 · 학생 · 학부모 · 전문가 등 다양한 면담참여자를 선정하여 여러 가지 심층면담을 진행하기 시작하였다. 필자는 그중에서 한 소규모 연구를 맡아 근처에 있는 인문계 고등학교 수학교사와 심층면담을 진행하였다. 이를 위하여 학교장에게 먼저 전화로 방문에 관한 허락을 받았고, 이후 수학교사 세 사람을 소개받아 학교 안에서 심층면담을 실행할 수 있었다. 학교장은 물론 수학교사들도 전혀 안면조차 없는 사이이므로 허락이 쉽지 않았을 텐데도 불구하고, 학교 현실을 파악하기 위한 연구를 진행하려고 한다는 말에 기꺼이 마음의 문(gate keeping)을 열고 시간과 공간을 허락해 주었다.

그러나 심층면담이 진행되는 과정에서 필자는 인문계 고등학교에 관한 편견을 가지고 있을 뿐만 아니라 무지하다는 사실을 알게 되었다. 농촌지역의 인문계 고등학교 수학수업의 현실은 막연한 기대에서 완전히 어긋났다. 기대와는 달랐지만 오히려 면담참여자들이 말해 주는 이야기 속에서 새로운 연구주제가 어슴푸레 부각되기 시작하였다. 하지만 필자는 진행하고 있던 소규모 연구의 목표를 충분히 달성하게 되자 새로운 심층면담을 발전시키지 않는 것을 선택하였다. 그 이유는 심도 깊은 협력관계로 더 발전되기는 어렵다는 판단이 섰기 때문이었다. 필자가 실수한 것은 면담참여자들과 친숙한 관계를 제대로 발전시키지 못한 것이 원인이다. 면담참여자 세 사람은 필자와 전혀 안면이 없는 상태에서 학교행정가로부터 소개받은 사람들이었다. 게다가 가벼운 개인사를 나누거나 함께 식사를 하는 등 친밀도를 높이기 위한 별도의 노력도 하지 않고 곧바로 면담을 진행하였다. 면담의 소재는 주로 수업과 학생들의 학업성취에 관련된 이야기가 대부분이었다. 한 달 동안 매주 밀도 높은 면담을 진행했고, 이 과정에서 교사들이 당면하고 있는 학업과 관련된 문제가 자연스럽게 소재가 되었다. 그런데 이 소재는 자랑할 거리가 되지 않기 때문인지 면담참여자가 이야기를 들려줄 때면 어색한 웃음을 지으면서 자세하게 말하려 하지 않는 모습을 볼 수 있었다. 당시 해야 할 연구도 많고 소규모 연구의 목표에도 도달했기 때문에 더 이상 협력관계를 발전시키지 않고 심층면담을 마무리하고 말았다. 그러나 돌이켜 보면 학교 밖에서도 이야기를 나눌 수 있는 기회를 가지고 시간적 여유가 생길 때까지 협력관계를 유지해 두었으면 하는 아쉬움이 남는다.

다음으로, 두 번째 실패경험은 분석적인 질문을 할 수 있는 연구역량을 갖추지 못하였다는 사실과 관련이 있다. 필자는 명상훈련을 하고부터 지속적으로 '명상경험을 하고 있는 다른 사람들은 어떤 내적 변화를 겪는가?'에 관심을 두고 있다. 이에 따라서 몇 년에 걸쳐 여러 차례 심층면담을 사용하여 알아보려고 했다. 초기연구에서는 연구의 목표에 가까이 다가갈 수 없어 더 이상 심층면담을 할 수 없는 경우가 많았다. 그 이유는 삶을 살아가는 보통 사람들이 자신의 경험을 분석적으로 돌이켜 보는 경우가 거의 드물다는 사실을 파악하지 못하였기 때문이다. 필자는 면담참여자가 자신의 명상경험을 신체 · 정서 · 인지 차원 등으로 쪼개어 자세하게 말해 줄 것으로 예상했다. 그러나 그 예상과 달리, 명상을 오래한 면담참여자임에도 불구하고 자신의 내면에서 일어나는 변화를 그저 "좋았다."라는 말로 반복적으로 표현하거나 잘 인지를 하지 못하는 경우도 많았다.

이처럼 실패경험을 거듭함에 따라 필자는 면담참여자가 겪는 경험이 쪼개진 경험이 아니라 총체적 경험이라는 점을 이해하고, 이를 연구자가 신체 · 정서 · 인지 차원 등으로 대조적 질문을 할 때 면담참여자가 비로소 대답을 할 수 있음을 알게 되었다. 예컨대, "명상을 하면서 어떤 체험을 했나요?" 하고 덩어리로 질문했을 때는 머뭇거리던 면담참여자가 "명상을 하면서 몸에서 어떤 변화가 있었나요?" 하고 질문하면 어디가 어떻게 달라졌다는 자세한 대답을 하기 시작했다.

이러한 경험을 통해 필자는 질문의 중요성을 깊이 깨닫게 되었다. 다른 연구에서도 심층면담을 진행할 때 '어떤 질문을 해야 할까?'가 당면하는 제일 어려운 문제일 경우가 많았다. 이러한 어려움에서 벗어나게 해 준 것은 스프래들리(Spradley, 1970a, 1979)가 제시한 '서술적 질문', '구조적 질문', '대조적 질문'이었다. 필자는 이 질문들을 찾아 세부적으로 자세히 읽어보면서 영감을 받곤 했다. 그러나 질문을 구상하는 대신 심층면담을 포기하는 경우도 있었다. 이는 심층면담의 내용이 연구의욕을 계속 일으킬 만큼 흥미를 유발하지 못하는 상황에서 주로 일어났다. 필자는 심층면담을 시작했다가도 흥미가 지속되지 않으면 전사를 시도하다가 중단하곤 했다. 이러한 경험을 통해 필자는 심층면담을 진행할 때는 강하고 지속적으로 흥미를 유지할 수 있는 주제를 택하는 일이 필요함을 절감했다.

이제 성공경험에 관하여 이야기할 차례이다. 심층면담은 만약 질문의 유형을 미리 정하더라도 반드시 그 틀을 따라 진행되지는 않는다. 따라서 대면면담을 앞두고 늘 심리적 긴장과 불안을 느끼곤 한다. 가능하면 편안한 마음으로 면담참여자와 면담을 하려고 하지만, 일단 면담참여자가 말을 하기 시작하면 연구자와 면담참여자가 말하는 시간이 완전히 달라진다. 이에 따라 경청의 어려움이 커지는 일이 잦아진다.

연구자가 질문을 '잘'하면 면담참여자는 비교도 되지 않을 만큼 긴 시간을 이야기한다. 필자가 집중력이 흐트러지는 모습을 보이면 면담참여자도 금세 알아차리고 반응을 하기 때문에 힘들더라도 하품을 하거나 시선을 이리저리 돌리고 싶은 욕구를 참아야 한다. 따라서 간단한 응답만 하면서 오랜 시간 듣기만 하는 어려움을 극복하려면 면담참여자가 하고 있는 말에 주의를 집중하고 그 속에서 새로운 질문을 발굴하기 위해 초점을 맞춰야만 한다. 이는 훈련이 된 필자에게도 쉽지 않았다.

면담참여자 중에는 자신이 경험한 내용을 자세하게 말하고, 이를 타인이 전일집중하여 들어 주는 경험을 한 적이 거의 없는 경우가 많다. 그러므로 심층면담이 거듭될수록 대다수의 면담참여자는 면담을 기다리고 또 "이런 얘기를 해도 될지 모르겠네." 같은 말을 하면서 기꺼이 자신의 이야기를 더 자세하게 들려주려고 한다. 따라서 경청의 어려움을 잘 극복하면 면담참여자와 협력관계를 구성하고 발전시키는 일이 그리 어렵지만은 않다.

심층면담이 진행되고, 필자와 면담참여자가 협력관계를 발전시켜 갈 때, 앞서 언급한 바 있는 '하나가 되는 시공간'이 구성되는 것을 체감한다. 필자의 체험에 비추어 보면, '하나가 되는 시공간'은 연구자와 면담참여자 상호 간에 집중이 고도화된 상황에서 갑자기 창발(emergence)한다. 연구자와 면담참여자가 함께하는 활동에서 재미를 느끼고 집중하기 시작하면, 표현하기는 어렵지만 이야기를 주고받는 주위가 조금 밝아지고 따뜻한 느낌으로 감싸이는 듯하다. 이러한 느낌은 혼자 하는 활동에서는 느낄 수 없는 연대감과 행복감을 느끼게 하고, 상호 협력을 더욱 높이는 효과를 낳는 것으로 보인다. 이는 연구자가 주축이 되어 구성 · 발전시킬 수 있고 새로운 의미를 창조하는 사회적 상황이다. 동종의 체험은 아직 찾지 못했지만 영화를 제작하는 현장 등에서 '모두 하나가 되는' 체험을 했다고 보고하는 사람을 꽤 찾을 수 있다. 이는 인간 활동의 한 방식으로서, 심층면담이 가질 수 있는 새로운 창조적 가치와도 직결된다고 하겠다.

4. 심층면담의 새로운 시도와 과제

최근 면담형식과 패러다임에서 의미 있는 탐색과 변화가 일어나고 있다(Brinkmann, 2018: 585). 이 장에서는 심층면담에 관한 새로운 동향과 시도를 간략히 살펴보고, 심층면담의 과제에 관하여 생각해 보기로 한다.

1) 심층면담의 새로운 시도

브링크만(Brinkmann, 2018)은 면담에 관한 다양한 형식과 패러다임을 룰스턴의 제안을 요약하여 '신실증주의', '낭만주의', '구성주의', '포스트모더니즘'으로 제시한다(Rouston, 2010: Brinkmann, 2018: 585-586에서 재인용). 그에 따르면, 신실증주의(neopositivist)는 면담이 면담참여자의 본질 혹은 경험에서 '진정한 자아'를 드러낼 수 있다는 점을 강조하는 입장이다. 낭만주의(romantic)는 친숙한 관계를 통해 면담참여자로부터 폭로와 고백을 얻어 내는 것에 면담의 목표를 두는 입장이다. 구성주의(constructionist)는 낭만주의에 반하여 확실성(authenticity), 그리고 면담과 실천을 통해 면담참여자가 구성해 낸 국지적 관점을 옹호하는 입장이다. 마지막으로 포스트모더니즘(postmodern)은 면담을 새로운 사람과 새로운 세상으로 만들어 가려는 대화와 실천으로 보는 변혁지향적 흐름이다(Denzin, 2001: Brinkmann, 2018: 585-586에서 재인용). 이처럼 면담의 형식과 패러다임은 다양하게 분기하고 있고, 이에 따라 새로운 시도가 일어나고 있다.

포스트모던 관점에서 폰타나(Fontana, 2002: 164-165)는 중요한 제언을 하고 있다. 그는 면담에서 '누구의 목소리인가?'를 드러내는 문제가 중요하게 대두되고 있다고 한다. 특별한 사건이나 인물보다 평범한 우리 일상과 우리 자신이 심층면담의 면담참여자가 되는 최근 상황에서, 그는 심층면담에서 다수의 목소리를 드러내도록 해야 한다고 제언한다. 이는 면담에서 거의 관심사가 되지 못했던 불균형한 힘의 관계를 드러내는 데 중요한 기여를 할 수 있을 것이다. 홀스타인과 구브리엄(Holstein & Gubrium, 1995: 7장)도 목소리를 분명히 드러내는 것이 중요하다고 하면서 앞으로 심층면담의 과정에서 구성되는 담론 자체를 분석하는 연구가 필요하다는 점을 강조한다. 이들은 자료를 수집하는 기존의 질적 연구도 가능하지만 이를 뛰어넘어 심층면담을 하는 상황 자체를 중요한 연구주제로 삼을 수 있다고 본다. 그동안 심층면담에서는 의사소통 과정에 관한 분석에 거의 관심을 두지 않았고, 결과물 생산에만 관심을 두어 왔다. 그러나 앞으로는 심층면담도 우리 일상의 하나로 자리잡고, '미시적 상황에서 인간관계가 어떻게 구체적으로 조정되는가?' 같은 세부적 주제를 다루는 새로운 연구시도가 활발히 일어날 것이다. 담론분석은 그 구체적인 예이다.

폰타나로 돌아와, 그는 일상과 영화나 드라마 같은 허구의 경계가 점차 사라지고 있는 가운데 '어떤 의미세계를 탐구하는 것이 필요한가?'에 관해 주목하고 있다. 이른바 "핸드폰을 손에서 놓지 않는" 사람들이 늘 주위에 상주하고, 메타버스(metaverse)가 신생사업으로 주목받는 현실에서 자신의 일상보다 가상세계에서 이루어지는 게임이 더 중요하거나 스마트폰에서 볼 수 있는 영상과 연예인의 일거수일투족이 더 의미 있는 사람들이 있을 것이다. 지금까지 면담은 자기 자신과 관련된 사실(fact)에 근거하여 주로 이루어져 왔다. 그러나 허구와 관련된 상상의 세계(imagery)를 탐구하는 일도 앞으로 자주 일어날 것이다(Rosenblatt, 2002: 893-909). 뇌과학적 지식에 따르면 우리 뇌는 현실과 상상을 구분하지 않는다. 마찬가지로 내면의 의미세계도 실제와 허구의 경계가 의외로 뚜렷하지 않다. 실제로 많은 연구가 심층면담을 통해 실제와 허구 전반을 다루고 있음을 쉽게 검색할 수 있고, 다양한 의미와 상징의 세계 탐색을 연구주제로 삼고 있음을 발견할 수 있다. 인간의 의미와 상징의 세계는 다층적이고 다양한 영역에 걸쳐 있다. '교육적 경험이 구체적으로 어떤 내적 과정을 거쳐 이루어지고 있는가?'가 심층면담의 중요한 주제가 되고 있는가 하면, 최근에는 의식(consciousness) 현상에 관한 탐구도 점차 활발하게 진행되고 있다. 질적 연구는 그 자체가 교육적 경험의 과정이다(배은주, 2008; 조용환, 2012; Johnson, 2002). 따라서 질적 연구를 실행하는 과정 자체에 관한 심층면담도 새로운 연구소재로 대두하고 있다. 또, 학문적 지식을 내면화하는 과정을 자세하게 드러내려는 연구들도 심층면담을 사용한 새로운 연구시도라 할 수 있다(김영민, 문지선, 박정숙, 임길선, 2010; 김재권, 정진규, 김영민, 2014; 류덕연, 유연옥, 2016; 조숙희, 전영국, 2013). 한편, 뇌과학자인 데넷(Denett, 1991)은 뇌에 관한 연구가 뇌의 구조와 기능을 규명하는 것에서 의식현상으로 그 초점이 옮겨 가고 있고, 이에 따라 연구방법도 달라지고 있다고 하였다. 그가 '타자현상학(hethero-phnomenology)'이라 명명한 연구방법이 이것으로, 연구자가 마치 타인처럼 자신의 의식경험을 객관적으로 묘사 · 이해하는 방법이다. 여기서 연구참여자는 연구자 자신이다. 이와 유사하게, 내면적 의식경험을 초상화법을 적용한 심층면담으로 드러내고 있는 연구도 있다(전영국, 배성아, 이현주, 2013). 이처럼 내면의 의미와 상징의 세계에 관한 연구시도는 앞으로 더욱 활발해질 것으로 예상된다.

심층면담은 협력관계를 바탕으로 현지인이 아니면 제대로 이해하기 어려운 정보를 얻게 하고, 동시에 이러한 과정을 거쳐 상호 간에 새로운 의미를 창출 · 실천하는 활동이다. 따라서 이 활동 자체가 연구인 동시에 우리가 살아가는 한 방식이다. 앞으로 심층면담을 통해 삶을 더 총체적으로 이해하고 우리를 더 나은 방향으로 변혁시켜 가기 위해 다양하고 새로운 시도가 이루어질 것이다.

2) 심층면담의 과제

구브리엄과 홀스타인은 면담이 지닌 변혁 가능성을 긍정적으로 제시하고 있다(Gubrium & Holstein, 2002b). 이들의 설명에 따르면, 묻고 대답하는 방식을 통해 체계적으로 정보 또는 자료를 얻는 것은 그리 오래되지 않았다. 마찬가지로 평범한 개인을 정보와 의견의 원천으로 선정하게 된 것도 새로운 경향이라고 한다. 그리고 개인의 자아와 주관성이 전면에 나오면서 동시에 책임과 의무를 가진 사회적 역할 수행자라는 점이 이면에 숨게 되었으나, 다시 개인이 사회를 변혁시킬 수 있는 존재라는 점에서 관심을 모으고 있다. 세계화의 추세 속에서 면담은 지리적 위치와 심리적 고립에도 불구하고 전 세계적으로 널리 사용되는 문화적 생산(cultural production) 양식이 되어 가고 있고, 우리가 누구인지, 또 우리가 우리 자신을 표현하고 경험하는 방법이 무엇인지에 관해 이해하게 해 준다. 즉, '개인 면담(the individual interview)'을 하던 시대에서 '면담 사회(the interview society)'로 전환하고 있다.

한편, 브링크만(Brinkmann, 2018: 587-590)은 면담의 미래에 관한 이러한 낙관론을 '윤리주의(Ethicism)'와 '대중문화화(McDonaldization)'의 위험을 들어 경고한다. 그에 따르면 '윤리주의'는 연구윤리에 관한 성찰의 촉구를 뜻하고, '대중문화화'는 고급화와 다양성을 배제하고 세속화와 표준화를 지향하는 경향을 가리킨다. 윤리주의와 관련하여 그는 면담에서 흔히 정치적 힘(power)에 관하여 무관심한 경향이 있음을 지적하면서, 면담의 네 가지 문제점을 든다. 그것은 '면담에서 불균형한 힘', '일방적 대화', '도구적 · 선동적 대화', '면담자의 해석독점'이다. 그는 연구자가 자신이 알게 모르게 저지르기 쉬운 이러한 윤리 관련 문제에서 벗어날 수 있도록 성찰적 태도를 지녀야 한다고 하였다. 이는 가치중립성을 강조하던 시대에서 연구 자체는 가치중립적이지만 그 결과는 민주주의의 가치를 추구하는 시대적 연구의 패러다임을 대변하는 것이라 하겠다.

또 그는 산업사회에서 소비사회로 전환이 일어남에 따라 연구에서도 대중문화화 현상이 일어나고 있는데, 질적 연구의 세계에서는 '맥도날드'처럼 한 가지 취향을 선호하는 일이 지양되어야 한다고 강조한다. 즉, 인간에 관한 연구는 획일적일 수 없고, 서로 상생 또는 갈등과 협의의 변증법적 과정을 통해 구성되어야 한다는 것이다. 이와 관련하여 국내에서도 조용환(2012)은 일찍부터 '문질빈빈(文質彬彬)'이라는 말을 빌어 질적 연구가 질적 연구다워져야 함에 관하여 경종을 울린 바 있고, 다른 질적 연구자들도 이에 관한 경각심을 지속적으로 촉구하고 있다.

사실 면담을 사용한 많은 질적 연구가 아동과 성인, 남성과 여성, 성소수자, 노인, 인종, 전문가, 병자 등 다양한 사람과 함께 이루어져 왔고, 또 서로 다른 하위문화, 의료, 심리요법, 기자, 법의학, 교육, 고용 등 다양한 영역에서도 이루어져 왔다. 그런가 하면 기술적인 면에서는 면담에서 대답을 이끌어 내는 기법, 수동적인 응답자, 전화 면담, 컴퓨터 보조 면담, 인터넷 면담 등 다양하고 세부적인 방법이 개발되었을 뿐만 아니라 분석을 위한 효과적인 방법도 개발되어 왔다(Gubrium & Holstein, 2002a). 이처럼 면담을 사용한 질적 연구가 다양하게 이루어지는 상황에서 더욱 필요한 것은, 조용환과 브링크만이 지적한 것처럼 연구자가 연구방법에 관한 얕은 이해에 근거하여 연구를 수행하는 대신 이론적 · 방법적 지식을 더 깊이 배우고 익히며 성찰하는 태도이다.

심층면담은 정보를 수집하는 방법인 동시에 사람과 사람이 만나 구성해 가는 새로운 사회문화적 상황이다. 연구자와 면담참여자가 서로 착취하지 않고 동료로서 서로 존중하며 상호 교감과 공감을 할 수 있는 상황을 만들어 가는 일은 말처럼 쉽지 않다. 또 함께 구성해 낸 의미를 토대로 실천을 함께하는 사이로 발전하는 것도 쉽지 않다. 때로 연구자와 면담참여자의 견해가 다를 수 있다. 내부자의 관점을 배우는 입장에 서서 이해하는 데 연구의 목표가 있다면 큰 문제가 아닐 수 있다. 그러나 서로 의미를 창출하고 실천하는 데 목표를 둔다면 본격적으로 대화와 협력을 통한 의견조정이 필요하다. 이는 연구자 혼자서만 이룰 수 있는 목표가 아니기 때문이다.

이러한 현실적인 문제 이외에도 여전히 연구자들에게 부딪혀 오는 문제가 있다. 대표적인 사례는 심층면담에 신빙성(trustworthiness)이 아닌 타당도(reliability)와 신뢰도(validity)라는 양적 연구의 잣대를 들이대고, 연구의 결과가 어떻게 일반화될 수 있는가를 묻는 것이다. 인간에 관한 연구의 가치를 한

가지로 평가할 수는 없다. 그러나 여전히 연구의 결과를 일반화와 예측에 두고자 하고, 연구와 실천이 철저히 분리되어야 한다고 보는 연구자도 많다. 이러한 부딪힘에도 불구하고 심층면담을 포함한 면담은 연구자를 비롯하여 면담참여자도 자기 자신의 삶을 성찰할 수 있고, 이를 통하여 인간다운 삶이 무엇인지 비록 전부 알 수는 없지만 알아 가는 만큼 실천하면서 살아가게 하는 힘을 가지고 있다.

참고문헌

김영민, 문지선, 박정숙, 임길선(2010). 과학교사양성과정에 대한 심층면담을 통한 경력과학교사들과 초임과학교사들의 인식 비교. 한국과학교육학회지, 30(8), 1002-1016.

김영천(1996). 질적/후기 실증주의 연구작업에서 고려해야 할 방법적 이슈들. 교육과정연구, 14(3), 41-72.

김영천(2016). 질적연구방법론1: Bricoleur. 서울: 아카데미프레스.

김재권, 정진규, 김영민(2014). 심층 면담을 통한 고등학생들의 특수 상대론 기초개념에 대한 이해 수준 분석. 경북대학교 과학교육연구지, 38(3), 569-584.

류덕연, 유연옥(2016). 심층면담 활용을 통한 유아교사의 환경보전에 대한 의미 탐색. 한국유아교육학회 정기학술발표논문집. pp. 607-607.

배은주(2008). 질적 연구의 최근 동향과 그 의미. 교육인류학연구, 11(2), 1-27.

신혜숙(2002). 뇌호흡 수련의 교육적 의미에 관한 문화기술적 연구. 서울대학교 대학원 박사학위논문.

윤택림(2004). 문화와 역사 연구를 위한 질적연구방법론. 서울: 아르케.

이명숙, 윤은주(2003). 질적 심층면담의 신빙성 (Trustworthness): 그 내적 기제에 관하여. 교육학논총, 24(2), 127-139.

전영국(2017). 질적 연구에서 사용되는 면담 및 심층면담에 관한 비교 고찰. 열린교육연구, 25(1), 147-168.

전영국(2019). 심층 면담을 활용한 질적 연구의 수행. 서울: 아카데미프레스.

전영국, 배성아, 이현주(2013). 초상화법에서 사용되는 심층 면담에 관한 탐구: 동반자적 관계 형성과 주관적 요소 탐색을 중심으로. 교육인류학연구, 16(3), 1-29.

조숙희, 전영국(2013). 초등학교 방과후 컴퓨터 강사의 초상: 컴퓨터 수업 경험에 관한 질적 연구. 초등교육연구, 26(4), 149-171.

조용환(2012). 교육인류학과 질적 연구. 교육인류학연구, 15(2), 1-21.

홍용희(1998). 참여관찰과 심층면담: 연구자와 연구대상자의 관계. 교육과학연구, 28, 113-129.

Brinkmann, S. (2018). The Interview. In N. Denzin & Y. Lincoln (Eds.), *The Sage Handbook of Qualitative Research* (5th ed., pp. 576–599). London: Sage.

Castaneda, C. (1968). *The Teachings of Don Juan*. 박상준 역(1990). 인디언 옥수수. 서울: 장원.

Denett, D. (1991). *Consciousness Explained*. 유자화 역(2013). 의식의 수수께끼를 풀다. 경기: 옥당.

Denzin, N., & Lincoln, Y. S. (Eds.) (2018). *The Sage Handbook of Qualitative Research* (5th ed.). London: Sage.

Flick, U. (1995). *An Introduction to Qualitative Research* (2nd ed.). 임은미 외 공역(2009). 질적 연구방법. 경기: 한울 아카데미.

Fontana, A. (2002). Postmodern Trends in Interviewing. In J. F. Gubrium & A. Holstein (Eds.), *Handbook of Interview Research: Context and Method*. (pp. 161–175). Thouand Oaks: Sage.

Geertz, C. J. (1973). *The Interpretation of Cultures*. 문옥표 역(1998). 문화의 해석. 서울: 까치.

Guba, E. G., & Lincoln, Y. S. (1985). *Naturalistic Inquiry*. Newbery Park: Sage.

Gubrium, J. F., & Holstein, A. (Eds.) (2002a). *Handbook of Interview Research: Context and Method*. Thousand Oaks: Sage.

Gubrium, J. F., & Holstein, A. (2002b). From The Individual Interview to The Interview Society. In J. F. Gubrium & A. Holstein (Eds.), *Handbook of Interview Research: Context and Method*. (pp. 3–32). Thousand Oaks: Sage.

Holstein, J. A., & Gubrium, J. F. (1995). *The Active Interview*. 이명선 외 공역(2005). 적극 면담. 서울: 군자출판사.

Hymes, D. (1962). The Ethnography of Speaking. In T. Gladwin & W. C. Sturtevant (Eds.), *Anthropology and Human Behavior*. (pp. 13–53). Washigngton D. C.: Anthropological Society of Washington.

Johnson, J. M. (2002). In-Depth Interviewing. In J. F. Gubrium & A. Holstein (Eds.), *Handbook of Interview Research: Context and Method* (pp. 103–119). Thousand Oaks: Sage.

Lincoln, Y. S., & Guba, E. G. (2000). Introduction: The Discipline and Practice of Qualitative Research. In N. Denzin & Y. S. Lincoln (Eds.), *Handbook of Qualitative Research: Context and Method* (2nd ed., pp. 1-36). Thousand Oaks: Sage.

Lofland, J. (1971). *Analyzing Social Settings*. Belmont: Wadsworth.

McCracken, G. (1988). *The Long Interview*. 이명선 외 공역(2005). 장시간 면담. 서울: 군자출판사.

Morse, J. (2018). Reframing Rigor in Qualitative Inquiry. In N. Denzin & Y. Lincoln (Eds.), *The Sage Handbook of Qualitative Research* (5th ed., pp. 796-817). London: Sage.

Rosenblatt, P. C. (2002). Interviewing at the Border of Fact and Fiction. In J. F. Gubrium & A. Holstein (Eds.), *Handbook of Interview Research: Context and Method*. (pp. 893-909). Thousand Oaks: Sage.

Seidman, I. (2006). *Interviewing as Qualitative Research: A guide for Researchers in Education and the Social Sciences*. 박혜준 외 공역(2009). 질적 연구방법으로서의 면담: 교육학과 사회과학 분야의 연구자들을 위한 안내서. 서울: 학지사.

Spradley, J. P. (1970a). *The Participant Observation*. 신재영 역(2006). 참여관찰법. 서울: 시그마프레스.

Spradley, J. P. (1970b). *You Owe Yourself a Drunk: An Ethnography of Urban Nomads*. Boston: Little Brown.

Spradley, J. P. (1979). *The Ethnographic Interview*. 박종흡 역(2003). 문화기술적 면접법. 서울: 시그마프레스.

Wolcott, H. (1992). Posturing in Qualitative Inquiry. In M. LeCompte, W. Millroy, & J. Preissle (Eds.), *The Handbook of Qualitative Research in Education*. (pp. 3-52). New York: Academic Press.

/ 제4장 /

질적 자료의 분석: 성격과 과정

전현욱(늘봄초등학교)

눈앞에, 혹은 데이터 저장소에 자료가 쌓일수록 뿌듯함보다는 걱정스러운 마음이 들기 시작한다. 많은 질적 연구 교재에서 다루고 있다시피 질적 연구에서는 연구의 설계와 계획, 자료의 수집과 분석, 글쓰기가 순환적으로 이루어진다고는 하지만 언젠가 '본격적으로' 자료를 분석해야 할 때가 오기 때문이다.

라면을 끓이는 방법도 사람마다 다른 마당에 질적 자료를 분석하는 일에 모든 사람에게 표준이 되는 단 하나의 길 같은 것은 없다고 보는 것이 옳다. 그렇다면 여기서 물어야 할 것은 '어떻게 분석할 것인가?'가 아니라 '자료분석이란 무엇이며, 그 과정에서 염두에 두어야 할 것은 무엇인가?' 하는 것이 아닐까?

하지만 아쉽게도 질적 연구에서의 자료분석에 관한 최근의 국내외 선행연구들은 이 같은 '근본적인' 질문을 다루지 않는다. 자료분석의 성격과 개념 등에 대한 해석학적 순환을 통해 풍성하고 심화된 견해를 새롭게 제기하고 논의하기보다는 새로이 등장한 방법, 절차 등을 소개하는 데 급급한 모양새이다(민성은, 2016; 최성호, 김영천, 2017; Richards, Andrew, & Hemphil, 2018;

Snodgrass et al., 2020; Ziskin, 2019 참조). 이와 같은 연구 동향은 질적 연구, 특히 자료분석의 방법과 논리가 나날이 발전하고 진보함을 방증한다는 점에서 매우 반가운 현상이라고 할 수 있다. 그러나 다른 한편, 질적 연구에서 자료분석 행위가 대체 무엇이기에 이러저러한 방법이 계속해서 개발되는지, 또 그렇게 개발된 방법을 어떻게 사용하는지에 대한 근본적 성찰과 이해 없이 방법들을 익히고 따라 하는 것은 사상누각의 행위가 아닌가 하는 우려를 갖게 한다.

이와 같은 문제의식을 바탕으로 나는 이 장에서 질적 연구에서 자료분석 행위가 가져야 할 성격과 의미, 접근 방식을 고찰해 보고자 한다. 아울러 그에 따른 전반적 분석 과정을 나의 사례에 비추어 살펴보고자 한다. 이에 대한 답을 해 나가는 것은 내게 두 가지 의미를 지닌다. 그간 '질적 연구'라는 이름으로 내가 수행한 여러 연구에서 기계적으로, 영혼 없이 자료를 분석해 온 것은 아닌가 하는 반성이 첫 번째고, 그렇다면 앞으로 어떤 태도로 자료를 대하고 분석해야 하는가에 대한 방향을 잡고 정리해 보는 것이 두 번째이다.

우선 연구문제에 대한 답을 찾기에 앞서 그보다 더 앞서 질문되어야 할 것, 즉 분석이 무엇인지 살펴보는 것으로 이 장을 시작하고자 한다.

1. 분석이란 무엇인가

질적 연구자는 연구를 진행하는 동안 연구현장을 누비며 다양한 방법, 대체로 참여관찰, 심층면담, 현지자료 등 3E[1]의 방법을 동원하여 자료를 수집한다. 신이 나서 이 사람 저 사람 만나 이야기를 듣고, 현장 사람들이 생산한 다

1) 질적 연구의 자료수집 및 구성 방법으로 흔히 3E를 말한다. Experiencing(참여관찰, participant observation), Enquiring(심층면담, interviewing), 그리고 Examining(현지자료, document analysis)을 일컫는 용어이다. 마지막 현지자료에는 현장노트와 면담 전사집을 제외한, 연구참여자의 삶과 생활세계를 보여 줄 수 있는 모든 것, 이를테면 사진, 인공물, 현지에서 생성된 각종 문서와 책들이 포함될 수 있다. 참고로 레비-스트로스(Lévi-Strauss)는 『야생의 사고』에서 실존주의를 비판하면서

양한 인공물을 모으고, 보고 들은 것을 꼼꼼히 기록하면서 연구현장과 현장 사람들의 삶을 살펴보고, 그들의 삶에 참여하다 보면 어느 순간 '이 사람들이 살아가는 이야기를 다른 사람들에게 들려주고 싶다'는 생각이 든다. 바야흐로 애써 모으고 구성한 연구 자료를 이제 본격적으로 분석할 때가 온 것으로 보면 틀림없을 것이다. 질적 연구에서 자료의 수집과 구성, 분석은 동시에 이루어진다고 하지만 사실 그 과정에서의 분석과 '본격적으로' 이제껏 애써 구성한 자료를 세심하게 분석하는 것은 조금 다르다고 나는 생각한다. 그에 대해서는 차차 살펴보기로 하고, 우선 질적 연구에서 '자료를 분석한다는 것이 무엇인가?' 하는 질문에 대한 답을 먼저 살펴보기로 하자.

월코트(Wolcott, 1994)는 『질적 자료의 변환(Transforming qualitative data)』이라는 책에서 그동안 수행했던 자신의 연구를 되돌아보며 '질적 자료를 어떤 형태의 글로 변환하였는가', 즉 '어떤 형태의 글을 썼는가'를 묻는다. 그리고는 글의 성격과 유형에 따라 기술(description), 분석(analysis), 해석(interpretation)으로 나눈다. 월코트의 분류는 우리가 관심 있어 하는 것, 즉 '구성된 질적 자료 그 자체를 어떻게 분석할 것인가?'가 아닌 이미 분석된 질적 자료를 활용하여 표현한 글, 즉 연구 논문 또는 연구 보고서의 유형을 겨냥한 것이라 이 장에서 지향하는 것과는 결이 다르다. 그러나 '분석'을 바라보는 그의 관점은 염두에 새겨 둘 만하다. 월코트는 '분석'에 대해 다음과 같이 이야기한다. "분석이란 자료를 통해 주의 깊게 연구 결과를 구성하고자 하는 과정에서 우리가 하고자 하는 모든 것이다."(Wolcott, 1992: 174) 당연한 말이겠지만 질적 자료를 연구 논문 또는 연구 보고서로 변환하기 위해 반드시 '분석' 절차를 경유해야 한다는 말이다. 월코트는 자료를 분석하는 일에 더해 분석적 글쓰기를 매우 중요하게 생각하고 있다. 왜냐하면 분석이란 연구자가 연구현장을 보여 주는 일과 관련하여 '적절함(right)'을 획득하는 일이기 때문이

만약 후대 인류학자가 작금의 '구조주의-실존주의' 논쟁을 연구할 때 사르트르(Sartre)의 저서 『존재와 무』는 1급 문서자료가 된다고 이야기한 바 있다.

다. 자료를 분석하는 일이든 분석적 글쓰기든 분석은 적어도 '연구자가 연구 과정에서 보게 된, 또는 알게 된 진실'이라고 생각하는 것을 독자들에게 전달하고 보여 주기 위한 중요한 과정이 된다.

질적 연구에서 자료분석을 위한 접근법은 정말 다양하다. 각 방법에 대한 상세한 소개와 안내는 힘에 부치는 일이기도 하고, 무엇보다 이 장의 목적에 맞지 않기 때문에 여기서는 일반적이면서 기본적인 분석 방법만을 다루기로 한다. 어떤 연구방법을 사용하고, 어떤 형태의 자료를 다루든 우리가 연구의 과정에서 "요즘 자료분석 중에 있습니다."라고 이야기를 할 때는 어쨌든 이제 연구 보고서를 쓰기 위해 그동안 연구현장에 관해, 또는 연구현장에서 수집한 자료를 분해하여 그 요소들을 구조화하고 서로 관계 지으며, 그럼으로써 그 속에 담긴 내용을 이해하기 위해 노력하고 있다는 것을 의미하기 때문이다. 조용환(2014: 4)은 이와 같은 분석의 의미를 다음과 같이 이야기한다.

> 현상들 사이의 구조성(synchronic structure)과 역사성(diachronic influence)에 주목하여 특정 생활세계의 '질서'를 발견함으로써 내가 관심을 가진 '문답의 텍스트'를 구성하는 작업이 질적 분석의 핵심이다.
>
> 달리 말해서 질적 분석은 자료 속의 '질적 지표(qualitative indicators: S-R)'들을 정리하여 범주화, 체계화, 계열화, 구조화, 의미화 하는 작업이다.
>
> ……(중략)……
>
> 분석이 현장연구의 성과를 정리하는 'system-inward structuring signification' 작업이라면 해석은 현장과 독자 사이에서 현장연구의 성과를 독자들과 공유하기 위한 'system-outward translative signification' 작업이다.

더불어 다양한 문헌에서 자료의 분석과 관련하여 다음과 같이 설명하며, 실제로 대부분의 경우 자료를 분석하는 일은 다음의 활동을 지시하고 포함한다. 첫째, 다양한 유형과 종류의 코딩(coding),[2)] 둘째, 주제 개발 및 최종 목차 구성을 위해 코딩된 코드들을 연구문제에 맞춰 이리저리 배열 · 배치 · 분류해 보는 활동, 셋째, 코드들의 분류, 배치 목록을 명명하고, 그 명명된 것들, 가령 '변수'들 간의 관계를 다양하게 따져 보는 활동(예: Miles, Huberman & Saldaña, 2014: 인과 관계 매트릭스나 네트워크 등의 방법으로), 넷째, 코딩과 코드들의 다양한 배치 · 배열 · 분류의 과정에서 떠오르는 다양한 의견 및 발견을 메모하는 활동(Charmaz, 2006), 다섯째, "연구자가 패턴을 이해하고, 주제를 확인하고, 관계를 발견하고, 설명을 발전시키고, 해석하고, 비평을 시작하거나 이론을 생성하는 방식으로 데이터를 조직하고 질문하는 것"(Hatch, 2002: 236), 여섯째, 이와 같은 활동을 통해 연구자의 관심을 중심으로 연구현장 사람들의 삶, 연구현장에서 일어나는 다양한 일을 더욱더 체계적으로 이해하는 활동 등이다.

흔히 '자료분석=코딩(coding)'으로 분석을 좁게 생각하는 경우가 많은 것 같다. 그러나 '자료분석'이란 말이 함의하고 있는 앞의 활동들을 참조할 때 코딩은 자료분석의 한 과정이긴 하지만, 자료분석이 곧 코딩으로 환원되지는 않는다. 앞으로 상세히 논의하겠지만 미리 이야기를 해 두자면 코드들을 분류 · 배열 · 배치하여 주제와 목차를 구성할 때, 코드 및 관련 변수들의 관계를 다양한 방법을 활용하여 살펴볼 때, 구성한 자료를 훑어 읽으면서 현상 전체를 총체적으로 그려 볼 때 등 통상적 용법의 '분석'이라고 하기엔 의심스러운 활동들도 사실 다 분석 과정에서 행하는 일들이다. 비유하자면 코딩은 분석이라는 집합의 한 원소인 셈이며, 따라서 분석을 코딩으로 환원할 수 없다.

요컨대 자료의 분석이란 '현장에서 일어나는 일을 보다 체계적으로 이해하고자 하는 모든 활동'이라고 말해도 좋을 것이다. 다만 어떤 형태와 방법의 분

---

2) 제5장에서 논의될 예정이지만 글의 전개를 위해 미리 이야기하면 코드란 "한 단어 또는 짧은 구절로, 부가적이거나 두드러진, 본질적 의미를 담고 있거나 환기적 속성을 갖고 있는 자료 조각"을 뜻하며, 이를 찾아내는 일이 곧 코딩이다(Saldaña, 2009: 3).

석에서든, 심지어는 월코트의 분석적 글쓰기에서마저도 공통적으로 이루어지는 작업은 "현상을 구성하고 있는 요인이나 변수를 확인하고, 그것들 간의 관계를 추론과 검증의 과정을 통해 확인하는"(조용환, 1999: 49) 일임을 기억해 두어야 할 것이다.

그렇다면 좀 더 나은, 체계적이면서 현장과 자료에 충실한 분석을 위해 자료 분석의 과정에서 부단히 연구자 스스로 던지고 답해야 할 질문에는 무엇이 있을까?

2. 분석 과정에서 마주해야 할 질문

분석 과정에서는 다양한 질문이 가능하겠지만 나는 다음의 세 가지 질문을 던지려 한다.

첫 번째로 고려해야 할 것은 자료가 의미하는 것 또는 보여 주는 것은 무엇인가 하는 것이다. 연구참여자들의 삶과 생활세계를 연구하는 과정에서 수집하고 구성한 자료이기 때문에 내가 수집한 자료가 의미하는 것 또는 지시하는 것은 묻고 따지고 할 것도 없이 바로 '연구참여자들의 삶과 생활세계이다.'라고 쉽게 답하겠지만 반드시 그렇지만은 않다. '동상이몽'이라는 말에서도 알 수 있다시피, 가령 연구자가 던지는 분명하기 그지없어 보이는 질문에 대해 연구참여자는 전혀 다른 방향, 다른 의미로 해석해 답할 수 있으며, 실제로 그런 경우가 많다. 연구현장에서는 서로 자연스럽게 대화를 이어가는 것 같지만 실은 그 속에 담긴 의미의 이해는 계속해서 미루어지고 연기되며 따라서 보충을 필요로 하기 마련이다(Royle, 2003). 그래서 내 경우, 당시에는 만족스러웠던 인터뷰지만 그 전사본에는 늘 더 묻지 못했던 것, 인터뷰 당시에는 이해가 됐는데 다시 보니 모호한 이야기에 의문을 던지고 보충을 필요로 한다는 메모가 가득하다. 그 점에서 어떤 연구에서든 내 인터뷰는 늘 아쉬움과 부족함을 남긴다.

연구자의 참여관찰을 통해 기록한 연구현장기록도 마찬가지이다. 연구자는 자신의 관심사나 이론적 틀에 따라 연구현장을 관찰하고 용어를 선택해 기록할 수밖에 없다. 하지만 연구참여자들은 그런 의도와는 전혀 관계없이 살아갈 수도 있다. 요컨대 해치(Hatch, 2002: 239)가 말했듯, 자료 속에는 연구자가 보고자 하는 것, 볼 수 있는 것보다 더 많은 의미가 들어 있을 수 있으며, 그 반대로 최악을 상정하면 연구현장에서 일어나는 특정한 일들에 주목하고 과잉 의미화한 탓에 정작 수집하고 기록해야 할 것을 놓침으로써 연구자가 보려고 했던 것이 전혀 들어 있지 않을 수도 있다. 따라서 연구자는 '이 자료는 과연 내가 연구하고자 하는 것을 보여 주고 있는가?' 하는 점에 대해 부단히 질문을 던지고 답해야 한다.

두 번째로 각각의 코드, 코드들의 분류와 그 결과인 범주들은 어떻게 서로 관련되는가 하는 점에 대해 생각해 보아야 한다. 각각의 코드와 도출된 범주는 서로 지지, 반대, 포함, 인과(Spradley, 1980), 보충(Derrida, 1967), 연결, 이접, 연접(Deleuze & Guattari, 1980)[3] 등 다양한 관계를 맺을 수 있다. 각각의 코드와 범주들 사이에서 어떤 관계를 발견하고, 또 각각을 어떤 관계로 맺어 주느냐에 따라 도출되는 패턴, 주제는 물론 보여 주고자 하는 연구현장 및 연구참여자들의 삶의 모습 또한 달라진다. 가령 수습교사에 관한 나의 연구에서 동일한 단어에 대한 의미 부여가 정규직 경력교사들과 달랐다는 성찰과, 아직 발령 대기 중인 수습교사로서 정규직 교사들과 대화가 잘 통하지 않으며 정규직 경력교사들은 그에 관해 대수롭지 않다는 듯 넘어가는 행위가 만나 '언어적 소외' 현상으로 나타났다. 반면, 같은 대화 장면에서 대수롭지 않게 넘어가는 것이 아니라 상세히 설명해 주려고 노력하는 모습을 포착한 다른 코드와 관계되었다면, 혹은 같은 상황이나 맥락에서 비슷한 코드가 있어 그와 관계를 맺어 주었다면 이는 전혀 다른 삶의 모습으로 드러났을 것이다.

---

3) 두 요소 A, B가 있을 때 두 항의 관계를 나타내는 형식이다. 연결은 'A 그리고 B', 이접은 'A 또는 B', 연접은 'A 따라서 B'로 표현된다(이찬웅, 2020).

세 번째로 각 코드, 범주들은 어떻게 자료 전체 또는 내가 본 현상 전체와 관련되는가 하는 점에 대해서도 잠정적이나마 그 답을 찾아보아야 한다. 조용환(2012)이 설득력 있게 논의하다시피, 질적 연구는 그 자체로 질적 성격의 생활세계를 일정한 목적, 즉 연구문제에 따라 문적으로 표상하는 과정이다. 생활세계와 표상 사이에서 적절한 타협점을 찾기 위해 질적 성격과 문적 표상 사이를 부단히 오가는 일이 바로 '문질빈빈(文質彬彬)'이며, 따라서 자료의 분석과 연구의 보고 과정에서 마일즈와 휴버만(Miles & Huberman, 1994)이 이야기하듯 '자료의 감환(data reduction)'은 불가피한 일이다. '질' 자체가 마치 노자의 '도(道)'처럼 형언할 수 없는 무엇일뿐더러, 설사 말로 다 표현할 수 있다고 하더라도 어떤 기준이나 방향, 목적 없이 그 모든 것을 미주알고주알 이야기하는 것을 두고 연구라고 할 수도 없기 때문이다. 연구자는 가능한 한 상세히 조사하고 연구하되 반드시 필요한 것만을 드러내고 보여 주어야 한다.

이 문질빈빈의 과정에서 연구자는 각 코드와 범주들이 발견은 되었으나 연구목적상 배제된 다른 자료들(즉, 생활세계의 다른 측면을 보여 주는 것들)과 어떻게 관련이 되는지, 배제된 자료들 속에 혹시 주요하게 발견된 코드나 범주들을 강력하게 지지하거나 또는 그에 강력하게 반대됨으로써 분명히 확인하고 넘어가야 할 또 다른 자료들을 수집하거나 구성할 필요가 있는지, 또는 반례까지 포함하여 연구 결과를 변경할 필요가 있는지, 발견한 코드와 범주들은 생활세계의 일부를 비교적 공감적이고 타당하게 드러내 보여 주고 있는지 등에 늘 주의를 기울이며 비판적으로 살펴보아야 할 것이다. 더불어 코드와 범주들이 생활세계를 구성하는 다양한 삶의 요소 간의 상호얽힘(interplay, Holstein, 2018)을 적확하게 지시하고, 현사실적(factish)으로 보여 주고 있는지 부단히 검토해야 할 것이다.

3. 질적 연구에서 자료분석의 기본 성격

다른 연구에서도 마찬가지겠지만, 질적 연구[4] 분야에서도 자료분석 작업이 갖는 독특한 성격이 있다. 가장 기초적이고 기본적인 분석의 지향은 한국교육인류학회의 슬로건인 '친숙한 것을 낯설게, 낯선 것을 친숙하게(make familiar strange, make strange familiar)'이지만 그 밖에도 이 슬로건이 구체적으로 구현되는 과정에서 현실화될 수 있는 사항이 몇 가지 더 있을 수 있다. 그 사항들에 대해 간략히 살펴보도록 하자.

1) 해석적이다

'피가 흐르는 눈'(조용환, 2004), '입장 지어진 주체'(Rosaldo, 1993), '사유의 존재 구속성'(Mannheim, 1952), '세계-내-존재'(Heidegger, 1927), 지평과 역사성, 즉 '영향사적 의식'을 가진 존재(Gadamer, 1960). 그 자체로 결코 무색투명하고 순수할 수 없는 인간, 연구자의 의식을 드러내 보여 주는 개념들이다.

이 말들은 인간은 개념과, 현상에 대한 직접 경험의 상호작용을 통해 세계를 이해하고 있음을 뜻한다. 달리 말해 나고 자란 세계와 집단을 따라 형성된 개념 틀과 구조 틀, 즉 세계관을 따라 세계를 보고, 직접 경험을 통해 얻은 지식을 바탕으로 개념 틀과 구조 틀을 변화시킴으로써 세계에 대한 이해가 더욱 넓고 깊어진다. 인간이 세계를 이해하는 일은 이와 같은 이론과 개념, 세계관 그리고 경험의 변증법적 과정 속에서 이루어진다(Lévi-Strauss, 1962).

---

4) 질적 연구가 곧 교육인류학은 아니다. 그러나 교육인류학은 현상과 현상의 이름, 삶과 삶의 방식, 즉 질(質)과 문(文) 사이를 부단히 오가며 수행된다는 점에서 곧 질적 연구이다. 이 글에서 언급되는 질적 연구는 '문질빈빈(文質彬彬)'의 태도로 삶, 문화, 교육의 관계를 궁구하는 교육인류학적 관점에서의 질적 연구(조용환, 2012)임을 미리 밝혀 둔다.

따라서 연구자가 어떤 이론적 · 철학적 배경과 문제의식을 가지고 있는가에 따라 주목하는 언행과 사건이 달라지고, 그에 따라 코드 및 코드의 배열과 배치, 주제와 패턴이 달라진다. 달리 말해 자료에서 읽어 내는 의미가 달라진다. 아이스너(Eisner, 1998: 69)가 질적 연구의 특징을 짚어 가며 말한 것처럼, “질적 연구는 의미의 문제에 관심을” 갖기 때문이다. 해치(Hatch, 2002)가 예시하는 대로 비판적/페미니즘적 사상을 가진 연구자와 후기실증주의적 연구자가 등에 업은 패러다임은 전혀 다를 것이며,[5] 그에 따라 주요 문제의식, 관심사, 연구의 목적과 주제 등 모든 것이 달라지기 마련이다. 나아가 연구자를 둘러싼 이론적 · 철학적 배경은 현상에서 읽어 내거나 현상에 부여하는 의미, 달리 말해 현상에 대한 관점과 해석을 달라지게 한다.

이는 현상 또는 연구현장이나 대상이 연구자와 무관하게 독립적으로 있음을 전제하지 않는다. 의식과 대상의 상관작용에 의거할 때 현상과 현장의 의미는 연구자와의 상호작용(상관작용)에 의거하여 형성 · 구성되며, 그런 의미를 지닌 현상과 현장에 인간의 의식은 주목하게 된다. 즉, 자료의 분석은 현상학적 성격을 갖는다.

2) 현상학적이다

현상학과 현상학적 사유의 전개를 ‘운동’으로 파악한 스피겔버그(Spiegelberg, 1984: 18)가 지적하듯 “현상학자들의 수만큼이나 많은 현상학이 존재한다고 말할 수 있을 정도”이기 때문에 현상학, 그리고 ‘현상학적’이란 형용사의 개념과 의미는 단 한마디로 요약할 수는 없다. 하지만 그렇다고 하더라도 그 수많은 현상학이 공통으로 토대를 두고 활용하는 공통적 방법과 개

---

5) 가령 후기실증주의자라면 ‘학급에서 학생들의 번호를 매기는 준거는 무엇인가?’를 중심으로 자료를 분석하겠지만 비판적/페미니즘적 연구자라면 ‘학생들의 번호를 매기는 데 성별은 어떤 영향을 미치는가?’ 하는 질문과 함께 자료분석을 시작할 것이다.

념 틀, 즉 전통조차 없는 것은 아니다. 가령 현상학은 기본적으로 '사태 그 자체로' 또는 '있는 그대로'의 방법론을 바탕으로 '지향성'의 개념과 '판단중지(또는 괄호 치기)'의 방법을 활용하여 '현상학적 환원'을 시도함으로써 '상호주관'적 주체의 의식에 비친, 또는 주체의 몸에 체화된 현상의 의미를 기술한다(양해림, 2003; Barritt et al., 1983; Spiegelberg, 1984; van Manen, 1991). 나아가 체험된 현상의 다양한 변이를 집요하게 탐구하여 그 현상의 본질을 찾는다.

현상학을 발전시킨 후설(Husserl)의 연구실에 팽배했던 지배적 분위기는 '권위를 거부하라'였다고 한다. 인간 '의식'에 관해 연구한다고 할 때 기존의 학문적 유산과 권위에 기대지 말고 의식이라는 '사태 그 자체로' 돌아가 직시함으로써 스스로의 힘으로 의식 사태의 '본질'에 관해 연구를 하라는 것이다. 이 방법론은 현상학의 또 다른 연구 흐름인 실존적 현상학, 해석학적 현상학 등으로 계속해서 이어진다(Barritt et al., 1983).

질적 연구의 과정 자체는 물론, 수집하고 구성한 자료의 분석 과정에서도 이와 같은 현상학적 전통은 대단히 유용하다. 세간에는 연구자가 연구하고자 하는 사람들, 연구현장과 관련한 다양한 말과 의견이 무성하다. 이는 대체로 대중의 의견, 언론의 흐름, 학문적 논의 등 다양한 형태로 나타나고 있으며, 연구자는 알게 모르게 이와 같은 담론들에 영향을 받을 수밖에 없고, 따라서 어떤 식으로든 또 어떤 방향으로든, 강하든 약하든 의도적 · 비의도적으로 편견이나 선입견이 형성될 수밖에 없다. 이는 바르지 못한 의견, 즉 억견(doxa)이 되어 연구현장에 대한 이해를 방해하며 오해를 형성한다. 심하면 연구자는 연구를 통해 그 억견을 연구참여자의 생활세계에서 확인하고 강화하는 지경에 이를 수도 있다. 요컨대 연구자는 연구현장과 사람들에 대해 전혀 무지하다고 생각하고 그래서 그들을 연구해야 한다고 하지만, 실은 너무나 많이 알고 있는 것이다.

질적 연구의 자료분석은 바로 이와 같은 기존의 담론을 통해 형성된 선입견과 편견을 걷어 내고(판단중지), 이로써 '해체된' 또는 '질적으로 환원된'(조용환, 2012) 생활세계 속에서 살아가는 연구참여자의 일상에 주목하여 그 생활세계 속에서 벌어지는 크고 작은 일상의 의미를 새롭게 찾는 과정, 즉 발견(dis-cover: 뚜껑 열기)의 과정이다. 이 발견을 위해 코딩 및 코드들의 분류와 배치, 주제화가 이루어져야 하며, 이는 '있는 그대로의 생생한 기술'을 강조하는 현상학의 가르침을 따라 상황의 전후 문맥과 맥락 속에서, '지고의 현실(paramount reality)'과 '다원적 현실(multiple reality)'의 교차와 상호작용(Schüz, 1932) 속에서 이루어져야 한다.[6)]

더불어 연구자 역시 세계 속에서 세계의 더께가 얹힌 몸을 가지고 살아가는(Merleau-Ponty, 1964) '세계-내-존재'(Heidegger, 1927)임을 주지함으로써 분석의 한계를, 즉 이 분석 결과와는 다르게 나타나고 표현될 수 있는 또 다른 분석의 가능성이 있음을 겸허히 인정하고 수용해야 한다. 그 말은 곧 자료를 분석한다는 것은 자료에 내재한 잠재적 현실과 이야기를 연구문제에 가장 적확한 답, 이야기로 구성해 가는 과정임을 뜻한다.

3) 생성적 또는 구성적이다

질적 연구에서의 자료분석은 현상학의 가르침에 힘입어, 어떤 현상이 인간 또는 의식주체와 독립되어 존재한다는 객관주의적 · 논리실증주의적 인식론과 그에 의거한 세계관을 가정하지 않는다. 세계, 그리고 세계를 구성하는 모든 것의 의미는 어디까지나 인간 주체의 의식과 대상의 상관작용에 의거하여 출현하고 구성되는 것이다. 따라서 연구를 통해 연구참여자의 생활세계와 그

---

6) '지고의 현실'은 우리가 굳이 그 의미를 생각하지 않아도 자동적으로 그 의미가 이해되는 선험적이고 공통적이며 상식적 언행들로 이루어진, 우리 행위의 기반이 되는 현실을, '다원적 현실'은 한 개인의 특수한 상황 속에서 그의 의식이 무언가를 지향하고 주목함으로써 구성한 현실을 말한다. 가령 건널목에 켜져 있는 빨간색 신호등의 의미는 우리가 굳이 그 의미를 파악하려는 수고를 하지 않아도 자연스럽게 우리에게 인식된다. 반면 누군가가 직장에서 겪는 상황은 그와 그를 둘러싼 소수의 사람들만 겪는, 그들 사이에서만 이해되는 특수한 현실이다. 인간은 이 두 현실의 교차 속에서 삶을 살아간다.

곳에서의 삶의 모습을 기술한다고 할 때, 이는 원래 거기 어딘가에 독립적이고 객관적으로 실재하는 것을 정교하게 모사(模寫)하는 것이 아니다. 그보다 연구자는 자신의 입장에서, 그리고 자신이 속한 사회문화적 · 세계적 맥락 속에서 체험하고 해석한 것을 연구자 자신이 수집하고 구성한 자료를 바탕으로 그려 내게(구성하게) 된다. 이를 위해 자료의 구석구석을 체계적으로 뒤져 보는 일이 곧 분석이다. 달리 말해 분석은 연구자에게 체험된 생활세계의 모습을 타당하고 공감성 있게 그려 가는 전체적 과정 속의 일부다. 여기서 '연구자에게 체험된 생활세계', 그리고 그것을 '그려 간다'는 말은 어떤 의미인가?

어떤 사물의 모습이 보는 방향과 관점에 따라 서로 다르게 보이듯 연구현장, 생활세계의 모습도 누가 어떤 관점과 시점에서 어떤 관심과 목적에 의거하여 보느냐에 따라 서로 다르게 나타날 수 있다. 만하임(Mannheim, 1952), 버거와 루크만(Berger & Luckman, 1966)이 적절하게 지적하듯 어떤 시선과 관점, 관심과 생각으로 세상을 보느냐, 즉 어떠한 "정신적 및 사회적 조류"(Mannheim, 1952: 303)에 속해 있는가에 따라 각각의 주체, 집단에게 서로 다른 세계가 개현한다. 가령 한국인이 보는 세상과 아마존강 유역의 야노마뫼족 사람들이 보는 세상은 같지 않을 것이다. 물리적으로는 그 둘 모두 하늘과 땅, 공기와 나무, 물과 불 등으로 둘러싸인 세상에서 살지언정 그 둘이 속해 있는 사회적 · 문화적 · 역사적 맥락과 세상과의 관계 속에서 탄생시킨 세계는 다르기 마련이다. 실례로 상대 앞에서 고개를 숙이는 행위를 두고 한국인은 그 상대에게 '예의를 갖추는 인사'로 파악하지만 야노마뫼 사람들에게 그 행위는 '나는 이렇게 무서운 사람이니 나를 존중하라'는 무언의 협박이요, 으름장이다(Chagnon, 2013).[7] 한국인과 야노마뫼 사람들의 세계는 그렇게 다르다. 요컨대 세계는 '정신적 및 사회적 조류'와의 관계 속에서 '구성(construction)'된다.

---

7) 야노마뫼 사람들의 다양한 싸움 방식 중 하나는 '몽둥이로 머리 때리기'이다. 매 싸움마다 상처가 나는 것은 물론이요, 심한 경우 머리뼈가 함몰되기도 한다. 상처와 상처의 회복이 반복되면서 머리에는 울퉁불퉁한 흉터가 생기는데, 야노마뫼족의 머리 숙이는 행위는 바로 이 흉터를 보여 줌으로써 자신이 이만큼 싸움을 많이 한 무섭고 용감한 사람임을 상대에게 알리는 행위이다(Chagnon, 2013).

질적 연구와 관련하여 이는 곧 절대적이고 보편적인 '진리(Truth)'가 아닌 상대적이고 국지적이며 상황맥락적인 '진실(truth)'이 있을 뿐임을, 또는 그게 더 중시되고 강조됨을 의미한다. 사모아섬의 생활에 관한 미드(Mead)와 프리먼(Freeman)의 논쟁,[8] 그리고 멕시코의 어느 가난한 소규모 농촌 마을에 관한 레드필드(Redfield)와 루이스(Lewis)의 서로 다른 연구 결과[9]가 구성에 관한 또 하나의 예가 될 수 있다. 이들은 지리적으로 같은 지역, 같은 사회를 연구하였지만 서로 다른 세계를 그려 냈다. 이 맥락에서 어느 누구에게나 보편타당하고 절대적인 분석은 사실상 불가능한 것으로 여겨지며, 다만 상대적이고 소규모적이며 전체의 극히 일부분만을 보여 줄 수 있는 국지적 분석이 가능할 뿐이다.

질적 연구 과정에서 하나의 세계를 열어 밝히기 위한 기초 작업이 바로 자료의 분석이다. 이때 그 과정에서 생성된 다양한 코드와 주제의 물리적 합이 곧 연구현장, 생활세계 전체를 비추지 않는다는 점을 염두에 두어야 할 것이다. 이 코드와 주제들은, 예컨대 달을 가리키는 손가락, 또는 그 의미를 지시하고 그 의미에 도달하기 위한 일종의 기호이자 통로일 뿐 연구참여자들의 삶과 생활세계의 모습은 코드와 주제 그 너머에 있다. 따라서 연구자는 코드와 코드 사이, 주제와 주제 사이에 대한 독해와 해석을 통해 그 너머에 있는 생활세계 및 연구참여자의 삶의 모습을 기술하려고 노력해야 한다. 그것이 후설(Husserl)이 말한 '구성'의 의미, 즉 "실제 주어진 것보다 더 많이 사념하는 의식의 작용, 혹은 더 높은 단계의 새로운 의미를 지향하면서 파악하는 작

8) 미드는 사모아섬의 청소년들이 미국의 청소년들과는 다르게 평온하고 안정적인 청소년기를 보내는데, 이는 그들의 문화 때문이고, 따라서 문화가 인성의 형성에 큰 영향을 미친다고 주장했다. 반면, 프리먼은 미드가 청소년들이 한 말을 제대로 이해하지 못했으며 듣고 싶고 보고 싶은 이야기만 선택적으로 수용해 연구 결과를 구성했다고 비판하면서, 이들은 생각보다 안정적이고 평온한 청소년기를 보내지 않으며 인성은 문화보다는 생물학적 이유에 더 큰 영향을 받는다고 주장했다.

9) 이 둘은 멕시코의 테포스틀란이라는 작은 시골 마을을 연구했는데, 레드필드는 이 마을이 정적이고 평온하며 안정적임을 주장했지만, 루이스는 크고 작은 사건이 끊임없이 일어나는 대단히 동적이며 변화무쌍한 마을이라고 보고하였다.

용"(이남인, 2004: 75)이기도 하다.

이러한 맥락에서 자료를 이루는 글자와 그림, 각종 현지 자료들은 그 자체로는 물리적 사물 그 이상도 이하도 아니다. 연구자는 자료분석 과정에서 이를 매개로 연구 과정을 통해 체험했던 연구참여자 및 그들의 생활세계, 연구현장의 역동성을 다시 체험하며, 이를 정리하고 종합하여 생활세계를 구성, 재구성한다. 그러나 이 작업은 늘 불확실하다. 연구자의 이해와 판단을 넘어선 어떤 사물/사건/사태와 그들 간의 관계가 나타났다 사라지기를 반복하기 때문이다(Savin-Baden & Major, 2010).

4) 불확실성을 인정하고 수용한다

인간은 자신이 사는 세계를 이해하기 위한 노력을 다각적으로 기울여 왔다. 철학, 과학, 종교, 예술 등은 그 과정에서 탄생한 산물이라고 할 수 있을 것이다. 철학과 종교가 세계를 이해하는 주요 통로였던 중세를 지나 근대에 들어서면서 철학과 종교는 자연과학과 기술공학에 그 자리를 내주게 되었다. 그에 따라 자연의 움직임, 심지어는 인간 및 인간 사회의 움직임까지 수학 법칙으로 표현되고 있고, 자연은 인간을 위한 도구와 수단, 자원으로 취급되기에 이르렀다(Heidegger, 1954). 달리 말하면 자연과학의 눈을 두른 근현대적 인간은 사물/사건/사태 및 현상에 내재된, 그리고 그 각각의 관계에서 발생하는 의미보다는 외적 관계 및 형식에 주목하는 '형식적 추상화'(Mannheim, 1952)를 통해 자연을 계산하고 측정하는 방식으로 표상하고 있다(서동욱, 2000).

자연을 도구 연관 속에서만 바라봄으로써 인간의 삶에 '쓸모' 있고 없음의 기준으로만 그 존재 가치를 판단하는 것도 문제지만 그보다 '형식적 추상화'가 갖는 또 다른 문제는 자연, 그리고 삶의 과정에서 마주치는 다양한 사물/사건/사태가 맺는 관계 속에서 발생하는 '의미 연관성' 문제를 간과 및 배제한다는 점, 그럼으로써 세계를 구성하는 다양한 요소가 맺는 전체적 관련성, 관계성을 직시하지 못한다는 점이다(Mannheim, 1952). 이 맥락에서 우리가 사는 세계에 대한 총체적 이해는 한편으로는 '형식적 추상화'를 통해, 다른 한편으로는 다양한 구성 요소가 맺는 관계에 대한 '의미 연관성'에 대한 통찰을 통해 총체적으로 접근할 때 가능하다 할 수 있을 것이다.

흔한 구분으로 양적 연구가 인간 집단의 행위, 집단 구성원 간 행위 사이의 외적 관계와 형식에 주목한다면 질적 연구는 그 관계 맺음에서 발생하는 의미, 즉 의미 연관에 주목한다. 문제는 이 의미를 통찰하는 일이 사실은 상당한 불확실성을 감수해야 하는 것이라는 점이다. 우리가 일상생활에서 만나는 사물/사건/사태의 의미는 확실한 것처럼 보이지만 사실은 그렇지 못한 경우가 더 많다. 가령 참인지 거짓인지 분명히 판단할 수 없는 일들이 우리 주변에는 너무나 많으며, 어떤 결과가 나올지 예측할 수 없는 일들도 너무나 많이 일어난다. 분명 친구와 같은 대상에 대해 대화를 나누었지만 결국에는 서로 다른 이해에 도달했다거나 심한 경우 서로를 오해해 다퉜던 경험도 한두 번쯤은 있을 것이다. 왜 이런 일이 생기는 걸까?

데리다(Derrida)가 지적하듯, 어떤 것의 의미에 대한 이해는 늘 지연되고 미끄러지기 마련이라 동일하고 명백하며 투명한 이해에 도달하기란 어려운 일이다(이를 '차연'이라고 한다).[10] 또한 우리가 늘 만나는 사물과 사건, 사태는 고정된 위치에서 확실하고 확정된 의미를 갖고 있는 것이 아니라 전체 구조 속에서 무엇과 관계를 맺는가에 따라 그 의미가 달라진다(Lévi-Strauss, 1962). 요컨대 한 요소가 무엇과 배치 · 연결 · 접속되느냐에 따라 하나의 사물/사건/사태는 무수히 다른 것으로, 다른 의미로 변용 · 생성된다(서동욱, 2000; 이찬웅, 2020; Delueze & Guattari, 1984).[11]

---

10) 차연이 실제로 어떻게 나타나는가 하는 사례는 전가일, 전현욱(2017) 참조.

11) 가령 망치가 못과 짝을 이루면 못을 박는 도구가 되지만, 사람의 신체 일부와 만나면 그것을 훼손하는 흉기가 된다.

자료분석의 맥락에서 분석 절차와 방법에 대한 기본적인 안내와 소개는 있지만 모든 연구, 모든 연구자, 모든 분석에 공통으로 적용되는 분석 방법이나 절차는 없다고 보는 것이 좋을 것이다. 연구자마다 자료를 분석하는 방법과 스타일이 제각각 다른 것은 통일되고 형식화된 방법과 절차가 없다기보다는 찾고자 하는 것, 만들고자 하는 것이 다르기 때문이다.[12)]

그뿐만 아니라 코딩을 통해 생성된 하나의 코드 속에 잠재되어 있는 의미는 다른 코드 · 주제 · 상황 속에서, 또는 그들과 만나 다양한 의미로 변용 · 전개된다. 따라서 연구자는 하나의 코드에 일대일로 대응하는 정확하고 명백한 의미 같은 것은 없음을 받아들여야 한다. 한 코드 주변의 다른 어떤 코드와 연결하고 배치하느냐에 따라 무수한 이야기가 생성될 수 있음을 이해하고 인정해야 한다. 생성된 모든 코드와 주제가 지시하고 귀속 · 수렴되는 명백하고 뚜렷한 '유일한 이야기'는 있을 수 없다. 그저 가능한 무수한 이야기가 코드와 주제들 여기저기에 잠재태로서 산종[13)]되어 있을 뿐이며, 따라서 연구자는 무수히 가능한 이야기 속에서 가장 타당해 보이는 하나의 이야기를 만들고 선택하고자 노력해야 한다. 달리 말해 질적 연구자는 이야기를 찾아 불확실성의 안개 속을 헤매는 여행자이며, 자료의 분석은 연구문제를 나침반 삼아 나아갈 방향과 길을 찾는 과정이다. 이는 자료가 의미를 읽어 내야 하는 텍스트임을 보여 준다.

5) 상호텍스트적이다

'사이(between)'는 들뢰즈에게 매우 중요한 시공간이다. '사이'를 사이에 둔

---

12) 물론 그럼에도 많은 질적 연구자는 자신이 개발한 자료분석의 노하우를 공유하고자 엄청난 노력을 기울이고 있다.

13) 데리다(Derrida)의 용어로, 다양한 의미를 발생시킬 수 있는 요소들이 텍스트 곳곳에 뿌려져 있음을, 따라서 어떤 것의 의미는 어느 하나로 환원 · 귀결되거나 모이지 않음을 가리킨다.

두 항이 만나 서로 함께 변용되면서 가능한 모든 것을 생성할 수 있는 영역이기 때문이다. 독자들도 한 번쯤은 들어 봤을, 들뢰즈와 가타리의 중요한 개념인 '되기(being)'는 바로 이 '사이'에서 일어난다.

이 '사이'는 질적 연구에서도 매우 중요하다. '사이'를 가리키는 또 다른 말인 'inter' 또한 질적 연구의 주요한 방법론적 원리를 만들어 내는 마법 같은 말이기 때문이다. 가령 해석(interpretation), 관심(interest), 상호주관성(intersubjectivity), 상호텍스트성(intertextuality), 상호신체성(intercorporeality), 면접(inter-view) 등의 원리와 방법은 모두 '사이'를 포함하고 있다. 이렇게 말하는 것이 가능하다면 질적 연구는 '사이의 연구'라고 말해도 좋을 것이다.

이 '사이'는 질적 연구 과정에서 수집 · 구성되는 자료와 관련해서도 매우 중요한 함의를 갖는다. 현상학 이후의 철학이 밝혔듯 어떤 사물/사건/사태는 그것을 바라보는 주체의 의식 또는 몸과의 상호작용 속에서 비로소 의미 있는 것으로서 현상된다. 의식(noesis)-대상(noema) 상관작용이 바로 그것이다. 달리 말하면 어떤 사물/사건/사태가 어떤 의미를 가진 것으로서 관찰자의 눈에 들어오는 것은 관찰자와 그 사물/사건/사태의 '사이'에서이다. 가령 그동안 전혀 존재조차 몰랐던 돌이 나의 걸음을 방해하는 장애물로서 의미화되고 그 존재감을 확실히 드러내게 되는 것은 내가 그 돌에 걸려 넘어졌을 때다. 이런 일이 없었다면 나는 여전히 그 돌이 있는지 몰랐을 것이고, 나를 넘어뜨리는 장애물은 더더욱 아니었을 것이다. 이처럼 나에 대한 돌의 존재감, 돌에 대한 나의 존재감은 나와 돌 사이에서 형성된다. 이를 연구 자료에 적용하면 연구현장, 연구참여자의 어떤 무엇이 연구자의 눈에 띌 때 그것은 연구자와 연구현장 또는 연구참여자와의 사이에서 비로소 자료로서의 의미를 갖게 되며, 따라서 연구를 위해 수집되고 구성된다. 이 맥락에서 연구자에 의해 수집 · 구성된 자료는 읽고 그 의미를 해독해야 할 '텍스트'가 된다.

우선 자료는 사물을 있는 그대로 비추는 '거울' 같은 것이 아니다. 3E를 통해 수집 · 구성된 자료는 대부분 연구자 또는 연구참여자의 언어를 통해 구성된다. 연구자는 관찰한 내용을 자신의 언어로 번역하여 현장노트에 기록하고, 연구참여자는 자신의 삶의 경험을 자신의 언어로 이야기한다. 비트겐슈타인(Wittgenstein, 1953)이 지적하듯 여기서 말하는 '이야기'란 단지 말해진 것을 넘어 이야기를 가진 행위(do things with story)까지 포함해야 한다. 말하자면 인간의 모든 언행은 그 자체로 어떤 이야기인 셈이며, 따라서 우리는 모두 어떤 내러티브를 가지고 살아갈뿐더러 우리의 삶 자체가 내러티브이다. 나의 이야기에 상대를 끌어들여 이야기를 계속 이어 가거나 새로운 이야기를 만들기도 하고, 반대로 상대의 이야기에 내가 끌려들어 가 그의 이야기를 구성하기도 한다. 앳킨슨(Atkinson, 1997)이 주장하듯 내러티브는 우리의 삶 곳곳에 편재한다. 이름하여 '내러티브의 편재성(ubiquity of the narrative)'이다.

연구자는 자신이 본 모든 것에서 연구문제와 관련하여 관심 있는 것을 선택하고 그 이외의 것을 배제하여 기록한다. 연구참여자 역시 연구자의 질문, 또는 연구참여자 자신의 이야기 흐름과 관련하여 자신의 삶의 경험을 재구성하여 이야기한다. 요컨대 연구자가 기록한 현장의 사물/사건/사태, 그리고 연구참여자가 말한 자신의 경험은 컨텍스트를 바탕으로 구성된 텍스트이자 하나의 이야기이다. 이 맥락에서 홀스타인(Holstein, 2018)은 '내러티브의 편재성' 논의를 십분 활용하여, 질적 자료를 분석한다는 것은 곧 '내러티브적 현실(narrative reality)', 정확히는 연구자와 연구참여자가 각자의 '내러티브를 통해 창조한 현실'을 분석함을 의미한다고 지적한다. 부연하자면 "질적 연구의 자료는 실재-사실-진실 그 자체가 아니다"(조용환, 2018: 11). 연구자와 연구현장, 연구자와 연구참여자의 사이에서 생성되고 구성된 하나의 이야기, 즉 텍스트이다. 그런 맥락에서 인류학자 클리포드(Clifford)는 "우리는 ……(중략)…… 쓰는 일, 곧 텍스트를 만드는 일에서 시작한다."(Clifford & Marcus, 1986: 18)라고 말한다.

그렇다면 질적 연구의 자료가 '텍스트'라는 것이 자료의 분석에 주는 함의는 무엇인가? 보그랑드와 드레슬러(Beaugrande & Dressler, 1981)는 텍스트의 성립 조건으로 다음과 같은 일곱 가지 특성을 들었다. 응집성, 일관성, 의도성, 수용성, 정보성, 상황성 그리고 상호텍스트성이 그것이다. 각각의 특성에 대해 굳이 설명하지 않더라도 구성된 자료가 이 특성들을 갖추고 있음을 쉽게 이해할 수 있을 것이다.

자료의 분석과 관련하여 이 특성들 중에서 특히 주목하고 싶은 것은 상호텍스트성(intertextuality)이다. 이는 텍스트는 항상 다른 텍스트와 관련된다는 것, 즉 한 텍스트는 다른 텍스트와의 관계 속에서 이해되어야 한다는 것을 뜻한다. 예컨대, '연구'라는 말은 포털사이트 '다음(Daum)'이 제공하는 국어사전에서 "어떤 일이나 대상을 깊이 있게 조사하고 생각하여 이치나 진리를 밝힘"으로 정의된다. 이 뜻을 이해하려면 '대상', '조사', '이치', '진리'라는 말을 다시 이해해야 한다. 이 단어들은 또 다른 낱말들로 구성된 정의를 형성할 것이고, 이렇게 한 단어는 수많은 다른 단어를 지시하며 그 단어들과 관련된다.

이는 텍스트도 마찬가지이다. 한 단위의 텍스트는 같은 맥락에서 나온 다른 텍스트와의 관련 속에서 그 의미가 이해되고, 이때 참조하거나 사용한 다른 텍스트는 또 다른 텍스트를 지시한다. 연구자가 자료를 분석할 때 하는 일이 결국은 (단위로 쪼개진) 텍스트 간의 이러한 지시의 연쇄를 찾는 것이라고 말해도 좋을 것이다. 다시 한번 야노마뫼족의 '고개 숙임' 행위를 예로 들어보자. 이 행위는 '머리에 난 상처'와 관련되고, 이는 다시 '머리에 난 상처 보여주기'와 관련된다. 이 행위는 '싸움'과 관련되고, '싸움'은 다시 '몽둥이로 머리 때리기'와 관련된다. '몽둥이로 머리 때리기'는 또 '주먹으로 가슴 때리기' '주먹으로 옆구리 때리기'와 관련된다. 이는 다시 '싸움에서 누가 이길 것인가?'와 관련되고 이는 '누가 더 센가?'와 관련된다(Chagnon, 2013). 이 물음은 또 다른 행위와 관련되고, 이러한 관련의 연쇄는 끝없이 이어진다. 요컨대 야노마뫼족의 '고개 숙임'은 이와 같은 분석 단위들의 관련과 연쇄, 즉 상호텍스트성 속에서 비로소 그 의미가 이해되는 사건인 것이다. 요컨대 야노마뫼족의 '고개 숙임'은 '인사'가 아닌 '폭력'과 관련된 행위이다.

연구자가 애써 수집하고 구성한 자료는 수많은 기호와 텍스트의 연쇄로 이루어진, 즉 상호텍스트성의 특성을 가지고 있는 텍스트이다. 이 맥락에서 조용환(2018: 9)의 논의대로 질적 연구의 자료는 '살아' 움직인다. "연구자의 관심과 틀에 좌우되면서도, 그것들에 타협하지 않고 부단히 저항한다. 달리 말해 연구자의 개념화와 범주화에 호락호락하지 않는다." 그런 점에서 자료는 그저 하나의 분석 대상이 아니다. 한병철(Han, 2016)의 지적처럼 그것은 연구자의 앞에서 연구자에게 대립하는 '타자(object)'[14] 인 텍스트-주체(text-agency)로서, 겨우 그 의미를 하나 잡았는가 하면 어느새 다른 사물/사건/사태로 옮겨가 자신을 따라오라고, 혹은 자신을 잡아 보라고 손짓을 한다. 그런 점에서 자료분석은 처음과 끝이 명확하지 않은 늘 과정적인 작업이다.

6) 과정적이다

대부분의 질적 연구 관련 교재에서 자료의 분석은 자료수집을 끝낸 뒤 착수해야 할 '다음' 단계가 아니라 연구 중에 수행해야 할 '과정'이라고 이야기한다. 질적 연구에는 '연구계획 설정 이후 자료수집, 자료수집 이후 자료분석'과 같은 방식으로 명확하게 구분지을 수 있는 단계라고 할 만한 것이 없으며 모든 연구절차는 순환적으로 이루어져야 한다는 말이다. 연구 전체의 과정뿐만 아니라 자료분석 행위의 성격도 과정적이다. 그렇다면 자료분석이 '과정적'이라는 말은 무엇을 뜻하며, 실제 분석에 주는 함의는 무엇인가?

들뢰즈에 따르면, 어떤 임의의 두 항이 이접적으로 연결될 때(A이거나 B), 그리하여 두 항 사이를 오갈 수 있는 통로, 관계가 생길 때 비로소 과정이 형성된다(이찬웅, 2020). 가령 연구자와 자료, 자료와 현장, 연구자와 현장 등 어떤 것 사이에, 특히 질적 연구처럼 "'의미'를 발견하고 확립"할 수 있는 관계가 형성될 때 그 사이에 과정이 형성된다(Turner, 1982: 23). '과정적'이란 개념으

---

14) 한병철(Han, 2016)은 대상, 객체를 나타내는 단어 'object'가 '내던지다, 앞에 두다, 앞에 던지다'의 뜻을 갖는 라틴어 동사 'obicere'에서 왔음에 착안하여 객체를 "나에게 대립하는 것, 나를 향해 던져지고 내게 맞서는 것, 나를 거역하는 것, 내게 반대하고 저항하는 것"으로 이해한다(Han, 2016: 64).

로 어떤 행위를 이해하려고 한다면 최소 다음과 같은 다섯 가지를 그 구성요소로 가지고 있어야 한다고 생각한다(전현욱, 2019; 전현욱, 이형연, 2019).

첫째, 나아감(go forward)이다. 과정을 뜻하는 영단어 'process'의 어원은 라틴어 'procedere'로, '앞으로 나아감(go forward)'을 뜻한다. 불가에서 말하는 것처럼 모든 사물, 사건, 사태, 심지어 인간 자아에 이르기까지 '고정된 상'이라고 할 만한 것은 없다(諸行無常). 즉, 모든 것은 끊임없이 변화한다. 세상을 구성하는 모든 것은 현재에 머무르지 않으며, 부단히 지금의 자리를 초월하며 존재한다.

둘째, 끝이 없음이다. 스티븐 호킹(Stephen Howking)은 '무경계 우주론'에서 "빅뱅이 있기 이전, 태초 이전은 무엇이냐?"라는 질문에 이렇게 대답했다. "우리가 북극점에 도착했다고 가정해 봅시다. 거기서 어느 쪽으로 발을 내딛든 우리는 다시 남쪽으로 내려가게 됩니다."(김형자, 2010) 현재 자라나고 있는 우주의 시간을 거슬러 올라가 태초의 순간에 도달하면 거기에는 다시 자라나고 있는 우주가 있다는 뜻이다. 자료분석 또한 마찬가지이다. 우리가 분석을 끝냈다고 생각하는 순간 새로운 분석이 다시 시작된다. 우리의 생각과 이해는 그 자리에 고정되어 있는 것이 아니라 끊임없이 움직이고 변하기 때문이다.

셋째, 순환적이다. '해석학적 순환'이 잘 보여 주듯, 어떤 것에 대한 지금-여기의 이해의 지평을 참조하여 눈앞의 무언가를 새롭게 변용시키고 생성한다. 그에 대한 반성과 되먹임(feedback), 앞먹임(feedforward)을 통해 다시 새롭게 변용시키고 생성한다. 어떤 행위가 순환적임은 이처럼 '참조-새로운 변용, 생성-참조-또 다른 변용과 생성'을 끝없이 반복하는 것, 즉 일종의 '영원회귀'의 특성을 가짐을 뜻한다.

넷째, 운동적 또는 동사적이다. 앞서 이야기했듯 세상에 존재하는 모든 것은 변화를 그 본성으로 삼는다. 변화보다는 안정적이고 고정된 삶의 체계와 구조를 갈망하는 원시부족의 삶조차 변화에 적응해 왔다(Lévi-Strauss, 1962). 그뿐만 아니라 우리의 언어, 주변 사물의 쓰임과 의미 또한 끊임없는 변이와 변화를 겪는다. 따라서 과정적이기 위해, 과정 속에 있기 위해서는 늘 운동해야 하며 동사적이어야 한다. 이는 "원래 그랬던 것, 원래 거기 있었던 것처럼 여겨지는 것, 고착화한 관성, 관습, 성질, 상태 같은 것에 대한 도전이요 저항"이자 "수많은 타자와의 우연적 · 필연적 만남과 접속을 통해 항상 변이하고 생성되는"(전현욱, 2016) 것이다.

다섯째, 참여적이다. 행위주체(agency)가 되어 참여할 때 비로소 과정은 내게 의미 있는 것으로서 작동한다. 말 그대로 내가 그 과정을 이해할 수 있게 됨을, 즉 그 과정에 대해 보고 듣고 알고 할 수 있게 됨을 의미한다. 그럴 때 나는 그 과정에 대해 다른 사람들과 생생하게 소통할 수 있다.

그렇다면 '과정적'임에 대한 이 논의가 자료분석에 주는 함의는 무엇인가? 나는 이를 다음과 같이 세 가지로 정리하고자 한다.

첫째, 연구자는 분석을 통해 자신이 연구하는 '연구대상' 또는 연구현장의 "현실을 창조하고 그 세계를 출현시킨다(worlding)"(Jackson & Mazzei, 2018: 719). 현실은 그 현실을 살아가는 구성원에 의해 부단히 해체되고 구성되기를 반복한다. 그 자체로 고정된 현실은 없다. 가능한 모든 세계 중 한 세계를 출현시키는 것으로서의 자료분석을 반복해서 이야기하는 것은 바로 이 때문이다. 고단한 일이지만 그래서 연구자들은 연구문제→자료수집→자료분석→연구 결과 보고의 과정을 부단히 순환하며 가장 적확한 현실을 드러낼 수 있도록 노력해야 한다.

둘째, "어떤 데이터 분석도 최종 보고서가 작성될 때까지 종결되지 않는다"(Hatch, 2002: 240). 그러나 그조차도 연구 수행의 다양한 한계에 따른 잠정적 결론, 잠정적 매듭일 뿐이다. 그 상황 속에서도 연구현장과 삶의 모습은 부단히 변화한다. 그래서 인류학자들은 '문화기술적 현재(ethnographic present)'라는 개념을 통해 연구 이전의 연구현장에 대해서는 무지함을, 연구 결과를 출판하거나 출판된 지금 이 순간에도 연구현장은 변화하고 있음을, 따라서 자신의 분석이 한계 및 잠재성을 가질 수 있음을 겸허히 인정한다.

셋째, 수집 · 구성된 자료를 '주체에 의해 수동적으로 의미가 파악 · 부여되기를 기다리는 것'이라는 통상적 의미의 '대상(object)' 개념에서 해방시킨다. 그보다는 '나에게 대립하는 것, 나를 향해 던져지고 내게 맞서는 것, 나를 거역하는 것, 내게 반대하고 저항하는 것'이라는 '객체'의 본 뜻(Han, 2016) '그 자체로' 되돌아가 자료의 의미를 반복해서 묻고, 생성된 코드와 주제들의 관계를 부단히 쌓고 허물기를 반복할 것을 연구자에게 요구한다.

지금까지 질적 연구에서 자료분석 작업이 갖는 성격을 여섯 가지로 구분하여 살펴보았다. 이를 염두에 두고 자료를 분석한다고 할 때, 그렇다면 어떤 방향에서 어떤 형태로 자료에 접근해야 그 성격을 적절하게 구현할 수 있는가?

4. 교육인류학에서 자료분석의 두 형태

질적 연구를 다루는 교재들에는 저마다 저자 자신의 독특한 분석 방법이 담겨 있다. 그 전형적인 예로 들 수 있는 것이 스프래들리(Spradley, 1980)의 영역 · 속성 분석과 마일즈와 휴버만, 살다냐(Miles, Huberman & Saldaña, 2014)가 제시한 시각적 분석일 것이다. 하지만 그러한 다양한 분석 기법을 배우고 적용하기 앞서 먼저 생각해 보아야 할 것은 '어떤 방향에서 자료에 접근할 것인가?' 하는 질문에 대한 답이 아닐까 생각한다. 연구자가 접근하고자 하는 방향에 따라 분석의 방법뿐만 아니라 그 결과도 크게 달라지기 때문이다. 이는 무엇보다 질적 연구가 지향하는 이념과도 관련된다. 분석의 방향과 관련하여 이 장에서 살펴볼 것은 '에틱(etic)'한 접근과 '에믹(emic)'한 접근, 두 가지 접근법이다.

1) '에틱(etic)'한 접근

먼저 '에틱(etic)'에 대해서 알아보도록 하자. 에틱한 접근에서는 언어 체계의 음성(phonetic)적 측면, 즉 변하지 않는 형태적 · 물리적 측면에 주목한다. 그럼으로써 언어 사용자보다는 관찰자의 구분을 중시한다. 이 정의가 암시하듯 자료에 에틱한 방식으로 접근한다는 것은 연구참여자 또는 자료가 드러내 보여 주는 바를 찾고 읽어 내려 하기보다는 연구자가 가진 학문적 · 이론적 틀, 관점, 체계 등을 활용하여 자료를 분석한다는 것을 의미한다. 인간의 삶에는 가령 의식주 같은 보편적 · 공통적 측면이 있기 때문에 그와 같은 점을 잘 포착하고 고려하여 자료를 분석한다면 에틱한 접근 자체가 문제가 되지는 않는다.

그러나 질적 연구가 중시하는 '의미'의 영역에 들어서면 연구자 중심의 외형적 측면을 중시하는 에틱한 접근은 곧바로 그 한계를 드러낸다. 연구자는 연구참여자들의 생활세계에서 일어나는 어떤 일의 '의미'를 모르기 때문이다. '사람 앞에서 고개를 숙이는 일'을 다시 예로 들어 보자. 인류학 분야에서 사람과 사람 간에 일어나는 거의 모든 일을 망라하여 보관하고 있는 'HRAF(Human Relations Area File: 인간관계 영역 편람)'[15]에서는 이를 '인사'로 규정하며, 이 구분 틀을 그대로 적용한 연구자는 자료에 담긴 '사람 앞에서 고개를 숙이는 일'을 '인사' 행위로 분석할 것이다. 따라서 에틱한 방식으로 자료에 접근한 연구자는 '인사를 받은' 야노마뫼 사람들이 겁에 질려 그 자리를 슬금슬금 피하거나 또는 상대에게 화를 내며 욕을 하는지 그 이유를 모른 채 다음과 같은 식으로 연구 결과를 기술할 것이다.

---

15) 1930년대 미국 예일대학교가 설립한 '인간관계연구소(Institute of Human Relations)'가 다양한 인간사회의 사회 · 문화의 이해와 보존을 위해 수집 · 정리한 방대한 자료 체계이다. 처음에는 비교문화 연구(Cross-Cultural Survey)의 형태로 출발하였으며 후에 HRAF로 바뀌었다. 주로 문화인류학 분야의 자료를 수집 · 축적 · 체계화한다. 자료가 방대해짐에 따라 현재는 온라인 버전인 'eHRAF'의 형태로 자료를 제공하고 있다(출처: https://hraf.yale.edu/about/history-and-development/).

> 인사를 받은 야노마뫼 사람들은 겁에 질린 표정으로 그 자리를 떠나거나 또는 화를 내며 욕을 하는 방식으로 답례를 한다.

당연히 야노마뫼 사람들은 정말 알 수 없는 세계에 사는 이상하고 기이한 사람들이 되고 만다. 이와 같은 에틱한 분석의 전형적 예로 해치(Hatch, 2002: 242)가 제시한 '유형적 분석'을 들 수 있다. 이는 "이미 결정된 유형에 기초하여 집단이나 범주"에 따라 자료를 분석하는 방식을 말한다.

2) '에믹(emic)'한 접근

반면 '에믹(emic)'한 접근은 언어 체계의 음운(phonemic)적 측면, 즉 음성의 차이를 활용하여 소통하는 언어 사용자의 의미 교환에 주목하는 방식이다. 따라서 자료에 대한 에믹한 접근에서는 연구자의 이론적 · 학문적 틀보다는 연구현장에서 살아가는 사람들의 내부적 관점을 중시한다. 가령 연구자가 수집한 자료를 분석하여 연구현장의 사람들이 중요하게 생각하는 동물들에 대한 분류체계 표를 만든다고 가정해 보자. 퓨마의 분류에 대한 에틱한 접근과 에믹한 접근의 차이는 다음 〈표 4-1〉과 같다.

표 4-1 에틱 · 에믹 접근에 따른 퓨마의 분류체계 표

	생물학자	나바호 원주민(Lévi-Strauss, 1962)
분석틀	현대 생물학의 동물 분류체계	신화 및 세계관
분류 결과	생물계/척삭동물문/포유강/식육목/고양잇과/퓨마속/퓨마종	언어가 없는 생물/달리는 동물/땅에 사는 동물
의미		북서쪽
관계 항	호랑이, 재규어 등의 고양잇과 동물	강낭콩

이처럼 연구자가 어떤 방향에서 접근하느냐에 따라 자료는 전혀 다르게 분석되며, 연구참여자의 생활세계 또한 전혀 다른 모습으로 드러나게 된다. 이 접근으로 '사람 앞에서 고개를 숙이는 야노마뫼 사람들'을 분석한 연구자는 앞서와는 달리 다음과 같이 기술할 것이다.

> 야노마뫼 사람들에게 다른 사람 앞에서 고개를 숙이는 것은 그 사람에게 '나는 이렇게 무섭고 용감한 사람이니 날 존중하라'는 경고를 의미한다. 따라서 누군가 자신 앞에서 고개를 숙이는 모습을 본 사람은 두려움에 떨며 그 자리를 슬금슬금 피한다. 또는 그 또한 자신의 무서움과 용맹을 과시하려 고개를 숙이며, 때로 큰소리로 상대를 모욕하기도 한다.

어떤 접근을 취하느냐에 따라 같은 자료도 전혀 다르게 분석된다. 질적 연구에서는 대체로 후자의 분석 방식을 중시한다. 그렇다면 이와 같은 성격과 접근을 취할 때 질적 연구의 자료분석 과정은 어떻게 드러나는가?

5. 자료분석의 주요 과정[16)]

많은 질적 연구 관련 서적에서 다양한 코딩 및 분석 방법을 제시하고 또 공유하고 있지만, 이는 말 그대로 자신이 개발한 분석 방법의 '공유'일 뿐 그것을 법칙화 · 형식화하려는 시도는 아니라고 보는 것이 좋을 것이다. 또한 그 많은 사람이 공유를 위해 제안한 모든 코딩 및 분석 방법을 다 써야 하는 것도

---

16) 이 절의 성격에 대해 두 가지 이야기를 하고자 한다. 첫째는 이 절에서 제시하는 과정이 자료분석의 전형적이거나 일반적 과정이 아니라 어디까지나 10여 년간 질적 연구를 공부 · 수행하면서 나름대로 개발 · 터득하여 활용하고 있는, 무수히 많은 분석 과정 중 가능한 한 가지 과정이라는 점이다. 다른 질적 연구 교재들처럼 내 경험을 독자들과 공유하는 것이 좋겠다는 생각에 이 절을 쓰게 되었다. 둘째, 그렇기 때문에 내 경험과 사례에 비추어 논의를 펴 나갈 수밖에 없었는데, 그 과정에서 부득이하게 다소 '설명적' 어투를 사용하게 되었다.

아니고 다 쓸 수도 없다. 그건 철저하게 형식화된 통계 기법을 활용하여 자료를 분석하는 양적 연구에서도 마찬가지이다.

자료의 외양에 따른 얕은 분석과 분류보다는 연구자-주체(inquiry agency)에 의한 자료에 내재된 의미의 해석과 해독, 그에 따른 심층 분석에서 오는 깊은 이해를 지향하는 질적 연구에서는 자료분석 방법을 정형화 · 합리화(Mannheim, 1952) · 일반화 · 보통화해서는 안 되고, 그럴 수도 없다는 것이 지배적인 견해이다. 양적 연구에서는 몇 개 집단의 평균차를 볼 것인가, 그 사이의 교호작용을 볼 것인가, 변수의 투입과 통제에 따른 특정 산식의 결과를 볼 것인가 등 대체로 정해진 한정된 목적에 따라 정교하게 계산된 공식을 공통으로 적용하여 자료를 분석한다. 반면, 질적 연구에서는 연구자 자신이 탐구하고자 하는 것, 가령 사람들의 상호작용, 언어활동, 행동규칙, 경험의 의미, 감정 교류 방법 등 연구의 목적과 문제에 따라 자료를 분석할 수 있는 방법을 다양하게 개발할 수 있다. 실례로 살다냐(Saldaña, 2006)는 자료분석의 주기 별로 수십 가지의 코딩 방법을 소개하고 있다. 이는 연구자 자신이 연구의 도구이기 때문이며, 또한 연구자가 분석해야 할 자료가 '객관화'할 수 없는 '질적' 자료이기 때문이다. 또한 잠재 상태의 자료 속에는 펼쳐질 수 있는 분석 결과가 무한히 포함되어 있기 때문이다.

따라서 연구자는 사실 각자의 연구문제와 자료, 연구자 개인의 특성에 따른 자료분석 방법을 찾아내야 한다. 그래야만 연구 주체로서 자신이 직접 참여한 연구참여자 및 그들 생활세계의 역동성과 다양성을 적확하게 보여 줄 수 있기 때문이다(전현욱, 이형연, 2019). 그렇다면 이를 위한 분석의 과정과 절차는 어떠한가?

1) 분석의 목적 설정

자료의 분석이 결국은 '연구문제에 답하는 요소들을 찾는 일'(Hatch, 2002)이라면 반드시 분석의 목적을 설정하는 것이 좋다. 이때 명심할 것은 자료분석이 연구의 목적과 일관성을 가져야 한다는 것이다. 가령 '대면 상호작용의 규칙'을 찾는 것이 연구의 목적이라면(Goffman, 1967), 연구자는 자료 안에서 그와 관련된 정보만을 찾아야 한다. 아무리 매력적이고 호기심 당기는 다른 이야기와 정보 조각들이 그 안에 담겨 있다고 하더라도(분명히 담겨 있다.) 주의를 빼앗겨서는 안 된다. 마치 경주마가 주위에 시선을 빼앗기지 않고 앞만 보고 달려가기 위해 착용하는 차안대처럼, 그리고 빠져나올 길을 정확히 지시하는 아리아드네의 실타래처럼 연구자는 '분석의 목적'이라는 차안대를 쓰고, 또 '분석의 방향'이라는 실타래를 들고 자료 속으로 들어가야 한다. 홀스타인(Holstein, 2018)은 이를 '분석적 판단중지(analytic bracketing)'란 말로 부른다.

혹여 관심이 가는 다른 이야기, 다른 정보 조각들이 있다면 현재 수행 중인 연구 말고 다음 연구를 위해 사용하면 된다. 다른 연구자가 수행한 연구 결과를 적법한 절차와 규칙을 지키지 않고 활용하는 것은 문제지만, 한 번 사용한 자료를 다른 연구를 위해 다시 사용하는 것은 아무런 문제가 되지 않는다. 오히려 질적 연구에서는 그러한 연구를 권장한다. 해치(Hatch, 2002)의 말대로 수집한 자료 안에는 알고자 하는 것, 보고자 하는 것 이상의 정보가 담겨 있기 때문에, 더불어 이는 연구자가 자료분석을 위한 다양한 관점과 시각, 목적을 가지고 있다는 방증이다. 내 경우 박사학위논문 연구를 위해 수집한 자료를 다시 활용하여 연구참여자 중 한 사람의 혁신학교 교사로서의 삶을 다시 탐색하였다.

너무나 당연한 말이라서 헛웃음을 터뜨리는 독자들이 있을지도 모르겠다. 하지만 이 당연한 말을 진지하게 하는 까닭은 나 스스로 책상 한가득 쌓여 있는 자료 뭉치와 그 속에 들어 있을 숱한 정보에 벌써부터 기가 질려 실제로 아무것도 하지 못한 채 자료 뭉치만 멍하니 바라보는 시간을 경험했고, 또 그러한 연구자들을 주변에서 여럿 보아 왔기 때문이다. 분석의 목적이 없다면 연구자는 대체 어디를 향해 가야 할지, 무엇을 찾아야 할지 십중팔구 길을 잃고 헤매기 마련이다(Glesne, 2006). 그래서 박사학위논문의 초고에는 최종적으로 정리된 내용과 혁신학교 교사로서의 삶의 이야기, 또 그 밖의 이야기가 마구 혼재되어 있었다. '분석의 목적'을 분명히 설정하지 않았기 때문이라고 보아도 좋을 것이다. 그렇다면 우리가 분석해야 할 자료의 종류와 형태에는 어떤 것들이 있을까?

2) 분석 자료의 종류

연구자는 참여관찰을 바탕으로 현장노트를, (심층)면담에서는 면담 전사집을, 그리고 현지에서 수집한 다양한 문서, 인공물을 바탕으로 문서 목록 및 그에 관한 설명집을 구성한다. 질적 연구 과정에서 분석해야 할 자료는 크게 이 세 가지로 구분할 수 있다. 요즘은 여러 제약과 사정상, 또는 질적 연구에 대한 얕은 지식으로 인해 가장 간편한 듯 보이는 면담을 중심으로 연구가 수행되는 경향이 있는 듯하지만, 되도록 이 세 가지 방법을 충실히 활용하여 다양한 관점과 영역에서 연구참여자의 삶과 생활세계를 보여 줄 수 있는 자료를 수집 · 구성하는 것이 바람직할 것이다.

많은 질적 연구 교재가 한결같이 자료의 분석은 자료의 수집 · 구성과 동시에 시작하는 것이 좋다고 주장한다. 지금까지 수집 · 구성한 자료들이 연구자가 설정한 연구의 목적과 방향, 연구문제에 적합한지 살펴보고, 앞으로의 자료수집 · 구성 방향을 점검하고 가늠하도록 해 주기 때문이다. 어떤 부분에 중점을 둬 수집을 해야 할지, 또는 어떤 부분은 잠시 배제하거나 보류해야 할지 결정하는 것도 자료수집 과정에서의 지속적인 분석 결과를 바탕으로 한다. 그럼에도 몇몇 연구자는 이렇게 물을지도 모르겠다. 여전히 자료분석과 자료 코딩을 같은 것으로 여기는 고정관념에 갇혀 있기 때문이다.

"그럼 한창 자료수집 중인데, 인터뷰 자료를 전사와 동시에 코딩하란 말입니까?"

사실 나도 여전히 이 질문에서 자유롭지 못하다. 나 역시 "아, 이제 자료분석을 해야지." 하는 말을 습관처럼 내뱉는다. 하지만 자료의 분석과 코딩을 같은 것으로 여기는 이 고정관념에서 벗어나야 한다. 재차 이야기하지만 코딩은 자료분석 과정에서 수행하는 여러 절차 중 하나일 뿐이다. 다음 절에서 이야기하겠지만 전사한 자료를 훑어 읽어 보는 것, 좀 더 나아가 전사한 자료 한쪽에 연구자 코멘트(Observer Comment: OC)를 작성하는 것, 코드들의 관계를 시각화하는 것 또한 자료분석의 한 가지 방법이 된다.

앞서 이야기한 것과 같이 질적 연구의 자료는 참여관찰을 통한 현장노트, 면담 전사집, 현지 문서 등 세 가지로 나뉘며, 나 또한 여기에 동의하고 이를 바탕으로 자료를 수집 · 구성한다. 여기에 더해 나는 한 번 더 자료를 구분한다. 하나는 3E가 포함된 원자료 또는 1차 자료이고, 다른 하나는 주제 코딩 및 축 코딩, 목차 코딩을 기다리는 1차 코딩된 코드들과 코딩 과정에서 작성한 분석적 메모(analytic memo)들, 그리고 분석 결과를 이해 · 비교하는 데 필요한 다양한 담론을 포함한 2차 자료이다. 이 논의를 정리하면 다음과 같다.

표 4-2 자료의 종류

1차 자료	현장노트, 면담 전사집, 현지 문서
2차 자료	코딩된 코드 목록, 축약된 자료, 분석적 메모, 담론들

3) 전사

연구자는 연구현장에서 보고 들은 것을 노트와 녹음기에 기록한다. 하지만 노트와 녹음기에 기록된 내용 자체가 자료는 아니다. 아직 자료화되기 이전의 의미 없는 기호들일 뿐이다. 이를 의미 있는 자료로 정리하고, 해독하기 편하게 문서화하는 일이 전사이며, 이와 함께 자료화가 이루어지고 아무 의미 없던 무질서한 기호에 비로소 의미와 질서가 부여된다. 그리고 그 과정에서 연구자는 연구현장과 연구참여자들의 삶에 대해 흐릿하게나마 개략적으로 스케치를 할 수 있다.

전사는 연구현장에 다녀온 뒤 되도록 빠른 시간 안에 하는 것이 좋다. 노트에 기록한 것을 체계적으로 정리해 현장노트로 만들 때, 녹취된 면담 내용을 풀어 쓸 때 글과 그림만으로는 표현할 수 없는 몸으로 느낀 연구현장의, 면담 당시의 생생한 분위기를 회상하는 데 도움이 되기 때문이다. 에빙하우스의 망각곡선이 보여 주듯 현장에서 보고 들은 것에 대한 문서화할 수 없는 유무형의 기억은 전사 시기가 멀어지면 멀어질수록 빠르게 잊혀진다. 이러한 망각은 대체 어떤 상황에서 이 장면을 왜 중요하게 기록했는지, 왜 그런 내용의 대화를 나눴는지 잊어버리게 함으로써 연구현장과 연구참여자의 삶에 대한 이해를 더디게 한다. 여기에 더해 현장에 대한 느낌과 그 회상은 다음에 이야기할 '연구자 코멘트'를 상세히 기록하는 데에도 도움을 준다.

분석은 연구현장과 현장 사람들이 살아가는 모습에 어떻게 하면 더 체계적이고 깊이 있는 이해에 도달할 수 있을까를 묻고 답하는 과정이다. 따라서 주의 깊고 상세하며 세심하고 꼼꼼한 전사는 그 자체로 분석의 시작이라고 할 수 있다. 그렇다면 본격적 코딩을 시작하기 전까지 전사한 자료는 어떻게 다루는 것이 현명할까?

4) 연구자 코멘트

현장노트와 면담에 대한 전사, 현지문서의 일환으로 수집한 다양한 인공물에 대한 기록을 마친 뒤 자료를 방치하는 것은 그리 바람직한 자세는 아닌 것 같다. 무엇이든 자료에 관해, 연구현장에 관해 연구자로서 보고, 듣고, 느끼고, 생각한 것을 간단하게라도 기록해 두는 습관을 갖는 것이 좋다. 이를 연구자 코멘트(Observer Comment: OC)라고 한다. OC에는 정말 많은 것을 쓸 수 있지만 내 경우 OC에 다음과 같은 것들을 기록한다.[17)]

첫째, 참여관찰이나 면담 당시에 있었던 연구현장을 이해하는 데 중요한 느낌이나 감흥 등이 희미해질 수 있다. 알다시피 세상을, 또는 연구참여자의 삶과 연구현장을 정제되고 정리된 언어로 표현할 수만은 없다. 미처 표현될 수 없는 다른 무엇이 그것들을 함께 구성하고 있기 때문이다. 연구현장과 연구참여자의 삶은 조용환의 표현을 빌리면 언어로 감환될 수 없는 '질(質)', 데리다(Derrida)의 용어를 빌자면 '표시(mark)'이기 때문이다. OC는 바로 그러한 것들을 자유롭게 적음으로써 연구현장에서 가졌던 감흥과 느낌, 나의 정동 등을 기록하여 참여관찰이나 면담 당시의 연구현장을 보다 생생하게 보존하는 역할을 할 수 있다.

둘째, 전사를 하다 보면, 또 전사된 자료를 읽다 보면 늘 뭔가 부족한 점이 눈에 띈다. 가령 무언가 더 관찰을 했어야 한다거나 미처 물어보지 못했던 것, 좀 더 확장하고 발전시켰어야 했는데 다른 이야기로 넘어간 것 등을 발견하기 마련이다. 이런 사항들은 어쩌면 사소하거나 전체 연구 과정에서 굳이 필요 없을 수도 있는 내용이지만, 연구현장을 꼼꼼하고 세부적으로 이해하는 데는 도움을 줄 수 있다. 그뿐 아니라 연구참여자들의 생각을 자극할 수도 있다. 따라서 상세한 OC는 다음 참여관찰이나 면담의 방향에 중요한 시사점을 줄 수 있다.

셋째, 코딩과 향후 연구의 방향에 도움을 줄 수 있는 연구자 개인의 생각과 의견을 자유롭게 기록할 수 있다. 전사된 자료를 읽다 보면 연구와 관련하여, 또 개인적으로 참 많은 생각이 든다. 이러한 생각들은 알게 모르게 앞으로의 연구에 영향을 줄 수 있다. 여기에는 연구현장과 연구참여자에 대한 개인적

---

17) 이는 단지 내 사례일 뿐 연구자들은 경우와 필요에 따라 자유롭게 기록하면 된다. OC는 말 그대로 관찰자, 연구자의 개인적이고 자유로운 이야기이기 때문에 어떤 내용이든 제약이 없다.

인 생각과 지금까지 연구를 진행하며 희미하게나마 갖게 된 잠정적 연구 결과, 다양한 가설이 포함된다. 따라서 실제로 연구 방향에 어떤 시사점을 주기 위해서, 반대로 자신이 가진 고정관념이나 편견 등을 드러냄으로써 그러한 것들이 앞으로의 연구에 영향을 미치지 않게 하기 위해서 연구자는 수집 · 구성한 자료에 대한 자신의 생각을 항시 기록하고 검토하는 것이 좋다. 이러한 생각들은 다음 자료수집 방향이나 코딩에 상당히 큰 영향을 미치며, 또한 그만큼의 도움을 주기도 한다.

나는 전사한 자료와 거기에 기록한 OC를 연구참여자와 공유한다. 연구에 대한 전반적인 내 생각을 연구참여자와 함께 나누는 셈이다. 연구참여자는 면담과는 또 다르게 연구에 대한 자신들의 생각, 내 생각을 나름대로 검토한 결과를 말해 주기도 한다. 일종의 연구참여자 또는 동료 검토(member checking)의 과정이자 에믹한 접근을 위한 방법인데, 그들은 자신들의 이야기가 어떻게 쓰이고 있는지, 그들 역시 '공동연구자'로서 연구에 대한 자신들의 의견을 말하고 알 권리가 있기 때문이다. 무엇보다 그들의 용법과 자신들이 부여한 의미를 스스로의 입으로 연구자에게 말해 준다는 점에서 OC의 공유와 이를 통한 소통은 연구현장을 보다 깊이 이해하는 데 큰 도움을 준다.

5) 코딩

자료는 연구자가 의미를 부여하기를 기다리는 분석의 '수동적 대상'이 아니다. 그 자체가 의미를 담고 있는 의미의 보고이다. 연구자가 해야 할 일은 질적 자료와의 대화를 통해 그 안에 담겨 있는 의미를 '해독'함으로써 자료가 담고 있는 것들을 배우는 일이다(Deleuze, 1964). 물론 그 안에 담긴 잠재적인 모든 의미를 해독하자는 것은 아니며, 그럴 수도 없다. 실제로 코딩을 해 보면 이 연구에서 어떤 의미와 맥락으로 이해하고 사용했던 자료 조각이, 같은 자료를 활용한 다른 연구에서는 다른 의미와 맥락에서 활용되는 경우가 허다

하다. 따라서 다만 지금 수행하고 있는 이 연구의 연구목적, 연구문제와 관련한 의미 한두 가지를 찾는 것으로 족하다고 나는 생각한다. 다른 의미도 발견할 수 있다면 그건 다른 연구에서 활용하면 될 것이다.

혹자는 분석의 절차조차 무너뜨리고 해체하라고 이야기하지만(Jackson & Mazzei, 2018), 질적 연구 과정의 미래에는 혹시 그렇게 될지 몰라도 아직까지는 자료가 담고 있는 연구현장의 모습, 그리고 자료에 담겨 있는 의미를 해독하는 데는 여전히 체계적 절차가 필요하다고 많은 질적 연구 교재가 말한다. 내가 보기에 자료에 담긴 현장의 모습을 복원하고 이해하는 일, 자료가 담고 있는 의미를 해독하는 일은 내 자료의 어떤 구절, 문구, 사진, 문서, 말들을 중심으로 시작할 것인지 결정하는 것에서 시작된다. 그 시작점 또는 중심점을 찾아내는 일, 혹은 추출하는 일을 일반적으로 코딩(coding)이라고 한다. 이는 "연구자가 지금껏 알게 된 것을 반추해 보고, 새로운 연결점을 찾고, 새로운 통찰력을 얻고, 최종 글쓰기가 어떻게 드러날까에 대해 상상하는, 자료와 함께 사고하는"(Glesne, 2006: 234-235) 일이다.

살다냐(Saldaña, 2009)는 코딩의 과정을 1차 코딩(first cycle coding)과 2차 코딩(second cycle coding)으로 나누며 각각의 회기에서 사용할 수 있는 다양한 코딩 방법을 소개한다.[18)] 한편, 조용환(2011)은 1차 코딩에서 수행해야 할 코딩으로 '예견적 코딩(provisional coding)'과 '총체적 코딩(holistic coding)'을 설정한다. 예견적 코딩이란 예비조사(pilot study)를 통해 얻은 자료를 바탕으로 연구 방향 및 과정, 연구 결과를 미리 예상해 보는 일이고, 총체적 코딩이란 본격적 코딩을 통해 자료를 쪼개고 축약하기 전, 자료 수집 · 구성의 과정과 끝에서 자료 전체를 훑으며 자료의 흐름과 맥락, 자료 간의 관계를 통찰하는 일이다.

내가 코딩을 공부할 때도 그랬는데, 혹시 어떤 연구자들은 이렇게 물을지도 모르겠다. "그럼 처음 자료를 코딩할 때 어떤 결과가 나올지 모르니 그 모

---

18) 자세한 코드의 종류와 방법은 Saldaña (2009) 참조.

든 코딩 방법을 한 번쯤은 다 써 봐야 합니까?" 물론 그럴 여력이 있고 실제로 그렇게 한다면 그보다 더 좋은 일은 없을 것이다. 되풀이해서 이야기하지만 자료의 분석은 자료가 담고 있는 가능한 한 모든 이야기 중에서 연구문제에 답하는 데 가장 좋은 이야기라고 생각되는 한 가지를 현실화시키는 작업이기 때문이다.

다만 이에 대해 사람들마다 의견은 다르겠지만, 나는 아니라고 대답하고 싶다. 다시 강조하지만 내가 연구하려는 것이 무엇인가를 늘 염두에 두고 그 눈으로 자료를 보아야 하기 때문이다. 확산과 확장도 중요하지만 자료분석은 연구 결과를 구성하는 과정인 만큼 수렴과 매듭도 중요하다. 만약 살다나가 정리한 다양한 코딩 방법 중에서 고르고 싶다면 지금 내 연구의 목적, 연구문제, 그리고 자료 유형에 적합한 코딩 방법을 선택해 조합하여 활용하는 것이 좋다고 생각한다. 다만 조용환(2014: 13)의 지적대로 "자료의 한 단위에 하나 이상의 코드를 부여해서 다각도로 분석해 볼 필요"는 분명히 있다. 자료의 의미를 다양한 관점에서 깊이 있게 검토하고 해독하기 위해서이다.

나의 경우 1차 코딩에서 속성 코딩, 생생 코딩(In Vivo coding), 그리고 기술 코딩(descriptive coding)을 주로 활용하여 자료를 코딩한다. 우선 현장노트나 면담 내용, 그리고 현지문서의 내용을 전사하기 전 '속성 코딩(attribute coding)'을 먼저 시작한다. 여기에는 관찰/면담 날짜, 시간, 장소, 관찰/면담 대상자, 관찰/면담 목적, 관찰/면담 상황 등을 간략히 기록한다. 이는 말 그대로 이 자료의 기술적 속성, 즉 언제/어디서/누구와/어떤 종류의 자료를/무엇을 목적으로/어떤 상황에서 수집 · 구성한 자료인지 기록함으로써 자료를 그 속성에 따라 정리하고 분류해 두기 위함이다.

이후 '본격적'인 초기 코딩 과정에서 처음 코딩을 시작할 때 현장노트나 면담 자료, 사진이나 인공물의 내용과 형식을 기술한 자료처럼 언어적 텍스트로 구성된 자료는 주로 생생 코딩을, 그 밖의 언어화할 수 없는 자료는 기술 코딩을 활용하여 코딩한다. 생생 코딩은 근거이론 연구에서 발전한 코딩 방법으로, 자료에 기술되고 사용된 단어나 어구 자체를 그대로 포착 · 사용하여 코딩하는 것이다. 이는 특히 연구참여자의 '고유용어(folk term)' 및 그 용법과 의미를 발견하는 데 용이하다. 그럼으로써 연구현장 및 연구참여자의 삶을 '있는 그대로' '에믹'하게 이해하는 데 도움을 준다. 기술 코딩은 인류학을 포함한 다양한 질적 연구방법에서 포괄적으로 사용되는 코딩 방법으로, 어떤 문구나 문단 또는 현지문서 자료에 담긴 의미를 한두 단어로 축약해서 표기하는 방법이다(Saldaña, 2009: 70-77).

물론 1차 코딩이 단 한 번 만에 끝나는 법은 거의 없다. 단 한 번으로 완벽한 코딩을 할 수 있다면 좋겠지만 그럴 일은 일어나지 않을 것이라고 확신해도 좋다. 자료를 볼 때마다 새로운 것이 눈에 띄고, 처음에는 중요하게 생각됐던 것들이 연구문제를 곱씹으면 곱씹을수록 대단치 않은 것으로 뒤로 밀리는 경우가 계속해서 반복되기 때문이다. 경험이 풍부한 연구자든 초보 질적 연구자든 이런 경험은 누구에게나 있을 것이다. 아무튼 여러 번의 시도 끝에 1차 코딩을 마치면 이 과정에서 도출된 수많은 코드를 정렬하고, 나누고, 묶고, 수준을 나누고, 위계를 정하고, 순서를 정하는 일들을 해야 한다. 그게 살다냐가 말하는 2차 코딩이다.

2차 코딩으로 넘어가기 전 일부 연구자는 이런 질문을 던질지도 모르겠다. "생성된 코드들은 어떻게 관리합니까?" 여러 교재에서 '코드북(code book)'을 만들어 둘 것을 권장하며, 나도 이에 동의한다. 대체로 출력물에 연필을 사용해서 코드를 메모하거나 밑줄을 긋거나 아니면 필요한 문단을 덩어리 짓는 방식으로 코딩을 할 텐데, 이 코드들을 모아 '범주화'나 목차화 등 2, 3차로 이어지는 후기 코딩을 할 때나 글을 쓸 때 그렇게 번번이 그 수많은 자료 뭉치를 옆에 쌓아 두고 일일이 떠들어 볼 수도 없고 참 난감한 것이 사실이다.

코드북은 정해진 양식이나 형식 같은 것이 없다. 연구자가 코드를 잘 관리하고, 편리하고 용이하게 활용할 수 있으면 그것으로 족하다. 어떤 사람은 '한글' 같은 국내 워드프로세서 프로그램을 쓸 것이고, 어떤 사람은 MS사에서 나온 문서관리 프로그램을 쓸 것이다. 또 어떤 사람은 CAQDAS(Computer-

Assisted Qualitative Data Analysis Software)[19] 같은 전문 코딩 프로그램을 쓸 수도 있을 것이다.

내 경우에는 스프레드시트 프로그램으로 코드를 관리한다. 셀별로 구분이 되어 있어 코드 입력도 편하고, 셀을 이리저리 옮기거나 시트를 추가/삭제하면서 범주화 · 주제화하는 데에도, 또 텍스트 상자나 주석 기능을 이용해 짤막한 분석 메모를 작성한다거나 다양하게 제공되는 그림이나 도형을 통해 코드 간/주제 간 관계를 이렇게 저렇게 시각화해 보는 데에도 용이하기 때문이다.

1차 코딩에 대한 코드북이 어느 정도 완성되면 2차 코딩이 이어진다. 2차 코딩은 "1차 코딩을 통해 축약된 자료들을 재조직하고 재분석하는 작업"(Saldaña, 2009: 149)이자 연구 결과의 범주화 · 주제화 · 이론화를 목적으로 한 마무리 코딩이다(조용환, 2014). 연구자는 2차 코딩을 통해 1차 코딩에서 생성된 코드들 간의 관계를 살펴 대 · 중 · 소의 영역으로 나누어 분류하며, 뭉치고 종합하는 일을 집중적으로 하게 된다. 이 과정에서 1차 코딩 시 작성한 분석적 메모나 분석 결과와 비교 · 대조하는 데 참조할 수 있는 다양한 담론도 함께 코딩된다. 이와 같은 2차 자료들을 코딩하는 데에도 역시 다양한 방법이 있겠지만 내 경우에는 분류된 덩어리에 가령 '메모 2 참조(과정에 관한 가설)', 또는 '○○일보, ○○○ 기사 참조(2017. 10. ××.). 과정중심평가의 실상에 대한 교사의 한숨' 등 출처 및 내용을 간략히 요약한 메모와 함께 활용 방향에 대하여 주석을 다는 방식으로 2차 자료들을 코딩한다.

2차 코딩의 과정에서는 연구목적 및 하위연구문제들에 따른 코드의 체계적 선별과 배치를 통해 코드들이 보이는 패턴[20]을 찾고, 그 패턴에 따라 코드들을 이리저리 묶어 봄으로써 개념화 또는 범주화의 초점을 잡으며, 그 과정에서 떠오르는 범주들을 찾게 된다.[21] 여기서는 대체로 초기 코딩에서 생성된

---

19) ATLAS, MAXQDA, NVivo 같은 질적 연구 관련 전문 소프트웨어를 통칭하는 말이다.

20) 대체로 유사, 차이, 빈도, 계열, 상응, 인과, 전제, 포함, 함축, 대립, 경로 등의 패턴을 찾는다. 각 항목에 대한 상세한 설명은 조용환(2014) 참조.

21) 아직 '범주화(categorization)'의 과정에 들어선 것은 아니다. 이리저리 유동하며 묶인 코드들의 덩

코드들, 그리고 그 코드를 포함하고 있는 발췌된 원자료를 중심으로 코딩이 이루어진다. 코드들 간의 패턴, 분석의 초점 등을 보다 면밀하고 치밀하며 상세하게 파악하여 생성된 코드들을 구분하고 분류하고 묶는 데 정밀함과 정교함, 체계성을 더하기 위해서이다.

자료를 수집하고 구성하는 과정에서도 그렇지만 코딩의 과정에서도 자신의 작업에 대한 수많은 의문과 생각이 떠오른다. 이런 의문과 생각들은 때로 연구의 방향을 흐리고 모호하게 하기도 하지만 연구가 막혔을 때 활로를 뚫을 수 있는 반짝이는 아이디어를 제안하기도 한다. 그렇다면 적어 두지 않으면 금방 휘발되어 버리는 소중한 생각 조각들은 어떻게 관리하는 게 좋을까?

6) 분석 메모

코딩을 위해 자료를 읽고 있으면 왠지 자료의 맥락과 흐름이 보이는 것 같고, 어떤 자료의 어떤 단위가 그러한 흐름과 어떤 관련이 있는 것 같거나, 또 어떤 단위가 다른 단위와 맺는 관계가 보이는 것 같고, 그와 관련하여 어떻게 범주화하고 목차를 구성하면 좋겠다는 생각도 들거나, 연구 결과의 보고 과정에서 그 자료를 어떻게 활용하면 좋겠다는 등, 그야말로 오만 가지 생각이 순간순간 머리에 떠오른다. 그뿐 아니다. 점차 코드들이 쌓여 가면서 어떤 문제나 질문에 대한 잠정적 답이 정리되기도 한다.

물론 이와 같은 생각이나 연구 과정에서 형성된 어떤 질문에 대한 잠정적 답과 가설이 그대로 최종 연구 결과로 이어지는 경우는 거의 없다. 아직 자료에 대한 이해가 깊지 못한 상태에서 형성된 성글고 거칠며 엉성한 생각 조각들이기 때문이다. 그러나 그런 생각 조각들이라고 해서 무시해서는 안 된다.

어리에 대한 '이름'을 생각해 보고, 그 이름을 중심으로 자료를 다시 보고 확인하는 수준이지, 이름을 확정하고 여러 이름 간의 관계를 체계화하는 작업에 들어간 것은 아니기 때문이다. '범주화'에 대해서는 다음에 다시 이야기하도록 하겠다.

당장은 성글고 설부른 생각이겠지만 그 안에는 최종 연구 결과를 위한 탁월한 통찰이 감춰져 있을 수도 있기 때문이다. 꼭 그렇지 않더라도 연구 과정에서 떠오르는 아이디어들은 많으면 많을수록, 기록해 두면 기록해 둘수록 좋다. 자료에서 생성될 수 있는 다양한 이야기의 변이를 검토하는 일이 가능하기 때문이다. 그렇기 때문에 자료분석 과정에서 떠오르는 생각들은 되도록 메모를 해 둘 필요가 있다.

차르마즈(Charmaz, 2006: 170)의 말대로 이 분석 메모에도 정해진 형식도, 길이도 없다. "연구자에게 잘 맞는 방법을 사용하는 것이 정답이다." 짧게는 한 단어에서 길게는 몇 문단, 몇 쪽의 메모가 작성될 수 있다. 연구자가 통찰한 바를 그림으로 그릴 수도 있다. 이때 작성된 메모는 2차 코딩에서 코딩이 되고, 길게 작성된 메모는 연구 보고서의 본문에 직접 삽입될 수도 있다. 그러니 1차 코딩이나 2차 코딩 과정에서 떠오르는 생각들은 그 중요성의 유무를 섣불리 판단하지 말고 일단은 메모해 두는 습관을 들이는 것이 좋다. 차르마즈는 분석 메모 파일을 따로 작성 · 관리하는 것이 좋다고 하는데, 나는 코드북에 통합하여 관리한다. 코딩 과정에서 수시로 참조할 수 있기 때문이다. 이 역시 정해진 방법은 없다. 연구자가 가장 편하고 좋은 방법으로 하면 된다.

7) 범주화

범주화(categorization)란 "코딩 중에 혹은 코딩의 기초 위에 범주를 생산하고 생산된 범주들 사이의 관계를 체계화하는 작업이다"(조용환, 2014: 12). 이는 크게 코드들에 질서를 부여하고 패턴화하여 범주를 구성하고 생성하는 일, 범주를 명명함으로써 비로소 논의 가능한 상태로 만드는 일, 그리고 각 범주들 간의 관계를 찾으면서 상위범주와 하위범주의 위계를 짓고 구분하는 일 등 세 가지 작업으로 구성된다.

코딩을 통해 연구에 필요한 자료와 그렇지 못한 자료가 나뉘기는 했지만 축약된 그 자료들이 지시하는 현상, 그리고 현상의 의미까지 정리된 것은 아니다. 코드들을 배치-해체-재배치함으로써 각각의 코드가 연구현장, 연구참여자의 삶과 관련하여 무엇을 가리키는지 간결하고 체계적으로 정리할 필요가 있다. 코드들을 빈도, 반복, 공통, 차이 등의 기준에 따라 이리저리 묶고 풀고 다시 묶는, 일종의 재조립하는(reassemble) 과정을 거치다 보면 일정한 패턴과 방향을 가진 몇 개의 코드 뭉치가 생기게 된다. 이 뭉치들은 연구현장과 연구참여자의 특정한 삶의 모습 또는 현상을 지시하는 지표 또는 기호로서 이것이 질적 연구에서 흔히 말하는 '범주(category)'이다.

범주에는 에틱한 범주와 에믹한 범주 두 가지가 있을 수 있다. 코딩에서와 마찬가지로 이론적 예견에 따라 미리 생성된 범주가 있는가 하면 코드들을 다양하게 분류해 보는 노력 끝에 형성된 범주가 있다. 전자의 방식으로 생성된 범주가 에틱한 범주, 후자의 방식으로 생성된 범주가 에믹한 범주이다.

가령 야노마뫼족에 관한 연구에서 '사람 앞에서 고개를 숙임'이라는 코드는 '예절' 범주로 범주화할 수도, '경고'의 범주로 범주화할 수도 있다. 어떻게 코드들을 선택 · 배치하고 묶는가에 따라 '고개를 숙임'이 관계를 맺는 코드들은 크게 달라지기 때문이다. 그렇게 되면 코드와 그 코드가 속한 범주가 지시하는 현상마저 달라진다. 만약 '예절' 범주로의 분류를 끝까지 밀고 나간다면, 고개 숙인 사람에게 겁에 질려 도망가거나 큰 소리를 지르는 방식으로 답례하는 야노마뫼 사람들은 도무지 이해 불가능한 희한한 사람들이 될 테고, '경고'의 범주로 분류한다면 비교적 그 현상과 현상의 의미를 바르게 이해했다고 보아도 좋을 것이다. 앞의 경우 결국 연구를 통해 밝혀진 범주의 타당성과 신뢰성, 공감성을 잃게 되는 것은 시간문제이다. 질적 연구에서 대체로 에믹한 범주의 생성과 구성을 더 중시하고 강조할 수밖에 없는 이유이기도 하다.

코드들이 분류되고 범주가 생성되면 범주를 명명하는 일이 뒤따른다. 범주가 가리키는 현상에 '현상의 이름'을 붙이는 작업을 하는 것이다. 기표와 기의의 결합이 그렇듯 현상과 현상의 이름과의 관계 또한 자의적이어서 어떤 이름을 붙이든 상관없지만, 언어가 사회 또는 사회집단에서 받아들여지는 방식, 용법, 의미 등의 차이로 인해 단순히 표면적 · 표층적 측면에 근거하여 이름을 짓는 것은 되도록 피하는 것이 좋다. 조용환(2014: 13)의 심려처럼 "시종일관 존재의 심연과 본질을 염두에 두고서 자료를 깊숙이 '들여다보아야'" 범주가 가리키는 현상을 적확하게 표현할 수 있는 이름을 붙일 수 있을 것이다.

나는 대체로 세 가지 방식으로 범주에 대한 명명을 수행한다. 첫째는 현상의 특성과 속성을 살려 내어 언어로 명명하는 것이고, 둘째는 생생 코딩의 기법을 응용하여 그 현상을 잘 가리키는 것으로 판단되는 현지용어(folk term)를 범주명으로 채택하는 것이다. 마지막 셋째는 이 둘을 혼용하는 것이다. 이 범주명은 대부분의 경우 곧 주제명이 되어 목차의 구성에 활용된다. 다음은 범주 명명의 예이다.

표 4-3 범주 명명의 예

2. 과정중심평가 수행 방식	1. 김호열의 연구 이야기
가. 평가의 맥락화: "교육과정 짜면서 평가도 계획하죠." 나. 다양한 평가도구 활용하기 다. 단편적 사건, 결과로 평가하지 않기: "종합되어 가지고 들어가는 거죠." 라. 평가계획을 열어 놓기: "나는 설계를 하고 나머지는 아이들하고 같이" (하략) (출처: 전현욱, 이형연, 2019)	가. "성취기준에 도달하도록 개개인적으로 도와줄 수 있는 평가" 나. "문제해결 과정을 봐야 되는 건지 인식의 변화 과정을 봐야 되는 건지." 다. "너희들이 알았던 수학적 용어와 개념들을 풀이 과정란 안에 담아 주면 좋겠다." 라. "수업을 만들어 나가는 과정의 일환으로서 평가를 바라보게 됐습니다." (하략) (출처: 전현욱, 2019)

범주화를 구성하는 세 번째 작업은 각 범주의 위계를 짓고 구분하는 일이다. 지금까지는 코드가 작업의 대상이었지만 이제는 그 대상이 범주로 옮겨진다. 생성된 각 범주의 구체성, 차이점, 공통점의 여부를 따지고 비교하여 범주들을 다시 묶고 푸는 작업을 계속한다. 추상성과 구체성, 포함관계 등 연구자

가 설정한 기준에 따라 한 범주를 다른 범주의 옆에 놓기도 하고 위 또는 아래에 놓으면서 범주 간 위계를 짓는다. 이때, 위계 또는 포함관계의 수준을 몇 단계로 가지고 갈 것인가 하는 것은 연구마다 그리고 연구자마다 다르다.

링컨과 구바(Lincoln & Guba, 1985)는 범주화의 검토 기준을 다음과 같이 제시한다.

첫째, 분류와 범주화에서 배제된 코드들을 살펴보아야 한다. 콕 집어 '몇 개 이상 남으면 안 된다'는 규정은 없지만 적어도 분류 불가능한 코드가 너무 많은 것은 아닌가 하는 의심이 든다면 그 분류와 범주화에 대해 다시 생각해 보아야 한다.

둘째, 범주들 간 겹치는 영역이나 부분이 없는지 살펴보아야 한다. 본디 자료는 연구자에 따라 다양하게 독해될 수 있지만 분류와 범주화의 작업에 들어오면 분명한 기준을 설정하고 배타성의 원칙을 적용해야 한다. 달리 말해 한 범주에 분류된 코드가 다른 범주로 분류되어서는 안 된다. 이 범주에도 들어갈 수 있고 저 범주에도 들어갈 수 있는 코드가 있다면 이는 분류를 잘못하고, 범주를 잘못 설정한 것으로 보아야 한다.

셋째, 범주의 현실화 가능성 문제이다. 범주 내에 있는 각 코드들 또는 각 범주들 간의 관계가 하나의 이야기로 충분히 구성 가능하다면 범주화는 비교적 충실히 이루어진 것으로 볼 수 있다. 반면, 이야기의 구성 과정에서 비약을 느낀다면 그 부분에 대한 자료가 부족하다는 것을, 따라서 어떤 방식으로든 자료를 보완해야 할 필요성을 시사한다.

코딩과 범주화를 따로 구분하여, 각각의 절 내에서도 몇 가지 사항을 구분하여 기술했지만 사실 1차 코딩과 2차 코딩, 코드의 분류와 범주화는 명확하게 무 자르듯 이것은 코딩, 이것은 분류, 이것은 범주화 같은 식으로 구분할 수 있는 과정이 아니다. 조용환(2014: 12)의 말대로 "코딩과 범주화는 서로 피드백하면서 반복되는 연계적인 작업"임을 명심할 필요가 있다.

8) 자료의 시각화

니체(Nietzsche)는『우상의 황혼』에서 다음과 같이 말했다.

> 나의 야심은 사람들이 책 한 권에 걸쳐 말하는 것, 혹은 책 한 권으로도 말하지 못하는 것을 단 열 문장으로 말하는 것이다(Hollingdale, 1999: 307).

마일즈와 휴버만, 살다냐가 체계화한 도표와 시각적 디스플레이는 니체 야심의 질적 연구 버전이라고 보아도 좋을 것이다. 말하자면 "결론을 도출하고 행위를 이끌어 낼 수 있는 조직화되고 압축된 정보의 조합"(Miles, Huberman & Saldaña, 2013: 35), 그것이 자료를 도표로 만들고 다양한 형태와 방법으로 시각화하는 목적이다.

자료를 시각화하는 것의 전형적 예로 '역사 연표'를 들 수 있다. 수 쪽에서 수십 또는 수백 쪽에 걸쳐 문장으로 기술할 자료를 한눈에 보여 주는 것이 바로 역사 연표이다. 여기에는 같은 시간, 같은 기간 동안에 다른 공간에서 벌어진 다른 사건, 또는 같은 공간에서 벌어진 다른 시간의 사건을 일목요연하게 선형화된 선이나 막대에 그려 넣거나 표로 만든다. 기본 정신은 자료를 시각화하는 작업에서도 마찬가지이다. 연구현장 또는 연구참여자의 삶에서 벌어진 다양한 생성과 사건을 축약하여 한눈에 조견할 수 있도록 수십에서 많게는 수백 쪽에 이르는 자료를 한두 쪽의 그림 또는 표로 간결하게 만드는 것이 바로 자료의 시각화이다.

마일즈와 휴버만, 살다냐는 자료의 시각화를 강조한다. 코드, 또는 코드를 포함하고 있는 자료 단위가 "주의 깊게 비교하고, 차이를 감지하고, 패턴과 주제를 파악할 수 있고, 경향을 보는 것 등을 할 수 있도록 일관되게 배열되기 때문이다"(Miles, Huberman, & Saldaña, 2013: 156). 이러한 시각화에는 다양한 방법이 있을 수 있겠지만 마일즈와 휴버만은 표로 구성되는 '매트릭스'와 선과 화살표로 연결되는 '네트워크'를 주로 소개한다. 그 밖의 디스플레이 형식도 충분히 가능하다.[22] 중요한 것은 연구자가 자신의 분석 결과를 정리할 수 있는 창의적인 시각화 방식을 만들어 낼 수 있는가 하는 것이다. 그에 따라 시각화 방식은 얼마든지 달라질 수 있다.

한 예로 나는 이오덕의 교육사상을 각자의 방식으로 자유변경하며 실천하는 세 교사가 나름의 방식으로 정의하는 교육이 무엇인지 이해하고 비교하기 위해 다음과 같은 표를 고안하였다.

표 4-4 세 연구참여자가 형성한 교육의 개념

연구참여자	교육의 개념
강정훈	'마당극' 같은 수업을 통해 교사와 학생 모두의 삶이 성숙해 가는 과정.
최민혁	과거와 현재의 경험, 새로이 하게 될 경험들을 체계적으로 정리하여 일정한 방향으로 통합해 가는 과정.
이영선	'들숨'과 '날숨'이 공존하는 상태 속에서 교수자와의 소통을 통해 '자아'를 성장시켜 가는 과정.

출처: 전현욱(2014). 「교육운동 참여의 자유변형 과정에 관한 사례연구: 햇살교육 연구회 세 교사를 중심으로」

시각화의 목적은 기어츠(Geertz)가 말하는 삶의 다단함과 복잡함에 대한 '두꺼운 기술(thick description)'이 아니다. 복잡한 것을 드러내기 위한 중간 과정으로서 그 복잡함을 함축한 단순함, 즉 "복잡한 것을 단순하게 정리"(조용환, 2014)하기 위한 작업이다. 연구자는 연구 보고서 본문에서 이와 같은 매트릭스 또는 시각적 디스플레이를 바탕으로 복잡하고 두꺼운 기술을 만들어 낼 수 있다. 자료를 시각화하는 것은 좋지만 과도한 또는 과소한 시각화는 오히려 분석을 그르치는 결과를 가져올 수 있으니 주의해야 한다. 이와 관련하여 조용환(2014)은 시각화가 얼마나 '타당'하고 '간결'하며 '명료'하고 '완성도' 있

---

22) 자료의 다양한 시각화 방식과 그 도구에 대해서는 조용환(2014) 참조.

게 연구자가 발견한 것을 정리해 '독자 중심'으로 보여 주는지 질문하며 자료를 시각화할 것을 당부한다.

6. 맺음말

흔히들 질적 연구는 '학습의 과정'이라고 한다. 그 말이 맞는다면 학습은 두 방향으로 이루어진다. 하나는 연구현장, 연구참여자에 대한 배움이요, 다른 하나는 나 자신에 대한 배움이다.

우선 현장연구를 통해 잘 몰랐던, 또는 잘못 알고 있었던 연구현장과 연구참여자의 삶과 흐름, 그리고 그들이 그들의 눈과 귀를 통해 보여 주는 또 다른 가능 세계들, 내가 몰랐던 그 세계들이 어떻게 실재화되는가를 배운다. 그럼으로써 연구현장과 연구참여자들에 대한 나의 작은 지식이 형성되는 동시에 세계와 존재에 대한 인식의 지평이 넓어진다. 그리고 이에 대한 보고와 발표를 통해 우리 학문공동체의 지식 또한 증가한다.

그만큼, 아니 그보다 더 중요한 배움은 나 자신에 대한 배움이 질적 연구 과정에서 일어난다는 점이다. 나와는 다른 사람들의 삶과 이야기를 통해 내가 어떤 사람이었는지, 어떻게 살아왔는지를 돌아보는 한편, 앞으로 어떤 사람이 되어야 할지, 어떻게 살아가는 게 좋을지 부단히 사유하고 고뇌하기 때문이다. 흔히 말하는 '성장'이 그 과정에서 일어나기 때문이다. 실제로 지금까지 얼마 안되는 연구 이력에서 내게 가장 많이 들었던 생각은 '나는 왜 저들처럼 살지(하지) 못할까? 어떻게 하면 저들처럼 살 수 있을까?'였다. 물론 그들의 삶의 전철을 그대로 밟겠다는 뜻에서 하는 이야기는 아니다. 다만 그들의 치열한 고투를 본받아야 하지 않겠는가 하는 나름의 반성과 깨달음이 연구 과정에서 늘 내 뇌리를 울렸음을 이야기하고 싶을 뿐이다.

연구자가 애써 수집하고 구성한 자료 속에는 그러한 배움의 기회를 열어 준 소중한 배움의 소재들이 고스란히 감싸여 있다. 자료를 분석한다는 것은 그 배움의 소재들을 찬찬히, 세심히, 꼼꼼히 살핌으로써 그 배움의 과정과 결과를 펼쳐 내어 체계적으로 정리하고 구성해 가는 과정인 동시에 배움을 복기하고, 그 배움에 대해 다시 정리하고 생각함으로써 연구현장과 연구참여자, 그리고 나 자신에 대해 다시 한번 배워 가는 과정, 즉 메타학습의 과정이다.

하지만 실상은 그렇지 못한 경우가 더 많은 것 같다. 질적 연구를 넘어야 할 높은 산, 건너야 할 너른 바다와 깊은 강으로 생각하는 경우가 더 많은 것 같다. 나 역시 마찬가지였음을 고백할 수밖에 없다. 따라서 우선 나부터 생각을 고쳐먹어야 하겠지만, 이 점에서 많은 연구자가 자료를 볼 때 내게 씨름을 걸어오는 도깨비나 괴물로 보지 않았으면, 자료분석을 생과 사를 걸고 '자료와 씨름'하는 지루하고 험난한 과정으로 보지 않았으면 하는 생각을 해 본다. 질적 연구의 과정 전체가 소중한 배움의 과정이요 경험이지만, 한 가지 더 바라는 게 있다면 연구자들이 자료분석을 체계적이고 명확하게 배움의 과정과 결과를 드러내 보이고, 나아가 나 자신에 대해서도 깊이 생각할 수 있는 뜻깊은 학습의 장으로 여기고 그러한 장으로 만들었으면 한다.

이 맥락에서 누군가가 독자 여러분에게 "연구는 어느 정도 진행되고 있습니까?" 하고 묻는다면 "자료분석 중입니다."라고 말하는 대신 이렇게 대답해 보는 건 어떨까?

"배움을 정리하고 있습니다."

참고문헌

김형자(2010). 'M이론'에 창조의 비밀 담겼다?. 시사저널 인터넷 기사.

민성은(2016). 질적 자료 분석 방법으로서 매트릭스 분석. 질적탐구, 2(2), 161-191.

서동욱(2000). 차이와 타자. 서울: 문학과지성사.

양해림(2003). 현상학과의 대화. 서울: 서광사.

이남인(2004). 현상학과 해석학: 후썰의 초월론적 현상학과 하이데거의 해석학적 현상학. 서울: 서울대학교 출판부.

이찬웅(2020). 들뢰즈, 괴물의 사유. 서울: 이학사.

전가일, 전현욱(2017). 부모-되어감의 이해를 위한 비교체험 연구. 교육인류학연구, 20(3), 149-188.

전현욱(2014). 교육운동 참여의 자유변경 과정에 관한 사례연구: 햇살교육연구회 세 교사를 중심으로. 서울대학교 대학원 박사학위논문.

전현욱(2016). 혁신학교 교사로 산다는 것의 의미: 달빛초등학교 최민혁 교사의 삶에 관한 사례연구. 교육인류학연구, 19(1), 33-71.

전현욱(2019). 과정중심평가 만들어 가기에 관한 참여적 실행연구: 세종시 사과초등학교를 중심으로. 학습자중심교과교육연구, 19(24), 695-725.

전현욱, 이형연(2019). 과정중심평가 수행 방식에 관한 문화기술적 사례연구: 경기도 초록초등학교를 중심으로. 학습자중심교과교육연구, 19(8), 123-154.

조용환(1999). 질적 연구: 방법과 사례. 경기: 교육과학사.

조용환(2004). 질적 연구와 질적 교육. 교육인류학연구, 7(2), 55-75.

조용환(2011). 기오재공동학습자료 jyh20110308. 미출간 자료.

조용환(2012). 교육인류학과 질적 연구. 교육인류학연구, 15(2), 1-21.

조용환(2014). 좋은 질적 연구자가 되기 위한 자기 점검. 한국교육인류학회 하계 워크숍 자료. 서울: 한국교육인류학회.

조용환(2018). 질적 연구에서 자료 구성의 의미와 실제. 한국교육인류학회 추계학술대회 자료집. 서울: 한국교육인류학회.

최성호, 김영천(2017). 질적자료분석 방법으로서 영역 분석: 그 다양한 방법들의 탐색. 질적탐구, 3(1), 133-155.

Atkinson, P. (1997). Narrative turn or blind alley? *Qualitative Hearth Research, 7,* 325-344.

Barritt, L., Beekman, T., Bleeker, H., & Mulderij, K. (1983). *A handbook for phenomenological research in education*. 홍기정 역(1990). 교육연구와 현상학적 접근. 서울: 문음사.

Beaugrande, R., & Dressler, W. U. (1981). *Einführung in die Textlinguistik*. 김태옥 역(1995). 텍스트 언어학 입문. 서울: 한신문화사.

Berger, L, P., & Luckmann, T. (1966). *The social construction of reality*. 하홍규 역(2013). 실재의 사회적 구성: 지식사회학 논고. 서울: 문학과지성사.

Chagnon, N. A. (2013). *Noble savages: My life among two dangerous tribes-the Yanomamö and the Anthropologists*. 강주헌 역(2014). 고결한 야만인: 아마존 야노마뫼 족과 인류학자들, 두 위험한 부족과 함께한 삶. 경기: 생각의 힘.

Charmaz, K. (2006). *Constructing grounded theory: A practical guide through qualitative analysis.* 박현선 외 공역(2013). 근거이론의 구성: 질적 분석의 실천 지침. 서울: 학지사.

Clifford, J., & Marcus, G. E. (Eds.). (1986). *Writing culture: the poetics and politics of ethnography - a School of American Research advanced seminar.* 이기우 역(2000). 문화를 쓴다: 민족지의 시학과 정치학. 서울: 한국문화사.

Deleuze, G. (1964). *Marcel Proust et les signes*. 서동욱 외 공역(2004). 프루스트와 기호들. 서울: 민음사.

Deleuze, G., & Guattari, F. (1980). *Mille plateaux*. 김재인 역(2001). 천 개의 고원. 서울: 새물결.

Derrida, J. (1967). *De la grammatologie*. 김성도 역(2010). 그라마톨로지. 서울: 민음사.

Eisner, E. W. (1998). *The enlightened eye: Qualitative inquiry and the enhancement of educational practice*. Teachers College Press. 박병기 외 공역(2001). 질적 연구

와 교육. 서울: 학이당.

Gadamer, H. G. (1960). *Wahndzüge einer philosophischen Hermeneutik*. 이길우 외 공역(2012). 진리와 방법: 철학적 해석학의 기본 특징들 1. 경기: 문학동네.

Glesne, C. (2006). *Becoming qualitative researchers: An introduction.* New Jersey: 안혜준 역(2008). 질적 연구자 되기. 서울: 아카데미프레스.

Goffman, E. (1967). *Interaction ritual: Essays in face to face behavior*. 진수미 역(2013). 상호작용 의례: 대면 행동에 관한 에세이. 서울: 아카넷.

Han, B. C. (2016). *Die Austreibung des Anderen: Gesellschaft, Wahrnehmung und Kommunikation heute*. 이재영 역(2017). 타자의 추방. 서울: 문학과지성사.

Hatch, J. A. (2002). *Doing qualitative research in education settings*. 진영은 역(2008). 교육 상황에서 질적 연구 수행하기. 서울: 학지사.

Heidegger, M. (1927). *Sein und Zeit*. 이기상 역(1998). 존재와 시간. 서울: 까치.

Heidegger, M. (1954). *Vorträge und Aufsätze*. 이기상 외 공역(2008). 강연과 논문. 서울: 이학사.

Hollingdale, R. J. (1999). *Nietzsche: The man and his philosophy*. 김기복 외 공역(2017). 니체. 서울: 북캠퍼스.

Holstein, J. A. (2018). Advancing a constructionist analytics. In N. K. Denzin & Y. Lincoln (Eds.), *The SAGE Handbook of Qualitative Research*. (5th ed., pp. 395-410). Thousand Oaks: SAGE.

Jackson, A. Y., & Mazzei, L. A. (2018). Thinking with theory: A new analytic for qualitative inquiry. In N. K. Denzin & Y. Lincoln (Eds.), *The SAGE handbook of qualitative research* (5th ed., pp. 717-737). Thousand Oaks: SAGE.

Lévi-Strauss, C. (1962). *La pensée sauvage*. 안정남 역(1996). 야생의 사고. 서울: 한길사.

Lincoln, Y. S., & Guba, E. G. (1985). *Naturalistic inquiry*. London: Sage.

Mannheim, K. (1952). *Ideologie und Utopie*. 임석진 역(2012). 이데올로기와 유토피아. 서울: 김영사.

Merleau-Ponty, M. (1964). *Le visible et l'invisible*. 남수인 외 공역(2004). 보이는 것과 보이지 않는 것. 서울: 동문선.

Miles, M. B., & Huberman, A. M. (1994). *Qualitative data analysis: An expanded sourcebook*. London: Sage.

Miles, M. B., Huberman, A. M., & Saldaña, A, J. (2014). *Qualitative data analysis: A methods sourcebook* (3rd ed.). 박태영 외 공역(2019). 질적 자료 분석론: 방법론 자료집. 서울: 학지사.

Richards, K., Andrew, R., & Hemphill, M. A. (2018). A Practical guide to collaborative qualitative data analysis. *Journal of Teaching in Physical Education, 37*(2), 225-231.

Royle, N. (2003). *Jacques Derrida*. 오문석 역(2007). 자크 데리다의 유령들. 서울: 앨피.

Rosaldo, R. (1993). *Culture & truth: the remaking of social analysis: with a new introduction*. 권숙인 역(2000). 문화와 진리: 사회분석의 새로운 지평을 위하여. 서울: 아카넷.

Saldaña, J. (2009). *Thc coding manual for qualitative researchers*. London: Sage.

Savin-Baden, M., & Major, C. H. (2010). *New approaches to qualitative research: Wisdom and uncertainty*. London: Routledge.

Schüz, A. (1932). *Der sinnhafte Aufbau der sozialen Welt: Eine Einleitung in die verstehende Soziologie*. Springer-Verlag.

Snodgrass, J. G. Clements, K. R., Nixon, W. C., Ortega, C., Lauth, S., & Anderson, M. (2020). An iterative approach to qualitative data analysis: Using theme, cultural models, and content analyses to discover an confirm a grounded theory of how gaming inculcates resilience. *Field Methods, 32*(4), 399-415.

Spiegelberg, H. (1984). *Phenomenological Movement*. 최경호 외 공역(1991). 현상학적 운동 Ⅰ. 서울: 이론과 실천.

Spradley, J. P. (1980). *Participant observation*. 신영재 역(2006). 참여 관찰법. 서울: 시그마프레스.

Turner, V. (1982). *From ritual to theatre: The human seriousness of play*. journal publish. 이기우 외 공역(1996). 제의에서 연극으로: 인간이 지니는 놀이의 진지성. 서울: 현대미학사.

van Manen, M. (1991). *Researching lived experience: Human science for an action sensitive pedagogy*. 신경림 외 공역(1994). 체험연구: 해석학적 현상학의 인간과학 연구방법론. 서울: 동녘.

Wittgenstein, L. (1953). *Philosophical investigations*. New York: Macmillan.

Wolcott, H. F. (1994). *Transforming qualitative data: Description, analysis, and interpretation*. London: Sage.

Ziskin, M. B. (2019). Critical discourse analysis and critical qualitative inquiry: Data analysis strategies for enhanced understanding of inference and meaning. *International Journal of Qualitative Studies in Education, 32*(6), 606–631.

Yale University (2000). *History and Development of the HRAF Collections*. https://hraf.yale.edu/publications-archives/hraf-news-archive/

/ 제5장 /

질적 연구 글쓰기:
경험과 사유를 불러일으키기

전가일(연세대학교 교육연구소)

양적 연구가 인간 사회에서 벌어지는 일들을 계량화함으로써 일련의 사태에 대한 원인관계 분석과 변수들 간의 상관성을 규명하는 설명(explain)을 목적으로 한다면, 질적 연구는 사태 그 자체로 돌아가 그것을 분별하고 계측하기 전의 질에 접근함으로써 인간 삶의 진실을 이해(understand)하는 것을 목적으로 한다(전가일, 2021; 조용환, 2019a, 2019b; van Manen, 1994, 2014). 당연히도 각 연구방법의 진리에 대한 이러한 인식론적 지향은 연구의 최종 재현 과정인 글쓰기에도 그대로 드러나게 된다. 사회 현상들의 제 요소를 계측함으로써 연구 가설을 검증하고자 하는 실증적 논문의 글쓰기는 연구 가설이 얼마나 강력한 수준에서 받아들여질 수 있는지를 최대한 간결하고 명징하게 기술하는 것을 목적으로 한다. 이에 반해 질적 연구의 글쓰기는 연구자가 발견한 삶의 진실에 대한 경험과 사유를 환기함으로써 인간 이해의 지평을 넓히는 것을 목적으로 한다(조용환, 2011; van Manen, 2014). 질적 논문은 참여자들의 삶의 이야기를 생생하게 그려 내고, 인간 체험의 어느 특정한 순간을 되살려 냄으로써 연구자가 궁구한 현상에 대한 본인의 이해를 성찰하고 이를 통해 접근한 삶의 진실을 드러내는 작업이다. 이런 맥락에서 반 매넌

(van Manen, 2014)은 질적 연구자들이 글을 쓰는 일은 현상에 대한 경험과 사유를 불러일으키는 환기적(vocative) 작업이며 언어에 의해서 환기된 세계, 즉 단어가 펼쳐지는 가상의 공간인 "텍스토리움(textorium) 속에서 사는 것"이라고 표현한 바 있다. 그렇다면 이러한 질적 연구의 글쓰기는 어떠한 독특성을 지닌 작업이며 이러한 독특성은 구체적으로 어떻게 구현할 수 있는가? 질적 연구의 글쓰기가 경험과 사유를 불러일으키는 환기적인 작업이라는 것, 언어에 의해서 '환기된 세계의 텍스토리움을 사는 것'이라는 표현은 어떤 의미인가?

이러한 질문에 대한 탐색의 일부로서, 이 장에서는 질적 연구에서 글쓰기의 의미와 그에 따른 독특성, 질적 논문의 목차 구성에 따른 글쓰기 초점, 질적 연구 글쓰기의 사례, 질적 연구에서 좋은 글의 평가 기준, 질적 연구에서 글쓰기의 새로운 실험에 대한 이야기들을 차례로 살펴 보고자 한다.

1. 질적 연구에서 글쓰기의 의미

1) 연구의 정수이자 연구하기 그 자체로서의 글쓰기

우리는 흔히 글쓰기를 어떤 연구 과정에서 최종적으로 얻을 수 있는 결과적인 것으로 여기기 쉽다. 그러나 질적 연구에서 글쓰기는 그 자체가 '질적 연구하기'로, 글쓰기야말로 질적 연구의 정수이며 본령(本領)과 같다. 이런 맥락에서 반 매넌(van Manen, 2014)이 "(현상학적) 질적 연구는 글쓰기와 다시 쓰기(writing and re-writing) 그 자체"라고 표현한 것은 결코 과언이 아니다. 질적 연구자는 글쓰기를 통해 현상의 생생함을 표현함으로써 그 사태의 어떠함을 마주하며, 참여자들을 향한 자신의 이해를 기술함으로써 의미를 생성한다. 질적 글쓰기는 관찰했던 연구 사태와 참여자들의 삶이 언어로 단순히 변환되는 기계적인 작업이 아니다. 그것은 연구자의 글을 통해 사유와 경험이 되살아나고 의미가 생성되는 창조적인 작업이다. 질적 연구에서 연구자는 언어라는 표현 형식을 통해 연구하는 사태에 대한 경험과 사유를 불러일으키고 그에 대한 의미를 생성하는 것이므로 질적 연구에서 글쓰기야말로 질적 연구의 정수이자 (질적) 연구하기 그 자체라고 할 수 있다.

질적 연구에서 글쓰기는 언어의 형상화를 통해 연구하고자 하는 세계를 읽어 내는 작업이다. 질적 글쓰기에서 연구자는 자신과 참여자들의 세계에 대해 읽어 낸 바를 언어로 형상화한다. 이러한 맥락에서 질적 연구자의 글쓰기는 읽기와 다르지 않다. 낸시(Nancy, 1993)는 읽기와 글쓰기는 "만지며(touch), 만져지는(being touched) 미적 감각의 문제"라고 표현한 바 있다. 이는 읽기와 글쓰기가 단순히 언어가 지시하는 어떤 정보를 인지하거나 제공하는 것을 넘어서는 차원의 일임을 뜻한다. 읽기와 글쓰기를 하는 동안 우리는 언어가 우리 세계를 만지며 또한 만져지는 경험을 하게 된다. 이처럼 우리가 어떤 글을 읽는다는 것은 해당 글의 언어가 지시하는 특정 내용을 단순히 인지하는 것을 넘어서 그 글이 창조해 낸 특정한 세계 속으로 들어간다는 것을 의미한다. 우리는 글을 읽으며 지금 내가 처한 일상적인 실재에서 벗어나 글이 그려 내는 세계 속으로 들어가는 이중적인 공간성을 경험하게 된다(van Manen, 2014). 이것은 글을 쓸 때도 마찬가지로 실행된다. 질적 연구에서 연구자는 연구 사태를 참여자들과 함께 직접 보고 겪은 체험의 즉자적인(Being-in-itself) 순간을 언어로 형상화함으로써, 그 체험이 또 다른 시선의 대상이 되는 체험의 대자적인(Bing-for-itself) 성격을 구현해 낸다. 질적 연구자는 글쓰기를 통해 연구자가 탐구하는 세계의 즉자적이며 대자적인 체험의 순간들을 그려 내는 것으로 특정한 공간성을 생성한다. 반 매넌(van Manen, 2014)은 질적 연구자가 언어적 형상화를 통해 특정한 세계의 공간을 창출하는 것을 '텍스토리윰'이라고 일컬었으며, 질적 연구자의 글쓰기는 결국 "텍스토리윰을 사는 것"이라고 표현한 바 있다. 이렇게 질적 연구자는 글쓰기를 통해 연구하고자 하는 사태를 언어로 되살려 내는 '텍스토리윰'을 살아 냄으로써 그 세계를 창조하고 독자와 함께 그 텍스트가 열어젖힌 세계 속으로 나아가게 되는 것이다.

질적 연구자의 글쓰기가 '이미 항상' 해석적인 성격을 지니는 의미 생성의 작업(유혜령, 2014; Palmer, 1969; van Manen, 1994, 2014)이라는 측면에서도, 질적 글쓰기는 연구의 결과가 아니라 연구의 요체이자 연구하기 그 자체라고 볼 수 있다. 우리가 어떤 사태를 연구할 때, 연구하고자 하는 사태로서의 대상은 우리에게 어떤 의미를 지시하거나 참여자들의 삶 속에 어떤 특정 의미가 선재(先在)되어 있는 것이 아니다. 연구하고자 하는 사태로서의 대상은 연구자에 의해 언어로 형상화할 때 드러나는 것, 즉 "미리 주어져 있지 않은 의미들이 언어의 해명 안에서 비로서 일정한 의미로 규정되어 드러나는"(유혜령, 2014: 16) 것이다. 이와 같이 질적 연구에서 글쓰기는 연구의 긴 여정 중 마지막 단계에 이루어지는 작업이라기보다, 연구 과정 내내 이루어지는 것으로 질적 연구의 정수이며 연구하기 그 자체라 할 수 있다.

2) 불확실성의 지혜에 대한 표현으로서의 글쓰기

양적 연구에서는 진리를 주체의 의식(noesis) 밖에 실재하여 규명할 수 있는 인식대상(noema)으로 보고 '객관적' 실체로서의 진리를 추구하며 대상과 그것들의 관계를 명확히 규명하고자 하는 목적으로 연구한다. 따라서 그 얻은 결과를 최대한 명징하게 설명하여 독자에게 명확판명한 답으로 제시하고자 한다. 이에 비해 질적 연구에서는 진리가 주체와 상관없이 주체 밖에 분리되어 있는 실체로서 실재하는 것이 아니라, 노에시스(noesis)와 노에마(noena)의 상관작용으로 구성되는 진리다움 혹은 진실성(truthfulness)을 구성하는 것이라고 본다(전가일, 2021; 조용환, 2016a; Gadamer, 1960). 근대적 인간과학은 명확한 사실, 정초적인 진리, 모사되기 전의 원본을 전제하고 그것에 대한 정확한 모사로서의 재현을 추구해 왔다. 그러나 포스트모더니즘 이후 진리, 사실, 정초, 원본 등의 위상은 다각도로 도전을 받아 왔으며, 탈근대성을 기초로 하는 질적 연구는 불확정성, 무한성, 애매성, 상호텍스트성, 불확실성 등으로 확장되어 왔다(조용환, 2015). 사빈 바덴(Savin-Baden, 2010)은 질적 연구자들의 연구 결과는 명확판명한 사실로서의 지식이 아니며, '불확실성의 지혜'를 얻는 것이라고 이야기하였다. 이러한 맥락에서 질적 연구에서 연구 결과로서의 글쓰기는 명확한 사실이라는 원본을 최대한 적확하게 재현하는 것이 아니라 애매하고 모순적이며 불확실성으로 가득찬, 그래서 그 어떤 판명한 원본이 없는 우리 삶에 대한 지혜를 표현하는 것이 된다.

질적 연구 글쓰기에서 재현과 표현에 대한 문제의식과 이에 대한 논의들은 '재현의 위기(crisis of representation)'가 제기된 1980년대 중반부터 지금까지 계속되고 있다. 표현(presentation)이 현존(現存), 현재(懸在), 자재(自在) 등의 뜻을 지닌 것으로 지금 여기에서 즉자적인 성격으로서의 수행성과 상황성을 강조하는 것이라면, 재현(representation)은 다시 하다, 뒤로 가다, 새로 하다의 의미를 지닌 것으로 대자적 · 표상적 · 상징적 · 언표적 · 대표적 속성을 강조한 것이다(조용환, 2016b). 재현에 대한 긍정적인 시선에서 보면 재현은 단순한 반복의 모사를 뛰어넘어, 그것을 다시 새롭게(re-) 가져와 제시하거나 현시하는 것이다(조용환, 2016b). 이러란 의미 맥락에서 재현으로서의 질적 연구 글쓰기는 연구 과정에 있었던 사건과 경험을 최대한 정확히 있는 그대로 반복해 내는 근대적 재현의 의미를 지닌 작업이기보다, 참여자들이 보여 준 그들 삶의 이야기를 연구자가 '다시 돌아보아' 새롭게 의미 부여하는 것이 될 수 있다.

재현에 대한 부정적인 시선에서 재현은 "철학이 오랫동안 사로잡혔던 강박"처럼 진정으로 존재하는 것, 본질과 실체로서의 이데아(Idea)나 에이도스(Eidos)에 대해 이야기한다(윤성우, 2004). 이러한 의미 맥락에서 재현으로서의 질적 연구 글쓰기는 관찰과 면담에서 발견한 사실들을 원본(이데아)으로 보고, 이를 최대한 정확히 재현해 내는 것이다. 이러한 재현에 대한 부정적 시선을 대표하는 현대 철학자가 바로 질 들뢰즈(Gilles Deleuze)이다.

들뢰즈는 재현의 세계에서는 어떤 절대적인 원본이 상정되고 그 원본에 대한 동일성이 존재의 우위에 있지만, 현대적 사유는 바로 이 동일성의 소멸과 함께 재현의 파산과 더불어 태어났다고 선언한다(Deleuze, 1968). 들뢰즈는 다른 어떤 절대적 실선으로 환원될 수 없는 순수한 차이, 유목적이며 비정확한 온갖 질(質)로서 존재의 특이성인 '이것임(heceite)'을 이야기했다(전가일, 2020; 최승현, 2020). 이러한 들뢰즈에게 있어 재현은 동일성, 대립, 유비, 유사성이라는 4중 굴레에 갇혀 있는 것이기에, 순수하게 불균등한, "깊이를 알 수 없는 비유사성의 바다"라는 '차이'는 재현을 통해서는 사유될 수 없다. 들뢰즈는 재현이 "지나치게 작은 차이는 지워 버리고 지나치게 커다란 차이는 토막 내면서", 결과적으로는 동일자/원본에게로 회귀한다고 지적한다(Deleuze, 1968). 재현(모상/아이콘)에는 어떤 수렴하는 세계, 어떤 단일 중심의 세계가 있어야만 하므로 재현은 결국 발산과 탈중심화를 긍정할 능력을 획득하지 못한다.

이와 같은 맥락에서 들뢰즈는 '시뮬라크르(simulacre)'라는 개념을 통해 그때까지 원본의 재현이라는 하급한 이미지의 '모사'라는 지위를 완전히 전복해 버린다. 이 개념은 플라톤주의 안에 있는 원본(실재) 대 사본(재현)이라는 이분법을 전복하기 위한 것이었다. 플라톤주의에서 원본은 이데아적이고 신적이며 불변하는 어떤 것이라는 맥락에서 이데아/원본/동일자/도상(icone)/우상(idole)이고 이것들의 베끼기와 모방, 사본이 시뮬라크르이다. 플라톤은 이데아를 가장 참된 것으로 간주하고 현실은 이데아의 복제이며, 시뮬라크르를 복제의 복제로 여기며 가장 가치 없는 것으로 본다. 들뢰즈는 이것을 완전히 뒤집는다. 들뢰즈는 애초에 이데아 자체를 인정하지 않기 때문에 원본과 시뮬라크르 간의 대조 자체가 무의미하다. 들뢰즈에게 원본을 상정하는 아이콘적인 재현은 "같은 사태를 통해 이해되는" "헐벗은 반복"(Deleuze, 1968: 598)이다. 이에 비해 시뮬라크르는 어떤 원본이 있는 사본이나 모사가 아니다. 시뮬라크르는 차이를 반복함으로써 끝없는 모사를 통해 모든 원본과 사본을 전복하는 것이다. 이는 단순한 모사/모방으로 이해해서는 안 되며 오히려 원본 혹은 특권적인 지위라는 생각을 전복시키는 행위 그 자체로 이해해야 한다

(Deleuze, 1968).

진리가 아니라 진실에 대한 질적 연구의 지향과 들뢰즈의 시뮬라크르에 대한 이러한 논지를 종합해 보자면 질적 연구에서의 글쓰기는 진리(원본)에 대한 동일자로서의 '재현'이라기보다 삶의 진실에 대한 무한한 계열 속에서 특정 강밀도로 배치된 시뮬라크르로서의 '표현'에 가깝다. 질적 연구 글쓰기는 명확판명한 지식에 대한 재현이 아니라 삶 속에서 발견한 불확실성의 지혜를 표현한다. 연구 결과를 진리의 실체로서 '재현'하는 것이 아니라 삶의 진실, 사방으로 확산되는 의미들을 포착하여 '표현'하는 것이다. 이런 맥락에서 질적 연구자의 글쓰기로 탄생한 텍스트는 데리다(Derrida, 1996)가 제시한 산종(散種, dissémination)의 개념과 같이, "의미를 모으는 것이 아니라 세계로 흩뿌린다"(조용환, 2016). 질적 연구 글쓰기가 지니는 이와 같은 '불확실성의 지혜로서의 표현'이라는 의미는 설명보다 보여 주기, 상호텍스트성, 환기적이며 심층적인 기술을 지향하는 노력을 통해 드러날 수 있다.

3) 독특성과 보편성 사이의 변증법으로서의 글쓰기

질적 연구에서 글쓰기는 구체와 추상, 독특성과 보편성 사이에서 일어나는 변증법적 작업이다(이근호, 2007; 전가일, 2021; 조용환, 2011; van Manen, 2014). 질적 연구자가 연구현장에서 관찰한 특정한 참여자의 삶과 대화를 통해 이해한 그 삶의 이야기는 다른 그 어떤 것으로도 대체할 수 없이 유일하고 독특한 또 하나의 '이것임'이다. 또한 질적 연구에서 참여관찰 및 심층면담 등이 일어나는 맥락은 사람들의 일상에서 동떨어진 이론적이고 추상적인 세계 속에서 구성된 것이 아니라 매우 구체적인 삶의 경험 자료이다. 그러나 동시에 글쓰기는 언어라는 반성적이며 분별적인 도구를 통해 사태에 대한 거리두기를 하는 성찰의 작업이다. 언어란 근원적으로 사태의 독특함을 다 담을 수 없는 것으로 기표와 기의의 추상적 약속이며, 개념들의 보편을 전제할 때 가능한 작업이기 때문이다.

질적 연구자로서 우리는 글쓰기를 통해 내가 연구현장에서 보고 겪은 그 순간을, 참여자와의 대화를 통해 마주했던 삶의 이야기를 언어로 그려 내고자 한다. 그러나 이 일은 기실 근원적으로 '이미 항상' 불가능한 일이다. 언어는 세계를 논리적인 체계로 분절하는 문(文)의 추상적인 체계이며, 우리의 경험과 체험의 독특성을 언어라는 보편적 형식으로 환원하는 일이다(전가일, 2021). 따라서 인간 삶의 진실을 텍스트화하는 질적 글쓰기는 언어를 통한 성찰이 수반되는 구체와 독특성에 대한 일종의 '거리두기'이다. 글쓰기를 통해 우리는 탐구하는 연구주제 현상과 표현하는 언어 모두에 계속되는 성찰과 반성을 통한 '거리두기'를 하게 된다. 질적 연구에서 글쓰기는 언어라는 반성적인 도구로 사태에 대한 거리두기를 하는 대자적인 성찰의 작업인 셈이다. 그래서 결국 글쓰기는 언어의 구성체인 텍스트의 실제 속으로 깊이 들어가 "침잠하게 되는 고독한 경험"이다(van Manen, 2014).

반 매넌은 『실천 현상학(phenomelogy of pratice)』에서 질적 연구에서의 글쓰기를 "표현 불가능한 것들이 되살아나는 공간을 창출하는 일"이라고 표현한 바 있다(van Manen, 2014). 우리가 언어로 어떤 사건을 표현한 그 순간 사태의 근원적 형상은 이미 미끄러지고, 어떤 사람을 그려 낸 순간 그 사람은 더 이상 이전의 그와 같지 않다. 그야말로 노자가 도덕경에 이른 바와 같이, 道可道非常道(도를 도라 이름하면 그것은 더 이상 그런 도가 아님)이고, 名可名非常名(이름을 이름지어 부르지만 그것은 더 이상 그런 이름이 아님)인 셈이다. 우리가 언어로 무엇인가를 재현하게 되면 언어는 우리가 표현하고자 하는 그 무언가의 대체물이 되기에, 우리의 말과 글은 우리가 재현하고자 하는 대상을 죽임으로써만 탄생하는 것이다(van Manen, 2014). 또한 질적 연구자로서 우리가 그토록 열망하는 전반성적 경험의 순간, 즉 사태를 겪어낸 바로 그 체험이라는 순간은 본질적으로 복원할 수도 다다를 수도 없는 일일 것이다. 그럼에도 불구하고 질적 연구자로서 우리는 사태와 사물을 죽임으로써만 재현될 수 있는, 분별과 호명의 도구인 언어를 가지고 연구에서 발견한 삶의 진실을 지면 위에 되살려 내려고 안간힘을 쓰는 것이다. 그러한 맥락에서 질적 연구에서 글쓰기는 구체와 추상, 독특성과 보편성 사이의 변증법적 작업이다.

이와 같은 맥락에서 김영철(1999)은 질적 연구자들의 글쓰기 작업이 자신이 경험한 참여자들의 독특한(emic) 세계를 자신이 속한 학문의 보편적(etic) 세계에 매개하는 '번역으로서의 글쓰기'와 같은 성격을 지닌다고 기술한 바 있다. 이와 같은 구체와 추상, 독특성과 보편성 사이의 변증법적 작업으로서의 질적 글쓰기의 의미는 조용환(2011, 2012, 2016a, 2016b)이 지속적으로 논의해 온 질적 연구의 '문질빈빈(文質彬彬)'한 특징과도 다르지 않다. 문질빈빈은 공자의 『논어』 16장, 옹야 편에 등장하는 구절이다. "질승문즉야 문승질즉사 문질빈빈 연후군자(質勝文則野 文勝質則史 文質彬彬 然後君子)."(論語 雍也, 29) 이를 해석해 보자면 "바탕이 문채를 이기면 거칠게 되고, 문채가 바탕보다 나으면 간히게 된다. 문과 질이 골고루 이루어진 후에야 군자가 된다." 정도의 뜻이다. 조용환(2011, 2016b)은 여기서 질(質)이 바탕을, 문(文)이 무늬를 의미함을 지적하면서 우리 인간의 '문화(文化)'라는 것은 바탕에서 무늬를 얻어 내 온 과정이라고 이야기한다. 질이며 바탕인 자연은 있는 그대로의 것인데 반해, 문화는 자연을 길들이고 선택하여 의미를 부여한 것이다. 이렇게 문화는 자연에서, 문(文)은 질(質)에서 나온 것인데도 우리는 '문화'를 '자연'으로 여기며 살아간다. 질적 연구자는 결국 문과 질의 관계를 따져 보며, 길들여진 '문'을 벗겨 본래의 '질'을 발견하고자 애쓰며 문과 질의 관계인 문질빈빈(文質彬彬)을 추구하는 것이다(조용환, 2011, 2012). 이는 일찍이 콜링우드(Collingwood, 1938)가 이야기한 "스타일 없는 주제는 야만이고, 주제 없는 스타일은 도락이다."라는 언급과도 같은 맥락이다.

이와 같이 질적 연구에서 글쓰기는 연구 사태에 대한 홈파인 사유, 학문적 시선, 지층화된 이론과 같은 '문(文)'과 매끄러운 사유, 참여자들의 시선, 이론화되기 이전의 경험이라는 '질(質)'이 서로서로 문질빈빈(文質彬彬)하는 구체와 추상, 독특성과 보편성 사이의 변증법적 표현으로서의 작업이라는 의미를 지닌다.

2. 질적 연구 글쓰기의 독특성

앞에서 살펴본 바와 같이 연구의 정수이자 연구하기 그 자체, 지식의 재현이 아니라 불확실성의 지혜 표현, 구체와 추상 그리고 독특성과 보편성 사이의 변증법이라는 질적 연구 글쓰기의 의미는 질적 연구자들의 글쓰기를 특정한 것으로 지향하게 한다. 이러한 질적 연구자들의 쓰기 지향은 결국 질적 연구 글쓰기의 독특성을 형성한다.

1) 설명하기나 말하기가 아닌 보여 주기

일찍이 딜타이(Dilthey, 1987)는 "자연과학은 설명하고 인간과학은 이해한다."라고 이야기한 바 있다. 자연법칙의 탐구에 있어서 세계는 결과를 야기하는 원인에 대한 질서와 패턴, 규칙을 찾을 수 있으며 그것들은 등가교환이 가능한 데이터의 형식(대부분의 경우 숫자)으로 측정 가능하다. 사회과학에서 실증주의 사조는 이 자연과학적인 인식론에서 유래한 것으로, 자연과학의 탐구 방법을 인간 삶의 현상에 적용한 것이라고 할 수 있다(이진경, 2002; 전가일, 2021; van Manen, 2014). 이러한 실증주의 사조로 이뤄지는 양적 연구에서 탐구되는 세계는 객관적인 것이며, 존재하는 실체로서의 사실을 언어와 기호를 통해 적확하게 재현하는 것을 목적한다. 따라서 양적 연구 결과 쓰기에서 중요한 것은 연구에서 가설로 제시한 변수의 관계들을 규명하여 설명하는 것이다. 설명이란, 결국 연구자가 자신의 언어로 자신이 속한 학문세계의 언어를 가지고 연구 과정에서 검증된 사실들을 언어로 옮기는 것과 같은 작업이다. 이렇게 사실을 그대로 설명(말)하여 재현하고자 하는 구상은 재현할 대상(연구에서 밝힌 변수들 간의 관계성들)과 그것이 지시한 재현된 언어(연구자의 기술)의 정확한 대응 관계, 즉 언어와 사물 간의 동형 관계를 전제하기 때문이다

(이정우, 2008; 이진경, 2002).

이에 반해, 질적 연구는 참여자들 삶에 대한 이해를 통해 측정할 수 없고 요약 불가능한 인간 삶의 진실에 접근하고자 한다. 그러나 참여자들의 겪어 내고 살아 낸 경험의 즉자적 순간(체험의 순간)은 언어로 환원될 수 없기에, 질적 연구에서 언어라는 형식을 가지고 그 삶의 진실을 그려 내고자 하는 '글쓰기'라는 작업은 사실 근원적 불가능성을 지닌 작업이다. 따라서 그러한 근원적 불가능성 위에서 이루어지는 질적 연구자들의 글쓰기는 "표현 불가능한 것들이 되살아나는 공간을 생성"(van Manen, 2014)하는 불러일으키기이다. 즉, 질적 연구자들의 글쓰기는 언어로 명확판명한 진리를 '설명'하는 것이 아니라, 참여자들의 생활세계 속에서 연구자가 발견한 삶의 진실의 순간들을 '보여 주는' 것으로 이루어진다. 이러한 맥락에서 조용환은『질적 연구 논문의 작성과 평가』에서 "독자를 참여자의 세계로 이끌어 마치 현장에 있는 듯한 느낌을 갖게 하라."(조용환, 2011: 28)라고 기술하고 있다. 이는 '설명하지 말고 보여 주라(Don't tell, but show!)'는 질적 연구 글쓰기의 아포리즘으로 잘 표현된다.

2) 경험과 사유를 불러일으키도록 환기하기

질적 글쓰기는 사실 관계를 규명하여 설명하는 것이 아니라 삶의 진실을 드러내는 데 초점을 둔다. 질적 연구 논문에서 중요한 것은 사물에 대한 명징한 사실(fact)이 아니라, 그것이 우리에게 현시하는 현사실성(facticity)이다. 질적 연구자로서 우리의 글은 탐구한 연구주제에 대한 실체와 사실로서의 답이 아니라 "사물의 궁극적인 불가해함, 존재의 무한성, 존재의 신묘한 울림이 역동하는 장"(van Manen, 2014)을 만드는 일에 가까운 것이다. 질적 연구자들의 텍스트는 참여자들을 통해 발견한 삶의 진실을 독자들에게 불러일으키는 "요약 불가능한 내러티브"로서의 성격을 지닌다. 따라서 질적 연구에서 글쓰기는 인식대상의 실체를 재현하는 것이 아니라 그에 대한 경험과 의미, 사유를 불러일으키는 환기적(vocative) 작업을 통해 경험의 진실성을 드러내고 독자로 하여금 그에 대해 공감하게 한다. 그렇다면 우리는 어떻게 언어를 통해 경험과 사유를 불러일으켜 환기할 수 있을 것인가?

반 매넌(van Manen, 2014)은 그의 두 번째 방법론 저서인 『실천 현상학(Phenomenology of pratice)』에서 (현상학적인) 질적 글쓰기에서 경험과 사유를 불러일으키는 환기적 방법들을 'vocative'라는 어휘를 다양하게 변형시켜 가는 방법을 통해 다음과 같이 다섯 가지로 제시하고 있다. ① 되살려 내어 환기하는 방법(The Revocative Method), ② 불러내어 환기하는 방법(The Evocative Method), ③ 집약시켜 환기하는 방법(The Invocative Method), ④ 호소하여 환기하는 방법(The Convocative Method), ⑤ 촉발하여 환기하는 방법(The Provocative Method)이다. '되살려 내어 환기하는 방법'의 요체는 해석적인 기술을 넘어서 감응을 불러일으키는 인간 삶의 '처절히 겪어 냄(lived throughness)'을 그려 내는 것이다. '불러내어 환기하는 방법'의 요체는 텍스트가 독자에게 말을 건네도록 하는 '가까움(nearness)'의 감각을 일깨우는 것으로 일화 쓰기와 같이 보이고, 들리고, 느껴지도록 하는 예시를 통해 구현될 수 있다. '집약시켜 환기하는 방법'은 텍스트의 언어적 측면을 응축하여 언어가 지닌 감각과 감성을 강밀화하는 것으로, 글의 톤과 분위기를 살피고 말이 이미지가 되는 시적 언어 사용 등을 통해 구현될 수 있다. '호소하여 환기하는 방법'은 의미를 불러일으키며 호소하는 것으로 텍스트가 독자들에게 공감적으로 어필하는 힘을 가지도록 만드는 것이다. '촉발하여 환기하는 방법'은 '강력한 환기적 텍스트가 행동을 촉발한다'는 생각으로, 연구 현상에서 제기되는 윤리적 문제나 반응의 문제 등을 명료하게 함으로써 강력한 환기적 텍스트를 구성하는 것이다(Van Manen, 2014).

질적 연구자의 글쓰기는 연구 사태의 의미 구조를 체계적으로 탐색하여 발견한 바를 드러내고자 노력한다는 점에서 한편으로는 매우 논리적이며 합리적인 과정이다. 그러나 동시에 질적 연구자의 글쓰기는 연구하고자 하는 사태에 대한 전반성적(prereflective) 체험의 순간을, 인간 삶의 진실에 대한 경험지를 표현하고자 한다는 측면에서 비합리적인 작업이다. 따라서 질적 연구자로서 우리의 글쓰기는 논리적이며 합리적인 언어적 정합성을 갖추어야 함과 동시에, 전반적인 체험의 순간을 되살리고 불러일으키며, 경험과 의미를 응축시켜 집약하고 호소하며 촉발하는 환기적인 작업이 되어야 한다. 이와 같이 경험과 의미를 불러일으키는 환기적인 글쓰기를 통해 질적 연구자는 독자와의 공명(resonance)의 감각을 창조하는 글, 즉 독자 자신이 어떤 특정 순간이나 사건을 개인적으로 경험하지 않았음에도 그 경험의 진실성을 공감하는 텍스트를 생성할 수 있을 것이다.

3) 심층적 기술을 통해 경험의 구체성을 드러내기

질적 연구 글쓰기의 세 번째 특징은 이른바, '두꺼운 기술(thick description)'과 '풍부한 기술(rich description)' 등으로 표현되는 심층적 묘사를 통해 연구하고자 하는 사태에 대한 경험의 구체성과 의미의 풍부함을 드러내는 데 있다(김영철, 1999; 조용환, 2011; 전가일, 2021; Geertz, 1973; Denzin, 2003). 두께 있는 기술(thick description)과 풍부한 기술(rich description) 모두 심층적인 기술을 일컫는 것이지만 꼭 같은 개념으로 보기는 어렵다. '두께 있는 기술'은 사건에 대한 요약이나 표피적인 묘사와 대비되는 의미에서의 세밀한 묘사를 일컫는 것으로 질적 연구 전통에서 주로 인류학과 문화기술적 연구가 지향하는 기술 방식이다(김영철, 1999; 조용환, 2011; Denzin, 2003; Geertz, 1973). '풍부한 기술'은 사태에 대한 '치밀하고 농도 짙은 기술'로도 일컫는데, 현상에 대한 치밀하고 진한 농도의 경험적 의미를 추구하는 현상학적 연구가 지향하는 기술 방식이다(유혜령, 2014; 전가일, 2021; van Manen, 2014).

상징인류학자로 불리는 기어츠(Geerts, 1973)는 문화기술지의 대표적 특징을 두께 있는 묘사로 이야기한 바 있다. 이것은 어떤 사건에 대한 표층적 기술(thin description)이라는 표현과 대비되는 의미로 길버트 라일(Gilbert Ryle)의 논문에서 나온 표현을 차용한 것이다(김영철, 1999). 기어츠는 심층적 기술을 질적 글쓰기의 주요 특징으로 강조하면서, 이것이야말로 연구참여자들의 관점과 그 세계를 이해하는 방법이며 이러한 심층 기술을 통해 외부자인 연구자는 내부자인 참여자의 관점에 다다를 수 있다고 보았다. 질적 연구의 연구 결과 기술에서는 추상적인 일반성에 대한 기술이나 설명적인 말하기(telling)의 기술보다 생활세계의 구체적인 경험 장면을 보여 주는(showing) 기술을 통해 경험의 구체성을 드러내야 한다. 이를 위해서는 추상적이며 보편적인 언술보다 연구 사태와 관련된 경험의 구체적인 장면에 대한 자세하고 치밀한 묘사, 즉 두꺼운 기술이 필요하다.

한편, 유혜령(2014)과 반 매넌(van Manen, 2014)은 현상학적 글쓰기에서 기술의 핵심을 치밀하고 진한 농도의 묘사, 즉 풍부한 기술(rich description)로 이야기한다. 이는 단순히 자세하고 세밀한 묘사를 말하는 것이 아니라 의미의 풍부함이 드러나는 묘사를 일컫는다. 상세한 기술을 한다고 하여 연구 현상의 모든 일상적 부분을 세밀하게 표현할 필요는 없다는 것이다. "연구자는 현상의 핵심적인 의미 영역을 직관적으로 포착하고 그 부분에 대한 치밀하고도 농도 짙은 기술을 하여야 한다."(유혜령, 2014: 12) 이러한 풍부한 기술을 통해 질적 연구자는 언어에 대한 논리적인 의미 인식을 넘어서 숨겨진 의미 자체가 언어를 통해 생기하고 발현되며 서로 공명할 수 있도록 이미지를 생성하는 것이다(유혜령, 2014; 전가일, 2021; van Manen, 2014).

문화기술적 연구에서 강조하는 '두꺼운 기술'이나 현상학적 연구에서 지향하는 '풍부한 기술' 모두 질적 연구에서 글쓰기는 연구 현상을 기술하는 데 있어 추상적·보편적·종합적인 언술이 아니라 연구 사태에 대한 심층적 묘사를 통해 우리 삶의 진실에 대한 경험의 구체성을 드러내는 것을 지향함을 보여 준다.

4) 상호텍스트성을 지향하기

명확판명한 진리가 아닌 불확실성의 지혜를 추구하며, 일반화할 수 있는 질서를 찾기보다 독특성과 보편성 사이의 변증법의 성격을 지닌 질적 연구에서 연구자는 자신이 얻은 어떤 연구 결과를 고정 불변한 실체적 진리로서 인식하지 않는다. 따라서 질적 연구자는 자신이 얻은 연구 결과를 단 하나의 정답이 아니라, 가능한 여러 텍스트 중 하나로 여긴다(전가일, 2021; 조용환, 2017; van Manen, 2014). 질적 연구자의 논문은 표현 가능한, 생성 가능한 여러 가지 텍스트 중 해당 연구자가 처한 상황 맥락에서 구성된 하나의 텍스트이다. 질적 연구 과정에서 한 연구자가 동일한 수집 자료를 가지고 서로 다른 텍스트를 구성하거나, 같은 자료를 가지고 서로 다른 연구자가 서로 다른 텍스트를 구성하는 일은 가능할 뿐만 아니라 당연한 일이다. 따라서 서로 다른 연구자가 같은 자료를 거듭 읽고 '정확히' 잘 분석하면 같은 연구 결과를 얻을 것이라는 생각은 이러한 질적 연구의 상호텍스트성을 잘 이해하지 못한 실증적인 관점의 발상이다. 질적 연구자의 글쓰기 작업은 텍스트와 텍스트 그 사이, 연구자의 쓰기와 독자의 읽기 그 사이에서 구성되는 상호텍스트로서의 성격을 지닌다(조용환, 2011, 2017). 상호텍스트성은 텍스트의 쓰기와 읽기가 양방향으로 열려 있는 개방의 가능성과 다양성을 일컫는다. 텍스트가 하나의 붙박인 의미로 있는 것이 아니라 다양한 텍스트가 우글거리고 웅성거리며 상호적으로 교차하는 장으로서의 콘텍스트(context)와 같은 것이다(조용환, 2017). 이러한 상호텍스트의 관점에서 보자면 "원본 혹은 정본으로서 고정불변의 지위를 가진 스스로 진리이거나 스스로 독창적인 텍스트는 없다. 텍스트는 이전의 텍스트들(예: 역사적 맥락 혹은 영향사) 속에서 만들어지는 것이다. 텍스트는 다른 (새로운) 텍스트들을 낳고, 그 텍스트들 사이에서 부단한 구성과 해체가 있을 뿐이다"(조용환, 2017: 11).

질적 연구의 글쓰기가 지향하는 상호텍스트성은 질적 연구자로서 우리가 하는 작업의 결과가 타인에게 모종의 진리로 강요될 성질의 것이 결코 아님을 알게 한다. 우리가 구성하는 텍스트는 나와 참여자 사이에서, 나와 독자 사이에서 작동한 수많은 '내부작용(intra-action)'을 통해 생성된 맥락 특정적인 구성물이다. 질적 연구의 글쓰기가 지향하는 상호텍스트성은 여러 '사이(inter)'에서 발생한다. 그것은 연구자와 참여자 사이에서, 연구자와 독자 사이에서, 연구자와 연구 공동체의 또 다른 연구자들 사이에서 끝없이 발생한다. 그것은 연구자와 참여자 간 서로의 시선과 세계, 삶을 교류하는 속에서 구성된 상호텍스트이며, 연구자의 글쓰기와 독자의 읽기가 상호 교차하는 속에서 생기한 의미들의 상호텍스트이다. 그것은 언제든 수정되거나 재고할 수 있고, 타인과 본인에 의해서도 반박될 수 있으며, 다시 쓰일 수 있다. 이러한 맥락에서 곽영순(2009)은 "텍스트에는 차이와 관계에 의한 임시적인 불안정한 의미만이 존재한다."(곽영순, 2009: 258)라고 하였다.

따라서 질적 연구자는 글쓰기에서 언제나 열린 태도를 지향하며 '그렇지 않을 가능성'을 늘 염두에 두고, 확정적이며 단언적 언어를 삼가는 것이 좋다. 자신이 발견한 연구 결과를 명확판명한 진리(정답)로 여기게 되면 텍스트는 점점 무거워지고 설득적이 되어 간다. 질적 연구자의 텍스트는 설득이나 강요가 아니라 논문을 통해 독자를 대화의 장으로 초대하는 것이며, 우리가 발견한 것을 설명이나 말하는 것이 아니라, 삶의 진실 중 한 부분을 독자에게 보여 주는 것이다. 이를 통해 질적 연구자로서 우리의 텍스트는 연구자의 쓰기와 독자의 읽기가 교차하며, 다양한 의미 생성과 또다른 텍스트 생성으로 나아가며 텍스트들의 우글거림으로 가득한 상호텍스트성을 지니게 될 것이다.

3. 질적 연구 논문의 구성

사회과학에서 질적 연구와 양적 연구 논문은 모두 우리 삶의 어떤 현상에 대해 문제를 제기하고, 그에 대한 질문을 던지며, 그것을 특정한 접근(연구방법)을 통해 탐색한 뒤, 그 과정에서 찾은 답(연구 결과)을 정리한다(전가일, 2021). 여기서 중요한 것은 그 논문이 질적 연구인가 양적 연구인가 하는 그 자체보다 그 연구의 인식론과 방법이 상응하는가 하는 문제일 것이다. 어떤 두 변인 간의 원인관계나 관련성 자체를 검증하고자 하는 연구는 실증적인 양적 연구로 접근해야 하는 문제이며, 특정한 사람(참여자)들의 삶과 그 경험 내용과 그것의 의미, 그리고 특정 현상 그 자체에 대한 이해를 위해서는 질적 연구로 접근해야 한다. 즉, 질적 연구와 양적 연구 그 자체로 좋고 나쁨의 가치가 있는 것이 아니라 연구자의 인식론과 현상에 대한 문제 의식이 연구방법과 상응하느냐의 여부가 좋고 나쁨을 결정하는 셈이다. 이러한 상응성은 연구 과정 및 논문 전체에 요구되는 것으로, 한 연구에서 진리를 바라보는 연구자의 인식, 현상에 대한 문제 인식, 연구방법, 연구 결과를 제시하는 글쓰기의 스타일까지 상응하는 것이 좋다. 결국, 질적 연구든 양적 연구든 학술적 논문은 특정 현상에 대한 문제 제기, 연구방법에 의한 탐색, 자료의 수집, 발견한 연구문제에 대한 잠정적인 답을 정리하는 글이다.

1) 본문 기술의 두 가지 방향: 연역적 쓰기와 귀납적 쓰기

질적 연구 논문에서 글을 기술해 나가는 방식을 거칠게 나누어 보면, 연역적 쓰기와 귀납적 쓰기로 생각해 볼 수 있다(조용환, 2004; Spradley, 2006; van Manen, 2014). 연역적 쓰기는 연구주제 현상과 관련하여 보편적인 진술에서부터 특수한 진술로 나아가는 방식으며, 귀납적 쓰기는 이와 대조적으로 특수한 장면에서부터 보편적인 진술로 나아가는 방식이다. 물론 모든 질적 연구의 글이 이와 같은 연역적 쓰기와 귀납적 쓰기로 양분될 수는 없겠으나. 보편에서 특수로 초점을 세밀화해 나가는 연역적 방식과 특정한 하나의 장면에서 시작하여 인간 삶의 보편적인 측면을 기술해 나가는 귀납적 방식은 대부분의 질적 연구 논문의 기본적인 글쓰기 구조라고 할 수 있다(전가일, 2021).

연역적 쓰기의 대표적인 사례는 스프래들리(Spradley, 2006)가 『참여관찰법』에서 제시하고 있는 질적 연구 글쓰기[1)]를 위한 "6 수준 글쓰기"를 생각해 볼 수 있다. 스프래들리(Spradley, 2006)는 문화기술지에서 참여관찰 과정을 세밀하게 기술하고 그 끝에 문화기술적 글쓰기를 위한 위한 사례를 제시한다. 그는 여기서 자신의 문화기술적 연구였던 시애틀의 알콜중독 노숙인들의 상호 호혜성 문화 연구사례를 들어 보편적인 수준에서 특수한 수준으로 나아가는 연역적 글쓰기 방식의 예를 보여 주고 있다. 수준 1에서는 인간과 인류 문화의 매우 보편적인 속성에 관한 보편적인 진술로 시작하여, 수준 2에서는 문화집단 간의 비교를 하는 비교문화적 진술을 하고, 수준 3에서는 연구주제와 관련된 문화에 대한 일반적 진술을, 수준 4에서는 자신이 연구한 특정 (참여자) 집단에 관한 일반적 진술을, 수준 5에서는 자신의 참여자집단의 문화적 영역에 관한 특수한 진술을, 마지막으로 수준 6에서는 본인이 관찰하거나 겪은 매우 특수한 하나의 사건을 진술하고 있다(Spradley, 2006: 219). 스프래들리가 제시하고 있는 6 수준 글쓰기는 중심 주제가 되는 보편적인 진술을 먼저 하고 뒤따라 이에 대한 구체적이며 특수한 사례들을 진술해 나가는 학술적 글의 통상적인 논리 구조를 잘 보여 주고 있다. 초보 질적 연구자로서 글쓰기가 막막하다면 스프래들리의 다음과 같은 6 수준 글쓰기를 따라 진술해 보는 것도 도움이 될 것이다.

자료 5-1

- 수준 1: 인간과 인류 문화의 속성에 대한 보편적 진술

  예 인간에게 있어서 호혜성은 두 사람이 오랜 기간 서로가 주고받는 것에서 균형을 이룬다. 이러한 호혜성은 모든 사회에서 일어난다.

---

1) 스프래들리(Spradley, 2006)가 『참여관찰법』에서 기술한 정확한 표현은 "질적 연구 글쓰기"가 아니라 "문화기술적 글쓰기 수준들"이나, 참여관찰법에서 제시하고 있는 문화기술지를 위한 연구 과정과 방법들은 문화기술지와 같이 특정한 연구 전통에 국한되지 않고 대부분의 질적 연구에 통용되는 것이라고 여겨지는바, 이 장에서는 "문화기술적 글쓰기"를 "질적 연구 글쓰기"로 바꾸어 기술했다.

• 수준 2: 문화 집단 간의 속성 비교하는 비교문화적 진술

예 부족 마을에 사는 사람들처럼 노숙인(유목민)[2]은 필요할 때 서로에게 의존한다. 그들은 다른 사람도 호혜적이길 기대한다. 콰키우틀 원주민은 의례를 통해 대접을 베풀면 후일 누군가의 의례에서 대접을 받는다. 노숙인은 다른 노숙인에게 베풀고 또한 구걸한다.

• 수준 3: 참여자 집단을 포함하고 있는 한 사회나 문화집단에 관한 일반적 진술

예 노숙인은 더 큰 사회의 구성원이 하는 것보다 더 호혜적 교환에 참여한다. 이런 종류의 교환에는 여러 가지 형태가 있다.

• 수준 4: 참여자 집단의 문화적 장면에 관한 일반적 진술

예 시애틀 구치소에 있는 노숙인도 다른 노숙인들과 재화와 용역을 서로 교환한다. 만약 그가 모범수라면 자신의 용역을 수감 중인 사람의 돈과 교환할 것이다.

• 수준 5: 참여자 집단의 문화 영역에 관한 특수한 진술

예 (참여자 진술) "예, 노숙인은 다른 노숙인에게 구걸하지요. 만약 당신이 길거리에서 구걸하고 있다면 다른 노숙인이, 만약 가지고 있다면 돈이나 담배를 당신에게 줄 것임을 기대할 수 있죠. 당신은 그가 때로는 무엇인가 필요할 것이고 그 때에는 당신 차례가 될 것임을 알고 있지요."

• 수준 6: 참여자 집단 속에서 관찰한 특수한 한 사건에 대한 진술

예 따분한 화요일 오후, 가느다란 안개비가 퓨젯사운드로부터 부드럽게 불어 들어오고 있었다. 조는 한 시간 전에 풀려나왔다. 몇 분 전에 그는 '공공안전부 빌딩'의 1층 엘리베이터에서 걸어 나와 길거리로 나섰다. 어디서 술 한 잔이나 담배 한 개비라도 구할 돈을 마련할 것인가를 생각하면서 낡은 양복 깃을 목 주위로 끌어올리고, 어깨를 약간 꾸부정하게 구부리고 중심가로 향했다. 그는 오늘밤 비를 피하기 위해 워싱턴가의 다리 밑에

---

2) 스프래들리(Spradley, 2006)가 『참여관찰법』에서 제시하고 있는 원래 문장에는 '노숙인'이 아니라 '부랑인'으로 번역되어 있으나, 이 장에서는 원문의 표현이 'urban nomads'이었던 점을 감안하여 일정하게 사는 곳과 하는 일이 없이 떠돌아다니며 방탕한 생활을 하는 사람이라는 뜻의 '부랑인'이 아니라, 집이 없이 떠돌아다닌다는 의미를 강조한 '노숙인(유목민)'으로 바꾸었다.

> 잠자리를 마련해야 할 것 같다. 제임스가로 천천히 걸어 내려갈 때 그에게 다가오는 한 남자를 보았는데 틀림없는 다른 노숙인이었다. "지금 막 나왔는데 술 한 잔 마실 동전 한 닢 빌려주겠소?" 하고 물었다.

출처: Spradley (1980). 『Participant Observation』

연역적 글쓰기가 글의 초점을 보편적인 데에서 특수로 좁혀 나가는 데 반해, 귀납적인 글쓰기는 이와 반대 방향의 논리를 취한다. 즉, 연구주제와 관련한 가장 특수한 하나의 예시에서 시작하여 이에 대한 보편적인 논의들로 나아가는 것이다. 연역적 방향의 글쓰기가 마치 카메라 렌즈의 초점을 넓게 시작하여 특정 피사체를 향해 초점을 맞추어 간다면, 귀납적 방향의 글쓰기는 카메라가 특정한 피사체에 초점을 맞춘 보여 주기로 시작했다가 렌즈의 폭을 점점 넓혀 가는 것과 같다. 특수한 예시를 먼저 제시하고 이에 대한 분석과 보편적인 논의로 나아가는 귀납적 글쓰기는 사례의 중요성에 주목하는 현상학적 연구에서 많이 이루어진다(전가일, 2015; van Manen, 2014). 현상학적 연구에서 예시와 사례는 현상학적 방법의 방법론적 독특함을 이루는 것으로, 이를 통해 그 현상에 대한 개념적 의미가 아니라 그 현현된 사태의 독특성을 보여 주는 철학적 장치가 된다(van Manen, 2014).

귀납적 글쓰기의 사례로는 필자가 2015년에 『교육인류학연구』에 발표한 「의료화된 조산 체험의 의미 탐구」를 들 수 있다. 이 논문은 현상학적 연구에서 현상의 속성을 보여 주는 결정적인 예시로, 일화의 강력함에 주목한 반 매넌(van Manen, 2015)의 아이디어를 빌려, 병원에서의 조산 출산의 과정에서 중요했던 장면들을 일화로 구성하여 제시하고 이 일화에 대한 분석과 해석을 기술하는 방식으로 구성한 자기체험 연구이다. '병원 찾기 과정', '입원 과정', '수술 결정 과정', '출산 순간' 그리고 '아기와의 만남'의 모든 의료화 출산 과정에서 연구자가 경험한 조산 출산 경험에 해당하는 일화를 제시하고 이를 분석하고 해석하는 보편적 논의로 나아가는 논리 구조를 취하고 있다. 이렇게 특수로 시작하여 보편으로 나아가는 글은 초두에 우리 삶의 구체적인 어느 한 장면의 경험자료를 예시함으로써 그 주제 현상을 되살려 내는 힘을 지닌다. 이 연구에서도 의료화된 조산 과정에 대한 체험적 일화(다음 [자료 5-2] 참조)를 글의 서두에 제시하는 것은 독자를 그 연구현장의 공간으로 단번에 끌어들이는 것과 같은 환기적 장치가 되는 셈이다.

자료 5-2

임신 32주 만의 어느 겨울밤, 예정일이 아직 한참이나 남았는데 갑자기 양수가 터진다. 남편은 마침 지방 출장 중이다. 나는 열 살 난 딸아이와 둘이서 남편이 요청한 119 구급차를 타고 B대학병원을 찾는다. 밤 12시 가까이 되었다. 구급대원은 떠나고 나는 간호사의 지시에 따라 딸아이를 병원 복도에 혼자 남겨 둔 채 분만 처치실로 들어간다. 처치실에 들어가자 간호사들은 내게 검사를 위해 아랫도리를 벗고 산과용 침대 위에 누우라고 한다. 난 아랫도리를 모두 벗은 채 다리를 벌리고 눕는다. 방엔 불이 환하게 켜져 있으나 스산하다. 간호사는 내게 응급수술을 하고 있는 의사가 수술을 마치고 곧 올 거라는 말을 남기고 방을 나간다. 다리 사이로 양수가 계속 흘러내린다. 몹시도 춥다. 정수리부터 허리뼈까지 냉기가 타고 흐른다. 아무리 기다리고 기다려도 의사는 오지 않는다. 방 건너편으로 분주히 오가는 간호사들은 피가 묻은 시트를 치우고 있다. 모두 저마다의 일로 바쁘다. 기다리는 시간이 길어질수록 내 심장도 더 세게 뛴다. 무섭고 두렵다. 배 속의 아기도 움직인다. 밖에는 겁에 질린 어린 딸아이가 어두운 병원 복도에서 혼자 날 기다리고 있다. 심장이 터질 듯한 이 무서움을 다독여 줄 사람도, 밖에 혼자 있는 딸아이에 대해 이야기해 주는 사람도, 이제 앞으로 어떤 일이 벌어질 거라고 말해 주는 사람도 그 누구도 없다. 양수가 흐르고 있는 내 아랫도리를 잠시라도 덮을 만한 그 어떤 것도 없다. 냉기가 내 몸과 마음을 엄습한다. 나는 조산에 대한 공포와 두려움 앞에 몸과 마음이 완전히 발가벗겨 내던져진 채 산과용 침대에 누워 있다. 나의 소중한 출산이 그렇게 두려움과 공포, 외로움으로 시작된다.

출처: 전가일(2015). 「의료화된 조산 체험의 의미 탐구」

2) 논문 목차별 글쓰기의 주요 초점

질적 연구 논문과 양적 논문의 대략적인 목차 구성은 크게 다르지 않아서 학술지 논문의 목차는 대부분, ① 문제 제기(선행연구와 이론적 배경들을 포함), ② 연구방법, ③ 연구 결과, ④ 결론 및 논의 등으로 구성된다. 질적 연구 논문 구성에서 각 항목별 글쓰기의 주요 초점을 다음과 같이 생각해 볼 수 있다.

(1) 문제 제기 쓰기

논문에서 '문제 제기' 쓰기의 핵심은 연구의 필요성을 잘 드러내는 데 있다. 문제 제기 쓰기는 그야말로 문제를 잘 삼는 것에 중점을 두어야 한다. '문제를 삼는다'는 것은 우리 삶의 어떤 특정 사회 현상을 문제시하고 문제화하며, 문제의 자리를 잘 위치시킨다는 것이다. 문제를 잘 삼는 것은 좋은 질적 연구의 첫걸음으로 연구의 필요성을 획득하게 한다. 그동안 우리가 무심코 간과해 왔던 어떤 지점, 그냥 지나치고 말았던 삶의 어떤 한 현상에 대해 연구자는 지나치지 않고 문제를 삼는 것이다. 질적 연구의 문제 제기는 연구자가 다른 이들이 간과한 어떤 사태에 대해, 기존의 이론과 사회인습적 질서에 대해 반문하며 독특한 시선으로 문제를 제기하고 그 사태를 둘러싼 왜곡을 걷어 냄으로써 그것의 질을 보고자 할 때 강력해진다. 이러한 강력한 문제 제기 앞에서 독자는 연구주제에 흡입되고 그 필요성에 공감할 수 있다. 문제 제기에는 연구자가 우리 삶의 어떤 사태를 문제 삼고 있는지, 이 연구의 초점은 어디를 향해 있는지, 이를 위한 질문들은 무엇인지 등 그야말로 문제적인 것들로 가득 찬 장이므로 독자의 시선을 끌 수밖에 없다. 논문의 매 항목이 중요하지 않은 것이 없겠으나, 한 연구의 가치는 그것이 어떤 사태를 문제 삼았고 그 문제 삼은 사태 속에서 어떤 새로운 발견을 하였는가에 달려 있기에 논문에서 문제 제기는 연구의 독창성(originality)을 구성하는 결정적인 부분이다.

문제 제기(서론)에서 제시하는 연구의 필요성은 크게 보아 학문적 필요성, 사회적 필요성, 개인적 필요성으로 나누어 볼 수 있다(조용환, 2019b). 학문적 필요성이란 해당 연구가 학문적 맥락에서 필요한 이유를 일컫는 것이며, 이는 선행연구와 이론들에 대한 유기적 고찰을 통해 확보될 수 있다. 해당 분야에서 어떤 연구들이 이루어져 왔으며 그 연구들이 어떤 점에 공헌하여 왔으나 여전히 어떤 점을 간과하고 있는지를 드러냄으로써 연구의 학문적 필요성이 부각될 수 있다(전가일, 2021). 따라서 연구자는 기존의 선행연구들을 단순히 나열하는 것에서 그치는 것이 아니라 해당 분야에 대한 기존의 학문적 성과에 대한 지도 그리기(mapping)를 함으로써 이를 드러내 줄 필요가 있다. 연구의 사회적 필요성은 해당 연구가 이 시점에 우리 사회에서 필요한 이유를 말해 준다. 따라서 연구의 사회적 필요성은 그 주제의 시의적절함에 따라 달라진다(전가일, 2021). 사회과학에서 많은 연구주제는 우리 삶에 늘 있어 왔던 것이지만 어떤 주제들은 특정한 시기에 사회문제화가 되어 연구의 사회적 필요성이 크게 부각될 수 있다. 예를 들어, 2020년도부터 2021년도까지 우리 사회에서 가장 긴급한 문제는 코로나19와 관련된 팬데믹 이슈였다. 실제로 이 2년 동안 팬데믹과 관련된 연구들이 그 주제에 대한 강력한 사회적 필요성을 힘입어 많이 게재되었다. 연구의 개인적 필요성은 질적 연구 특유의 것으로, 해당 연구자에게 이 문제가 왜 중요한가, 왜 연구자는 이 문제에 관심(inter-est)을 기울여 왔는가에 대한 부분이다. 이는 연구자 자신이 이 문제와 관련한 어떠한 생의 경험을 통해 이 문제를 궁구하게 되었는지 밝히는 일종의 연구 동기이기도 하다.

(2) 연구방법 쓰기

'연구방법' 쓰기의 초점은 해당 연구에서 연구문제에 대한 잠정적인 답을 얻기까지의 방법과 과정을 기술하는 데 있다. 즉, 제기된 연구문제를 풀기 위한 연구자의 방법을 기술하는 것으로, 질적 연구에서 중요한 '방법'이라는 것은 결국 연구문제 풀이를 위해 어떠한 경험 자료를 구성했느냐와 다르지 않기에 질적 연구의 연구방법 쓰기에서 가장 세심하게 다루어져야 하는 것은 자료의 구성(수집)에 대한 부분이다. 통상적으로 질적 연구는 '연구방법'에서 다음과 같은 내용을 기술한다.

① (연구 전통을 특정하게 되는 경우) **특정 연구 전통으로서의 방법**

문화기술적 연구, 현상학적 연구, 내러티브 탐구, 실행연구, 생애사 혹은 근거이론 연구와 같이 연구자가 질적 연구의 어느 하나의 유형을 취하여 접근했다면 해당 연구 전통에 대해 다룬다. 여기서 유의해야 할 것은 질적 연구의 특정 연구 전통에 대해 기술할 때, 해당 연구 전통에 대한 일반적인 진술에 그쳐서는 안 된다는 점이다. 예를 들어, 본인의 연구방법을 현상학적 연구로 특정한 경우, 이 절에서 기술해야 할 것은 현상학적 연구의 일반적인 특징뿐 아니라 해당 연구주제를 왜 현상학적 연구로 접근하였는지, 해당 연구가 어떤 측면에서 현상학적 연구인지, 연구자 본인은 연구 과정에서 현상학적 연구로서 어떠한 현상학적 태도와 방법을 위해 노력했는지 기술할 필요가 있다.

② **연구자 이야기**

질적 연구에서 연구자가 연구주제와 관련된 자신의 경험과 삶의 이야기를 밝히는 것이다. 연구자 이야기를 기술하는 것은 필수적인 것은 아니나, 해당 연구 결과를 이해하는 데 도움이 되거나 연구자가 연구도구로서의 자신의 렌즈를 점검하기 위해 자신이 가진 선이해와 선경험 등을 성찰하는 성격으로서 연구자 이야기를 기술하기도 한다. 연구자 이야기를 기술하는 데 있어 유의할 것은 연구자 본인의 전생애 이야기를 쓰는 데 초점이 있는 것이 아니라 연구를 이해하는 데 필요한 배경 맥락으로서, 연구도구로서의 자신을 밝히는 데 초점이 있다는 점이다.

③ **참여자 및 연구현장**

해당 연구의 참여자들과 연구현장을 소개한다. 연구방법에서 참여자와 현장을 소개하는 것은 해당 연구가 어떤 사례성을 지니고 있는지를 드러내기 위한 것이다(조용환, 2016a). 모든 질적 연구는 이 세계에서 유일한 '한 사람'과 독특한 사례로서 어떤 특징 사태에 관심을 기울여 살피는 것이다. 따라서 연구방법에서 참여자와 연구현장을 소개하는 것은 해당 연구의 연구 결과를 이해하는 데 있어 필요한 참여자와 연구현장에 관한 사례성 소개의 성격을 지닌다. 참여자와 연구현장 기술에서 유의해야 할 것은 참여자나 연구현장에 대해 너무 많은 노출을 하면 연구 결과 부분에서 기술할 것들을 연구방법에서 이야기하는 셈이 되고, 반대로 지나치게 단순한 정보만 기술하면 참여자와 연구현장의 사례성이 잘 드러나지 않아 독자가 연구 결과를 이해하는 데 어려울 수 있다는 점이다. 독자가 연구 결과를 이해하는 데 있어 필요한 정도의 적절한 범위에서 균형을 잡는 것이 필요하다.

④ 자료 구성(자료수집 내용과 방법)

여기서는 해당 연구 과정에서 연구문제를 풀기 위해 연구자가 구성했던 모든 유형의 자료에 대한 내용과 그 수집 방법에 대해 기술한다. 질적 연구는 통상적으로 참여관찰, 심층면담, 현지자료라는 3E 유형의 자료를 수집하게 되는데, 각 유형에서 구체적으로 어떤 자료들을 어떤 방법으로 수집하게 되었는지 그 내용, 종류, 방법에 대해 기술한다. 기술할 때는 수집된 자료의 내용뿐 아니라 자료의 저장 방식(녹음, 녹화, 혹은 필드노트 작성 등), 전사의 방법까지 밝히는 것이 좋다. 이와 함께 수집 과정에서 고려되었던 연구윤리 등에 대해서도 기술해야 한다. 연구주제의 특성상 연구윤리가 더욱 예민하게 요청되는 경우라면, 아예 연구윤리를 별도의 절로 떼어 기술하는 것도 좋다.

⑤ 자료 분석 및 해석

수집된 자료들을 어떠한 방법으로 코딩 · 분석 · 해석했는지 기술한다. 연구자가 해당 연구에서 연구문제 풀이를 위해 자료를 분석한 과정과 방법을 최대한 질적인 언어로 기술하는 것이 좋다. 질적 자료의 초벌 및 마무리 코딩(coding) 방법(에믹 코딩, 에틱 코딩, 축 코딩, 선택적 코딩, 구조 코딩 등)과 사용한 분석 도구들을 소개한다(조용환, 2016a). 이론 연구가 아닌 현장 연구의 경우에는 질적 자료 코딩의 최종 결과를 독자가 보기 용이하도록 요약하여 제시해 주는 것이 독자에게 원자료의 흐름을 보여 주고 연구 결과에 대해 소통하는 데 많은 도움이 될 것이다. 또한 이는 해당 연구 결과 분석의 타당성 구축에도 도움이 된다. 원자료의 모습을 보지 못한 독자에게 자료 전체의 흐름과 내용을 구조화한 코딩 결과를 제시하는 것은 독자가 연구 결과를 이해하는 데 큰 역할을 할 수 있기 때문이다.

(3) 연구 결과 쓰기

연구 '결과'와 '결론'이 서로 다른 개념임에도 불구하고 연구자들은 종종 이 두 가지를 혼동 혹은 혼용하거나 결론을 결과의 요약 정도로 생각하기 쉽다(전가일, 2021; 조용환, 2016a). 그러나 연구 '결과'는 연구자가 특정한 연구방법을 통해 구성한 연구의 자료로부터 얻은 연구문제의 답이라면, 연구의 '결론'은 이러한 연구 결과를 기본으로 하여 해당 연구주제에 대해 최종적인 진술을 하는 맺음말과 같은 것이다. 따라서 연구 결과는 경험자료를 통해 세밀하고 구체적으로 기술하게 되는 데 반해, 연구의 결론은 지금까지의 연구 결과를 기존의 이론들과의 관계 속에서 종합하는 방향으로 기술하게 된다.

'연구 결과' 쓰기의 초점은 연구문제에 대해 연구자가 발견한 답을 잘 정리하는 데 있다. 연구 결과란 연구에서 제기된 문제에 대해 연구자가 연구 자료를 통해 밝힌 (잠정적인) 답이다. 따라서 연구자는 연구 결과에서 자신이 원래부터 하고 싶었던 진술을 하는 것이 아니라 자료에 근거한 연구문제에 대한 답을 기술해야 한다. 그러나 안타깝게도 어떤 연구들은 종종 연구 자료들에서 지시하지 않는, 연구자 자신이 서론에서부터 줄곧 '주장'해 온 내용으로 연구 결과를 기술하기도 한다. 그러나 연구가 연구인 이유는 어디까지나 그것이 특정한 사회 현상을 문제 삼고, 자료에 근거하여[3] 그 문제에 답하기 때문

3) 물론 질적 연구에서 이 자료가 꼭 실증적 자료일 필요는 없다. 때로는 연구자가 현상의 독특성을 잘

이다. 연구자가 원래부터 갖고 있던 생각, 원래부터 하고 싶었던 이야기를 하려면 우리는 무엇 하러 연구현장에 가서 참여자들을 만났다는 말인가! 연구자가 원래부터 알고 있던 바를 피력하려 한다면 무엇 하러 '연구(re-search)' 하려고 하는가? 그것은 그 자체가 모순이며 그런 글은 연구물이라기보다는 주장하는 글에 가까워진다(전가일, 2021). 연구현장에 가서 참여자들과 직접 함께 겪고(참여관찰), 참여자들과 깊이 대화하면서(심층면담) 얻게 된 의외의 발견이야말로 질적 연구의 생명력이다. 이와 같은 맥락에서 질적 연구자들에게는 연구물에 대한 최종적 가치판단의 기준 중 하나가 "이 논문는 이 연구를 하지 않았다면 알지 못했을, 이 참여자들을 만나지 못했다면 알지 못했을 어떤 새로운 점을 밝혔는가?" 하는 질문일 것이다.

그러니 연구 결과 쓰기에서는 연구주제와 관련되었던 참여자들의 삶의 모습을 생생하게 보여 줄 수 있도록 힘써야 한다. 연구자의 생각과 주장이 아니라 참여자들의 삶과 그들의 경험, 그들의 생각이 드러나도록 기술할 필요가 있다. 연구 결과를 기술할 때 선행 연구자들의 연구 결과나 거대 이론가들의 이론을 가지고 참여자들이 보여 준 삶의 모습에 덧칠하는 것은 자칫 사태의 생생함을 위협할 수 있다. 연구자의 시선과 에틱(etic)의 언어로 연구 결과를 덮어버리지 않도록 주의해야 한다. 그렇게 되면 연구 결과가 지나치게 환원적인 글이 되어, 독자는 논문을 다 읽고 나서도 그 현장에서 어떤 일이 벌어지는지, 그 참여자들이 누구인지 여전히 알지 못하게 된다(전가일, 2021). 독자가 참여자와 그 현장을 만날 수 있도록, 설명하는 것이 아니라 보여 주는 것이 중요하다(조용환, 2011). 그리하여 참여자들의 그 세계를 독자의 세계와 잇도록 매개하는 것, 그것이 연구 결과 쓰기에서 질적 연구자에게 요구되는 가장 중요한 책무이다.

드러내기 위해 구성해 낸 가상의 이야기 자료일 수도 있다.

(4) 결론 및 논의 쓰기

논문의 마지막 장인 '결론 및 논의' 쓰기의 초점은 연구 결과를 바탕으로 해당 연구주제에 대한 연구자의 최종적인 맺음과 함께 해당 연구가 기존 연구 및 이론들과 맺는 관계의 지도를 그림으로써 학문적 · 실천적 제언을 하는 데 있다. 앞서 기술한 바와 같이, 연구 결과는 서론에서 제기했던 연구문제에 대한 답을 정리하는 것이고, 연구 결론은 이 연구 결과를 바탕으로 연구자가 해당 연구주제에 대하여 최종 종합을 하는 성격을 지닌다. 따라서 결론에서는 연구 결과의 세세한 부분을 다시 반복할 필요가 없고 그것들을 종합하여 최종 진술을 한다(전가일, 2021). 논의는 해당 연구가 그간의 연구들과는 어떤 점에서 비슷한 맥락이며 어떤 점에서는 의외의 발견이었는지 등 관계의 지도를 다시 그려 보는 것이다. 이러한 논의는 앞의 서론과 수미상관(首尾相關)을 이루도록 해야 한다(조용환, 2011, 2016a). 서론에서 해당 연구 분야에서 특정한 논문이 중요하다고 거론했다면, 논의 부분에서 자신의 연구 결과를 이와 견주어 논할 필요가 있겠다. 또한 논의 부분에서는 해당 연구가 이후의 다른 연구들에게 줄 수 있는 함의 등에 관한 학문적 제언이나 연구주제와 관련된 실천적인 제언 등을 짧게 기술하는 것도 좋다. 또한 논문의 말미에서는 연구의 한계에도 불구하고 해당 연구가 가지는 학문적 · 실천적 의의를 기술한다.

4. 질적 연구에서 결과 쓰기의 다양한 사례[4)]

질적 연구 논문과 양적 연구 논문 모두 연구가 제기한 특정 문제에 대한 탐구 방법과 그 답을 정리한 것이라는 데는 큰 차이가 없을 것이다. 그러나 문제를 제기하는 연구자의 인식론과 제기된 문제에 대한 탐구의 방식, 답을 펼쳐 보이는 방법에는 서로 큰 차이가 있다. 결국 질적 연구 논문의 목차 구

---

4) 이 장의 4, 5, 6절은 필자의 글, 『질적 연구, 계획에서 글쓰기까지』(전가일, 2021)의 내용을 수정하여 보완한 것임을 밝힌다.

성은 제기한 문제에 대한 답을 어떤 방식으로 정리하느냐에 따라 달라진다고 볼 수 있다. 질적 연구 논문에서 연구문제의 답을 정리하는 글쓰기에는 다음과 같은 네 가지 방법을 생각해 볼 수 있다(전가일, 2021; 조용환, 2016a, 2019a).

1) 연구문제별 글쓰기

연구문제별 글쓰기는 연구자가 제기한 연구문제에 하나씩 답하는 방식으로 연구 결과를 정리하는 것이다. 대다수의 학위논문과 학술지 논문들이 이러한 구조를 취하고 있다. 이러한 방식의 목차는 연구의 문과 답이 가장 매끈하게 정리되어 연구의 전체 내용이 독자에게 효과적으로 잘 전달될 수 있다는 큰 장점이 있다. 학위논문이 여러 가지 글 중에서 매우 보수적인 성격을 지닌 글이라는 점도 이러한 방식의 결과 제시가 가장 많은 이유일 것이다. 필자의 박사논문(전가일, 2013) 또한 연구 결과를 연구문제별로 정리한 글쓰기 방식을 취하고 있는데, 연구문제는, ① 유아의 자유놀이에 나타난 관계 맺기의 유형은 어떠한가? ② 자유놀이에서 유아의 놀이적 관계 맺기의 발생 과정은 어떠한가? ③ 자유놀이에서 유아의 관계 맺기에 통시적 변화는 어떠한가? ④ 자유놀이를 통해 유아가 경험하는 관계 맺기의 의미는 무엇인가?의 네 가지였다. 다음의 논문 목차에서 결과에 해당하는 논문의 Ⅴ, Ⅵ, Ⅶ, Ⅷ장은 각각 연구문제 1, 2, 3, 4에 대한 답이 된다.

사례 1 연구문제별 결과 쓰기 사례

Ⅰ. 서론

문제 제기 / 연구목적 및 연구문제

Ⅱ. 이론적 배경 및 개념의 구성

1. 놀이의 기능과 속성
   1) 발달론적 접근을 통해 보는 놀이의 기능
   2) 발생론적 접근을 통해 보는 놀이의 속성
2. 놀이다움
3. 놀이에 나타나는 관계 맺기
   1) 권력적 관계 맺기
   2) 교육적 관계 맺기
   3) 놀이적 관계 맺기

Ⅲ. 선행연구 고찰

Ⅳ. 연구방법

1. 현상학적 연구방법
2. 연구자
3. 연구참여자
4. 연구현장
5. 연구절차
6. 자료수집
7. 자료의 분석과 해석

Ⅴ. 유아의 놀이에 나타난 관계 맺기 유형

1. 참여 현장의 놀이 특징
2. 관계 맺기 유형
3. 관계 맺기 유형에 영향을 미치는 환경들

Ⅵ. 놀이적 관계 맺기의 발생과 과정

1. 놀이적 관계 맺기의 발생
2. 놀이적 관계 맺기의 과정
3. 연구 결과를 통해 구성해보는 놀이적 관계 맺기

Ⅶ. 관계 맺기의 통시적 변화
1. 의존하기에서 독립하기로: 갈망이
2. 거부당하기에서 수용되기로: 찬찬이
3. 따로에서 함께하기로: 폴짝이와

Ⅷ. 유아가 경험하는 관계 맺기의 의미
1. 실패와 성공의 이분법을 넘어서는 관계 맺기
2. 유아의 존재적 중층성을 드러내는 관계 맺기
3. 연습을 넘어 삶 그 자체로서의 관계 맺기
4. 접속과 배치로서의 관계 맺기

출처: 전가일(2013). 「자유놀이에서 유아의 관계 맺기에 대한 현상학적 연구」

2) 기술-분석-해석별 글쓰기

연구 결과 쓰기의 또 다른 방식은 사태를 묘사하는 기술(description)과 사태의 구조와 특징 등을 파악하는 분석(analysis) 그리고 그 사태에 대한 의미 부여인 해석(interpret)의 순으로 쓰는 것이다. 이 또한 많은 질적 연구 학위논문과 저널에서 볼 수 있는 목차 구성이다. 많은 경우, 이러한 기술, 분석, 해석 순의 글쓰기는 연구문제별 글쓰기와 동시에 이뤄지기도 한다. 질적 연구에서 연구문제 자체가 각각 기술적 · 분석적 · 해석적인 것으로 구성되는 경우가 많기 때문이다. 이런 경우, 연구문제별 글쓰기와 기술-분석-해석의 글쓰기가 동시에 이뤄지는 셈이다. 다음의 석사논문(신현주, 2014) 사례를 보면, 논문의 Ⅲ, Ⅳ, Ⅴ장은 각각 집단 따돌림이라는 사태에 대한 기술과 그에 대한 주요 문화 주제의 분석, 그리고 이 사태에 대한 교육적 해석으로 이루어져 있다. 그리고 이 장은 각각 연구문제에 대한 답이기도 하다.

사례 2 기술-분석-해석별 결과 쓰기 사례

Ⅰ. 서론

1. 연구의 필요성과 목적
2. 연구문제
3. 연구방법
4. 연구의 범위와 한계

Ⅱ. 이론적 배경

1. 집단 따돌림에 관한 이론적 논의
2. 집단 따돌림에 관한 실천적 접근
3. 선행 연구의 개관

Ⅲ. 집단 따돌림의 세계

1. 섬이 된 아이들: "보이지 않는 벽" / "나도 친구가 있었으면 좋겠다."
2. 살아남은 아이들: "우리끼리 있을 때는" / "담임선생님이 계실 때는"

Ⅳ. 집단 따돌림의 문화 주제

1. 다름: "우리랑 다르잖아요"
2. 낙인: "한번 찍히면 끝이에요."
3. 힘: "걔가 힘이 세요."
4. 동조: "그냥 그렇게 따라가게 돼요."

Ⅴ. 집단 따돌림의 교육인류학적 해석

1. 관계의 삶
2. 길들여진 아이들
3. '사이'의 교육

Ⅵ. 결론

1. 요약
2. 해석학적 순환

출처: 신현주(2014). 「초등학교 고학년 집단 따돌림 현상에 대한 질적 연구」

3) 발견된 주제별 글쓰기

이는 연구 결과의 분석에서 연구참여자 집단에서 발견한 문화적 주제를 따라 연구 결과를 제시하는 방법이다. 이러한 방식은 한 집단의 문화적 패턴과 주제를 발견하는 데 초점을 두는 질적 연구 전통인 문화기술적 연구(ethnographic research)에서 자주 볼 수 있는 목차 구성이다. 다음의 연구 사례(조용환, 2009)에서 연구자는 우리나라 고등학생들의 학업 생활과 문화를 고찰하기 위해 고등학생이라는 문화 집단을 낯설게 보고자 '고딩족'이라고 칭하고 있다. 연구자는 서울에 거주하는 13명의 고등학생과의 면담을 통해 고등학생의 생활과 삶의 문화 주제를 정리하고 이를 중심으로 연구 결과를 제시하고 있다. 이 연구에서 발견한 주요 문화 주제들은 성적, 막연, 유예, 무미, 소외의 다섯 가지이다.

사례 3 / 문화 주제별 결과 쓰기 사례

V. 고딩족 문화의 주요 주제

1. 성적: "중요한 건 등수"
   1) 업적주의
   2) 객관주의
   3) 개인주의
2. 막연: "잘 모르겠어요."
   1) 막연한 목표
   2) 막연한 불안
   3) 막연한 정보
   4) 막연한 대화
3. 유예: "대학 가서"
   1) 과도기
   2) 무기력
   3) 무책임

4. 무미: "맨날 똑같으니까"
   1) 차이의 반복
   2) 재미 없음
   3) 의미 없음
5. 소외: "저희가 뭘 결정하겠어요."
   1) 타율
   2) 경쟁
   3) 표준
   4) 무정견
   5) 비주체

출처: 조용환(2009). 「고등학생의 학업생활과 문화 연구」

4) 일화적 접근의 글쓰기

질적 연구에서 일화적 접근의 글쓰기는 연구하고자 하는 사태의 전형적인 체험 사례로서 하나의 일화를 소개하고 그에 대한 분석과 해석을 논의하는 방식으로 글을 구성하는 것이다. 통상적으로 대다수의 학술적 글이 보편에서 특수로 논의를 진전시키는 데 반해, 이는 연구 사태와 관련한 매우 특수한 한 장면에서 시작하여 보편성으로 나아간다는 측면에서 매우 독특한 글쓰기 스타일이다. 또한 질적 연구계에서도 여전히 하나의 독특하고 유일한 장면이나 예시보다 인간 삶의 보편성을 기술하는 것을 지향하는 학문적 풍토라면 매우 낯선 글쓰기이기도 하다. 그러나 바위텐데이크(Buytendijk, 1974)가 "현상학은 예시의 학문"이라고 말하였던 것과 같이 현상학을 철학적 우산으로 하는 질적 연구에서 결과를 제시함에 있어, 사태를 보여 주는 하나의 특수한 사례에서부터 시작한다는 것은 매우 질적인 글쓰기 방식이라고 할 수 있을 것이다. 그러나 아쉽게도 이러한 일화적 접근의 글쓰기 연구물은 흔치 않다. 다음의 사례는 필자가 『교육인류학연구』에 발표한 논문(전가일, 2015)으로, 일화적 접근의 글쓰기 방식을 취하고 있다. 이 글은 조산에 대한 자기체험 연구의 성격을 가진 현상학적 연구로, 반 매넌(van Manen, 2014)이 『실천 현상학』에서 강조하고 있는 일화 쓰기의 중요성에서 아이디어를 얻었다. 이 논문은 조산 체험 과정에서 있었던 전형적인 일화를 하나씩 제시하고, 이를 분석하고 해석하는 방식으로 글을 구성했다.

사례 4 일화적 접근의 결과 쓰기 사례

1. 문제 제기(anecdote1)
2. 연구방법
3. 의료화 출산과정에서의 조산 체험
   1) 병원 찾기 과정: 거부당함, "그래도 오시겠어요?" (anecdote2)
   2) 입원 과정: 홀로됨, "이제 그만 모두 가주세요."(anecdote3)
   3) 수술 결정 과정: 소외, "그냥 전문가에게 맡기세요." (anecdote4)
   4) 출산 순간: 물화, "그런데 배가 왜 이렇게 작아?" (anecdote5)
   5) 아기와의 만남: 분리, "절대 만지지 마세요." (anecdote6)
4. 조산 체험으로 본 의료화 출산의 의미
   1) 소외, 권력화된 의료 세계에 내던져진
   2) 신체의 물상화, 배와 자궁으로 환원되는
   3) 책임감, 고통의 교육적 변증법
5. 해석학적 순환과 또 다른 질문들

출처: 전가일(2015). 「의료화된 조산 체험의 의미 탐구」

5. 질적 연구에서 좋은 글의 기준

질적 연구에서 논문 집필은 연구의 전 과정에 대한 최종적 표현으로, 연구자가 탐구한 참여자들의 삶과 사태를 독자에게 보여 주는 것이다. 독자는 오직 연구자의 글을 통해서 연구현장과 참여자를 만나게 된다. 독자는 연구자와 연구 과정을 함께하지 않았으며 연구자처럼 그 현장을 방문하지도, 참여자를 만나지도 못했다. 때때로 연구자들은 마치 이 점을 잊은 것처럼 자신은 알고 독자는 모르는 방식으로 감추어 가며 글을 쓰기도 하지만, 연구자에게는 독자들을 만나 자신이 논문에서 '드러내어 쓰지 못한' 참여자들의 삶을 설명할 별도의 기회는 결코 주어지지 않는다. 연구자는 오직 논문으로 말해야 한다. 따라서 질적 연구자에게 논문 쓰기는 참여자의 세계와 독자의 세계를 매개(inter-pret)하는 것으로, 질적 연구의 책무를 구현하는 결정적인 작업이다.

질적 논문에서 어떤 것이 좋은 글인가 하는 데는 다양한 지점이 고려될 수 있다. 이 장에서는 이와 관련한 질적 연구자들의 그간의 통찰(박세원, 2017; 이근호, 2007; 전가일, 2021; 조용환, 2017, 2019a, 2019b; van Manen, 2014)과 질적 연구 경험 등을 통해, 좋은 질적 논문 쓰기의 기준을 다음과 같은 다섯 가지로 정리해 보았다(전가일, 2021).

1) 진실성(truthfulness)

좋은 질적 논문은 연구자가 연구를 통해 자신이 밝힌 것을 있는 그대로 담담하고 진실하게 쓴 글이다. 질적 연구자는 자신의 연구 결과를 과장하거나, 자신이 잘 알지도 못하는 대가들의 이론을 과도하게 접목하여 덧붙임으로써 그것들로부터 자기 연구의 타당성을 보증받으려고 해서는 안 된다. 심지어는 질적 연구자가 자신의 연구 결과를 단 하나의 정답이나 위대한 발견이라고 여기거나 자신의 연구방법이 절차주의적 견본인 양 주장한다면 이는 매우 위험한 일이다. 이러한 교조주의적 자세는 단 하나의 사실로서의 진리가 아니라 삶의 진실을 취한다는 질적 연구의 기본적인 인식론을 배반한 것으로, 질적 연구자로서 자기 부정이 될 수밖에 없다. "질적 연구자는 모름지기 자신이

하는 일을 항상 하찮게 여길 필요가 있다".[5] 실제로 우리가 하는 이 일은 매우 미비하고 작은 일이며, 이마저도 나중에 언제든 바뀔 수 있고 또 수정할 수 있는 것이다. 질적 연구자로서 가지는 이러한 자기 부정의 자세를 통해 질적 연구자는 글이 닫힌 상태로 완결되는 것이 아니라 여러 가능한 텍스트 중의 하나로서, 상호텍스트성을 지닌다는 것을 보여 준다(조용환, 2019). 또한 이를 통해 질적 연구자는 논문을 쓴다는 것은 독자에게 무엇을 강요하거나 설득하는 것이 아니라, 독자를 자신이 발견한 세계의 진실로 초청하는 대화임을 경험할 수 있다.

2) 발견성(discoverability)

좋은 질적 논문은 연구자가 연구 과정에서 찾은 발견을 세밀하게 잘 드러내는 글이다. 그리고 이 발견은 이전의 연구에서 밝힌 것과는 다르다는 면에서 새로운 것이어야 한다. 만약 연구가 이전의 연구에서 밝힌 것들과 하나도 다를 게 없다면 그 연구가 세상에 나올 이유가 무엇이겠는가? 연구의 발견성과 독창성(originalty)이야 말로 연구의 생명이다. 필자는 논문을 심사할 때, 평가 결과를 몹시 고민해야 하는 논문을 만나게 되면 마지막으로 이 지점을 다시 확인한다. '이 논문이 기존의 연구들과 달리 새롭게 발견한 것은 무엇인가?' 그 새로운 발견이 단 한 가지라도 있어야 한다. 연구주제에 대한 연구 결과가 새롭거나, 같은 결과지만 그것에 대한 해석이 새롭거나, 그것을 찾아가던 연구방법이 새롭거나, 아니면 재현의 방식이 새롭거나 무엇 하나라도 새로워야 한다. 그때야 연구는 '끊임없이 다시 찾는다(re-search)'는 그 말이 본래 지닌 의미를 드러낼 수 있다.

5) 이는 한 중진연구자가 한국교육인류학회 월례회에서 한 발표자에게 질의응답을 하면서 표현한 것이다.

3) 명시성(explicitness)

학술적 글로서 질적 논문은 드러내어 쓰기를 기본으로 해야 한다. 연구자는 자신만 알고 독자는 알 수 없도록 글을 쓰는 방식을 지양해야 한다. 독자는 해당 연구현장과 참여자들을 만난 적이 없고 연구의 과정을 함께하지도 않았다. 그런데도 가끔 연구자들은 글을 쓸 때, 문장을 명시적으로 드러내어 쓰지 않고 마치 자신의 머릿속에 있는 것이 독자에게도 있을 것이라고 가정하는 것처럼 감추고 건너뛰거나 생략하며 쓰기도 한다. 그래서 제3자인 독자는 문장을 읽어도 도무지 어떤 일이 일어났다는 것인지 알 수 없는 경우가 있다. 연구자는 연구현장과 참여자를 한 번도 만나지 않은 독자의 시선을 조망하며 문장의 드러내어 쓰기를 노력해야 한다. 연구자는 오직 논문을 통해서만 말할 수 있기 때문이다.

4) 공명(resonance)

좋은 질적 논문은 독자가 공감할 수 있도록 쓴 글이다. 연구 논리와 사례, 연구의 분석과 해석은 '그럴듯함'이 있는 것으로, 독자에게 공명되어야 한다. 이러한 공명은 연구자가 자기 연구의 중요성을, 혹은 자기 발견의 옳음을 주장한다고 발생하는 것이 아니다. 오히려 연구자가 그렇게 주장하고 강요할수록 글은 더욱 무거워지고 답답해지며 교조주의적으로 흘러간다. 그러한 글은 독자를 대상화시키기 때문에 결과적으로 공명을 철저히 잃게 된다. 결정적으로, 그런 글은 재미가 없다. 질적 논문이 '재미있다'는 것은 여러 뜻이 있겠지만 무엇보다 그 글이 공명을 일으킨다는 뜻이다. 연구자가 보여 주는 삶의 진실이 내 삶의 지평과 맞닿아 마주 울릴 때, 독자로서 우리는 '정말 그렇구나' '나도 그랬는데!'와 같은 공명을 경험하며 즐거움을 누리게 된다.

5) 가독성(readability)

좋은 질적 논문은 독자가 읽기에 좋도록 쓴 글이다. 제아무리 새로운 발견, 획기적인 방법, 깊이 있는 해석이라도 비문이 난무하거나 뜻이 통하지 않는 문장으로 가득한 글은 좋은 논문이 될 수 없다. 소통 가능한, 읽을 만한 바른 문장 쓰기는 학술적 글이 기본적으로 갖추어야 할 덕목이다. 멋진 문장이 아니라 바른 문장이 더욱 중요한 셈이다. 논문에서 문장이 비문이 되는 대표적인 예들은 주술관계가 상응하지 않거나 부적절한 조사를 사용하는 경우, 목적어를 알 수 없는 경우, 접속사를 부적절하게 사용하는 경우 등이다. 연구자가 말하고자 하는 뜻을 알 수 없는 문장이 되는 이유는 연구자가 자신도 모르는 내용을 썼거나 주어 혹은 목적어가 생략되어 드러내어 쓰기가 제대로 되지 않은 경우가 많다. 또한 독자가 읽기 용이하도록 편집하는 가시적인 측면도 중요하다. 페이지별 글의 배치, 글과 표, 사진 등의 배열들을 고려하여 편집적인 측면에서의 가독성도 고려하는 것이 좋다.

6. 질적 연구 글쓰기의 유의사항

질적 논문 글쓰기에서 유의해야 할 사항을 글쓰기 태도 측면과 문장 쓰기 자체로 나누어 보면 다음과 같이 정리해 볼 수 있다(전가일, 2021).

1) 글쓰기의 태도 측면

(1) 연구자는 자신의 모든 문장을 책임진다

연구자들은 선행연구자들이나 유명 학자들의 현학적 문장을 빈번히 인용하는 경향이 있는데(아마도 이것은 질적 연구자 스스로 선학에 기대어 '안심'하려는 측면도 있는 듯하다), 때로는 자신이 미처 소화하지도 못한 내용을 쓰기도 한다. 그러나 아직 자신의 것이 되지 못한 사유에 대해 쓰면 그 문장의 뜻이 제대로 전달되지 않기 마련이다. 자신이 잘 알지 못하고 스스로 소화하지도 못한 사유들을 표현하면 당연하게도 글은 복잡하게 얽혀 버리거나 뜻이 통하지 않아 독해가 쉽지 않다. 연구자는 논문에서 기술한 자신의 모든 문장에 대해 스스로 책임을 져야 하는 존재이다. 다른 이의 글을 인용한 부분이라도 마찬가지이다. 연구자 자신이 판단하기에 부적절한 표현이라면 수정하여 인용해야 한다. 하나의 논문에서는 그 어떤 문장도 연구자의 책임이 아닌 것이 없다. 따라서 아무리 위대하고 멋진 사유일지라도 본인이 미처 알지(이해하지) 못한 것은 아는 것처럼 기술하지 않는 것이 좋다. 오히려 단순하고 소박해도 연구자 자신이 체화한 것들로 구성된 문장이 좋은 글을 만들 수 있다.

(2) 논문의 모든 문장은 연구주제로 수렴해야 한다

하나의 논문은 제목과 문제 제기, 선행연구 고찰과 연구목적, 연구의 결과와 논의 및 결론까지 서로 강밀도로 연결되어야 한다. 그리고 그 밀도의 중심에는 언제나 '연구주제'가 있어야 한다. 선행연구의 고찰부터 연구방법에 대한 소개와 연구 결과 기술, 결론을 맺는 것까지 한 편의 논문에서 전체 글의 방향은 언제나 연구주제와 연구문제로 수렴하고 있어야 한다. 논문을 집필하다 보면 생각에 생각이 꼬리를 물고 이어지기에 연구자의 사유를 있는 대로 발산하다 보면 논문의 초점이 흔들릴 수 있는데, 이는 글의 밀도를 크게 떨어트린다. 한 편의 논문을 완성하기 위해서 연구자는 계속해서 발산하고 확장해 나가는 사유를 논문의 주제와 연구문제에 붙잡아 맬 필요가 있다. 우리가 하는 작업이 예술이 아니라 학술적 글쓰기임을 기억하며, 논문의 모든 문장이 연구문제를 향해 강밀도로 수렴할 수 있도록 한다. 따라서 때때로 연구자는 언급하고 싶은 어떤 부분을 절제할 수 있어야 한다. 글은 무언가를 쓰느냐도 중요하지만, 결국 무언가를 쓰지 않을 것인가를 결정함으로써 완성되기 때문이다. 다른 모든 글에서와 마찬가지로, 논문 또한(논문에서는 더더욱) 무엇을 쓰느냐 만큼이나 무엇을 쓰지 않기로 결정하느냐가 중요하다. 그러니 질적 연구자로서 우리는 중요한 모든 것을 거론하겠다는 욕망과 완벽주의를 버리고, 때로는 아까운 문장까지도 과감히 버리며, 무언가를 쓰지 않기로 결정해 가면서 써야 한다.

(3) 문장을 치장하기 위해 과도한 멋을 부리지 않는다

때때로 질적 연구자들은 글을 아름답게 만들고 싶은 욕심에 사로잡히게 된다. 그러나 그러한 욕심으로 문장을 과하게 치장하는 것은 오히려 글을 망칠 수 있다. 추상적인 언어들이 과도하게 사용되는 경우나 형용사가 지나치게 많은 문장은 글의 담백함을 해친다. 또한 지나친 은유나 비유 등은 오히려 연구자가 말하고자 하는 뜻을 알 수 없게 만들기도 한다. 질적 연구자로서 글을 치장하고 싶은 마음은 여간 큰 유혹이 아니다. 필자 또한 글을 쓸 때마다 이러한 욕망에 사로잡혀 어쩔 줄 모를 때가 많다. 그러한 욕망에 눈이 멀수록 나의 글에는 더욱 힘이 들어가고, 그럴수록 글은 더욱더 악화된다. 오히려 글에서 힘을 빼야 한다. 질적 연구자로서 우리의 작업이 무엇인가를 주장하거나 치장하여 설득하려는 것이 아니라, 우리가 만난 참여자들의 삶과 그 세계를 독자들에게 드러내어 보여 주기 위한 것임을 기억해야 한다. 따라서 멋있는 문장을 쓰기 위해 과도한 치장을 한 문장보다는 소박하고 단순한 문장들이 훨씬 더 적합하고 좋을 수 있다는 것을 기억할 필요가 있다.

(4) 설명하려 하지 말고 '보여 주기'를 지향한다

질적 연구자로서 우리는 내가 본 것을 독자도 볼 수 있도록 '보여 주는' 글쓰기를 지향한다. 연구자의 언어로 감환된(reduction) 설명이 아니라 참여자들의 삶이 '들리고 보이고 만져지도록' 묘사하기 위해 노력한다. 그러나 이것은 말처럼 쉬운 일이 아니다. 글을 쓰다 보면 어느새 나도 모르게 묘사가 아닌 요약과 설명, 논증을 하기 쉽다. 이것은 공부를 한다는 사람들의 몸에 익은 습관이기도 하다. 동시에 이것은 어쩌면 글이라는 형식이 가진 근원적인 특성 때문일지도 모른다. 글이란 매우 상징적이며 논리적인 표현 형식으로,

글이란 결국 실체 그 자체가 아닌 “표현하고자 하는 그 대상을 죽임으로써 탄생하는”(van Manen, 2014) 논리의 형상화이기 때문이다. 그리하여 요약이나 설명 논증과 같은 글의 감환은 우리가 근원적으로 피할 수 없는 지점일지도 모른다. 그럴지라도 질적 연구 특유의 심층적인 기술과 풍부한 기술을 지향하며 최대한 설명이 아닌 보여 주기를 위해 노력한다.

(5) 연구자의 의견을 '주장'하거나 독자를 설득하려 하지 않는다

학술적 글쓰기는 주장하는 글이 아니다. 연구가 연구인 이유는 어디까지나 자료에 근거하여 연구문제에 답하기 때문이다. 이러한 연구로서의 정체성은 양적 연구뿐만 아니라 질적 연구 또한 마찬가지이다. 따라서 질적 연구자가 (경험) 자료와 상관없이 선험적인 자신의 경험이나 관점, 당위를 '주장'하는 글은 논설문이지 질적 연구 논문일 수 없다. 따라서 질적 연구자는 연구주제에 대해 지나치게 과한 열정으로 논문을 주장하는 글로 만들지 않도록 조심해야 한다. 때론 어떤 논문은 문제 제기에서부터 연구주제와 관련된 현상의 그 어떠해야 함과 나아가야 할 방향까지 제시하는 글도 있는데, 그렇게 해당 현상에 대해 다 알고 있다면 우리는 처음부터 그 주제를 연구할 필요조차 없었을 것이다. 따라서 서론에서 그렇게 무언가를 '주장'한다는 것 자체가 연구로서의 모순이다. 게다가 그런 주장의 글들은 지나치게 독자를 설득하려 함으로써 질적 연구의 글이 지녀야 할 '대화적 분위기'를 잃어버린다. 독자를 설득하려 하거나 주장하지 말고 독자를 대화의 장으로 초대하도록 한다.

(6) 연구주제와 관련된 이야기를 바로 시작한다

소설가들과 마찬가지로 많은 질적 연구자가 논문의 첫 문장 쓰기를 어려워한다. 이러한 어려움 때문에 질적 연구자들은 때때로 연구주제와 상관없어 보이는 매우 먼 곳에서부터 이야기를 시작하기도 한다. 심하게는 논문의 몇 문단이 다 지나도록 연구주제에 관한 직접적인 기술이 나오지 않을 때도 있다. 아마도 이는 논문과 같은 학술적 글쓰기에서 '일반'에서 '특수'의 방향으로 진술하고자 하는 학문하는 이들의 관성 때문인 듯도 하다. 그러나 그 '일반'이 연구주제와 지나치게 거리가 멀어서는 곤란하다. 동네 놀이터에 대한 연구의 서론을 시작하기 위해서 인류의 놀이 역사로부터 시작할 필요는 없을 것이다. 글의 초입을 지나치게 먼 곳에서 시작함으로써 변죽을 울리지 말고 연구주제와 관련된 곳에서 시작하도록 한다.

(7) 필력의 발전을 위해서 좋은 논문을 많이 읽고 많이 쓴다

많은 연구자가 질적 연구에서는 필력이 중요하다고 생각한다. 질적 연구를 처음 접한 연구자들은 자신의 필력 부족으로 질적 연구가 부담된다고 말하곤 한다. 실제로 필력 때문에 고민하다가 결국 질적 연구를 포기하는 연구자들을 종종 보아 왔다. 또한 많은 연구자가 어떻게 하면 글을 더 잘 쓸 수 있을지 고민한다. 그리고 동시에 질적 연구 대가들의 타고난 필력을 부러워하며 '나에게는 왜 그런 필력이 없는가!' 하며 아쉬워한다. 그러나 질적 논문 글쓰기의 능력을 키우는 데에는 본인의 타고난 필력 여부를 확인하는 것보다 훨씬 더 명확한 답이 있다. 질적 연구자로서 필력을 키울 수 있는 가장 확실한 방법은 좋은 논문을 많이 읽고, 자신의 글을 많이 쓰는 것이다. 좋은 글쓰기는 좋은 글을 많이 읽는 데서 시작한다. 그리고 무엇보다 글을 써야 한다. 제아무리 필력을 걱정하며 글쓰기 능력을 키울 온갖 방법을 찾아 헤맨다 해도 글을 쓰지 않는다면, 필력은 단 한 걸음도 나아지지 않을 것이다. 좋은 논문을 지속적으로 읽어 가며 쓰고 또 쓰고, 다시 고쳐 쓰는 것! 필력을 키울 수 있는 길은 오직 그것뿐이다. 물론 개인마다 필력의 타고난 부분이 있을 수 있으나, 분명한 것은 우리 모두가 부러워하는 그 질적 연구의 대가들 또한 지금도 글을 쓰기 위해 많은 시간을 고투하며, 숱하게 고쳐 쓰고 수정한다는 사실이다. 글은 결국 필력이 아니라 성실의 시간으로 쓰는 것이라는 그 지고한 진실은 질적 연구의 글쓰기에서도 마찬가지이다.

2) 문장 쓰기 측면

(1) 논문의 모든 문장에 비문이 없도록 점검한다

어떤 질적 논문이 제아무리 참여자에 대한 공감적 태도와 연구 과정의 성실함, 깊이 있는 해석이 있다고 할지라도 비문이 난무한다면 그건 읽을 수가 없는 글이다. 그런 논문은 연구의 독창성에도 불구하고 세상에 나올 수 없다. 바른 문장, 뜻이 통하는 문장을 쓰는 것은 학술적 글쓰기의 가장 기본적인 덕목이다. 논문의 모든 문장에 비문이나 오타, 오기가 없는지 잘 점검해야 한다. 특히 모든 문장이 주술관계가 상응하는지 반드시 확인할 필요가 있다. 비문이 되는 대부분의 사례는 주술관계가 맞지 않는 경우이다. 또한 부적절한 주격 조사와 목적격 조사를 사용하는 경우도 조심해야 한다.

(2) 접속사는 앞뒤의 맥락에 적합하게 사용한다

접속사는 문단과 문단을 연결하면서 논리의 구조를 만들어 내는 중요한 단어이다. 이 단어 하나를 잘못 사용하여 독자로 하여금 논리 구조에 혼란을 주어서는 곤란하다. “그러나”라고 했으면 뒤 이어지는 문단의 내용은 당연히 앞 문단의 내용과 상반되는 것이어야 하고, “그리고”라고 했다면 앞 문단의 맥락과 비슷한 맥락의 내용이어야 한다. 두 개의 문장과 문단이 아무런 맥락 없이 나열되고 있는데 접속사를 사용하는 것 또한 자제할 필요가 있다.

(3) 문장과 문단을 적절히 분리한다

모든 문장과 문단을 적절히 분리해야 하는데, 그 적절함의 기준은 길이가 아니다. 하나의 문장에는 하나의 내용을 담고, 하나의 문단에는 하나의 주제를 담는다. 즉, 내용이 바뀌면 문장을 바꾸고 주제가 바뀌면 문단을 바꾸는 것이다. 한 문장에 여러 가지 내용을 담지 말고 하나의 주어와 술어로 한 가지 내용을 완성했을 때 마침표를 하는 습관을 들이는 것이 좋다. 한 문장에 여러 개의 주어가 나오고 여러 내용을 담을수록, 문장의 간결함이 망가지고 뜻을 알 수 없는 문장이 될 위험이 크다. 또한 글의 주제가 바뀌었을 때는 문단을 바꾸어야 한다. 몇 문장 기술하지 않았다 할지라도 다른 주제를 기술하려면 문단을 바꾸어야 하고, 한 문단에 여러 문장이 있을지라도 이야기의 주제가 바뀌지 않으면 문단을 바꾸지 않는다. '다른 내용은 다른 문장에, 다른 주제는 다른 문단에!'

(4) 지나치게 긴 문장과 복문 등을 지양한다

한 문장을 지나치게 길게 쓰거나, 접속사로 연결하거나 복문 등을 사용하는 것을 자제하는 것이 좋다. 여러 가지 내용을 담아서 문장을 복잡하게 만드는 것은 글의 가독성에도 방해가 되고 뜻도 잘 전달되지 않는다. 이렇게 문장이 복잡해지면서 비문이 될 위험도 많아진다. 또한 장황한 문장이나 복문들은 우리말인데도 마치 영문을 번역해 놓은 문장처럼 어색하기까지 하다. 현학적인 표현과 긴 문장 쓰기가 특기처럼 여겨질 수 있지만, 오히려 마침표를 아끼지 않는 습관이야말로 좋은 문장을 쓰는 방책일 수 있다.

(5) 연구물에서는 단정적인 단어를 최대한 쓰지 않는 게 좋다

연구자는 논문에서 어떤 사실에 대한 단정적인 표현을 삼가야 한다. 특히 선행연구 고찰 등에서 '전혀', '절대로', '모두', '한 편도' 등의 표현을 쓰는 것은 매우 위험한 일이다('전혀 없었다', '모두 그러했다', '한 편도 없었다' 등). 질적 연구자라면 이런 부사들은 '절대로' 쓰지 않는 것이 좋다. 우리는 세상의 모든 연구를 다 찾을 수 없고, 사태의 모든 이면을 다 궁구할 수 없기 때문에 논문에서 이러한 단정적인 부사들은 아예 사용하지 않아야 한다. 그런 단정적인 표현을 대신할 '매우 드물었다', '찾아보기 어려웠다'와 같은 좋은 표현이 있다.

(6) 일본어식 표현을 지양하고, 자주 실수하는 표현들을 점검한다

우리가 일상적으로 쓰는 일본어식 표현이나 부적합한 표현에 유의해야 한다. 예를 들어, 연구에서 자주 쓰이는 '~에서의', '~에 다름 아니다' 등의 표현은 모두 일본어의 표현법을 따르는 것으로 지양하는 것이 좋다(이오덕, 1989). 또한 '~으로써'와 '~으로서'의 구분과 같이 자주 실수하는 표현들도 조심해야 한다. 이오덕(1989)의 『우리글 바로쓰기』에 이러한 것들이 매우 일목요연하게 잘 정리되어 있으니, 잘 참조하여 활용하면서 그와 같은 훌륭한 유산을 감사한 마음으로 누려야겠다.

(7) 집필 후 반드시 여러 번 읽고 수정해야 한다

마감 시간 전에 여유 있게 논문을 마무리한 후, 시간을 두고 원고를 여러 번 읽고 고쳐 써야 한다. 이는 필자도 잘 하지 못하는 부분이어서 이렇게 기술하는 것이 몹시 민망한 일이나, 반드시 필요한 작업이다. 연구자가 집필 중이거나 집필을 마치고 난 직후에는 아직까지 자신의 글에 몰아(沒我)가 되어 있는 상태이기 때문에 글의 흠이 잘 보이지 않는다. 피땀 흘려 쓴 글이기에, 글은 곧 나 자신과 같은 탓에, 글의 흠결이 보이지 않는 것이다. 그런데 시간을 좀 두고 나중에 다시 읽으면 당시에는 보이지 않았던 비문, 오타, 오기, 논리의 비약까지 온갖 흠이 보이는 신비한 경험을 하기도 한다. 그러니 꼭 시간을 두어 원고를 완성한 다음에 잠시 두었다가 여러 번 읽고 수정하는 것이 좋다.

7. 재현의 한계를 넘어: 질적 연구 글쓰기에서 실험적 시도와 전망

1) 질적 연구와 재현의 위기

질적 연구에서 '재현의 위기(crisis of representation)'는 마커스와 피셔(Marcus & Fischer, 1986)가 『Anthropology as Cultural Critique』에서 조어한 용어로, 질적 연구의 역사 중 네 번째 시기인 1980년대 중반부터 1990년대까지 주요하게 부각된 질적 연구의 재현과 표현에 대한 문제 제기를 일컫는다. '재현의 위기'가 부각되기 전에도 질적 연구에서는 '문화기술적 현재(ethnographic present)'에 대한 전통적인 문제 제기가 있어 왔다(조용환, 2016b; 허창수, 이주욱, 2009; Marcus & Fischer, 1986). '문화기술적 현재'에 대한 문제 제기는 연구현장에서 연구자가 알게 된 지식만으로는 한 집단의 문화를 심층적으로 파악할 수 없다는 문제의식에서 시작한다. 따라서 연구자들이 단순한 현재형에 집착해서는 그 집단의 문화를 총체적으로 이해할 수 없고 현상과 이념, 과거-현재-미래의 시간 차원을 복합적으로 분석해야 한다는 것이다(조용환, 2016b).

마커스와 피셔(Marcus & Fischer, 1986)는 질적 연구의 황금기(1950~1970)가 지나간 후 1980년대에 중반에 이르러 문화 연구자들의 작업이 현지인들의 문화를 정확히 재현하는 데 그치는 것이 아니라 문화적 · 언어적 경계를 넘나드는 번역(inerpretation)이어야 함을, 그 대조를 통해 낯설게 만들기의 중요성을 역설하면서 '재현의 위기'를 이야기한다. 이 시기 질적 연구자들이 '재현의 위기'를 제기하는 데는 크게 다음과 같은 두 가지 문제의식이 있는 것으로 보인다(조용환, 2016b).

첫째는 우리가 구가하는 인문학이 삶의 사태를 온전히 기술할 수 있는 방법을 찾지 못하는 불확실성을 마주했다는 점이다. 이로 인해 학문들 사이에서는 이미 이론과 방법을 서로 차용하는 문제, 즉 사회과학이 문학을, 문학이 철학을, 철학은 사회과학을 차용하는 것과 같은 문제를 야기하고 있다. 또한 이 시기에는 비판이론과 페미니즘 등 다양한 관점의 연구가 부각되고 동시에 질적 연구계 안팎으로 질적 연구의 타당도와 신뢰도 등에 도전이 계속된 배경이 있다(허창수, 이주욱, 2009).

둘째는 우리가 연구하고자 하는 체험을 직접적으로 완벽히 이해할 수 없다는 좌절감 때문이다(전가일, 2013, 2020; 조용환, 2016; van Manen, 2014). 이는 일면 언어라는 기호의 속성 그 자체 때문에 겪는 것이기도 하다. 언어는 아무리 정교한 것이라고 할지라도, 결국 그것이 표현하고자 하는 그 대상인 세계와는 항상 부정합한 자의적인 결합물이다. 따라서 우리가 언어로 표현한 것들은 결국은 세계 그 자체에서 끝없이 미끄러질 뿐이다. 아무리 뛰어난 필력으로 쓰인 것일지라도 모든 글은 본질적으로 감환적인 것이며, 질적 세계 그 자체가 아니라 붙박인 텍스트에 '불과'하다. 아무리 뛰어난 묘사와 수사를 한다 할지라도 언어는 표현하고자 하는 그 무엇(대상)을 언어로 표현한 순간, 그 무엇의 질을 언어의 형식 안으로 감환시키게 된다. 따라서 모든 저자는 결국 텍스트가 보여 주고자 하는 사태, 세계 그 자체가 아니라 설명이며 해석이고 재현일 수밖에 없다는 근원적인 좌절을 마주한다.

그렇다면 이 재현의 위기를 넘어서기 위해 질적 연구자는 어떻게 글을 써야 하는가? '재현의 위기'에서 제기되는 이러한 글쓰기의 근원적인 한계와 무력함 앞에서 우리는 과연 어디로 탈주할 수 있는가? 그것은 답을 찾기 어려운 일이다. 우리가 할 수 있는 선택은 비록 우리가 존재 그 자체에는 영영 다가설 수 없고, 세계의 질 그 자체는 결코 표현할 수는 없을지라도, 따라서 우리의 글이 결국 감환을 피할 수 없는 것이라 할지라도, 그때에라도 '표현 불가능한 것'을 글로 드러내고자 발버둥치며 여러 가지 새로운 시도와 실험을 하면서 그저 묵묵히 연구할 뿐이다. 그리고 종국에는 이런 생각도 가진다. 우리가 하는 일은 결국 그 사태와 세계를 그대로 정확히 재현하는 것이 아니라 차이를 발생시키며 표현한다는 측면에서 결국은 예술로서의 성격을 지닐 수밖에 없는 것인가 하는 생각 말이다. 즉, 질적 연구자의 글은 윤성우(2004)가 예술을 표현한 바와 같이, "차이 자체를 내포하면서 동시에 원본과의 절연을 실현함으로써 발생하는 시뮬라크르"와 같은 것이 아닐까?

질적 연구자들이 마주하는 이 재현의 위기에 대해서는 필자가 2018년도 교육인류학회의 추계학술대회에서 발표했던 글이 고민의 한 과정을 보여 줄 수 있을 듯하여 소개한다.

> "사람인 연구자가 어떻게 사물(물질)인 나무의 시선을 확보할 수 있겠는가?" 그 질문은 인간중심주의를 넘어선다는 일이 인간인 우리에게 본질적으

로 불가능함을 말하는 것이었다. 그렇다. 인간 연구자인 우리는 그 일의 본질에는 영영 다다르지 못할지 모른다. 그러나 모든 왜곡을 걷어 내고 삶의 진실 그 자체를 오롯이 드러내는 일의 불가능성만을 생각했다면 나(들)은 질적 연구를 하지 않았을 것이다. 그 일의 근원적 불가능성에도 불구하고 우리는 오늘도 여전히 연구현장에서 사람들을 만나고 자료를 구성하고 재현의 한계 속에서도 어떻게 하든 그 순간(움직임)을 표현하고자 발버둥 친다. 비록 진리 그 자체에는 계속해서 미끄러진다 할지라도 삶의 진실, 그 진리다움에 조금 더 가까워지기 위해서……."

2) 재현의 다양한 방식: 포토에세이와 포토보이스

사진을 통해 인간의 삶을 분석하고자 하는 시도는 인류학과 사회학에서 꾸준하게 이어져 오던 것이다(김도헌, 2016; 이기중, 2011). 생활세계를 탐구하는 질적 연구자들이 사진이라는 이미지 소통 방식에 주목하고 사진을 활용하여 특정 문제에 대한 시각적 · 기호적 발견을 하려고 노력하는 것은 매우 자연스러운 일이다(권효숙, 2010). 이러한 시각적 이미지를 통한 질적 연구는 지난 질문에서 다루었던 '재현의 위기(crisis of representation)'를 타개하는 하나의 방법이 될 수 있다.

권효숙(2010, 2013)은 시각 이미지의 하위범주로서의 사진이 가진 중요한 특징을 다중성(다의성)과 모호성으로 이야기했는데, 문자언어라는 표현 매체의 특징에 대비해 볼 때 사진이라는 이미지 언어는 매우 비분절적이고 그 의미가 다중적이며 모호함을 지적하고 있다. 언어에서 단어들은 문법과 용법에 의해 특정 의미로 결정되지만, 사진 이미지는 의미 부여에 의해 기표와 기의의 결합으로 생성되는 수천, 수만의 의미를 갖는다.

질적 연구에서 사진과 같은 시각 이미지가 연구도구의 하나로 관심을 받아

왔음에도 불구하고, 사진은 오랫동안 본격적인 학문적 도구로 채택되지 못했다. 그동안 유럽뿐 아니라 국내에서도 사회과학 연구에서 사진과 같은 시각 이미지에 기반한 연구와 관심은 부족하며 그 시도 또한 매우 드물다(김도헌, 2016; 이기중, 2011). 이는 다분히 인간(이성)을 중심으로 한 그동안의 학문적 전통에서 일반적으로 문자가 이성, 사실, 객관으로 이해되는 반면, 사진은 직관, 예술, 주관의 것으로 여겨지면서 그 가치가 폄하된 측면이 있기 때문일 것이다. 이러한 맥락에서 마가렛 미드(Margaret Mead)는 인류학에서 문자매체의 지배적인 연구 경향을 가리켜 "문자의 학문"라고 했고, 인류학자들에게 시각적 매체를 보다 적극적으로 활용할 것을 주장하기도 했다(이기중, 2011).

포토에세이(Photo essay)는 기표와 기의의 결합으로서의 사진 기호를 통해 재현하고자 하는 현상, 삶의 사태를 가시화하는 방법이다(권효숙, 2013; Subedi, 2013). 권효숙(2013)은 "우리가 사진의 셔터를 누르는 순간에 이루어지는 선택과 배제의 맥락 속에, 그리고 선택된 장면을 특정한 방식으로 배치하는 과정 속에서 사진에는 사진을 찍는 사람이 세상을 바라보는 방식이 스며들어 있으며, 이는 논리적인 언어로는 표현하기 어려운, 직관에 가까운 인식이 개입된다는 점에서 개인의 감각적 경험을 들여다볼 수 있는 기회"라고 기술하였다(이에 대해서는 뒤에 이어지는 제6장에서 보다 자세히 다루었다).

필자 또한 2018년에 「한 호주 놀이터의 물질성을 통해 본 놀이의 의미에 대한 포토에세이 연구」를 발표한 바 있다. 이 연구는 연구현장이었던 호주의 한 놀이터의 중심을 차지하고 있는 모턴베이피그(Moreton Bay fig) 나무를 놀이터의 주인공으로 보고 이 나무를 둘러싼 놀이 사진 이미지를 통해 놀이의 의미를 드러내고자 한 포토에세이 연구이다. 그 연구에서 재현의 방식으로 포토에세이를 선택한 이유는 모턴베이피그 나무를 화자로 하는 연구에서 문자언어로 내러티브가 표현되는 것보다 나무 자체를 사진이라는 시각적 이미지로 드러내는 것이 훨씬 다양한 의미를 방출할 수 있을 것이라고 여겼기 때문이다. 즉, 사진이 언어를 따라가는 것이 아니라 언어가 사진을 따라가는 재현의 실험인 셈이다. 그 논문에서 사진들은 학문적 세계와의 소통을 목적으로

[그림 5-1] 모턴베이피그(Moreton Bay fig) 나무
출처: 전가일(2018). 「한 호주 놀이터의 물질성을 통해 본 놀이의 의미에 대한 포토에세이 연구」

한다는 점에서 기본적으로는 스투디움(studium)의 의미 해석 양식을 따를 수 밖에 없을 것이다. 그러나 동시에 나는 이 사진들 속에서 독자들이 어떤 모종의 푼크툼(punctum)을 경험하기를 기대했다. 이론적 · 논리적으로는 다 설명할 수 없는 어떤 강렬한 화살이 사진과 글의 저자인 필자의 의도와 인식을 떠나 독자를 관통하기를 바랐다. 마치 필자가 머나먼 이국의 한 동네 놀이터에서 처음 모턴베이피그를 만났을 때, 말로는 다 표현할 수 없는 어떤 비논리적인 강렬함이 모든 설명 가능함을 넘어 나를 덮쳤던 것처럼 말이다(전가일, 2018).

포토보이스(Photo voice)는 현실을 고발 · 반영하는 참여자들의 목소리를 적극적으로 드러내기 위한 커뮤니티 기반의 참여적 사진(participatory photography) 연구방법이다(김도헌, 2016; Lats, 2017; Subedi, 2013). 포토보이스는 사회의 다양한 분야에서 풀뿌리 활동과 결합하여 소수자들의 목소리를 반영하는 강력하고 유연한 도구로 여겨지며, 지역 사회 개발, 국제 개발, 공중 보건 및 교육 분야에서 널리 활용되고 있다(wikipedia, 2020). 이러한 포토보이스 연구는 프레이리(Freire)의 비판 교육학의 영향을 받았다고 알려져 있는데, 피난민, 노숙자, 소수 인종 등 사회의 주변부 계층 연구에 활용되면서, 소외된 지역사회의 연구 참가자들이 그들 자신의 관점에서 그들이 속한 지역사회에 대한 사진을 찍는다는 의미에서 일종의 참여적인 실행연구라고도 할 수 있다(김도헌, 2016). 이러한 포토보이스 연구는 질적 연구에서 에믹(emic)의 시선을 확보할 수 있을 뿐 아니라 참여자의 목소리를 보다 적극적으로 드러낼 수 있고, 우리가 하는 이 질적 연구가 이론적 탁상에 그치지 않고 우리의 삶의 해방에 모종의 영향을 미칠 수 있는 방법이라는 측면에서 마치 질적 연구의 미래와도 같다.

참고문헌

곽영순(2009). 질적 연구: 철학과 예술 그리고 교육. 서울: 교육과학사.

권효숙(2010). 시각 자료의 활용과 해석. 2010년 한국교육인류학회 하계 워크샵 자료집.

권효숙(2013). 문화적 소통을 위한 포토에세이의 활용: 학교의 다문화교육 과제를 중심으로. 2013 한국교육인류학회 추계 학술대회 자료집.

김도헌(2016). 교육 분야 질적 연구의 도구로서 사진에 관한 시론적 고찰. 교육인류학연구, 19(2), 1-35.

김영천, 주재홍(2010). 질적 연구에서의 글쓰기: 다양한 접근들의 이해. 열린교육연구, 18(1), 155-183.

김영천, 이동성(2013). 질적 연구에서의 대안적 글쓰기 이론화 탐색. 열린교육연구, 21(1), 49-76.

김영철(1999). 질적 연구에 있어서의 글쓰기. 1999년 교육인류학회 춘계학술대회 자료집. 미간행.

박세원(2017). 질적 연구에서 언어성 회복으로서의 글쓰기 : 존재론적 탐구를 중심으로. 초등교육연구논총, 33(2). 75-94.

신현주(2014). 초등학교 고학년 집단 따돌림 현상에 대한 질적 연구. 서울대학교 대학원 석사학위논문.

유혜령(2014). 현상학적 글쓰기: "형언할 수 없는 그 무엇"이 살아나는 공간 만들기. 교육인류학연구, 17(4). 1-34.

윤성우(2004). 들뢰즈: 재현의 문제와 다른 철학자들. 서울: 철학과 현실사.

이근호(2007). 질적 연구방법론으로서의 현상학: 독특성과 보편성 사이의 변증법적 탐구 양식. 교육인류학연구, 10(2), 41-64.

이기중(2011). 사진 인류학의 연구방법론. 비교문화연구, 17(2), 125-162.

이오덕(1989). 우리글 바로쓰기. 서울:한길사.

이정우(2008). 천하나의 고원. 서울: 돌베개.

이진경(2002). 노마디즘: 천의 고원을 넘나드는 유쾌한 철학적 유목 1. 서울: 휴머니스트

전가일(2010). 관객 없는 지휘의 자유: 유아의 혼자놀이 체험에 대한 현상학적 연구. 교육인류학연구, 13(2), 115-146.

전가일(2013). 자유놀이에서 유아의 관계맺기에 대한 현상학적 연구. 서울대학교 대학원 박사학위논문.

전가일(2014). 전문대학 유아교육과에서 좋은 수업 만들어 가기: 해석학적 질문과 대화를 통한 실행연구. 교육인류학연구, 17(2). 59-110.

전가일(2015). 의료화된 조산 체험의 의미 탐구. 교육인류학연구, 18(1), 105-152.

전가일(2018). 한 호주 놀이터의 물질성을 통해 본 놀이의 의미에 대한 포토에세이 연구. 교육인류학연구, 21(4). 121-166.

전가일(2020). 뉴노멀 시대, 학교 밖에서 교육의 길을 모색하다: 바둑으로 읽는 포스트 휴먼의 페다고지. 2020년 한국교육인류학회 추계학술대회 자료집.

전가일(2021). 질적 연구, 계획에서 글쓰기까지. 서울: 학이시습.

조용환(2009). 고등학생의 학업생활과 문화 연구. 한국교육개발원 연구보고서.

조용환(2011). 질적 연구논문의 작성과 평가. 서울대학교 교수학습개발센터 글쓰기교실.

조용환(2012). 교육인류학과 질적 연구. 교육인류학연구, 15(2), 1-21.

조용환(2015). 미메시스. 미간행 기오재공동학습자료.

조용환(2016a). 서울대학교 교육학과 〈교육문화기술법 연구〉 강의자료. 미간행.

조용환(2016b). 재현의 위기와 문질빈빈. 2016년도 한국교육인류학회 하계워크숍 자료집.

조용환(2017). 텍스트와 상호텍스트성의 질적 구현. 2017년 한국교육인류학회 추계학술대회 자료집.

조용환(2019a). 질적 연구의 글쓰기 작업. 2019년 한국교인류학회 하계워크숍 자료집.

조용환(2019b). 질적 연구의 원리와 기법. 서울대학교 교육연구소 2019년도 동계 연구방법론 워크숍 자료집.

최승현(2020). 실험과 배움 그리고 유아 놀이의 생태성. 임부연 외 편저, 미래학교를 위한 놀이와 교육(pp. 205-231). 서울: 교육과학사.

허창수, 이주욱(2009). 질적 연구방법의 개요: '나들'의 삶에 대한 쿠레레(currere) 그리고 서사적 의미. 2009년 한국교육인류학회 추계학술대회 자료집.

Berbum, V. (1989). *Woman To Mother, A Transformation*. Bergin & Garvey

Publishers.

Bollnow, O. F. (1971). *Pdagogik in anthropologischer Sicht*. 오인탁, 전혜영 공역 (1990). 교육의 인간학. 서울: 문음사.

Buytendijk, F. J. J. (1974). *Prolegomena to an Anthropological Physiology*. Pittusburgh: Duquesne University Press.

Collingwood, R. G. (1938). *The Principles of Art*. Oxford: The Clarendon Press.

Deleuze, G. (1968). *Différénce et Répétition*. 김상환 역(2004). 차이와 반복. 서울: 민음사.

Denzin, N. K. (2003). *Performance Ethnography: Critical Pedagogy and the Politics of Culture*. London: Sage.

Denzin, N. K. (2006). The Politics and Ethics of Performance Pedagogy: Toward a Pedagogy of Hope. In D. S. Madison & J. Hamera (Eds.), *Handbook of Performance Studies* (pp. 325-338). Thousand Oaks, CA: Sage.

Derrida, J. (1967). *L'Ecriture et la Difference*. 남수인 역(2001). 글쓰기와 차이. 서울: 동문선.

Derrida, J. (1976). *Of Grammatology*. Baltimore, MD: The Johns Hopkins University Press.

Derrida, J., 김보현 편역(1996). 해체: 자크 데리다. 서울: 문예출판사.

Diamond, E. (1996). *Performance and Cultural Politics*. N. Y.: Routledge.

Dilthey, W. (1987). *Introduction to the Human Science*. Toronto: Scholarly Book Services.

Gadamer, H. G. (1960). *Wahrheit und methode*. 이길우 외 공역(2000). 진리와 방법. 서울: 문학동네.

Geertz, C. (1973). *The Interpretation of Cultures*. N.Y.: Basic Books.

Palmer, R. (1969). *Hermeneutics*. 이한우 역(2011). 해석학이란 무엇인가. 서울: 문예출판사.

Foucault, M. (1975). *Surveiller et punir: naissance de la prison*. 오생근 역(2011). 감시와 처벌. 서울: 나남.

Heidegger, M. (1927). *Sein und zeit*. 전양범 역(1998). 존재와 시간. 서울: 동서문화사.

Lats, A. O. (2017). *Photovoice Research in Education and Beyond: A Practical Guide from Theory to Exhibition*. 김동렬 역(2018). 포토보이스 연구방법. 서울: 학지사.

Marcus, G. E., & Fischer, M. J. (1986). *Anthropology as Cultural Critique: An Experimental Moment in the Human Sciences*. 유인철 역(2005). 인류학과 문화 비평. 서울: 아카넷.

Nancy, J. L. (1993). *The Birth to Presence*. Stanford: Stanford University Press.

Richardson, L., & St. Pierre, E. A. (2005). Writing: A Method of Inquiry. In N. Denzin & Y. S. Lincoln (Eds.), *Handbook of Qualitative Research* (3rd ed., pp. 959–978). London: Sage.

Richardson, L., & St. Pierre, E. A. (2018). Writing: A Method of Inquiry. In N. Denzin & Y. S. Lincoln (Eds.), *Handbook of Qualitative Research* (5th ed., pp. 818–838). London: Sage.

Rosman, A., Rubel, P. G., & Weisgrau, M. (2017). *Tapestry of Culture: An Introduction to Cultural Anthropology*. New York: Rowman & Littlefield.

Saldaña, J. (2018). Ethnodrama and Ethnotheatre: Research as Performance. In N. Denzin & Y. S. Lincoln (Eds.), *Handbook of Qualitative Research* (5th ed., pp. 377–394). London: Sage.

Savin-Baden, M., & Major, C. H. (Eds.) (2010). *New Approaches to Qualitative Research: Wisdom and Uncertainty*. London: Routledge.

Schwandt, T. A. (2001). *Dictionary of Qualitative Inquirty* (2nd ed.). London: Sage.

Schostak, J. (2008). *Interviewing and Representation in Qualitative Research*. NY: Open University Press.

Spradley, J. (1980). *Participant Observation*. 신재영 역(2006). 참여관찰법. 서울: 시그마프레스.

Subedi, B. (2013). Photographic Images of Refugee Spatial Encounters: Pedagogy of Displacement. *Qualitative Research in Education, 2*(3), 277–301.

van Manen, M. (1990). *Researching Lived Experience*. 신경림 역(1994). 체험연구. 서울: 동녘.

van Manen, M. (2014). *Phenomenology of Practice*. CA: Left Coast Press.

제6장

질적 연구 재현의 새 지평: 시각적 접근

권효숙(국제뇌교육종합대학원대학교)

다양한 미디어의 등장으로 이미지 풍요의 시대가 도래하였고, 이러한 지각 환경의 변화는 인간 경험의 총체적인 변화와 밀접한 관련이 있다. 미디어는 현상에 관한 총체적 이해를 추구하는 질적 연구자들에게 중요한 연구주제일 뿐 아니라 연구를 위한 방법적 도구로서도 그 활용도가 모색되고 있다. 특히 시각적 이미지 자료는 문자화된 자료를 보완하고 현상의 다른 측면을 보도록 안내하는 자료로서의 가능성을 가지고 있다. 시각적 이미지 자료의 범주에는 시각 기표라는 공통점을 기반으로 그림, 사진, 영상 등이 다양하게 포함될 수 있는 한편, 기술의 발달과 더불어 새로운 형태의 시각 이미지에 관한 논의[1]도 지속적으로 이루어지고 있다. 이들은 각기 구별되는 재현의 방식을 가지며 고유한 장르를 형성하고 있어서 연구 자료로 활용하기 위해서는 각 자료 생성의 맥락에 대한 이해는 물론, 제시의 형식 및 활용의 구체적 방법 등 고려해야 할 바가 많다. 이 글에서는 문자화된 자료와는 다른 방식으로 현상에 접근

---

1) 사진, 영화, 비디오, 텔레비전, 디지털 이미지 등 테크놀로지를 통해서 제작된 이미지는 '기술이미지'라 통칭되는데, 그중 사진은 역사적으로 보았을 때 가장 오래된 기술이미지라 할 수 있다(Flusser, 1985).

할 수 있고, 그 생성과 공유의 과정이 비교적 용이한 사진에 초점을 맞추어 그 활용 가능성을 살펴보고자 한다.

1. 사진의 이해

1) 연구도구로서 사진의 등장

1838년 프랑스인 니엡스(Niepce)와 다게르(Daguerre)는 다게레오타이프(Daguerréotype)라는 사진술을 발명하였고, 1839년 프랑스 정부는 이 사진술을 사들여 일반 대중이 자유롭게 사용할 수 있도록 허가하였다. 자연과 리얼리티를 직접적으로 반영하고 사실을 입증해 주는 증거로 받아들여졌던 사진은 과학계에서 기록과 관찰을 위한 뛰어난 수단으로 환영받았다. 이처럼 사진은 서구사회에서 과학적인 실증주의, 기술, 발명, 대량생산, 소유권에 대한 담론이 지배하던 시대적 흐름과 함께 발전되었다(이기중, 2011).

이렇게 대중에게 보급된 사진은 사회와 문화 현상 전반에 걸쳐 동시적으로 이루어진 변화에 발맞추어 그 의미를 달리하며 다양한 영역에서 활용되었다. 인류학의 경우, 현대적 의미의 인류학이 정립되기 시작하면서 말리놉스키, 보아즈, 미드 등의 인류학자들이 본격적으로 연구에 사진을 이용하기 시작하였다. 인류학에서 사진의 활용과 관련하여 주목할 만한 초기연구는 1936년부터 1939년까지 이루어진 베이트슨과 미드(Bateson & Mead, 1942)의 발리문화에 대한 공동연구이다([그림 6-1] 참고). 그들은 각각 필드노트 작성과 사진 기록을 담당하여 언어적 표현만으로는 포착하기 어려운, 보이지 않는 문화의 측면을 시각자료를 통해 드러내고자 하였다. 미드는 발리 현지에서 아이들의 성격 형성에 대한 연구를 위해 약 25,000장의 사진을 촬영하였는데, 『발리사람들의 성격(Balinese Character)』은 이 가운데 약 100매의 사진과 함께 사진에 대한 민족지적 분석을 시도한 대표적인 사진민족지로 손꼽힌다(이기중, 2011).

미드의 사진민족지는 사진을 단지 보조자료로서 활용하는 데 그치지 않고 주요 데이터로 활용하였다는 점에서 인류학적 연구에 있어서 새로운 시도였다고 할 수 있다.

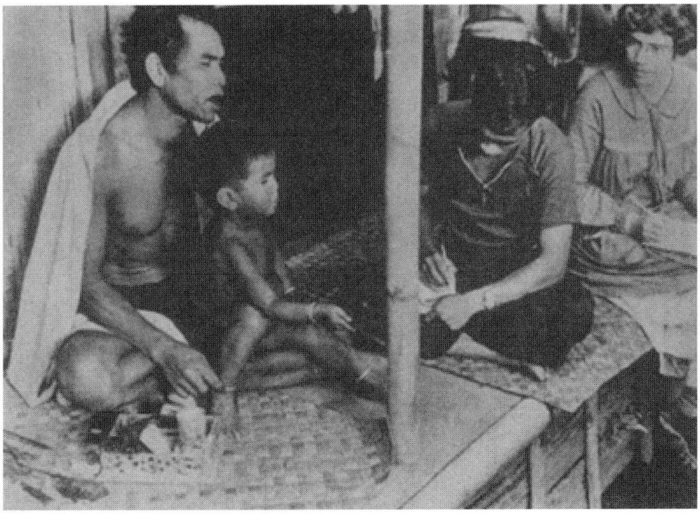

[그림 6-1] 민족지적 면담 장면[2)]

출처: Jacknis (1988). 「Margaret Mead and Gregory Bateson in Bali: Their use of photography and film」

사회 현상을 탐구하고 보고하는 데 사진이 활용된 예는 1890년대 리스(Riis)와 하인(Hine)의 다큐멘터리 작업을 들 수 있다. 미국의 대표적인 거리 사진 작가 중 한 명인 리스는 뉴욕 슬럼가의 환경에 대한 관심과 개혁에 대한 지지를 이끌어 내려는 목표를 위해 '문자보다 더 큰 동요를 일으키는 도구, 즉 시성과 충격의 효과를 낼 수 있는 미디어'(Hales, 2005 :280), 즉 사진을 활용하였다. 그는 사진의 플래시 라이트를 활용해 빈민가 구석구석 빈민들의 작

2) 이 사진은 1937년, 미드와 베이트슨이 발리 연구를 하는 시기에 찍은 것으로서 미드가 낭 카르마(Nang Karma). 그의 아들 가타(Gata)와 대화하는 장면이다. 사진 속 기록자는 그들의 비서인 칼러(Kaler)이며, 이 사진은 베이트슨이 찍었다.

은 몸짓을 섬세하게 기록하는 과정에서 빈민가의 무질서한 모습을 사실적으로 재현해 냄으로써 뉴욕 빈민가라는 사회적 공간에서 근대성의 이면을 탐구했다는 평가를 받는다(이도훈, 2017). 사회학자인 하인은 미국에 새로 도착한 이민 노동자, 광산, 공장 등에서 어린이 노동자가 처한 조건 등을 사진으로 기록함으로써 비참한 노동환경에서 일하는 아동에 대해 사회적 관심을 불러일으켰다. 이를 출발점으로 하여 1896년부터 1916년까지 『미국 사회학 저널(Americal Journal of Sociology)』에 31개의 관련 논문(사진 244장 포함)이 발간되는 등 사진을 통한 사회적 현실 보고작업이 이루어졌다(Emmison & Smith, 2000). 한편, 미국에 큰 타격을 준 30년대 경제 대공황의 결과를 종합평가하고 극심한 가뭄과 피폐해진 농민들을 도우려는 차원에서 시작된 농업안정국(FAS)의 연구는 영상인류학과 영상사회학이 학문 영역으로서 자리매김하는 데 영향을 미쳤다. 이 연구를 통해 1935년부터 1943년까지 8년 동안 농민들의 궁핍한 삶이 27만여 점의 사진에 담겼고 이 프로젝트는 사회적 다큐멘터리 사진이라는 사진 장르를 태동시켰다(최연철, 2005). 사회학에서 카메라를 재발견하고 이미지의 기능에 대한 관심이 본격화된 것은 1960년대에 이르러서였고, 1970년대 이후 영상사회학(visual sociology)이 사회학 분야의 하위영역으로 등장하기 시작하였다. 사회학에서 '시각적(visual)', '필름(film)', '비디오(video)', '이미지(image)' 등의 용어가 들어간 책들이 발간되기 시작한 것도 이 시기이다.

오랫동안 사진이 인류학을 비롯한 사회과학 분야에서 더 적극적으로 활용되지 못한 것에 대하여 콜리에와 콜리에(Collier & Collier, 1986)는 문자매체 지배적인 학문계의 분위기를 지적한 바 있다. 즉, 서구에서 문자매체가 이성, 사실, 객관적인 정보와 관련되어 학문적인 연구 수단으로 간주된 반면, 사진과 같은 시각매체는 직관, 예술, 주관적인 지식의 수단으로서 문자매체를 보조하는 데 이용되었다는 것이다(이기중, 2011). 최근에 와서 인류학 분야에서는 언어 기반의 분석 모형으로부터의 이탈과 기존의 재현적 행위에 대한 문제 제기의 전환적 방법으로서 사진 이미지 활용이 이루어지고 있다(김도헌, 2016).

점차 사진활용의 방식은 상세한 기록을 위한 보조자료뿐 아니라 인간과 문화의 다원적인 본성을 탐색하는 도구로서 다양하게 나아가고 있다.

2) 사진의 속성

사진의 활용은 사진의 특성을 이해하는 방식과 밀접하게 관련되어 있다. 사진은 대상, 찍는 자, 보는 자의 관계 속에서 의미를 생성하기 때문에 어디에, 어떻게 초점을 맞추어 그 관계 설정을 하는가에 따라 활용방식이 달라질 수 있다. 여기에서는 일반적으로 사진을 보는 관점 및 그로 인해 사진에 부여되는 속성을 살펴보고, 그에 따른 연구활용 가능성을 서술해 보고자 한다.

우선 사진을 이해하는 관점을 세 가지로 정리해 보면 다음과 같다.

첫째, 사진을 현실의 거울, 즉 현실의 시각적 모방으로 이해하는 관점이 있다. 이때 사진은 인간의 눈에 의해 보이는 현실의 절대 유사로 간주되어 완전한 실증적 자료로서의 역할을 한다(이경률, 2003). 이러한 관점에서 보면, 카메라는 '정확하고 정밀하게' 현실을 담아내며, 그렇게 생성된 사진은 전달매체이자 사실적 기록으로서의 의미를 갖는다. 사진은 카메라가 실재하지 않는 대상을 찍을 수는 없다는 점에서 사실성을 획득한다. 이렇게 획득한 사실성은 의학, 물리학, 기상학, 천문학, 생물학 등 특정한 연구의 개념 틀 속에서 정보를 제공하고 누락된 미세한 부분을 보완하며 결론을 이끄는 데 도움을 준다. 이처럼 통제체계 내에서 사용될 때, 사진은 증거를 확인하고 증명하는 유용한 도구가 될 수 있다. 또한 사진의 세밀한 현실 재현력은 일상에서 경험한 것과 같은 생생한 느낌을 제공함으로써 언어로 표현하지 못하는 다양한 상황을 더 쉽고 직접적으로 표현하도록 하는 유용한 의사소통의 매개물이 될 수 있다.

한편, 사진은 사진가가 그 자리에서 직접 본 것을 포착했다는 점에서 현장성도 더불어 확보한다. 현재를 포착하여 이미지 기록으로 남겨진 사진은 보는 자로 하여금 관련 기억을 떠올리고 당시 경험의 의미를 재발견하는 기회를 제공할 수 있다. 이는 사진의 역사성과도 관련이 있어서 사진을 찍는 순간 현재가 사진 안에서 과거가 되어 나타난다는 점, 특히 시간적 제약을 뛰어넘어 수많은 관계와 세부적 사실들을 보존함으로써 그 시대의 시공간적 가치를 탐색할 수 있는 근거로 존재하게 된다(Crane & Angrosino, 1992).

둘째, 사진을 단순한 현실의 중성적 모방이 아니라 문화적으로 코드화된 언어와 같이 언제나 현실을 치환시키고 분석하여 변형시키는 도구로 이해하는 관점이 있다. 이때 사진적 장치는 넓은 의미에서 '현실의 변형', 즉 코드화라고 명명된다. 즉, 사진이 대상의 모방이라는 담론에 반기를 들고 구조주의적 개념을 통해 사진이 문화적 · 기술적 · 이데올로기적 · 사회적 · 미적으로 코드화되는 탁월한 매체라고 보는 관점을 취한다(이경률, 2003). 코드화는 일차적으로 사진의 불연속성과 및 그로 인한 모호성에 기인한다. 인간의 눈과 다르게 '보는' 사진기의 눈은 1초의 몇 분의 일도 안 되는 순간에 잘라 낸 시공간의 조각을 정확히 고착시켜 줌으로써 어떠한 설명이나 어떠한 줄거리보다도 더 '생생한' 느낌을 주기도 한다. 그것은 "어떤 단절된 순간의 모습을 그대로 인용해 옴"(Berger & Mohr, 1982: 87)으로써, 시간의 한순간을 간직하여 그것이 다음에 밀려드는 순간들에 의해 지워지는 것을 막았기 때문이다. 이러한 사진은 순간을 얻는 대신 모호함도 얻는데, 그것은 시간적인 연속성이 파괴되면서 서술 구조가 와해되기 때문이다. 버거(Berger)는 그것을 '불연속성의 충격'이라는 말로 표현한 바 있다. 이미지가 갖는 이러한 특성들은 흔히 이미지 언어의 '비분절적' 성격으로부터 설명된다. 이미지 언어는 분절이 이루어지지 않는 언어, 의미구성의 최소단위로서 일상 언어가 갖는 '단어'에 대응하는 것을 찾을 수 없는 언어이다. 때문에 이미지로부터 얻어 내는 정보는 많은 경우 원작자의 의도와 어긋나게 된다(이봉재, 2005). 더불어 맥락의 단절을 통한 모호성은 우리가 보도록 문화적으로 조건 지어진 것들만이 아닌 사진기의 렌즈 속에 들어온 사회적 상호작용과 물질문화의 총체를 볼 기회를 제공하기도 한다.

셋째, 사진을 현실의 자국으로 보는 관점이 있다. 이러한 관점에서 사진은 보편적 의미(코드)의 전달이 아니라 설명할 수 없는 어떤 존재(탈코드)를 지시하는 지표로 이해된다(이경률, 2003). 사진은 빛의 흔적이고, 빛은 특정한 대상에서 온다는 점에서 사진은 대상의 존재를 증거한다고 볼 수 있다. 이때, 사진 자체가 대상에 대하여 어떤 의미를 부여하는 것은 아닌데, 현실에서는 대상의 존재를 확인하는 순수기호의 차원과 대상을 평가하는 사회담론의 차원이 쉽게 구분되지 않은 채 상호침투하게 된다(Dubois, 1990; Schaeffer, 1987; Van Lier, 1983: 주형일, 2006에서 재인용). 예를 들면, 집에 걸려 있는 조상의 사진, 광고판에 게시된 모델들의 사진은 단지 대상으로 존재하는 것이 아니라 긍정적 대상으로, 역이나 터미널에 붙어 있는 지명수배 사진의 대상은 법의 처분을 받아야 하는 대상으로 존재하게 되는 것이다. 이처럼 인과성으로 이해되는 사진의 지표성은 대상에 대한 사회적 담론을 정당화하는 개념적 수단이자 보는 주체에 따라 활용되는 화용론적 차원을 갖는다. 즉, 일반적인 추상성을 가지고 있는 사진의 대상이 기억과 담론을 통하여 구체적이고 특수한 것이 된다. 이 관점은 특히 질적 연구의 맥락에서 사진을 통해 개인의 기억과 사회적 담론을 어떻게 살펴볼 수 있는가에 관한 단서를 제공하고 있다.

앞에서 간략히 살펴본 사진의 속성은 의미론과 존재론을 오가는 사진이론의 역사를 내포하고 있으며, 전경과 배경을 이루며 서로 연결되어 있다. 대부분의 사람에게 사진은 일상이 되었기에 개개인이 주체가 되어 일상을 담은 많은 사진은 그만큼 많은 이야기를 담고 또 많은 이야기를 생성하고 있다. 이때 사진은 현상에 대한 기억을 단계적으로 이어 나가도록 사다리를 놓고 재구성해 가는 역할을 함으로써 문화의 보다 깊은 측면, 즉 감정, 태도, 가치, 느낌 등에 도달하도록 안내하는 역할을 수행할 수 있을 것이다(권효숙, 2010).

2. 관련 개념

질적 연구자는 연구현장에서, 그리고 연구 자료를 숙독하고 분석하면서 '정말 그러한가?', '또 다른 것은 없는가?'라는 질문을 출발점으로 삼아 적극적으로 성찰한다. 질적 연구에서 사진을 도구로 활용하고자 할 때도 연구자는 자신이 어떤 관점에서 사진을 활용하고자 하는지, 그것은 적절한지를 지속적으로 성찰할 필요가 있다. 그러한 성찰은 사진의 고유성에 관하여 관심을 가지고 그것답게 다루는 개념의 틀에 기대어 다각도로 이루어질 수 있다. 다음에서는 사진이해의 개념 틀로서 도상과 지표, '스투디움(studium)'과 '푼크툼(punctum)'의 개념을 간단히 살펴보고자 한다.

1) 도상과 지표[3)]

사진의 독특성을 설명하기 위해 가장 빈번히 사용되는 기호학적 개념은 도상(icon), 지표(index), 상징(symbol)이라고 할 수 있다. 퍼스(Peirce, 1978: 주형일, 2006에서 재인용)는 그 각각을 다음과 같이 구분한 바 있다. 도상은 지시대상과 유사성을 갖는 기호, 지표는 물리적 연속성이나 실제적 관계맺음, 인과관계를 통해 지시대상을 지시하는 기호, 상징은 연상에 의해 대상을 지시하는 기호로 구별하고 있다. 이 세 종류의 기호는 서로 배타적인 종류의 기호가 아니며, 상징적 도상, 혹은 도상적 상징처럼 하나의 양식은 다른 두 양식을 지배하는 계층적 관계를 이루어 공존하며, 어떤 양식이 우세해지는가는 맥락

---

3) 미국의 철학자 퍼스(Peirce)는 지시대상과 맺는 관계로서 세 가지 종류의 기호, 즉 도상, 지표, 상징를 구분하였는데 그의 기호개념 중 사진과 관련해 가장 자주 사용되는 것이 도상과 지표의 개념이다. 이 소절에서는 철학적 차원의 논의 대신 질적 연구의 방법적 도구로서의 고려에 초점을 맞추어 간단히 제시하고자 하였다. 이 글에서 인용한 문장은 인용표시를 따로 한 경우를 제외하고 주형일(2006)에서 부분 발췌했음을 밝힌다.

에 따라 결정된다(손영실, 2016).

퍼스(Peirce, 1978: 주형일, 2006에서 재인용)에 의하면, 사진 이미지는 도상적 · 지표적 · 상징적 특성을 갖는 복합기호라고 할 수 있다. 사진은 대상의 형태를 매우 유사하게 재현한다는 점에서 도상으로 이해되지만 다른 한편으로는 그 놀라운 재현능력으로 인해 단순한 도상 이상의 지위를 획득하게 된다. 대상에게서 온 빛의 입자 하나하나가 감광판에 충돌해 영상을 만들어 내기 때문에 우리 눈이 미처 주의를 기울여 보지 못한 것들을 사진은 빠짐없이 담아내는 것이다. 이렇게 사진은 대상에서 나온 빛이 기계에 의해 기록된 것이라는 사진제작의 메커니즘을 인식하게 되면서 양자 간 물리적 연관관계를 확보하였다. 이처럼 사진을 이해하는 데 사진과 대상 사이의 물리적 연결에 대한 고려가 개입한다는 사실은 사진을 지표로 파악하는 계기가 된다. 그래서 불분명하거나 흐릿하여 대상과의 유사성을 발견하기 어려운 경우에도 사진은 대상과 실제적으로 연결된 것으로, 그리고 대상의 존재를 증명하는 것으로 이해되었다.

그런데 이렇게 탄생한 지표는 저절로 의미를 드러내지 않으며 나아가 고정된 의미를 지니지도 않는다. 사진은 찍는 사람을 통해서가 아니라 보는 사람을 통해서 그 의미가 드러나기 때문이다. 사진을 보는 사람은 단지 수동적인 존재에 머무르지 않고 해석자의 역할을 하는데 여기에 그들의 기억이 작동하게 된다.[4] 사진은 기억에 호소함으로써 새로운 의미를 창조하는 힘을 갖는다. 이러한 힘은 사진과 대상 사이의 시공간적 거리에 개인적 기억과 욕망이 투사됨으로써 나타나는 감성적인 힘이다. 사진의 대상에 대하여 내가 가지고 있는 기억이 만들어 내는 감정적 친밀도가 크면 클수록, 사진과 대상 사이에 존재하는 시공간적 거리가 크면 클수록 사진이 유발하는 감정의 변화도 커진다. 가족의 사진은 가족을 재현한 결과일 뿐인데 보는 이가 경험하는 감정의

4) 이는 바르트(Barthes, 1980)가 사진을 바라보고 받아들이는 과정을 해석의 진실성, 옳고 그름의 여부가 아니라 사진을 바라보는 관찰자의 '시선과 의도'의 측면에서 이야기한 바와 관련이 있다.

폭이 다양한 것은 그 예이다. 더불어 독자(사진을 보는 이)의 기억은 단순한 인상의 집합이 아니라 지식의 재구성물이고 그 과정에는 늘 의사소통을 위한 규약이 개입되어 왔기에 개인의 기억과 사회적 담론을 분리하여 생각하기는 어렵다(김휘택, 2018). 독자가 지표로서의 사진 이미지를 비어 있는 기표로 만나고, 기표에 해당하는 기의를 채운다는 것은 거기에 개인적 · 사회적인 지식이 개입된다는 것을 의미한다. 사진의 지표성과 도상성은 이렇게 서로 얽혀 작용하는 과정에서 의미를 만들어 낸다. 질적 연구자는 도상과 지표가 어떻게 얽혀 의미를 만들어 내는지 탐색함으로써 연구참여자의 기억과 환경으로서의 사회담론에 관해 접근할 수 있을 것이다.

2) 스투디움과 푼크툼

바르트(Barthes)는 그의 책『밝은 방: 사진에 관한 노트』(Barthes, 1980)에서 객관적 시각매체인 사진을 통해 나타나는 관찰자의 지각작용에 관해 설명하면서 주관적인 정서에 따라 사진의 유형을 '스투디움'과 '푼크툼'으로 구분하여 제시하였다. 이는 사진에서 대상에 대한 정보나 지식을 제공해 주는 디테일과 그와는 전혀 다른 방식으로 작동하는 디테일을 구분한 것으로서, 이 구분은 개인적 감정의 깊이와 관련이 있다. 스투디움은 '나'의 지식, '나'의 문화와 관련하여 거의 자연스럽게 지각하는 영역으로서 관습적인 정보로 환원된 것이다. 즉, 스투디움은 사회적으로나 문화적으로 약속된 의미를 근거로 이해할 수 있는 개념의 집합을 의미하며, '양식화되고 규격화된 앎'(김종헌, 2001: 201) 또는 '문화적으로 길들여진 앎'(이경률, 2002: 65)이라고 볼 수 있다. 이 영역에 속하는 사진의 디테일은 대상에 대한 세심하고 정밀한 정보를 제공하기도 하며, 일반적인 흥미와 감동을 불러일으킬 수도 있으나 이러한 감정의 동요는 도덕적이고 정치적 문화라는 이성적 중계를 통해 필터링된다.[5)]관찰자의 일반적 관심을 불러일으키는 사진으로 마음의 동요보다는 관찰자의 교양, 교육의 정도, 문화적 경험을 통해 사진에서 의미하는 바를 읽어 낼 수 있기 때문이다(Barthes, 1980). 즉, 스투디움은 코드화된 사진이다.

한편, 바르트(Barthes, 1980)는 스투디움과는 다른 종류의 정보를 주는 디테일, 보다 더 본질적으로 사진 이미지를 규정하는 디테일로서 푼크툼을 제시한다. 푼크툼의 개념은 사진 지표이론[6]의 출발점이자 가장 중요한 중심개념이기도 하다. 푼크툼은 사진가에 의해 의도적으로 구성되거나 또 어떤 인과관계에 의해서 설명되지 않는 것으로서, 스투디움과는 전혀 다른 계열체로서 다가오는 의미를 말한다. 이는 사진의 어떤 부분에서 의도치 않게 찔리는 느낌과 같이 개별적이고 특수한 반응으로, 보는 사람의 내면에 따라 다르다. 즉, 사진이 보여 주는 지배적인 맥락이 아니라, 개인만의 특유한 맥락으로 사진의 어떤 요소를 바라보는 것이라고 할 수 있다. 푼크툼에서는 사진에 의미를 불어넣는 것이 관찰자의 몫이 되며, 사진과 촬영자의 관계보다 사진과 관찰자의 관계가 더욱 중요하게 간주된다. 이처럼 푼크툼은 지적 인식이나 논리로는 접근할 수 없는 것, 언어로 환원될 수 없는 것, 그리하여 언어가 어찌할 수 없는(L'Intraitable, das Unverhandelbare) 이미지의 요소이다(김남시, 2016: 24-29). 징후적 흔적이 비록 대상과 절대적 유사성에서 출현한다 하더라도 지시대상은 언제나 비인식적이고 비논리적인 세계를 지칭하고 있는 것이다.

요컨대, 스투디움은 코드화되어 있고 푼크툼은 그렇지 않다. 사진의 스투디움을 알아보기 위해서는 사진 촬영자의 의도를 확인하고 그들의 의도와 조화를 이루며 그 속으로 들어가며 그 의도를 인정 혹은 인정하지 않는 과정을 거치면 된다. 그러나 사진의 푼크툼은 바르트(Barthes, 1980)가 예를 든 것처

5) 보도사진은 스투디움의 전형이라 할 수 있는데, 그 이유는 모든 보도사진에는 적어도 하나의 다른 구조, 즉 제목이나 사진 설명, 또는 기사 같은 문장이 뒤따르고, 그것에 따라 그 이미지가 다르게 해석될 수 있기 때문이다(Barthes, 1980).

6) 지표이론은 대상과의 물리적 접촉을 통한 재현방식으로 다른 매체와 구별되며 과거의 경험의 흔적이라는 인식의 환기를 불러일으키는 주요 사진담론이다.

럼, 썩은 이빨과 같이 아주 사소하고 하찮은 것으로부터 올 수 있으며, 푼크툼의 사례를 제시한다는 것 자체가 "나를 토로하는"(Barthes, 1980: 60) 과정이라 할 수 있으며 푼크툼의 경험이 한편으로는 내면 탐색의 단서가 될 수 있음을 의미한다.

3. 질적 연구에서 사진의 활용

생활세계에 대한 총체적이고 심층적인 이해를 추구하는 질적 연구에서 연구자의 태도, 연구자와 연구참여자의 관계 및 그 맥락, 다양한 자료의 활용은 연구의 질을 좌우하는 요인으로 중시되고 있다. 특히 연구자의 자문화중심주의적 태도나 연구참여자의 연구목적과 상황에 대한 이해방식, 그리고 '무엇을', '어떻게'라는 질문이 가져올 수 있는 폐쇄적 답변의 가능성 등은 지속적으로 질적 연구자들에게 성찰의 과제를 제기해 왔다. 이러한 과제를 극복하고 질적 연구의 깊이와 폭을 확장하는 데 사진이 도움을 줄 수 있을 것이라는 논의가 본격적으로 이루어지기 시작한 것은 비교적 최근의 일이다. 와그너(Wagner, 1979)는 그 활용의 방식에 관하여 폭넓게 제시하였는데, 사진이 인터뷰 활성화 자료, 내용분석의 자료, 사회적 관계를 탐구하는 자료로 활용될 수 있으며 체계적 기록관리 및 연구참여자의 시각을 이해하는 데 유용하게 활용될 수 있다는 점을 언급한 바 있다(Emmison & Smith 2000). 연구현장에서 사진은 한 가지 방식으로만 사용되는 경우보다는 연구 전 과정에서 도구이자 자료이면서 때로는 연구 결과를 제시하는 역할을 하기도 한다. 실제 현장에서 이 각각을 뚜렷이 구분하기 어렵지만, 그 역할을 정리하는 데 초점을 맞추어 자료수집 도구의 차원과 결과 제시의 차원으로 구분해 보고자 한다.

1) 도구로서의 사진

(1) 관찰 및 기록 도구로서의 사진

사진은 연구자의 눈이 포착하는 현상을 세밀하게 기록할 수 있도록 할 뿐 아니라 과거자료를 생생하게 소환해 올 수 있기에 자료의 풍부함과 생생함을 요구하는 질적 연구의 장면에서 그 활용 비중이 높아지고 있다. 사진의 기록적 특징은 생활세계를 총체적으로 이해하고자 하는 질적 연구를 위하여 다양한 방식으로 기여할 수 있다. 자료수집의 단계에서 사진은 글로 표기하기 어려운 사건의 전체적 상황을 시각 이미지로 담아내고, 전체 장면(scene)을 그려 내고, 사람들 감정의 흐름을 시각적으로 포착하기에 나중에 글로 쓰는 것보다 맥락(context), 아우라(aura) 등을 표현하기에 유용하다. 사진은 육안으로 본 것만을 재생하는 것이 아니라 지각하지 못한 결정적인 순간을 우연한 효과로 얻어 냄으로써 새로운 의미를 파악하고 해석할 수 있다는 점에서 중요한 자료원이 될 수 있다(한정식, 2003). 더불어 카메라의 셔터를 누르면 사진이 자동적으로 생성되는 기능으로 인해 일상 속 비가시적인 현상을 우연히 카메라의 눈에 포착할 수 있는 가능성을 갖기도 한다.

연구자는 카메라를 관찰도구로 하여 현장 관찰 자료로서 수집한 사진을 구성 · 배열함으로써 시각 다이어리(visual diary)를 얻을 수 있다. 이는 연구현장에 대한 연구자의 주관적 재구성, 주관적 계열화의 과정을 엿볼 수 있는 자료라는 점에서 연구자의 자기 성찰적 연대기라고도 할 수 있다(김도헌, 2016). 또한 연구현장이나 연구참여자의 시각적 세부사항을 체계적으로 기록하는 데 도움을 주는 '시각 기록(visual record)'은 특정 현장에서 구성원들이 자신의 영토와 지역 그리고 개인적 공간을 어떻게 관리하고 있는가를 살펴보기 위한 방식으로도 유용하게 활용될 수 있다. 다음의 [그림 6-2]는 귀국학생들의 적응을 돕기 위하여 설치한 학급의 교실 전경을 찍은 것이다. 2000년도에 촬영된 이 사진을 자세히 살펴보면, 다른 교실의 공간구성 및 물적 구비 정도와는 많은 차이가 있음을 알 수 있다. 화장실을 제외하고는 학생들이 외부 출입을 하지 않아도 될 만큼 교실 안에 학생들이 활용할 수 있는 모든 교구 및 기자재가 설치되어 있고, 학생들이 한 공간 안에서 다양한 활동을 동시에 할 수 있도록 입체적으로 구획되어 있음을 볼 수 있다. 이 사진은 연구자가 찍을 때부터 무엇을 보여 줄 것인가를 염두에 두고 찍은 사진이기도 하지만, 현상된 사진을 자세히 관찰 및 분석하면서 공립초등학교 내 설치되어 있는 귀국반에 대한 합의가 어떻게 이루어지고 있는지 이해하는 계기가 되기도 하였다. 이처럼 사진은 사물과 사물, 사물과 인간의 상호작용 방식, 특히 비언어적 커뮤니케이션에 대한 시각적 정보를 제공함으로써 그들의 생활세계를 이해하는 데 매우 중요한 역할을 할 수 있다(Collier & Collier, 1986: 45). 사진이 포착한 생활사태의 이미지는 문화적 조건 속에서 개인의 체험이 축적되어 형성된 것의 표현태라는 점에서 문화의 보다 깊은 측면, 즉 감정, 태도, 가치, 느낌 등에 관한 내용분석 텍스트로서 가치를 지닌다.

한편, 문화적 표현태를 사진으로 포착하는 일은 모종의 기획을 필요로 한다. 소렌슨과 자블롱코(Sorenson & Jablonko, 1975)가 제시한 사진 찍는 방식

[그림 6-2] 공립초등학교 내 귀국반 교실 전경(2000년도 촬영)

은 그러한 점에서 참고할 만하다. 그들은 영상기록자료의 잠재적인 가치를 증가시키기 위해서는 '기회적 표본추출(opportunitic sampling)', '프로그램된 표본추출(programmed sampling)', '탈선적 탐색(digressive search)'을 포함하는 3단계의 표본추출 전략을 제시한다. '기회적 표본추출'이란 연구자의 관심을 끄는 것을 자유롭게 찍는 것을 의미한다. 이러한 사진 찍기를 통해 연구자의 관심사에 관한 자료뿐 아니라 예측하지 못했던, 그리고 잘 이해하지 못했던 사건들에 대한 포착기록을 얻을 수 있다. '프로그램된 표본추출'이란 미리 결정한 계획에 따라 촬영하는 것이다. 즉, 연구자가 미리 생각해 둔 구조에 따라 촬영하면서 빈칸을 메꾸어 나가는 과정의 방식으로서, 연구자의 인지적 틀과 초점을 토대로 하고 있다. 한편, '탈선적 탐색'이란 개인적 취향이나 무엇을 중요하게 기록할 것인가 등과 같은 사전의 관념, 즉 명백해 보이는 것으로부터 주의를 이탈하여 사진을 찍는 방식이다. 이 세 전략은 각각 그 장단점을 가지고 있기에 이들을 함께 사용하기 위해서는 각각의 균형을 맞추어 영상 기록자료가 갖는 정보 잠재력을 증대시킬 필요가 있다(Crane & Angrosino, 1992).

(2) 면담 도구로서의 사진

사진을 결합한 인터뷰는 사회과학적 연구에서 내부자의 관점을 좀 더 심층적으로 이해하고자 하는 목적을 가지고 시도되었다. 이러한 시도는 '포토보이스(photo-voice)'(Wang, 1999), '포토 내레이션(photo narration)'(Wang, Yi, Tao, & Carovano, 1998), '사진유도면담(Photo-elicitation)'(Emmison & Smith 2000), '포토인터뷰(photo-interview)'(Dempsey & Tucker, 1994), '성찰적 사진(reflexive photography)'(Harrington & Lindy, 1999) 등 다양한 용어로 지칭된다. 용어가 다른 만큼 초점을 맞추는 부분이나 방식에 있어서도 조금씩 차이가 있기는 하나 내부자적 관점의 충실한 이해를 추구한다는 공통점을 가진다. 인터뷰의 한 방법으로서 출발한 이러한 기법은 사진에 대한 성찰을 스토리텔링 혹은 주제와 관련된 논의의 촉매제로 삼음으로써 '개인적이고 집합적인 경험', 그들이 가지고 있는 '자기 이미지'를 확인하는 데 도움을 줄 수 있다(권효숙, 2011). 애초에 사진결합 면담은 미리 마련된 사진을 활용하여, 특정 주제에 대한 풍부한 이야기를 끌어내는 방식으로 이루어졌는데, 최근에는 각기 자신의 일상생활 중 의미 있는 장면을 찍은 후 그에 대한 해석을 드러내고 공유하는 방식으로 진행되기도 한다. 특히 '성찰적 사진'이 그러한 성격을 가지는데 이 방법은 관찰된 모든 실체적인 사물들이 당사자 및 그들의 삶의 질에, 주변세계에 어떤 효과나 의미를 갖는가를 통찰하게 해 준다(Harrington & Lindy, 1998; Wang, 1999; Wang et al., 1998).

사진을 결합한 인터뷰 기법은 콜리에(Collier, 1957, 1967; Collier & Collier, 1986)를 통해 알려지고 체계적으로 정립된 기법으로서, 인터뷰를 위해 사진을 사용하거나 사진을 통해 연구참여자의 논평이나 설명을 유도하고 연구의 의미에 대해 함께 논하는 방식을 말한다. 이 기법은 장기적인 연구기간 및 면담을 지속적으로 이어 가고 구성원들과의 원활한 의사소통을 하는 데 도움을 줄 수 있다. 사진은 연구참여자의 삶에 관한 총체적이고 구체적인 자료를 담아냄으로써 인터뷰를 활성화시킬 수 있는데, 이때 목적에 따라 연구자가 사진을 직접 찍어 인터뷰에 사용할 수도 있고, 정보제공자가 찍은 사진이나 가족사진과 같이 연구참여자가 소유하고 있는 사진을 이용할 수도 있다(Harper, 2002). 또한 잡지의 사진이나 박물관의 아카이브 사진과 같은 기존의 사진을 이용할 수 있다.

이 방법을 적극적으로 활용한 몇 편의 연구사례를 소개하면 다음과 같다.[7] 분스터(Bunster, 1978)는 사회계급에 관한 연구로서 폴라로이드 사진과 인터뷰를 통하여 개발도상국가의 노동여성을 연구하였다. 그는 자신이 개발한, 이른바 '말하는 사진'(talking picture)을 통해 페루의 리마 시장에서 일하는 프롤레타리아 여성들이 어떻게 저개발국가의 자본주의의 구조에 적응하고 있는지 분석하였다. 이를 위해 연구자는 시장 전경과 길거리 행상, 가판대를 가

---

7) 다음의 사진유도기법을 활용한 연구의 예는 이기중(2011)에서 부분 발췌하였음을 밝힌다.

진 여성들, 공장노동자, 가정부 등의 일하는 모습, 여성들의 일상생활과 가사활동 모습, 그리고 여성들의 사적인 모습을 담은 3,000여 장의 사진 가운데 120장의 사진을 선별하여 '인터뷰 키트', 즉 '말하는 사진'을 만들었다. 그리고 이 사진집을 리마 시장에서 일하는 다른 50명의 여성에게 보여 주며, 프롤레타리아의 여성들이 자신들의 노동과 가정사를 어떻게 이해하고 평가하는지 밝히려 하였다. 한편, 하퍼(Harper, 2001)는 이 방법을 활용하여 자신이 거주하는 미국 뉴욕 북부의 한 지역에서 어떻게 노동의 형태가 변화되었는지에 관한 연구를 수행한 바 있다. 그는 비정부기관인 한 오일 회사(Standard Oil of New Jersey)가 제2차 세계대전 기간 및 그 후의 미국의 모습을 기록하기 위해 후원했던 다큐멘터리 사진 프로젝트의 아카이브 사진을 통해 제2차 세계대전 후 농업형태의 변화를 포착하려 하였다. 그는 주민들에게 다큐멘터리 사진을 보여 주면서 다양한 경험과 배경을 가진 주민들이 자신들의 활동이나 모습이 담긴 사진을 보고 어떻게 느끼고 해석하는지 밝히려 하였으며, 이를 통해 마을의 역사를 재구성하고자 하였다. 사진을 활용한 면담은 문화연구에도 활용될 수 있는데, 미국에서는 인종과 광고를 주제로 연구(Craig, Kretsedemas, & Gryniewski, 1997) 등이 이루어진 바 있다. 이 연구는 종교, 교육, 정치적인 이데올로기, 미디어 및 사회적인 계급에 대한 담론들이 어떻게 독자들의 광고 해독을 변화 · 왜곡 · 강화하는지, 다양한 인종과 개인의 정체성의 관계는 어떠한지를 탐색하고 있다.

한편, 연구참여자가 스스로 찍은 자화상 사진을 통해 정체성이나 사회 관계성 등을 이해하고자 하는 시도도 이루어지고 있다. 자화상 사진은 자신을 대상화하여 자신의 이미지를 만들어 낸다는 점에서 자신이 객체이자 주체가 되는 것으로, 자신을 인식하고 탐구하게 되는 자기반사성(self-reflexivity)을 특징으로 갖는다. 즉, 사진은 항상 고도의 선택적인 판단의 결과로서 사진을 촬영하는 사람은 자신이 알든 모르든 자기 자신에게 중요하고 의미 있는 것만을 사진에 담거나, 반대로 사진에 아예 담지 않기 때문에 사진을 통해 그 사람의 세계에 대한 이해를 엿볼 수 있다(이영준, 1998; Weiser, 1988). 사진을 찍는 사람이 스스로 자신의 사진을 통제한다는 특징을 갖는 자화상 사진은 카메라 렌즈가 제3의 시선으로 기능하여 타자의 시선을 통해 자기를 보는 것과 같은 인식을 심어 줌으로써 자기 직면을 촉진한다. 그럼으로써 외적이고 현실적인 자신과 내적이고 이상적인 자신을 비교 및 탐색하도록 하여 정체감을 확립하는 데 기여할 수 있다(Weiser, 1999). 이처럼 자화상 사진은 상호 경청과 발견 및 각성을 매개함으로써 성찰적으로 자기해체와 재구성을 하도록 지원할 수 있는 장점을 가지고 있다. 중국과 미국 대학생의 자화상 및 정체성의 차이점에 관한 연구(Kenney, 1993) 및 미국 여대생들의 가정과 학교에 대한 생각과 역할 갈등 연구(Blinn & Harrist, 1991) 등이 이러한 방법으로 수행되었다.

이처럼 연구에서 사진은 일상생활을 기록하기 위한 매체로서뿐만 아니라 '개인적이고 집합적인 경험', 그들이 가지고 있는 '자기 이미지'를 확인하는 성찰적 기능을 가질 수 있다. 최근 스마트폰을 통해 '셀카'의 무한생성이 가능해진 환경에서 자화상 사진을 분석하여 내면을 드러내거나 교육 혹은 상담에 활용하려는 시도가 급격히 늘고 있다. 나아가 단지 사진을 자료로 활용하는 단계에서 나아가 자기 사진을 찍는 과정이 주체에게 어떤 의미가 있는지 탐구(김종은, 2020)하는 시도도 이루어지고 있다.

여기까지 살펴본 바처럼, 사진은 묘사된 구체적인 사회적 관계나 문화적 형태의 예시들을 통해 좀 더 확대된 범위의 내용 토론으로 나아갈 수 있도록 하고, 기억을 되살리는 장치로서 역할을 하며 풍부한 세부적 묘사를 이끌어내기도 한다. 또한 연구자와 참여자가 함께 사진을 검토하는 방식을 취함으로써 참여자의 입장에서 직접 질문을 받았을 때보다 부담을 적게 느낄 수 있도록 하는 윤활유 역할을 하기도 한다(Banks, 2001). 연구자와 참여자 간 대화의 깊이와 폭의 확장이 연구의 질을 좌우하는 질적 연구에서 사진의 의미는 무엇보다도 이러한 역할 수행에 기여함으로써 연구참여자의 에믹의 관점(emic view)을 맥락적으로 이해하도록 한다는 데서 찾을 수 있다.

2) 결과 제시의 방식

(1) 능동적 참여와 표현: 포토보이스

포토보이스는 앞에서 면담도구로서 살펴본 포토인터뷰의 한 종류라고 할 수 있는데 연구참여자들이 직접 생성한 시각적 이미지를 통해 자신의 생각과 감정을 표현하고 자유롭게 나누며, 연구자는 그들의 이야기를 덧입혀 의미를 생성한다는 점에서 좀 더 적극적인 사진활용 방법이자 그 자체로 제시의 기능을 가진다(Wang, 2006; Wang et al., 1998). 포토보이스는 지난 20년간 사회적으로 소외되고 나약한 계층의 목소리를 전달하는 목적으로 사용되어 왔으며 그 초점은 삶의 경험을 소통하는 데 두고 있다(Dumbrill, 2009; Wang & Burris, 1997; Wang et al., 2004). 이 방법은 주로 소외 집단, 노숙자, 농촌의 여성, 알코올 중독자 등에 관한 관심을 기반으로 소수자 및 취약집단의 건강과 사회문제를 연구하는 데 활용되어 왔다. 특히 시각적인 이미지를 사용하기 때문에 환경이나 문화의 차이 등으로 소통이 어려워 소외되기 쉬웠던 집단이 연구에 관여할 수 있다는 데 큰 의미가 있다. 즉, 사진에 대한 내레이션을 통해 참여자들은 언어로 표현할 수 없는 자신의 경험과 이야기를 좀 더 수월하게 전달하고, 직접 주제를 선정하여 프로그램을 진행함으로써 자료수집, 결과 분석 및 솔루션 제공 과정에 적극적으로 참여할 기회를 얻을 수 있다(Goodhart et al., 2006). 이러한 과정을 통해 연구참여자가 삶의 주체로서 주인의식을 갖도록 할 수 있다는 점(Jurkowski & Paul-Ward, 2007)도 기대해 볼 수 있는 효과이다.

최근에 포토보이스는 연구대상 및 범위가 확장되어 특정 주제에 대한 사람들의 인식, 행동 등 기존의 통념에서 벗어난 새로운 지식을 생산해 낼 잠재력을 가진 방법론(Latz, 2017)으로 주목받고 있다. 포토보이스 연구방법은 집단토론에서 사진을 해석하고 의미를 부여하며 새로운 생각들을 만들어 내고(Wang, 1999) 참가자들의 견해를 풍부히 교류하는 과정을 통해, 추상적이고 형이상학적 개념에 대한 서로 간의 인식 거리를 좁히며 새로운 개념을 도출하는 데 매우 유용하기 때문이다. 포토보이스 연구의 절차는 연구자가 제시한 초기 테마를 바탕으로 참여자들이 각기 찍은 사진에 대하여 참여적 인터뷰 기법(SHOWeD)[8]에 따라 토론을 진행하는 방식으로 이루어진다. 참여자는 자신의 일상생활 속에서 직접 촬영한 사진에 대해 다양한 수준의 논의 과정을 통하여 삶 속에 존재하는 문제들을 인식하고 개선할 수 있는 역량을 강화하며, 개인의 문제를 통해 공동체의 문제를 해결할 가능성을 가진다(Dumbrill, 2009). 이러한 가능성으로 인하여 점차 교육의 영역에서도 사진활용에 관한 연구(김경오, 2020; 김경오, 이규일, 2013; 김수진, 2020; 김시아, 이성재, 정익중, 2019; 김종은, 2020; 박미영, 김민아, 2019; 박희주, 2020; 서동명, 이윤희, 심정원, 2018; 이규일, 2020; 이솔지, 2014; 이현, 곽주연, 2019; 하은지, 2015; 홍지은, 최재섭, 2018)가 늘어나고 있다. 특히 유아가 직접 찍은 사진을 분석 및 면담에 결합함으로써 유아의 일상성을 탐구한 최연철의 연구(2005, 2009; 최연철 등, 2010)는 흥미롭다. 이처럼 개인역량 증진 및 소속 집단의 변화를 추구하는 점에서 포토보이스는 참여적 실천 연구(Participatory Action Research: PAR)의 한 종류라 할 수 있다.

이와 유사한 맥락에서, 샤츠와 스테이너-뢰플러(Schratz & Steiner-Löffler, 1998)는 연구참여자들로 하여금 자신의 일상생활 공간에 대한 평가와 그를 토대로 한 토의를 진행하는 과정에 사진을 활용하는 '사진평가(photo-evaluation)'라는 절차를 고안한 바 있다. 그들은 4~5명의 초등학생으로 소집단을 구성하고 집단별로 학교에서 좋아하는 장소와 싫어하는 장소에 대해 토의하게 하고 사진에 포함할 구체적인 내용을 결정하게 하였다. 학생들 스스로 사진을 찍고 현상한 다음에는 싫은 곳과 좋은 곳 두 개의 분류로 나누어 포

8) SHOWeD는 심층적으로 상황을 탐색하고 논의를 이끌어 나가는 중요한 도구로서 구체적인 질문들의 약자 표기이다. 그 질문들은, '이 사진에서 무엇이 보입니까?(What do you See here?)', '이 사진 속에서 무슨 일이 일어나고 있습니까?(What's really Happening here?)', '이 사진은 우리의 삶과 어떤 관련이 있습니까?(How does this relate to Our lives?)', '왜 이런 문제 혹은 장점이 존재합니까?(Why does this problem or this strength exist?)', '이것을 위해 우리가 무엇을 할 수 있습니까?(What can we Do about this?)'이다(Wang, 1999).

스터를 만들고 그 이유에 대해 적고 마지막으로 다른 학생들 앞에서 발표를 하고 대집단 토의를 하게 하였다. 이처럼 연구참여자가 직접 사진을 찍고 면담에 참여하는 경우, 연구참여자에게 자발적으로 연구에 참여할 수 있는 기회를 마련해 줄 수 있다는 점에서 연구참여자의 능동성을 확보하는 한 방법이 될 수 있다.

(2) 감각적 서술: 포토에세이

질적 연구에서 사진은 연구상황에 대한 묘사를 하거나 그 상황에 담긴 맥락적 의미를 서술하는 데 사용될 수 있다. 포토에세이는 사진의 배열을 통해서 연구현장의 문화를 드러낸다는 점에서 가장 적극적인 사진활용의 형태라고 할 수 있다. 포토에세이 작업은 기표와 기의의 연결 과정인 기호작용에 주목하면서 구체적인 사태를 감각적 이미지로 포착하여 현상에 대한 자신의 이해를 느낌과 감동의 텍스트로 가시화하는 일이다. 셔터를 누르는 순간에 이루어지는 선택과 배제의 맥락 속에, 그리고 선택된 장면을 특정한 방식으로 배치하는 과정 속에는 사진을 찍는 사람이 세상을 바라보는 방식, 인과관계를 설정하는 방식이 내포되어 있다. 이는 논리적인 언어로는 표현하기 어려운, 좀 더 직관에 가까운 인식이 개입된다는 점에서 개인의 감각적 경험을 들여다볼 기회를 제공한다고 할 수 있다(권효숙, 2011).

사진으로 연구현장의 문화를 드러내는 포토에세이는 독자로 하여금 끊임없는 생각을 불러일으키면서 단순 의미전달을 넘어서서 수용자 자신의 해석을 가능하게 하기도 한다(김정민, 김영철, 2009: 115). 기호화작용과 깊은 관련이 있는 포토에세이는 기표로서 사진의 감각적 이미지가 어떤 기의와 연결되는지에 주목한다. 이때 사진을 찍는 사람과 보는 사람 사이에는 공통점도 있고 차이점도 있어서 때로 포토에세이를 매개로 심층논의를 할 수 있는 계기가 되기도 한다.

모든 이미지는 다의적이며, 시니피에들의 고정되지 않은 연쇄를 내포하고 있는데 언어적 메시지는 이미지의 시니피에들 사이에서 독자를 지도하며, 거기에서 어떤 것은 피하고 다른 어떤 것은 받아들이도록 하여 하나의 의미로 고정/정박[9]시킨다(Howard, 1982: 94-96). 즉, 작가는 텍스트의 기능을 통해 그림을 바라보는 관찰자의 시선과 사고를 일정한 방향으로 고정시킨다는 것이다. 다음의 [그림 6-3]은 경기도 성남지역에 있는 한 배움터 공간을 찍은 사진을 배열한 것이다(권효숙, 2011). 연구자의 의도는 애초에 사진의 배열만으로 그 기관의 사회문화적 환경과 교육적 지향을 시각적으로 드러내고자 한 것이었으나 그 현장에 관한 사전지식을 갖지 않은 사람들에게는 배경설명의 병치를 통해서만 그것이 확보되는 경향을 발견한 바 있다.

방과후 청소년들이 이용하는 배움터 공간을 포토에세이로 표현한 바가

[그림 6-3] 배움터 공간

9) 이러한 고정이 가장 많이 쓰이는 곳은 메시지 전달이 확실해야 하는 광고 사진과 르포르타주 사진이다.

[그림 6-3]이라면, 다음 글은 그 사진을 어떻게, 왜 선택하고 배열했는지를 드러내는 사진에 대한 내레이션이다.

2010년 5월 7일 배움터를 처음 찾아가는 나의 눈은 '학교의 주변환경'이라는 의미의 틀을 통해 다양한 공간구획과 사물을 포착하고 있었다. 배움터 선생님에게 안내받은 대로 ○○역 2번 출구 부근 공영주차장에 차를 세웠다. 공영주차장은 8차선 대로와 수평으로 이어져 있으면서 또 한편으로는 일렬로 늘어선 모텔촌과도 수평을 이루고 있었다. 방향을 살피자니 내가 찾아가고자 하는 배움터는 말하자면 모텔촌 이면에 자리하고 있었다. 대부분의 구시가지의 특성은 관념적으로 구분되는 삶의 공간들이 실제에서는 그 경계가 분명하지 않다는 것이다. 계획된 신도시에 대비하여 '구시가지'라는 명명은 그 지역공간에 대한 전체적 기획의도가 생겨나기 이전에 이미 그냥 그 자리, 그 시기에 누군가에 의해 삶의 공간으로 점유되어 모자이크처럼 구성되어 있다는 의미를 내포하고 있는 듯하다. 전철역 부근의 공영주차장에 차를 주차하면서 일렬로 늘어서 있는 모텔촌이 자꾸 신경을 건드리는 이유도 내 인식 속에서 교육과 모텔의 공존을 거부하는 의식이 작동하고 있었기 때문이었으리라. 이러한 생각을 하면서 골목으로 들어가 배움터가 소재하는 건물 앞에 다다랐다. 작은 이면도로에 접하고 있는 그 건물은 높고 낮은 건물과 나란히 붙어 있으면서 주변에는 다양한 상가가 위치하고 있었다. ……(중략)…… 배움터가 소재한 건물 주변 및 건물의 외부 모습과 배움터 내부 공간은 상반된 이미지를 뿜어내고 있다. 안으로 들어서자 환한 연두색 시트지가 붙은 교실 문이 눈을 사로잡았으며, 여기저기 오밀조밀하게 만들어진 공간에는 눈에 보이는 모든 것이 '차곡차곡' 놓여 있었다. 물기 없이 뽀송뽀송하고 다양한 스티커를 붙여 놓은 깨끗한 화장실은 유난히 눈길을 끄는 곳이다. 거실은 아이들이 오지 않는 오전 시간에도 항상 무엇인가를 하는 사람들이 자리를 차지하고 있다.

(2010. 5. 7. 연구일지 중 발췌)

이처럼 설명을 덧붙인 포토에세이를 통해 저자는 이미지와 언어적 메시지의 결합에 의도적으로 개입하면서 의미전달을 추구한다. [그림 6-3]과 그 설명이 연구자의 메시지를 설명적으로 전달한 경우라면, 다음 투홀스키(Tucholsky)의 사진책[10]을 통해 살펴본 [그림 6-4]의 예는 독자의 연관사고를 촉구하는 방식으로 의미전달을 추구하는 예이다.

[그림 6-4] 민주주의(Demokratie)

출처: Tucholsky (1973). 『Deutschland, Deutschland Über alles』

이 책에서 저자는 '민주주의(Demokratie)'라는 사진의 제목과 문을 보여 주는 사진과 의도적으로 결합시킴으로써 독자들로 하여금 이 사진을 민주주의와 연관하여 사고하도록 유도하고 있다. 이 사진은 단순히 문이라는 사물의 한 모습을 보여 줄 뿐인데, '민주주의'라는 제목을 첨가함으로써 단순히 문의 의미 너머 또 다른 의미를 부여받게 된다. 독자는 여기에서 제목과 더불어 사

---

10) 투홀스키의 사진책, 『독일, 독일이 최고(Deutschland, Deutschland Über alles)』(Tucholsky, 1973)는 사진과 텍스트의 결합을 보여 주는 최초의 책으로서, 1920년대 후반 독일에 대한 격렬한 사회적 비판을 담은 작품이다. 그러나 아이러니하게도 나치정권을 옹호하는 세력에게 이용되어 새로운 국가건설의 당위성을 주장하는 정치선전용으로 사용되기도 하였다(천현순, 2008: 172).

진 속에 추가적으로 삽입되어 있는 문자를 통해 이 사진이 단순히 문을 의미하는 것이 아니라 민주주의와 연관되어 있음을 유추하게 된다. 사진 속에는 '배달부나 근무자는 옆문을 이용'하고, '모퉁이를 돌면 입구'가 있으며, 여기에 있는 문은 '지배인만 출입'할 수 있다고 명시되어 있다. 투홀스키는 사진과 제목의 결합을 통해 바이마르 공화국이 제시하고 있는 민주주의가 모든 사람을 위해 존재하는 것이 아니라 일부 특권계층만을 위해 존재한다는 사실을 비유적으로 보여 주며 독자들의 유추적 사고를 유도하고 있다(천현순, 2008).

포토에세이는 이미지 기표의 자유변경을 통해 "수동적인 원본 해독이 아닌 원본에서 해체하는 능동적인 읽기"(조용환, 2017: 11)를 통해 새로운 의미체험을 추구한다. 이는 브레통(Breton, 1928)의 언급처럼, "상이한 매체 간 상호적 대화로서 정의되는 상호텍스트성을 통해 보이지 않는 현실의 모습을 제시해 주고 더 나아가 형이상학적 의미를 부여할 수 있다."라는 점에서 질적 연구가 추구하는 재현의 위기극복 노력이라 할 수 있다. 포토에세이의 의미는 과거와 현재, 사건과 그것에 대해 쓰고 있는 순간에 드는 생각들이나 견해, 감정 사이에서 왕래하는 언어적 사유, 해석학적 순환을 통해 복수적 의미 실천의 장이 된다는 점에서 찾을 수 있다.

최근 교육현장에서도 놀이터, 뮤지엄 등 특정 공간에서의 행위 의미에 초점을 맞춘 포토에세이 연구가 이루어지고 있다. 놀이터의 물질성을 사진으로 포착하고 그것을 토대로 신체의 운동성과 놀이의 의미를 이해하고자 한 연구(전가일, 2018), 사진 속에 얽힌 이야기를 통해 놀이터 환경의 행위주체성을 이해하고자 한 연구(김민우, 이연선, 2020), 협업적 탐구를 토대로 뮤지엄 교육의 의미를 탐색하고자 한 연구(김수진, 2020)를 그 예로 들 수 있다.

4. 사진활용에 관한 성찰

일반적으로 사진을 '찍는다(to take)'고 하지만 엄밀히 말하면 사진은 '배제하는 것'이다. 사진을 찍는다는 것, 그것은 의미를 생산한다기보다는 의미를 잉태하는 배경을 만드는 작업이고, 의미가 아직 들어가지 않은 빈 껍질 그대로인 존재, 즉 내재된 모습(시뮬라크르)[11]을 누설하는 행위이다(이경률, 2003: 104). 사진이 만들어 낸 의미는 어떤 것은 넣고 어떤 것은 빼고 하는 배제의 체계에서 생겨나는 것이며, 이때 사진 프레임은 그 안에 들어올 수 있는 콘텐츠를 체로 걸러 내는 여타의 문화적이고 사회적인 장치들과 비슷한 문지기 역할을 한다. 일차적으로 사진가의 사진 찍기도 목적에 따라 사건을 선택함으로써 이루어지는데, 그 선택은 문화적으로 구성된다. 마찬가지로 사진에 담긴 사건의 영상 역시 문화적 구성의 일부로서 특정한 사회상황, 사진가의 삶, 주장, 실험, 세계를 설명하는 방식 등에 편입된다.

이처럼 사진을 찍는 사람이 다양한 요소를 선택해야 한다는 점을 피할 수 없는데, 사진 자체는 이미지만 보여 주고 담론과 프레임의 규칙은 보여 주지 않는다. 사진의 가치를 지지하는 가장 중요한 이론적 특징이었던 지표이론은 사진 이미지 안에 현존의 자국이 '있는 그대로' 찍혀 있기 때문에 그 가치를 지닌다고 보았는데, 한편 "사진은 보여 주면서, 그 이상은 보여 주지 않는, 이율배반의 시각장치"이다(이영준, 2019: 56-57). 아이러니하게도 사진은 프레임이 배제해 버린 그 타자들을 보이지 않게 하고, 나아가 무엇을 배제했다는 사실 자체, 어떤 기준으로 배제되었는지, 배제의 효과가 무엇인지를 보여 주지 않으면서 고유성을 확보하고 있기 때문이다.

---

11) 시뮬라크르(simulacre)란 원본이 없는 동일한 복제물을 말하는데 이는 시뮬라크르가 허위적인 것이 아니라 진실하지도 허위적이지도 않은 것이며, 실재에 의해 진실과 허위가 결정될 수 없는 것을 지칭한다. 즉, 원본과 복제물의 구분 그 자체가 소멸했다는 것이다. 보드리야르(Baudrillard)는 이 과정을 시뮬라시옹(simulation)이라고 부른다(Storey, 1993: 236).

질적 연구의 맥락 속에서 사진은 '현실에 대한 하나의 해석'으로서 인용하게 되는데, 그 해석의 근간이 되는 사진 이미지 자체에는 이미 너무나 많은 변수가 개입하고 있는 상태이다. 즉, 사진을 찍는 사람의 다양한 선택적 요소, 다시 말해 조명, 초점, 구도, 사진의 각도, 색 등과 더불어 라포형성 및 참여자의 시각적 매체 노출 정도 등에 따라서도 현상된 사진은 달라질 수 있다는 것이다. 때문에 질적 연구에서 사진활용의 가능성은 사진에 대한 연구자의 관점 및 태도와 밀접하게 관련된다. 사진에 대한 오해와 오독, 그리고 사진의 모순과 모호성이 현상이해의 확장 가능성의 의미를 지니기 위해서는 이미지 생산자, 이미지, 독자/해석자라는 단선적 구조에서 벗어나 이를 둘러싼 다양한 담론과의 역학적 관계를 이해할 필요가 있다. 즉, 사진을 볼 때 "사진의 배제와 비가시성을 스스로 내면화해서 길들여진 시선으로 보는 것"(이영준, 2019: 56-61)을 인식하고 반성적 태도를 가질 필요가 있다.

기술의 발달과 더불어 '사진 이후의 사진(post photography)'[12] 시대라 명명되는 가운데 디지털 기술을 사용하는 새로운 형태의 사진이 출현하였다. 디지털 기술이 사진기술에 적용됨으로써 사진의 자유로운 편집과 수정이 가능해졌고, 사진이 정확한 재현이라는 인식에 있어서도 변화가 불가피해졌다. 이처럼 디지털 기술은 물리적인 대상의 흔적으로서 시간과 대상을 고정시키는 대신 자유자재의 변형과 무궁무진한 표현, 즉 사진의 지표인 존재 흔적 의 창조 및 새로운 흔적의 재조합이 이루어지면서 모든 것은 실재하는 현실이 되어 가고 있다. 그 대표적 예로서는 컴퓨터 합성을 통해 현장에 있지 않았으면서도 마치 현장에 있었던 것처럼 인식되게 하는 사진, 혹은 실제 현장과 분명히 다름에도 불구하고 오히려 실제 현장 이상의 생생하고 충격적인 현장성을 갖는 디지털 다큐멘터리 사진을 들 수 있다(진동선, 2007).

---

12) 미첼(Mitchell)에 의해 개념화된 '사진 이후의 사진시대(the post-photographic age)'는 영상이미지의 생산에 있어서 디지털 기술이 사용되는 시대라는 의미이다. 곧 새로운 시각문화의 시대를 지칭하는 말로 자리 잡기 시작했으며 이후 서구의 학계에서는 이 개념을 둘러싼 광범위한 논쟁이 시작되었다(이필, 2017: 32-33).

다큐멘터리 사진은 카메라에 의해 포착되는 순간이 아니라 작가의 의도를 분명하게 드러낸 결과물의 성격이 강하다는 점에서 연구자에게 또 다른 과제를 던진다. 사진의 활용은 아날로그 사진의 지표적 특징에 초점을 맞추어 시작되었지만, 기술의 변화와 더불어 사진의 존재론적인 기반에 대한 재고를 요청하고 있기 때문이다. 디지털 사진도 사진의 담론 속에서 논의되고 있는 상황인 만큼 질적 연구에서 사진을 어떻게 활용해야 하는가에 관한 논의가 본격적으로 필요하다. 특히 언제 어디서든 사진생성이 가능한 환경 속에서 연구참여자의 일상 및 타인의 초상권이 침해될 소지가 있다는 점은 늘 유의해야 할 필요가 있으며, 필요한 경우 참여자의 익명성을 담보할 수 있는 방법에 대한 고민이 필요하다(김아미, 2017). 질적 연구의 의미는 기법을 통해서 성취될 수 없다는 점에서 개별 질적 연구자 스스로 연구도구 및 연구 결과로서의 사진활용에 관한 입장, 즉 이론적 이해와 감수성, 사진의 생성, 자료 관리, 해석에 이르기까지의 면밀한 주의와 윤리적 민감성을 갖출 필요가 있을 것이다.

참고문헌

권효숙(2010). 시각자료의 활용과 해석: 사진자료를 중심으로. 한국교육인류학회 편. 질적자료의 수집과 분석(pp. 29-48). 교육인류학연구회 하계 워크샵 자료집(2010. 8. 6.).

권효숙(2011). 다문화적 소통을 위한 사진활용의 가능성 탐색. 열린교육연구, 19(3), 227-247.

김경오(2020). 체육교사가 인지하는 체육 수업의 사회생태학적 문제점 모색: 포토보이스 기법으로. 한국스포츠사회학회지, 33(3), 43-59.

김경오, 이규일(2013). 은퇴한 여자운동선수들의 사회적 장벽과 대안 모색: 포토보이스. 한국스포츠사회학회지, 26(3), 25-52.

김남시(2016). 시각 이미지에는 있으나 언어에는 없는 것: 시 이미지 연구방법론을 위한 제언. 한국시학연구, 48, 11-38.

김도헌(2016). 교육 분야 질적연구의 도구로서 사진에 관한 시론적 고찰. 교육인류학연구, 19(2), 1-35.

김민우, 이연선(2020). 놀이터 포토 에세이. 미래유아교육학회지, 27(2), 71-99.

김수진(2020). 대학생들의 인터넷 중독 인식에 대한 탐색적 연구 : 포토보이스 적용. 한국방재안전학회논문집, 13(3), 59-74.

김수진(2020). 사진으로 탐구하는 '뮤지엄 교육'의 의미. 미술교육논총, 63, 1-37.

김시아, 이성재, 정익중(2019). 범죄경험이 있는 그룹홈 청소년의 일상에 관한 포토보이스 연구. 한국사회복지학, 71(4), 127-151.

김아미(2017). 시각적 연구방법에 대한 인식론적 · 방법론적 고찰. 교육인류학연구, 20(1), 1-23.

김정민, 김영철(2009). 사진의 교육적 역량 탐색: 벤야민의 관점에서. 교육인류학연구, 12(2), 103-135.

김종은(2020). 중년 여성의 자화상 사진 체험에 관한 질적 연구. 영남대학교 대학원 박사학위논문.

김종헌(2001). 사진 이미지와 철학 읽기: 푼크툼과 아우라를 중심으로. 철학연구, 52, 193-208.

김휘택(2018). 이미지와 의미 부여에 대한 일고찰: 바르트의 이미지론을 중심으로. 기호학 연구, 57, 59-90.

박미영, 김민아(2019). 학령기 자녀를 둔 여성결혼이민자의 어려움과 바람에 관한 포토보이스 연구. 한국가족복지학, 64, 61-100.

박희주(2020). 포토보이스를 활용한 사회참여미술교육 프로그램 개발. 고려대학교 교육대학원 석사학위논문.

서동명, 이운희, 심정원(2018). 사회복지사의 삶, 그리고… : 포토보이스 방법의 적용. 문화기술의 융합, 4(1), 241-252.

손영실(2016). 이론적 대상으로서의 사진: 지표성에 관한 재고를 중심으로. 기초조형학연구, 17(2), 205-217.

이경률(2002). 사진은 무엇을 재현하는가: 사진과 존재 그리고 인덱스. 서울: 마실출판사.

이경률(2003). 사진 영상의 감성과 의미의 논리: 사진 영상의 내재적 모습과 실재의 증거. 기호학 연구, 14, 95-105.

이규일(2020). 여학생의 일상생활 신체활동을 제약하는 환경요인 탐색: 포토보이스. 체육과학연구, 31(2), 275-292.

이기중(2011). 사진인류학의 연구방법론. 비교문화연구, 17(2), 125-162.

이도훈(2017). 거리 영화의 전사: 제이콥 리스의 19세기 뉴욕 빈민가 사진. 미학 예술학 연구, 51, 235-272.

이봉재(2005). 이미지와 환상: 사진이미지의 인식론적 분석. 김상환 외. 매체의 철학 (pp. 237-262). 서울: 나남.

이솔지(2014). 알코올중독자의 삶에 대한 현상학적 연구. 부산대학교 대학원 박사학위논문.

이영준(1998). 사진, 이상한 예술: 이영준 사진 평론집. 서울: 눈빛.

이영준(2019). 사진은 눈이 멀었다: 정보과학의 폭탄이 된 사진. 문명과 경계, 2, 47-66.

이필(2017). 포스트포토그래피 시대의 초현실주의의 귀환. 미학 예술학 연구, 51, 31-63.

이현, 곽주연(2019). 다문화가정 아동의 경험과 성장: 포토보이스 방법의 적용. 한국사회복지질적연구, 13(3), 151-177.

전가일(2018). 한 호주 놀이터의 물질성을 통해 본 놀이의 의미에 대한 포토에세이 연구. 교육인류학연구, 21(4), 121-166.

조용환(2017). 텍스트와 상호텍스트성의 질적 구현. 교육인류학회 편. 질적연구의 새 지평: 실험적 글쓰기와 재현의 새로운 방법들(pp. 5-29). 교육인류학회 추계학술대회 자료집.

주형일(2006). 사진의 지표성과 의미에 대한 고찰. 한국언론학보, 50(1), 355-377.

진동선(2007). 테크놀로지 미학으로서의 사진. 조형예술학연구, 11, 221-249.

천현순(2008). 현대문학: 사진과 텍스트의 혼종화 현상: 쿠르트 투홀스키의 '독일, 독일이 최고'를 중심으로. 브레히트와 현대연극, 19, 153-175.

최연철(2005). 사진을 활용한 유아교육연구방법 모색. 열린유아교육연구, 10(4), 89-113.

최연철(2009). 유아가 찍은 사진에 귀 기울이기. 열린유아교육연구, 14(2), 217-237.

최연철, 신설아, 정아림(2010). 사진을 통한 면접에서 나타난 유아들의 일상성 탐구. 열린유아교육연구, 15(2), 77-102.

하은지(2015). 포토보이스를 활용한 유아의 신체활동 영향요인 탐색 연구. 서울대학교 보건대학원 석사학위논문.

한정식(2003). 사진과 현실: 사진의 정체성을 찾아서. 서울: 눈빛.

홍지은, 최재섭(2018). 다양한 체육학 분야에서 포토보이스 연구방법 적용가능성. 한국사회체육학회지, 72, 321-339.

Banks, J. (2001). *Cultural diversity and education: Foundations, curriculum, and teaching* (4th ed.). Boston: Allyn and Bacon.

Barthes, R. (1980). *La chambre claire: Note sur la photographie*. 김웅권 역(2006). 밝은 방: 사진에 관한 노트. 서울: 동문선.

Bateson, G., & Mead, M. (1942). *Balinese character: A photographic analysis*. New York: New York Academy of Sciences.

Berger, J., & Mohr, J. (1982). *Another way of telling*. 이희재 역(2007). 말하기의 다른

방법. 서울: 눈빛출판사.

Blinn, L., & Harrist, A. (1991). Combining native instant photography and photo-elicitation. *Visual Anthropology, 4*, 175-192.

Breton, A. (1928). *Nadja*. 오생근 역(2008). 나자. 서울: 민음사.

Bunster, X. (1978). Talking pictures: a study of proletarian mothers in Lima, Peru. *Studies in the Anthropology of Visual Communication, 5*(1), 37-55.

Collier, J. (1957). Photography in anthropology: A report on two experiments. *American Anthropologist, 59*, 843-859.

Collier, J. (1967). *Visual Anthropology: Photography as a research method*. New York: Holt, Rinehart and Winston.

Collier, J., & Collier, M. (1986). *Visual anthropology: Photography as a research method*. Albuquerque: University of New Mexico Press.

Craig, R., Kretsedemas, P., & Gryniewski, B. (1997). Picturing African-Americans: Readers reading magazine advertisements. *Visual Sociology, 12*(1), 28-58.

Crane, J. G., & Angrosino, M. V. (1992). *Field projects in anthropology : A student handbook* (3rd ed.). 한경구 외 공역(1996). 문화인류학 현지조사 방법: 인간과 문화에 대한 현장조사는 어떻게 하나?(제3판). 서울: 일조각.

Dempsey, J., & Tucker, S. (1994). Using photo-interviewing as tool for research and evaluation. *Educational Technology, 34*(4), 55-62.

Dumbrill, G. C. (2009). Your Policies, our Children: Messages from refugee parents to child welfare workers and policymakers. *Child Welfare, 88*(3), 145-168.

Emmison, M., & Smith, P. (2000). *Researching the visual: Images, objects, contexts and interactions in social and cultural inquiry*. London: Sage.

Flusser, V. (1985). *Ins Universum der technischen bilder.* In N. A. Roth (Trans.) (2011). *Into the universe of technical images*. Minneapolis: University of Minnesota Press.

Goodhart, F. W., Hsu, J., Coleman, A. L., Maresca, F., & Miller, M. B. (2006). A view through a different lense: Photovoice as a tool for student advocacy. *Journal of American College Health, 55*, 53-56.

Hales, B. P. (2005). *Silver Cities: Photographing American Urbanization*. Albuquerque: University of New Mexico Press.

Harper, D. (2001). *Changing Works: Visions of a lost agriculture*. Chicago: University of Chicago Press.

Harper, D. (2002). Talking about pictures: A case for photo elicitation. *Visual Studies, 17*(1), 13-26.

Harrington, C., & Lindy, I. (1999). The use of reflexive photography in the study of the freshman year experience. *Journal of College Student Retention: Research, Theory & Practice, 1*(1), 13-22.

Howard, R. (trans.) (1982). *Camera lucida: Reflection of photography*. 김인식 편역 (1993). 이미지와 글쓰기: 롤랑 바르트의 이미지론. 서울: 세계사.

Jacknis, I. (1988). Margaret Mead and Gregory Bateson in Bali: Their use of photography and film. *Cultural Anthropology, 3*(2), 160-177.

Jurkowski, J. M., & Paul-Ward, A. (2007). Photovoice with vulnerable populations: Addressing disparities in health promotion among people with intellectual disabilities. *Health Promotion Practice, 8*(4), 358-365.

Kenney, K. (1993). Using self-portrait photographs to understand self-concepts of Chinese and American University Students. *Visual Anthropology, 5*, 245-269.

Latz, A. (2017). *Photovoice research in education and beyond :A practical guide from theory to exhibition*. 김동렬 역(2018). 포토보이스 연구방법 : 참여적 행동 연구. 서울: 학지사.

Schratz, M., & Steiner-Löoffler, U. (1998). Pupils using photographs in school self-evaluation. In J. Prosser (Ed.), *Image based research: A Sourcebook for Qualitative researchers* (pp. 235-251). UK: Falmer Press.

Sorenson, E. R., & Jablonko, A. (1995). Research filming of naturally occuring phenomena: Basic strategies. In P. Hockings (Ed.), *Principles of Visual Anthropology* (pp. 147-162). New York: De Gruyter Mouton.

Storey, J. (1993). *An introductory guide to cultural theory and popular culture*. 박모

역(1994). 문화연구와 문화이론. 서울: 현실문화연구.

Tucholsky, K. (1973). *Deutschland, Deutschland Über alles.* Reinbek bei Hamburg.

Wagner, J. (1979). *Images of information: Still photography in the social sciences.* Beverly Hills, CA: Sage.

Wang, C. C. (1999). Photovoice: A participatory action research strategy applied to women's health. *Journal of Women's Health, 8*(2), 185-192.

Wang, C. C. (2006). Youth participation in photovoice as a strategy for community change. *Journal of Community Practice, 14*(1-2), 147-161.

Wang, C. C., & Burris, M. A. (1997). Photovoice: Concept, methodology and use of participatory needs assessment. *Health Education and Behavior, 24*(3), 369-387.

Wang, C. C., Morrel-Samuels, S., Hutchison, P. M., Bell, L., & Pestronk, R. M. (2004). Flint photovoice: Community building among youths, adults, a policymakers. *American Journal of Public Health, 94*(6), 911-913.

Wang, C. C., Yi, W. K., Tao, Z. W., & Carovano, K. (1998). Photovoice as a participatory health promotion Strategy. *Health Promotion International, 13*(1), 75-86.

Weiser, J. (1988). Photo therapy: Using snapshots and photo-interactions in therapy with youth. In C. Schaefer (Ed.), *Innovative interventions in child and adolescent therapy* (pp. 339-376). New York: Wiley.

Weiser, J. (1999). *Phototherapy techniques: Exploring the secrets of personal snapshots and family albums* (2nd ed.). Vancouver, PhotoTherapy Centre Press.

찾아보기

인명

내용

저|자|소|개

권효숙(Kwon, Hyosook)

서울교육대학교를 졸업하고 서울대학교 대학원에서 교육학으로 석 · 박사학위를 받았다. 현재 국제뇌교육종합대학원대학교 뇌교육학과의 교수로 재직 중이다. 주요 관심 분야는 다문화교육, 감성교육, 실행연구, 이미지텔링 등이다. 저서로서는 『다문화교육의 지형』(2011, 강현출판사) 등이 있으며, 최근 학생들과 더불어 다양한 주제(노인정체성, 과학고도영재, 귀촌여성, 감정언어, 몸교육 관련)의 질적 연구를 수행하고 있다.

배은주(Bae, Eunjoo)

서울대학교 사회교육과를 졸업하고 서울대학교 대학원에서 교육학으로 석 · 박사학위를 받았다. 현재 인천연구원에서 선임연구위원으로 재직 중이다. 관심 연구 분야는 이주아동청소년과 다문화교육, 대안교육, 평생학습, 세계시민교육 등이다. 최근 연구로는 『팬데믹 시대 교육위기 진단과 정책방향』(공저, 2021, 인천연구원) 등의 보고서와 「외국이주민에 대한 직 · 간접접촉경험이 다문화수용성에 미치는 영향: 위협인식의 매개효과 분석」(공동 연구, 2020, 생명연구) 등의 논문이 있다.

신혜숙(Sin, Hyesook)

서울교육대학교, 국민대학교를 졸업하고 서울대학교 대학원에서 교육학으로 석 · 박사학위를 받았다. 현재 국제뇌교육종합대학원대학교 뇌교육학과의 교수로 재직 중이다. 교육과 훈련을 통한 뇌발달, 명상, 자기교육을 탐구하는 중이다. 주요 논문으로는 「뇌교육의 전제와 의미」(2009, 뇌교육연구), 「내 안에서 나를 찾다: 뇌교육명상 수련경험에 대한 내러티브 탐구」(2019, 선도문화) 등이 있다.

전가일(Jeon, Gail)

서울대학교 아동가족학과를 졸업하고 서울대학교 대학원에서 아동학으로 석 · 박사학위를 받았다. 현재 연세대학교 교육연구소에서 연구교수로 재직 중이다. 관심 연구 분야는 어린이 놀이, 현상학적 연구, 실행연구, 포스트휴먼 등이다. 최근 연구로는 『질적 연구, 계획에서 글쓰기까지』(2021, 학이시습) 등의 저서와 「반상(盤上) 위에 펼쳐진 포스트 휴먼 페다고지 탐색」(2021, 교육사상연구) 등의 논문이 있다.

전은희(Jeon, Eunhee)

서울교육대학교 초등교육학과를 졸업하고 서울대학교 대학원에서 교육학으로 석 · 박사학위를 받았다. 현재 서울대학교와 중앙대학교에 출강 중이다. 관심 연구 분야는 학벌주의, 학벌주의 정체성, 다문화, 학교 및 교육경험, 질적 연구 등이다. 최근 연구로는 『문화와 교육』(공저, 2021, 한국방송통신대학교출판문화원) 등의 저서와 「학벌주의 정체성에 대한 내러티브적 이해: 서울대생의 사례를 중심으로」(2017, 교육인류학연구) 등의 논문이 있다.

전현욱(Jeon, Hyunwook)

한국교원대학교 초등교육과를 졸업하고 서울대학교 대학원에서 교육학 전공으로 박사학위를 받았다. 현재 세종시 늘봄초등학교 교사로 재직 중이다. 최근 충청북도교육청과 함께 지역교육생태계 구축의 가능성을 실험하는 정책 연구를 수행하였으며, 초등교육, 초등교사의 삶과 교육, 교육과정의 실행, 미래 초등교육의 지향, 질적 연구 전반에 관심을 가지고 공부하고 연구한다.

한국교육인류학회 방법론 총서 발간위원회 1기

서덕희 • 조선대학교 교육학과

전가일 • 연세대학교 교육연구소

오덕렬 • 연세대학교 교육연구소

한국교육인류학회 방법론 총서 2

질적 연구
과정별 접근

Qualitative Research Methodology 2

Process and Application

2022년 5월 5일 1판 1쇄 인쇄
2022년 5월 10일 1판 1쇄 발행

지은이 • 권효숙 · 배은주 · 신혜숙 · 전가일 · 전은희 · 전현욱
펴낸이 • 김진환
펴낸곳 • (주) 학지사
04031 서울특별시 마포구 양화로 15길 20 마인드월드빌딩
대표전화 • 02)330-5114　　팩스 • 02)324-2345
등록번호 • 제313-2006-000265호

홈페이지 • http://www.hakjisa.co.kr
페이스북 • https://www.facebook.com/hakjisabook

ISBN 978-89-997-2685-9 93370

정가 18,000원

저자와의 협약으로 인지는 생략합니다.
파본은 구입처에서 교환해 드립니다.